ALMANAQUE DOS MUNDIAIS

POR MAX GEHRINGER

ALMANAQUE DOS MUNDIAIS

por **MAX GEHRINGER**

OS MAIS CURIOSOS CASOS E HISTÓRIAS DE 1930 A 2006

Editora Globo

Copyright © 2010 by Editora Globo S.A. para a presente edição
Copyright © do texto 2010 by Max Gehringer

Todos os direitos reservados. Nenhuma parte desta edição pode ser utilizada ou reproduzida – por qualquer meio ou forma, seja mecânico ou eletrônico, fotocópia, gravação etc. – nem apropriada ou estocada em sistema de banco de dados, sem a expressa autorização da editora.

Texto fixado conforme as regras do novo Acordo Ortográfico da Língua Portuguesa (Decreto Legislativo nº. 54, de 1995).

Edição de texto: Celso Unzelte
Preparação de texto: Denis Araki
Revisoras: Alice Rejaili Augusto e Silvana Fernandes
Capa e projeto gráfico: Crayon Editorial (Alberto Mateus)
Edição de arte: Crayon Editorial (Jessica Siqueira)
Foto de capa: © Corbis. Allrights Reserved - *Pôsteres das copas:* Divulgação
Foto de contracapa: Paula Korosue e Daiane da Mata

1ª edição, 2010

Dados Internacionais de Catalogação na Publicação (CIP)
(Câmara Brasileira do Livro, SP, Brasil)

Gehringer, Max
    Almanaque dos mundiais por Max Gehringer : os mais curiosos casos e histórias de 1930 a 2006. – São Paulo : Globo, 2010.

    ISBN 978-85-250-4852-3

    1. Copa do Mundo (Futebol) 2. Copa do Mundo (Futebol) - História I. Título.

10-04062   CDD-796.3346609

Índices para catálogo sistemático:
1. Copa do mundo : Futebol : História   796.3346609

Direitos da edição em língua portuguesa
adquiridos por Editora Globo S.A.
Av. Jaguaré, 1.485 – 05346-902 – São Paulo – SP
www.globolivros.com.br

Apresentação

Werner Gehringer na praia de Copacabana, em 1950

Detalhista, meu pai registrou no verso desta foto o local e a data em que ela foi batida: "Posto 6, junho 17, 1950". O Posto 6 de Copacabana era o local onde meu pai se dedicava com afinco ao único esporte no qual demonstrou alguma competência, segundo ele mesmo: a peteca, que ele segura na mão direita. Horas depois, naquela tarde de 17 de junho, meu pai faria parte de um extasiado aglomerado humano que viu o primeiro jogo realizado no Maracanã, então chamado apenas de Estádio Municipal – um amistoso entre jovens promessas do Rio e de São Paulo. Entre elas Didi, pelo Rio, e Djalma Santos, por São Paulo.

Os trinta dias seguintes alvoroçariam o Rio. Só se falava na Copa do Mundo e em mais nada. Mas meu pai não participou da euforia generalizada. Mecânico da Central do Brasil, ele foi mandado a serviço a Piratininga, no interior de São Paulo. Quando regressou, encontrou o Rio fervilhando. O Brasil já tinha vencido a Iugoslávia e massacrado a Suécia e a Espanha, e só faltava atropelar o Uruguai para conquistar o título de campeão mundial.

Almanaque dos Mundiais

Os ingressos para o grande jogo, porém, já estavam esgotados desde a antevéspera.

Das muitas histórias que eu ouvi sobre o dia 16 de julho de 1950, a de meu pai é a mais singular. Ele dizia que Brasil x Uruguai era o jogo que havia reunido o maior número de mentirosos na história do futebol – cerca de 3 milhões deles. Porque qualquer pessoa num raio de 100 km do Maracanã passou a jurar que esteve no estádio naquela tarde de domingo. A história de meu pai era outra. Ao meio-dia, depois de clarear as ideias com meia dúzia de cervejas, ele e seus colegas de peteca decidiram "dar um jeito" de se enfiar no Maracanã. Comentava-se que muita gente tinha conseguido entrar sem pagar nos jogos contra Espanha e Suécia, porque o estádio não estava inteiramente concluído e as brechas eram muitas. Não custava tentar.

E lá foram eles. Mas não só eles. Milhares de torcedores tiveram a mesma ideia. Quando meu pai subiu a rampa, encontrou os portões trancados e um compacto bando de gente grudado neles, tentando convencer os seguranças a liberar a entrada. Enquanto os infrutíferos apelos prosseguiam, mais uma imensidão de torcedores foi se juntando na rampa, até formar um bolo que não permitia que alguém se movesse para a frente ou para trás. E meu pai ficou ali, engaiolado no enorme sanduíche humano.

O jogo começou às três da tarde. Não existiam radinhos portáteis, e o serviço de alto-falantes do Maracanã apenas informava o andamento do jogo Suécia x Espanha, disputado no Pacaembu. Na rampa, ninguém sabia o que estava acontecendo ali mesmo, a 100 m de distância. Uma hora depois, o Maracanã explodiu como se fosse desabar. O Brasil tinha marcado um gol. "Ademir", foi a mensagem passada de um para outro, e todo mundo acreditou. Só no dia seguinte meu pai saberia que o gol tinha sido de Friaça.

Como nenhuma outra manifestação vinha das arquibancadas lotadas, e os seguranças já tinham abandonado seus postos para acompanhar o jogo, só restou ao povão da rampa fixar os olhos em seus relógios. O jogo terminaria às quinze para as cinco, e o Brasil só precisava do empate. Já não havia nenhu-

por Max Gehringer

ma dúvida, éramos os campeões do mundo. À medida que os ponteiros se aproximavam do minuto decisivo, uma euforia mística tomou conta da rampa. Gente pulando, se abraçando, comemorando e chorando, num contraste absoluto com o que ocorria lá dentro, nas arquibancadas. O Uruguai tinha virado o jogo e quem estava ali fora não sabia.

Quando os portões se abriram e uma massa silenciosa começou a sair do campo de cabeça baixa e olhos vermelhos, meu pai ainda demorou um pouco até entender a tragédia que acabara de se abater sobre o Rio. Nos anos seguintes, ele me contaria essa história dezenas de vezes e sempre com o mesmo epílogo. Ele se considerava um dos poucos privilegiados que comemoraram o título de campeão mundial de 1950. Foi muito melhor ter ficado lá fora.

Essa fábula urbana, de um torcedor tão feliz quanto desinformado, foi que me despertou o interesse pelas Copas. Nelas, há dramas e alegrias que transcendem o futebol em si. A Copa é um acontecimento único, em que uma simples falha de um goleiro pode representar a perda de quatro anos de trabalho. E uma vitória consegue mudar os humores de uma nação inteira. Desde criança, passei a colecionar material sobre Copas. Este livro traz algumas das histórias, reais ou inventadas, que fizeram a grandeza do maior evento esportivo do planeta.

SUMÁRIO

1930 Na primeira Copa do Mundo, meio mundo não foi à Copa » **11**

1934 A frase "Futebol e política não se misturam" começa a ser desmentida » **35**

1938 O Brasil se consagra na Europa » **57**

1950 Em 11 minutos, um sonho vira pesadelo » **85**

1954 Quem vai ser o vice-campeão? » **107**

1958 A Taça do Mundo é nossa » **129**

1962 O voo solo do homem passarinho » **151**

1966 A única Copa que foi decidida por um bandeirinha » **173**

1970 Na mais perfeita campanha da história das Copas, o Brasil venceu todos os doze jogos que disputou » **195**

1974 A Holanda surpreendeu o mundo – mas não a seus vizinhos » **225**

1978 A vitória da ditadura » **257**

1982 A arte perde para a eficiência » **279**

1986 A Copa de Maradona » **303**

1990 A Copa mais fraquinha da história » **325**

1994 24 anos depois, o Brasil volta a vencer » **347**

1998 A Copa volta ao berço da Fifa » **369**

2002 O penta que a maioria não esperava » **391**

2006 Ter os melhores jogadores é ótimo, mas não é tudo » **417**

1930

Na primeira Copa do Mundo, meio mundo não foi à Copa

Almanaque dos Mundiais

Os primórdios da Copa

Na segunda edição dos modernos Jogos Olímpicos, disputados em 1900, em Paris (os mais longos da história, com cinco meses e meio de duração, de 14 de maio a 28 de outubro), o futebol foi uma atração secundária. Ainda sem ser encarado como um esporte "de elite" – como eram o atletismo, a esgrima, o tênis e o arco e flecha –, o futebol foi aceito na condição de "exibição", sem competir por medalhas (embora, em algumas estatísticas, a Grã-Bretanha figure como "medalha de ouro em futebol").

Apenas dois jogos foram disputados. No primeiro, um time amador inglês – o Uptown Park, de Londres – derrotou um combinado representando a União das Sociedades Francesas de Esportes Atléticos por 4 a 0. Três dias depois, os franceses bateram um combinado da Bélgica por 6 a 2. Cada um dos jogos atraiu cerca de oitocentos animados torcedores, mas as disputas renderam apenas notas de rodapé nos jornais franceses. Embora o futebol já viesse sendo praticado na França desde 1891, o público ainda se limitava a familiares e amigos dos jogadores.

O contraste da França com a Inglaterra era chocante. A final do Campeonato Francês de 1903, disputada no dia 4 de abril, entre os dois Racing Club, o de Paris e o de Roubaix, foi presenciada por pouco menos de 5 mil espectadores. Já na Inglaterra, dois anos antes, em 24 de abril de 1901, inacreditáveis 114.815 pessoas pagaram ingresso para assistir à final da 30ª edição da FA CUP (a primeira havia acontecido em 1872). Em Londres, no Estádio do Crystal Palace, a multidão viu o Tottenham Hostpur vencer o Sheffield United por 3 a 1. De Sheffield, vieram 75 trens lotados para Londres. Bebidas alcoólicas eram proibidas no estádio, mas foram vendidos 7.800 litros de leite e 120 mil garrafas de água mineral – além de centenas de milhares de unidades de outra inestimável invenção inglesa, o *sandwich*.

Nenhuma vantagem

Franceses e belgas sabiam que enormes plateias poderiam ser, também, atraídas por jo-

por Max Gehringer

gos disputados em Paris ou Bruxelas. Bastava que os ingleses se interessassem em compartilhar sua experiência, por meio da organização de uma entidade que pudesse promover torneios periódicos entre seleções europeias. A Federação Inglesa, a FA, Football Association, já existia desde 26 de outubro de 1863. Os principais clubes ingleses eram profissionalizados desde 1885, enquanto o resto da Europa ainda engatinhava na fase do amadorismo. Além disso, os britânicos também ditavam as regras básicas que regiam as disputas do futebol, por meio da International Board, órgão constituído em 6 de dezembro de 1882.

Em outubro de 1901, coube ao dirigente holandês Carl Hirschmann, em seu nome e no de seus colegas belgas e franceses, fazer a primeira proposta por carta à FA. Mas Hirschmann passaria longos sete meses esperando pela resposta. Apenas nos primeiros dias de maio de 1902, o holandês conseguiria ser recebido pessoalmente pelo presidente da FA, Lord Arthur Fitzgerald Kinnaird, e pelo secretário-geral da entidade, sir Frederick Wall. A conversa durou pouco e resultou tão somente no compromisso de uma resposta formal por parte da FA. Na semana seguinte, uma carta datada de 8 de maio de 1902 informava enfaticamente que a FA não via "nenhuma vantagem na formação de uma federação continental". Do alto de seu indisputável status de "donos do futebol", os ingleses devem ter visto a pretensão de Carl Hirschmann com o mesmo ceticismo que hoje os cariocas veriam uma proposta de países sul-americanos para

O URUGUAI

» Quando se olha para o mapa da América do Sul, o Uruguai parece um país pequeno. Mas, na comparação com a Europa, o Uruguai é um país de porte, com 170 mil km² de área (o dobro do território de Portugal). Em 1930, a população uruguaia era de 1,85 milhão de habitantes, dos quais 665 mil viviam na capital, Montevidéu. Ao contrário do Brasil, o Uruguai vinha sendo até então um país rico e estável, e Montevidéu era uma capital cosmopolita (a lei do divórcio havia sido aprovada em 1913). Menos afetado que o Brasil pelo *crash* econômico de 1929, anos mais tarde o Uruguai seria chamado de "a Suíça da América do Sul". Em 1930, um peso uruguaio valia um dólar.

a fundação de uma Federação Internacional do Carnaval, com sede em Caracas.

A Fifa

A resposta foi um duro golpe, mas, apesar do desinteresse bretão, Carl Hirschmann e seus colegas não desistiram. Sem o apoio dos ingleses, tudo ficaria mais difícil, porém não impossível. E a Fifa seria fundada em Paris, num encontro que durou de 21 a 23 de maio de 1904, na rua Saint Honoré, 229, sede da União das Sociedades Francesas de Esportes Atléticos. Seis países se fizeram representar: França, Bélgica, Holanda, Dinamarca, Suíça e Espanha. Pela França, Robert Guérin e André Espir. Pela Bélgica, Louis Muhlinghaus e Max Kahn. Pela Holanda, Carl Hirschmann. Pela Suíça, Viktor Schneider. Por Dinamarca e Suécia, o dinamarquês Ludwig Sylow. O francês Espir também representava o Madrid FC, porque a Espanha ainda não havia constituído formalmente sua Federação. O Madrid FC tinha sido fundado em 1902 e adotaria o nome de Real Madrid CF em 1920.

Já no primeiro dia da reunião, Robert Guérin, 29 anos, editor de esportes do jornal francês *L'Auto*, foi eleito o primeiro presidente da Fifa, com o belga Muhlinghaus ocupando a secretaria-geral. Duas semanas depois, a Alemanha se associou por telegrama e no ano seguinte a Itália solicitou sua filiação. Mas os fundadores da Fifa mantiveram a esperança de poder contar com uma futura adesão britânica, e foi por isso que a entidade

O BRASIL EM 1930

» O Brasil era então um país agrícola – dos 37,6 milhões de habitantes, 70% viviam nas zonas rurais. Minas Gerais era o estado mais populoso (7 milhões), seguido por São Paulo (5,9 milhões). O Rio de Janeiro, com 1,5 milhão de habitantes, era a maior cidade do país.

» O cinema falado era a coqueluche do momento. A primeira exibição de um filme inteiramente sonorizado ocorreu na inauguração do Cinema Palácio (antes, o Palácio Teatro), na rua do Passeio, no Rio, em 20 de junho de 1929. Com a presença do presidente da República, Washington Luiz, foi apresentado *The Broadway melody*, da Metro-Goldwyn-Mayer ("Todo Cantado! Todo Dansado! Todo Sonóro!", como dizia o anúncio).

adotou um nome metade francês – Fédération Internationale –, metade inglês – Football Association (estatutariamente, a sigla Fifa é separada por pontos – F.I.F.A. – mas, para economizar o trabalho de seus tipógrafos, a imprensa mundial se encarregaria de eliminar os pontinhos).

Em 1905, com os principais países europeus já filiados à Fifa, os ingleses perceberam que poderiam perder o controle do jogo que haviam inventado. Da parte da Fifa, já ficara decidido que qualquer concessão seria válida para atrair os ingleses. As conversações contaram com a providencial intermediação do barão Edouard de Laveleye, presidente da Federação da Bélgica, e finalmente chegaram a bom termo. Em 1º de abril de 1905, dia da final do 22º Campeonato Britânico de Seleções (entre Inglaterra e Escócia, como era usual), dirigentes da Fifa se reuniram com seus colegas da FA no Estádio do Crystal Palace, em Londres. E garantiram aos ingleses não só a presidência da entidade, como também o direito, perene e exclusivo, de regulamentar as leis do futebol. Uma semana depois, em 14 de abril de 1905, o Comitê Executivo da FA aprovou o acordo. No dia 10 de junho, no 2º Congresso da Fifa, em Paris, foi lida sob intensos aplausos a carta em que os ingleses aquiesciam em fazer parte da Fifa (pobre concorda, rico aquiesce).

> Os **clubes ingleses foram os primeiros a se exibir mundo afora**, incluindo a América do Sul. O Southampton abriu a lista, jogando em julho de 1904 na Argentina e no Uruguai. Em agosto de 1910, a convite do Fluminense, veio ao Brasil o Corinthian FC de Londres. O Corinthian disputou seis partidas – três no Rio e três em São Paulo – e venceu todas, marcando 38 gols e sofrendo seis. Um mês depois, **o encanto com o futebol do Corinthian inglês resultaria na fundação do Sport Club Corinthians Paulista**.

Jules Rimet

O mandato de treze anos de Daniel Woolfall, iniciado em 4 de junho de 1906, pouco agregou à Fifa em termos de ideias e projetos. Woolfall estava mais interessado em proteger os interesses ingleses e, principalmente, a integridade das regras do futebol. De certa forma, foi uma gestão benéfica, porque garantiu que o futebol seria jogado da mesma forma no mundo inteiro. Entre 1914 e 1918, a Primeira Guerra Mundial paralisou a Europa e também a Fifa. Nem bem a guerra tinha terminado, Daniel Woolfall faleceu, em 24 de outubro de 1918, aos 66 anos. A Fifa ficou acéfala, e o holandês Carl Hirschmann, como secretário-geral, conduziu o barco de seu escritório particular, em Amsterdã.

Quando a poeira da guerra baixou um pouco, a Fifa se reuniu em Bruxelas, na Bélgica, em 1919. E a Inglaterra propôs que as nações derrotadas no conflito – Alemanha, Áustria e Hungria –, que já haviam sido excluídas dos Jogos Olímpicos a serem disputados em 1920, fossem punidas também no futebol, com a eliminação dos quadros da Fifa. Embora os ingleses tivessem o apoio da França e da Bélgica, os demais países, liderados por Suíça e Suécia, não apoiaram a petição.

Contrariada, a Inglaterra tentou acabar com a própria Fifa: em 20 de setembro de 1920, numa reunião em Antuérpia, na Bélgica, os ingleses propuseram a dissolução da entidade. Vencida pelo voto da maioria, a Inglaterra decidiu deixar a Fifa, acompanhada por Escócia, Irlanda do Norte e Gales (e também pelo Canadá, e o resto do mundo ficou sabendo que o futebol canadense existia). Em 1924, a Inglaterra retornaria à Fifa, mas se retiraria novamente em 1928 e ficaria fora até 1946.

Apesar de não ser mais filiada à Fifa (o que, pelo estatuto, a impediria de en-

OS ESTÁDIOS

ESTÁDIO	CIDADE	CAPACIDADE	INAUGURAÇÃO	JOGOS
Centenário	Montevidéu	76.000	18/7/1930	13
Pocitos (Peñarol)	Montevidéu	20.000	6/11/1921	2
Parque Central (Nacional)	Montevidéu	15.000	25/5/1900	3

frentar seleções de países-membros da entidade), a Inglaterra continuou disputando amistosos contra nações europeias durante toda a década de 1930. Além disso, a Fifa manteve seus dois membros na International Board com os quatro membros britânicos. A constatação era clara: a Fifa precisava muito mais da Inglaterra do que a Inglaterra precisava da Fifa.

Ainda na reunião de Antuérpia em 1920, o advogado francês Jules Rimet, aos 47 anos, assumiu interinamente a presidência da Fifa. Nascido na cidade de Theuley-les-Lavancourt, em 24 de outubro de 1873, Rimet tinha sido um dos precursores do futebol fora das Ilhas Britânicas. Em 1897, aos 24 anos, ele fundara o Red Star de Paris. Em 1906, passara a fazer parte do quadro de dirigentes do futebol francês e em 1910 seria eleito presidente da Federação Francesa. Nos quatro anos seguintes, Rimet representou a França nos Congressos da Fifa em Dresden, Estocolmo, Copenhague e Oslo. Em 1º de março de 1921, foi formalmente eleito presidente da Fifa na reunião da diretoria em Anvers, na Bélgica.

A Copa do Mundo

Embora a Fifa contasse com apenas vinte países filiados em 1921 (dezesseis europeus e mais Argentina, Chile, Estados Unidos e África do Sul), um dos projetos mais ambiciosos de Rimet era a realização de um torneio mundial de futebol, à parte dos Jogos Olímpicos. A ideia, na verdade, não era nova, porque já constava nos estatutos da Fifa desde sua fundação. O artigo 9 dizia (e ainda diz) que só a Fifa poderia organizar campeonatos internacionais de futebol. Mas o persistente Rimet seria o primeiro a tentar, seriamente, transferir o artigo 9 do papel para a prática.

Sua primeira tentativa nesse sentido havia ocorrido no 11º Congresso da Fifa, em Oslo, na Noruega, em 1914. Rimet foi o porta-voz de uma proposta para a realização de um grande

> Nas 24 edições dos Jogos Olímpicos (de 1896 até 2008), o **Uruguai só conseguiu conquistar duas medalhas**, de qualquer tipo e em qualquer modalidade – as duas de ouro no futebol, em 1924 e 1928.

torneio internacional. Mas a eclosão da Primeira Guerra Mundial fez com que o plano fosse temporariamente engavetado.

O passo seguinte foi dado em 1920, quando a Fifa ficou responsável pela organização do torneio de futebol dos Jogos Olímpicos de Antuérpia, na Bélgica (a atribuição, até então, era do Comitê Olímpico). Por isso, a Grã-Bretanha, brigada com a Fifa, decidiu não participar do torneio de 1920 (e ficaria fora também das disputas olímpicas de 1924 e 1928).

Nasce a Copa

Para a Fifa, a única maneira de equilibrar a disputa seria um torneio "aberto", do qual pudessem participar igualmente profissionais, amadores e pseudoamadores. Assim, logo após os Jogos Olímpicos de 1924, um comitê da Fifa, encabeçado pelo francês Henri Delaunay, foi encarregado de estudar a viabilidade de uma Copa Mundial de Nações. Dois anos depois, em 26 de maio de 1928, no 17º Congresso da Fifa, em Amsterdã (realizado durante os Jogos Olímpicos), a proposta da Copa foi oficialmente apresentada por Delaunay aos países-membros. E aprovada por uma larga margem – 23 votos a favor e cinco abstenções (Dinamarca, Suécia, Noruega, Finlândia e Estônia).

Finda a contagem de votos, alguns apressadinhos propuseram que a primeira Copa fosse realizada já no ano seguinte, 1929. Mas, finalmente, ficou decidido que a Copa do Mundo aconteceria a cada quatro anos, nos anos pares entre as edições dos Jogos Olímpicos, e num período máximo de quinze dias entre maio e junho. Portanto, a primeira Copa seria realizada ou em 1930 ou em 1934. Passando da palavra à ação, um comitê executivo foi formado para discutir os detalhes operacionais. Dele faziam parte, além do francês Delaunay, o austríaco Hugo Meisl, o alemão Felix Linnemann e o argentino dr. Adrián Beccar Varela (pelo fato de a Argentina ter sido o primeiro país sul-americano a se filiar à Fifa).

> O Sport Club Americano de Santos foi o **primeiro conjunto brasileiro a vencer uma agremiação estrangeira**. No dia 13 de agosto de 1911, em São Paulo, os santistas derrotaram um combinado uruguaio por 3 a 0.

O Uruguai quer a Copa

Em 1925, num encontro em Bruxelas, na Bélgica, o diplomata Enrique Buero, embaixador do Uruguai para os Países Baixos, manifestara a Jules Rimet o interesse de seu país em sediar a Copa, quando ela acontecesse. Para

A SELEÇÃO

Velloso, goleiro do Fluminense (25/9/1908 – data de morte não disponível)

Fernando Giudicelli, defensor do Fluminense, 24 anos (1/3/1906 – 28/2/1968)

Ivan Mariz, médio do Fluminense, 20 anos (16/1/1910 – 13/5/1982)

Agostinho **Fortes** Filho, médio do Fluminense, 28 anos (9/9/1901 – 2/5/1966)

Preguinho (João Coelho Neto), atacante do Fluminense, 25 anos (8/2/1905 – 1/10/1979)

Pamplona (Estanislau de Figueiredo Pamplona), médio do Botafogo, 26 anos (24/3/1904 – 28/10/1973)

Nilo Murtinho Braga, atacante do Botafogo, 27 anos (3/4/1903 – 7/2/1975)

Benedicto Dantas de Moraes Menezes, atacante do Botafogo, 23 anos (30/10/1906 – data de morte não disponível)

Carlos Alberto Dobbert de **Carvalho Leite**, atacante do Botafogo, 18 anos (25/6/1912 – 20/5/2004)

Alfredo **Brilhante** da Costa, defensor do Vasco, 26 anos (5/11/1904 – 8/6/1980)

Itália (Luiz Gervasoni), defensor do Vasco, 23 anos (22/5/1907 – data de morte não disponível)

Fausto dos Santos Nascimento, médio do Vasco, 25 anos (28/1/1905 – 28/3/1939)

Russinho (Moacyr de Siqueira Queiroz), atacante do Vasco, 27 anos (18/12/1902 – 14/8/1992)

Zé Luiz (José Luiz de Oliveira), defensor do São Cristóvão, 23 anos (16/11/1904 – data de morte não disponível)

Theóphilo Bettancourt Pereira, atacante do São Cristóvão, 24 anos (9/8/1906 – 10/4/1988)

Doca (Alfredo Almeida Rêgo), atacante do São Cristóvão, 27 anos (7/4/1903 – data de morte não disponível)

Humberto de Araújo **Benevenuto**, médio do Flamengo, 27 anos (4/8/1903 – data de morte não disponível)

Moderato Wisintainer, atacante do Flamengo, 28 anos (14/7/1902 – 31/1/1986)

Joel de Oliveira Monteiro, goleiro do América, 26 anos (1/5/1904 – 6/5/1990)

Hermógenes Fonseca, médio do América, 21 anos (4/11/1908 – 27/6/1972)

Poly (Polycarpo Ribeiro de Oliveira), atacante do Americano de Campos, 22 anos (26/1/1909 – 24/8/1983)

Manoelzinho (Manoel de Aguiar Fernandes), atacante do Ipiranga de Niterói, 23 anos (22/8/1907 – 22/11/1953)

Oscarino Costa da Silva, defensor do Ipiranga de Niterói, 23 anos (17/1/1907 – 16/9/1990)

Araken Abraham Patusca da Silveira, atacante sem clube (filiado ao Flamengo), 24 anos (17/7/1905 – 24/1/1990)

Rimet, aquela oferta havia sido a primeira demonstração prática da viabilidade de uma competição mundial, e Rimet iria retribuir o agrado. Em 1926, Buero foi nomeado dirigente da Fifa, ganhando espaço para manobrar politicamente junto aos membros da entidade. Em junho de 1928, logo após o Congresso da Fifa em Amsterdã, Buero consultou oficialmente a Associação de Futebol do Uruguai e recebeu sinal verde para prosseguir nas negociações.

O que de fato encantou a Fifa foi a proposta financeira apresentada por Enrique Buero. Além de construir um novo e moderno estádio (que seria o maior do mundo, segundo o projeto inicial), o Uruguai se dispunha a pagar todas as despesas de viagem e alimentação dos países participantes. E ainda a oferecer um prêmio de participação de 4 mil dólares por país, uma ajuda de custo de 75 dólares por pessoa, até o limite de dezessete pessoas, e mais meio dólar por dia para "despesas menores".

Perante dirigentes de 23 países (o delegado brasileiro foi Lafayette de Carvalho), o uruguaio Enrique Buero defendeu a candidatura de seu país e obteve o apoio explícito de Argentina, Chile, Estados Unidos e Brasil. Como o delegado italiano, o advogado Giovanni Mauro, não formalizou a candidatura de seu país, a aprovação se deu por aclamação. Nove dias depois, em 28 de maio, o Uruguai recebeu a autorização da Fifa para começar a tratar dos detalhes operacionais. Um Comitê

> Dirigente de futebol ainda não tinha esse nome no Brasil de 1930. **Os cartolas de então eram chamados, tanto pela imprensa quanto pelos jogadores, de "paredro"**, um termo que resistiu até o início da década de 1950. **A palavra significava "protetor"**. Já o apelido "cartola" surgiu em 7 de janeiro de 1917. O Dublin de Montevidéu, um dos clubes que disputavam o Campeonato Uruguaio, fez uma sequência de quatro amistosos no Rio de Janeiro. O terceiro deles foi contra um combinado de cariocas e paulistas, no campo do Botafogo. A partida terminou em 0 a 0, mas os "paredros" do Dublin roubaram a cena. Tendo à frente seu presidente, Juan Barbat, eles entraram em campo para saudar os torcedores, vestindo fraques e usando vistosas cartolas de um palmo e meio de altura.

por Max Gehringer

Organizador foi imediatamente formado, com os uruguaios Raúl Jude e Enrique Buero, o italiano Giuseppe Zanetti, o holandês Carl Hirschmann e o húngaro Maurice Fischer.

Só treze

Finalmente, Rimet cansou de tanto insistir em ter uma participação europeia mais significativa. Na reunião do Comitê Executivo da Fifa em Budapeste, no dia 13 de junho (quando foi reeleito presidente por mais quatro anos), Rimet anunciou que a primeira Copa do Mundo seria disputada por treze países (quatro europeus, dois norte-americanos e sete sul-americanos). Por isso, a Copa de 1930 seria a única da história a não ter uma fase eliminatória.

A crise na Seleção

No dia 15 de junho, a Associação Paulista de Esportes Atléticos (Apea) resolveu deixar sua posição bem clara. Em carta publicada nos jornais do Rio e de São Paulo, o presidente Elpídio de Paiva escreveu: "Em princípios do corrente ano, a diretoria da Apea pleiteou junto à CBD (*Confederação Brasileira de Desportos*) a nomeação de um de seus membros para integrar a comissão da entidade nacional. Esta pretensão foi mal recebida pela CBD, que, primeiro com protelações, e afinal com a recusa franca, indeferiu o nosso desejo. Nessas condições, para evitar a continuação das humilhações, a Apea recusou cooperar com seus jogadores para formar o selecionado brasileiro".

Nos dias seguintes, a maior parte da imprensa carioca atacou a "falta de patriotismo" dos paulistas. O jornal *A Noite* fez uma pesada crítica ao "regionalismo paulista, impatriótico e pernicioso". *O Globo* censurou as "imposições absurdas" da Apea e elogiou a "altivez necessária" do presidente da CBD. A reação veemente da imprensa carioca tinha razões históricas – nas três vezes em que São

> O regulamento da Fifa (*Réglement Technique*) determinava, em seu artigo 5, que o **número máximo de jogadores inscritos deveria ser de 22. O Brasil inscreveu 24** e deveria, antes do início da Copa, excluir dois jogadores da lista. Não há notícias de que isso tenha sido feito.

Paulo se negara a ceder seus atletas à Seleção, no início da década de 1920, os resultados dentro de campo tinham sido desastrosos. Sem os paulistas, o Brasil não teria um time competitivo para enviar ao Uruguai. Elpídio de Paiva sabia disso e aproveitou a Copa de 1930 para tentar dobrar a CBD. Só que Renato Pacheco, que presidia a CBD desde 1928, decidiu comprar a briga, mesmo que isso custasse a Copa.

Ofendidos com a pichação carioca, os jornais paulistas bateram de volta no mesmo tom. O caldo estava entornado. Em vez de se associarem para ajudar a solucionar o problema, as imprensas do Rio e de São Paulo preferiram jogar lenha na fogueira e fomentar o bairrismo.

Autossuficiência

Ironicamente, dois dias depois, em 27 de junho, a Fifa enviou um telegrama à CBD perguntando se a lista de jogadores brasileiros estava confirmada. Quer dizer, ainda daria tempo para retomar as negociações, se houvesse boa vontade. Mas não houve. E, no dia 28, descobriu-se que não apenas os jogadores paulistas estavam fora da Seleção: a imprensa paulista também tinha sido cortada. À noite, no Salão Nobre do Botafogo, a CBD ofereceu um jantar de despedida à imprensa brasileira. Mas apenas a imprensa carioca, solidária à CBD, foi convidada.

No último treino em solo brasileiro, em 29 de junho, os titulares venceram os reservas por 4 a 0, gerando uma onda de otimismo no Rio. Mas não em São Paulo. Dali em diante, quem lesse os jornais das duas maiores cidades do país iria pensar que existiam duas seleções brasileiras no Uruguai. Os jornais cariocas enfatizavam o respeito e a admiração que os demais países tinham pelos *cracks* brasileiros. O jogador Hermógenes, em entrevista ao diário carioca *A Crítica*, até declarou, na véspera da estreia contra a Iugoslávia: "Fiquem certos: voltaremos

> **Se em 1930 a Seleção tivesse feito a rota aérea Rio-Buenos Aires, o Brasil teria sido o primeiro país a chegar de avião a uma Copa.** Mas a CBD preferiu seguir até Montevidéu por mar, aproveitando a escala no Rio do *Conte Verde*, o navio que trazia as delegações europeias para a América do Sul.

campeões do mundo!". Já os jornais paulistas preferiam antecipar em suas páginas o iminente desastre que aguardava a Seleção.

Logicamente, o resto do Brasil não entendia o que estava acontecendo. Em suas matérias, os jornalistas de outros estados perguntavam: qual era o grande problema em a CBD permitir a simples presença de um paulista na Comissão Técnica? Ou, mesmo após a recusa da CBD, por que a Apea continuava teimando em não liberar seus jogadores, já que o critério de convocação havia sido técnico, e não político? Afinal, dos 23 jogadores inicialmente convocados, quinze eram paulistas.

Tudo pronto para a primeira Copa

Logo após desembarcar em Montevidéu, Jules Rimet concedeu uma entrevista coletiva e exibiu publicamente, pela primeira vez, o troféu *Victoire aux ailes d'or*, "Vitória com asas de ouro". O troféu, com 30 cm de altura e pesando quatro quilos (sendo 1,8 quilo de ouro maciço), foi montado sobre um pedestal de lápis-lazúli, pedra preciosa de cor azul e normalmente associada à realeza.

O esboço inicial – uma mulher com asas, com os braços abertos e levantados – foi de autoria do próprio Rimet. A escultura foi feita pelo artista francês Abel Lafleur (1875-1953), que na época trabalhava como assistente de restaurador no Museu de Belas-Artes de Rodez e possuía um pequeno ateliê em Boulogne-sur-Seine, nas franjas de Paris. A taça havia sido encomendada por Jules Rimet um ano antes da Copa, mas o trabalho de Lafleur, desacostumado a trabalhar com ouro, consumiria longos sete meses. A taça custou 50 mil francos franceses, ou 14.500 dólares, uma bela quantia na época, suficiente para com-

> Existiam duas diferenças entre as marcações dos gramados de 1930 e as atuais. A primeira é que **não havia a "marca do pênalti"**. O juiz contava as dez jardas a partir da linha do gol e colocava a bola no local da cobrança. A segunda é que em 1930 ainda **não havia a "meia-lua" da grande área**, que é a parte visível de um círculo de dez jardas de raio, tendo como centro a marca do pênalti. A meia-lua e a marca penal seriam introduzidas pela International Board em 1937.

prar meia dúzia de automóveis Citroën.

O primeiro pôster

Os cartazes das Copas foram inspirados pelos dos Jogos Olímpicos – o primeiro cartaz olímpico data de 1912, nos Jogos de Estocolmo. O da Copa de 1930 foi desenhado em estilo *art déco* pelo pintor, escultor e cenógrafo uruguaio Guillermo Laborde (1886-1940).

Regulamento

Finalmente, com dez dos treze países já em solo uruguaio (além de Bolívia e Paraguai, faltava ainda a vizinha Argentina, que só chegaria no dia 8), a Fifa se reuniu na noite de 7 de julho, segunda-feira, para realizar o sorteio. Ficaram definidos como cabeças de chave o Uruguai, a Argentina e o Brasil. O quarto grupo seria bicéfalo, encabeçado pelo Paraguai e pelos Estados Unidos.

Com os cinco cabeças de chave definidos, o sorteio dos oito países restantes foi dirigi-

> Felipe Rosas Sánches, 20 anos, e seu irmão Manuel (18 ou 22 anos, dependendo da fonte consultada), foram os **primeiros irmãos a atuar em uma partida de Copa**. Ambos eram jogadores do Atlante.

do, para evitar a concentração de europeus ou de sul-americanos em um único grupo. Assim, cada um dos quatro europeus foi sorteado para um grupo, e a Iugoslávia caiu no grupo do Brasil. Em seguida, os três outros sul-americanos – Chile, Bolívia e Peru – foram sorteados nos três primeiros grupos (porque o quarto grupo já tinha dois países das Américas, o Paraguai e os Estados Unidos). No grupo do Brasil, caiu a Bolívia. Finalmente, quando já haviam sido constituídos quatro grupos com três equipes cada um, o último país remanescente – o México – foi sorteado para um dos grupos, e caiu no Grupo 1 (o único com quatro equipes).

Dentro de cada grupo, todos os times se enfrentariam entre si, e apenas o primeiro colocado passaria para as semifinais. Se houvesse empate entre duas equipes no número de pontos ganhos, o critério de desempate seria o *goal average*, a divisão dos gols marcados pelos gols sofridos. Assim, como o grupo do Bra-

por Max Gehringer

sil só tinha três equipes, e como uma delas – a Bolívia – era reconhecidamente frágil, o primeiro jogo, entre Brasil e Iugoslávia, já teria o peso de uma decisão. Quem perdesse estaria praticamente eliminado da Copa.

O primeiro gol das Copas

Dois jogos abriram a história das Copas do Mundo: Estados Unidos x Bélgica e França x México (na véspera do 141º aniversário da queda da Bastilha). Disputado no Estádio Pocitos, campo do Peñarol, a partida entre França e México foi a que despertou menor atenção: menos de 5 mil pessoas foram vê-la,

> Apesar de sua importância histórica, o gol de Laurent, na partida entre França e México, permaneceu "esquecido" por quase trinta anos. A agência UPI, que enviava as notícias de Montevidéu para centenas de **jornais do mundo, resumiu a partida em apenas dez linhas, sem sequer mencionar os autores dos gols**. Foi só a partir da década de 1950, quando as pesquisas sobre as Copas se tornaram mais detalhadas, que os estudiosos resgataram o gol número 1.

proporcionando a segunda menor renda de toda a Copa. Embora Estados Unidos x Bélgica tenha atraído uma plateia duas vezes maior, França x México é que entraria para a história, por uma circunstância – o primeiro gol marcado em Copas. Aos 15 minutos do primeiro tempo, o ponteiro francês Libérati passou por seu marcador e cruzou para a entrada da área. O zagueiro mexicano Manuel Rosas errou o tempo da bola, e ela sobrou limpa para Lucien Laurent, que acertou um chute cruzado de primeira, à meia altura, no canto direito do goleiro Bonfiglio. De todos os gols históricos das Copas, esse é o único sem nenhum registro fotográfico conhecido.

Iugoslávia 2 x 1 Brasil

O Brasil usou na Copa um uniforme composto de camisas brancas de manga comprida, com punhos de cor anil, e calções azuis. As meias eram pretas, com frisos brancos e azuis. No lado esquerdo do peito, o escudo da CBD. A camisa branca seria o uniforme oficial da Seleção até 1953, quando foi aposentada e substituída pela famosa camisa amarela.

Três dias antes do jogo, o dirigente iugoslavo Mihajlo Andrejevic havia declarado aos jornalistas que a Iugoslávia encarava o jogo contra o Brasil "sem grandes pretensões, dado o adiantamento do futebol sul-americano". No sábado, antevéspera da partida, o chefe da delegação brasileira, Afrânio da Costa, foi assistir ao treino da Iugoslávia. E saiu exultante, dizendo à imprensa que "sentia aumentar ainda mais a confiança que já tinha nos jogadores brasileiros". Na véspera da partida o jornal carioca *A Crítica* ecoou esse otimismo, chamando o jogo contra os iugoslavos de "Início da Marcha Irresistível para a Conquista do Campeonato".

A segunda-feira, dia da estreia do Brasil, amanheceu gelada. A previsão meteorológica era de "tempo incerto e frio intenso, soprando forte ventania e sem previsão de melhoras". Às 15h10, com a ventania a seu favor, os iugoslavos deram a saída. Nos primeiros dez minutos, o ataque do Brasil exigiu duas boas defesas do goleiro Jaksic, mas a Iugoslávia logo equilibrou o jogo e fez 1 a 0 num lance de sorte. Aos 25 minutos, Pamplona cobrou um escanteio para o Brasil e Stevanovic rebateu com um chutão para o meio de campo. O ponteiro Sekulic recolheu a bola, correu à frente de Hermógenes e chutou da entrada da área. A bola desviou em Itália e o goleiro Joel só espalmou. Tirnanic, entrando sem marcação pela meia-direita, concluiu com um toque rasteiro no meio do gol.

Oito minutos depois, em outro lance fortuito, a Iugoslávia aumentou para 2 a 0. Da

OS JOGOS DO BRASIL

IUGOSLÁVIA 2   BRASIL 1

14 de julho de 1930 • Segunda-feira
Estádio Parque Central • 12h45

Gols no 1ºT • 1 × 0 Aleksandar Tirnanic 26',
2 × 0 Ivan Bek 34'
Gol no 2ºT • 2 × 1 Preguinho 16'

IUGOSLÁVIA • Jaksic, Ivkovic, Mihajlovic, Arsenijevic, Stevanovic, Djokic, Tirnanic, Marjanovic, Ivan Bek, Vujadinovic, Sekulic. **Técnico** Bosko Simonovic

BRASIL • Joel, Brilhante, Itália, Hermógenes, Fausto, Fernando, Pamplona, Poly, Nilo, Araken, Preguinho, Teóphilo. **Técnico** Píndaro de Carvalho Rodrigues

PÚBLICO ESTIMADO • 10.000

Juiz: Aníbal Tejada (Uruguai)
Auxiliares: Vallarino (Uruguai) e Balway (França)

por Max Gehringer

ponta esquerda, a bola foi cruzada por Sekulic para a área do Brasil. Parecia um lance tranquilo, mas Brilhante, na marca do pênalti, rebateu mal. Dessa vez a bola sobrou para Bek, ligado, chutar de primeira no canto direito. Aos 41 minutos, o juiz Aníbal Tejada ainda anularia, por impedimento passivo de Vujadinovic, o que seria o terceiro gol iugoslavo – marcado por Tirnanic. O Álbum Oficial da Copa resumiria assim o primeiro tempo: "O time iugoslavo foi melhor, mas a diferença de dois gols foi exagerada".

No segundo tempo, com o vento a seu favor, o Brasil chegou seguidas vezes à área iugoslava. Numa delas, aos 16 minutos, saiu o primeiro gol brasileiro em uma Copa. Após um escanteio rebatido de cabeça por Stevanovic, Fausto recuperou a bola, deu um corte em Vujadinovic e fez um cruzamento alto para a área. Preguinho saltou com Ivkovic e, na caída da bola, chutou de voleio no ângulo esquerdo de Jaksic. Daí em diante os brasileiros dominaram as ações, mas sem eficiência, porque o campo pesado e lamacento impedia o toque de bola. Até o final do jogo, o Brasil se limitou a fazer cruzamentos para a área iugoslava, mas sem sucesso.

Após a derrota, os jogadores brasileiros acharam duas justificativas para o fracasso: o campo de jogo totalmente encharcado, que beneficiava os europeus, e "o frio atroz e ininterrupto de 2 °C". O frio era tanto que os brasileiros entraram em campo com duas camisetas sob a camisa da CBD. E, no intervalo do jogo, tiveram de se enrolar em cobertores e tomar chá quente para suportar a baixa temperatura.

Ao perceber que as chances de classificação do Brasil passavam a depender de uma improvável vitória da Bolívia sobre a Iugoslávia, o jornal carioca *A Crítica* – que durante toda a confusão antes do embarque para o Uruguai havia defendido a postura enérgica da CBD – repentinamente mudou de ideia: em sua edição de 15 de julho, acusou: "Foi a política infame da CBD que arrastou o Brasil à derrota".

> Romênia 3 x 1 Peru é o **jogo com a menor plateia** na história das Copas. Várias fontes mencionam uma plateia de apenas **300 "testemunhas"**.

Brasil 4 x 0 Bolívia

Um jogo com valor histórico, por ser a primeira vitória brasileira em uma Copa do Mundo. Para compensar a falta de um centroavante no jogo anterior, dessa vez o Brasil entrou com dois: Russinho e Carvalho Leite. Além deles, outros quatro jogadores estrearam: o goleiro Velloso, o zagueiro Zé Luiz e os ponteiros Benedicto e Moderato.

Apesar do placar de 4 a 0, a vitória sobre a Bolívia foi definida pelo jornal carioca *A Crítica* como "uma intolerável monotonia numa luta sem brilho". Devido à falta de interesse, o Estádio Centenário parecia praticamente deserto quando o jogo começou. Menos de mil torcedores se espalhavam pelas arquibancadas, e o público só melhoraria a partir do segundo tempo. O jogo do Brasil foi a preliminar de Paraguai e Bélgica, disputado às 15 horas.

Brasil e Bolívia entraram em campo de camisas brancas. Os calções também não ajudavam na diferenciação (azuis os brasileiros e pretos os bolivianos). Por isso, após alguns minutos de jogo, o juiz francês Balway decidiu interromper a partida. Como nem Brasil nem Bolívia tinham um segundo uniforme à mão naquele momento, decidiu-se que uma das equipes usaria as únicas camisas disponíveis no Estádio Centenário: as de treino da Seleção do Uruguai. E nem houve sorteio. Os dirigentes uruguaios ofereceram o uniforme aos bolivianos, e a oferta foi aceita. Assim, a Bolívia atuou – pela única vez em sua história – de azul-celeste.

Mesmo enfrentando um adversário tecnicamente muito inferior, o Brasil demorou até conseguir o primeiro gol: aos 37 minutos do primeiro tempo, Carvalho Leite chutou no travessão e no rebote Moderato fez 1 a 0. A goleada viria no segundo tempo. Aos 12 minutos, o goleiro Bermúdez rebateu, sem força, um cruzamento de Benedicto. Na marca do pênalti, Fausto ajeitou para Preguinho, que fez 2 a 0. Aos 28 minutos, Carvalho Leite, famoso por seu estilo "tanque", trombou com dois bolivianos e a bola sobrou para Moderato, que concluiu para o gol. Aos 42 minutos, Preguinho fechou o placar, com um chute rasteiro de dentro da área, pela meia-esquerda.

por Max Gehringer

1930

Algumas fontes registram que o goleiro Velloso teria defendido um pênalti quando o jogo ainda estava 0 a 0. Segundo os jornais da época, o que Velloso defendeu, de forma sensacional, foi uma falta perigosa, cometida pelo zagueiro Itália sobre Bustamante, e cobrada quase da risca da grande área pelo médio Renato Saínz.

BRASIL 4   BOLÍVIA 0

20 de julho de 1930 • Domingo
Estádio Centenário • 13h00
(Preliminar de Paraguai x Bélgica)

Gol no 1º T • 1 × 0 Moderato 37'
Gols no 2º T • 2 × 0 Preguinho 12',
3 × 0 Moderato 28', 4 × 0 Preguinho 42'

BRASIL • Velloso, Zé Luiz, Itália, Hermógenes, Fausto, Fernando, Benedicto, Russinho, Carvalho Leite, Preguinho, Moderato.
Técnico Píndaro de Carvalho Rodrigues

BOLÍVIA • Bermúdez, Durandal, Chavarría, Saínz, Lara, Balderrama, Ortiz, Bustamante, Méndez, Alborta, Fernández. **Técnico** Ulises Saucedo

PÚBLICO ESTIMADO • 8.000

Juiz: Thomas Balway (França)
Auxiliares: Mateucci (Uruguai) e Vallejo (México)

As semifinais

Na noite da terça-feira, dia 22 de julho, como mandava o regulamento, a Fifa promoveu um sorteio para definir os adversários das semifinais. Era um risco enorme, porque a tão esperada final entre Uruguai e Argentina poderia se transformar numa semifinal. As bolinhas numeradas foram colocadas em uma urna – Argentina (1), Estados Unidos (2), Uruguai (3) e Iugoslávia (4). Jules Rimet, que presidia a cerimônia, convidou um jornalista presente para sortear a primeira bolinha. Ela tinha o número 1, o da Argentina. Sob intensa expectativa, outro jornalista tirou a bolinha número 2, a dos Estados Unidos. E todo mundo respirou aliviado.

O sorteio definiu também a ordem dos jogos: Argentina x Estados Unidos seria no sábado e Uruguai x Iugoslávia no domingo. Em caso de empate, haveria uma prorrogação de quinze minutos, dividida em dois tempos de sete minutos e meio. Se o empate persistisse, haveria uma segunda prorrogação. Se mesmo assim não surgisse um vencedor, seria disputado um jogo extra na segunda-feira, dia 28. Se esse jogo também terminasse empatado, no tempo normal e nas duas prorrogações, o vencedor sairia por meio de um sorteio.

A final

Uruguai e Argentina foram à final. Os uruguaios bateram a Iugoslávia por 6 a 1. Pelo mesmo placar, a Argentina derrotou os Estados Unidos. Essa foi a única final de Copa disputada num dia de semana (uma quarta-feira). Todas as demais finais, de 1934 em diante, aconteceram aos domingos – com exceção da de 1966, marcada para um sábado, por motivos religiosos.

Montevidéu e Buenos Aires são duas cidades separadas pelos 200 km do estuário do rio da Prata. Essa proximidade fez com que, em 29 anos (de maio de 1901 a maio de 1930), Uruguai e Argentina já tivessem disputado inacreditáveis 94 jogos oficiais entre si (e mais 23 não oficiais, desde 1889, reconhecidos apenas por um ou outro dos dois países). Nos jogos oficiais, até antes do início da Copa de 1930, a vantagem era da Argentina: 38 vitórias, 26 empates e trinta derrotas, com 139 gols a favor e 120 contra.

Na antevéspera da decisão, o cantor Carlos Gardel, 42 anos, o rei do tango, visitou as concentrações da Argentina e do Uruguai e entoou suas canções para as delegações dos dois países. O simpático gesto revoltou a Ar-

A FINAL

URUGUAI 4   ARGENTINA 2

30 de julho de 1930 • Quarta-feira
Estádio Centenário • 14h15

Gols no 1ºT • 1 × 0 Dorado 12', 1 × 1 Peucelle 20', 1 × 2 Stábile 38' | **Gols no 2ºT** • 2 × 2 Cea 13', 3 × 2 Iriarte 23', 4 × 2 Castro 44'

URUGUAI • Ballesteros, Nasazzi, Mascheroni, Andrade, Fernández, Gestido, Dorado, Scarone, Castro, Cea, Iriarte. **Técnico** Alberto Suppici

ARGENTINA • Botasso, Della Torre, Paternoster, Juan Evaristo, Monti, Suárez, Peucelle, Varallo, Stábile, Ferreira, Mario Evaristo. **Técnicos** Juan José Tramutola e Francisco Olazar

PÚBLICO ESTIMADO • 80 mil (71 mil pagantes)

Juiz: Jean Langenus (Bélgica)
Auxiliares: Christophe (Bélgica) e Saucedo (Bolívia)

por Max Gehringer

gentina, onde Gardel, o artista mais famoso do país, era considerado "patrimônio nacional", embora fosse francês de nascimento. Já os uruguaios acharam tudo normal, porque o tango é a música tradicional de ambos os países.

Ao meio-dia, duas horas antes do início da partida, o estádio já estava lotado. A estimativa do número de espectadores no jogo final varia entre 75 mil e 80 mil, e a razão é que muita gente entrou sem pagar. Por isso, embora esse tenha sido o jogo com maior público, não foi o de maior renda. A renda oficial da decisão foi de 30.200 dólares. A semifinal entre Uruguai e Iugoslávia arrecadou 35.057 dólares.

A partida começou com quinze minutos de atraso, devido a um impasse sobre a bola

OS 11 CAMPEÕES

Enrique **Ballesteros**, goleiro do Rampla Juniors, 25 anos (18/1/1905 – 11/10/1969)

José **Nasazzi**, zagueiro do Bella Vista, 29 anos (24/5/1901 – 17/6/1968)

Ernesto **Mascheroni**, zagueiro do Olympia, 22 anos (21/11/1907 – 3/7/1984)

José Leandro **Andrade**, médio do Nacional, 28 anos (22/11/1901 – 5/10/1957)

Lorenzo **Fernández**, médio do Peñarol, 30 anos (20/5/1900 – 16/11/1973)

Alvaro **Gestido**, médio do Peñarol, 23 anos (17/5/1907 – 18/1/1957)

Pablo **Dorado**, ponteiro do Bella Vista, 22 anos (22/6/1908 – 18/11/1978)

Héctor Pedro **Scarone**, centroavante do Nacional, 31 anos (26/11/1898 – 4/4/1967)

Héctor **Castro**, atacante do Nacional, 25 anos (29/11/1904 – 15/9/1960)

José Pedro **Cea**, atacante do Nacional, 30 anos (1º/9/1900 – 18/9/1970)

Victoriano **Santos Iriarte**, ponteiro do Racing Club, 27 anos (2/11/1902 – 10/11/1968)

Alberto Horacio Suppici, 32 anos (20/11/1898 – 21/6/1981). O preparador físico transformado em técnico era ligado desde a infância ao Peñarol. Após cuidar da forma atlética da seleção campeã olímpica de 1928, Suppici foi nomeado diretor técnico pela Federação Uruguaia, mais pelo seu ótimo relacionamento com os jogadores do que por seus conhecimentos específicos sobre futebol. Em 1948, Suppici chefiou a delegação do Uruguai nos Jogos Olímpicos de Londres.

do jogo. As bolas utilizadas na Copa (e também nos campeonatos uruguaios) haviam sido importadas da Inglaterra. Mas os campeonatos argentinos, desde o início da década de 1920, vinham sendo disputados com bolas de fabricação própria. Como nenhum dos lados parecia disposto a ceder, a Comissão Organizadora resolveu que uma bola seria usada no primeiro tempo e outra no segundo. E o "fator bola" realmente parece ter influenciado no resultado. A Argentina ganhou o sorteio (feito no vestiário do juiz, com a presença dos capitães) e usou a sua bola no primeiro tempo (venceu por 2 a 1).

No segundo tempo, os uruguaios usaram sua bola e venceram por 3 a 0.

Se a Argentina mereceu a vitória no primeiro tempo, na etapa final os uruguaios começaram tomando conta do jogo. Aos 13 minutos, depois de muita pressão, o Uruguai fez 2 a 2. Scarone dominou a bola fora da área, pela meia-esquerda, marcado por dois argentinos. Ao ver a aproximação de Cea pelo centro, Scarone só rolou a bola. E Cea, de carrinho, concluiu para o meio do gol quando Botasso saía a seu encontro.

A partir do gol de empate, as duas equipes diminuíram um pouco o ritmo. Mas, aos 23 minutos, o ponteiro-esquerdo Santos Iriarte se deslocou para a meia-esquerda e recebeu a bola de Mascheroni. De uma distância de 25 m, Santos Iriarte acertou um chute fortíssimo, que entrou no ângulo direito de Botasso. Daí em diante, durante vinte minutos, só deu Argentina. A pressão era grande e o gol de empate parecia iminente a cada ataque. Aos 40 minutos, Varallo, mesmo capengando, tocou para o gol. O médio Andrade conseguiu salvar em cima da risca.

OS OUTROS 11 CAMPEÕES

Miguel **Cappuccini**, goleiro do Peñarol, 26 anos
Domingo **Tejera**, zagueiro do Wanderers, 31 anos
Juan Carlos **Calvo**, zagueiro do Misiones, 24 anos
Emilio **Recoba**, zagueiro do Nacional, 28 anos
Santos **Urdinarán**, médio do Nacional, 30 anos
Ángel **Melogno**, médio do Bella Vista, 25 anos
Conduelo **Píriz**, médio do Nacional, 25 anos
Carlos **Riolfo**, meia do Peñarol, 24 anos
Juan Peregrino **Anselmo**, atacante do Peñarol, 25 anos
Pedro **Petrone**, atacante do Nacional, 25 anos
Zoilo **Saldombide**, atacante do Wanderers, 24 anos

por Max Gehringer

No penúltimo minuto de jogo, o Uruguai foi à frente. E um cruzamento de Dorado, da ponta direita, encobriu o argentino Della Torre, que não saltou. Atrás dele, no bico da pequena área, estava Castro. Com um toque de cabeça, Castro colocou a bola no centro do gol, quase rente ao travessão, por sobre o goleiro Botasso. Dirigentes e torcedores invadiram o campo para comemorar, e o jogo ficou paralisado por vários minutos. Quando, finalmente, os penetras se retiraram, a Argentina deu a saída, e o juiz Langenus encerrou o jogo. O Uruguai era o primeiro campeão do mundo.

> "Manco" Castro, autor do último gol da Copa, tinha esse apelido por não ter uma das mãos. **O termo "manco" em castelhano é aplicado para quem tem deficiência nas mãos**, ao contrário do português, em que é atribuído a problemas nas pernas.

O artilheiro

O artilheiro foi Guillermo Stábile, 25 anos, da Argentina, com oito gols em quatro jogos (Stábile não participou do jogo de estreia da Argentina).

1934

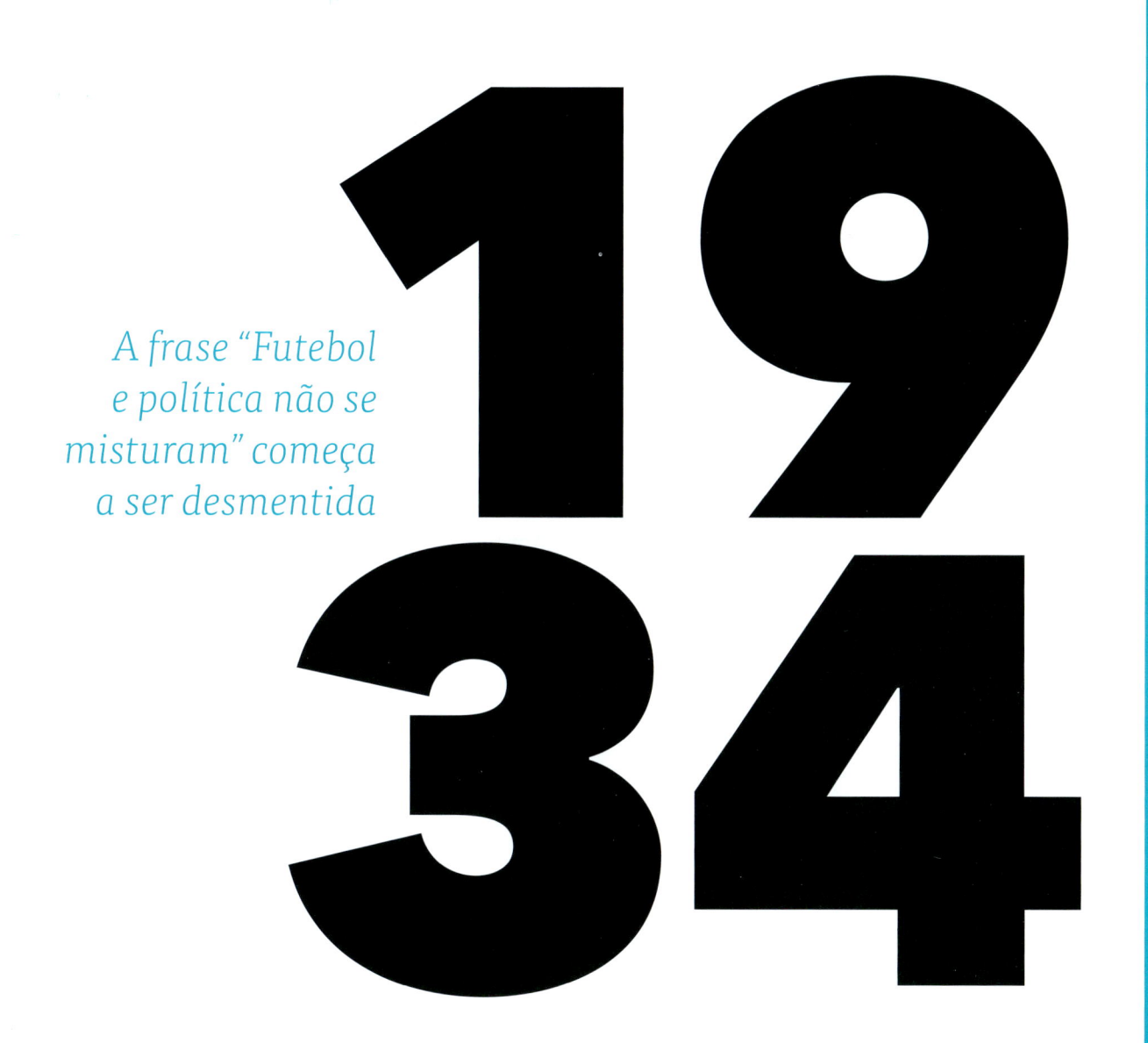

A frase "Futebol e política não se misturam" começa a ser desmentida

Almanaque dos Mundiais

Copa à italiana

Em 1932, Jules Rimet, presidente da Fifa, transferiu a sede da entidade de Paris para Zurique, na neutra Suíça. Era o primeiro imóvel próprio da Fifa após 28 anos de existência, mas sem nenhuma ostentação – um escritório de 30 m² no número 77 da Bahnhofstrasse ("Rua da Estação", na tradução do alemão). O alemão dr. Ivo Schriker, 55 anos, foi contratado como secretário, tornando-se o primeiro empregado registrado da Fifa (e o quadro de funcionários só seria aumentado dezesseis anos depois, em 1948, com a admissão da suíça Marta Kurmann, 30 anos, como assistente). Os estatutos da entidade também passariam por uma reforma em 1932, com a criação de um Comitê Executivo de oito membros, além de Jules Rimet. Entre outras atribuições, esse Comitê seria responsável pela definição da sede da Copa de 1934, uma tarefa que acabaria sendo relativamente fácil.

No 21º Congresso da Fifa, em Estocolmo, na Suécia, em 13 e 14 de maio de 1932, a Itália se apresentou, sem oposição, para sediar a Copa. A Suécia, que em 1931 também havia manifestado o desejo de organizar o torneio, já tinha desistido de sua candidatura. Giovanni Mauro, representante italiano no Congresso de 1932, conquistou a imediata simpatia dos participantes ao afirmar que dinheiro não era problema. O custo estimado – 3,5 milhões de liras – já estava comprometido com o governo. Os delegados dos 29 países presentes votaram a favor da Itália, mas o recém-empossado Comitê Executivo pediu garantias mais concretas desse apoio governamental. Sete dias depois, uma carta chegou à sede da Fifa confirmando a disponibilidade da dinheirama.

A formalização da escolha da Itália ocorreria numa reunião ordinária do Comitê em Zurique, no dia 9 de outubro de 1932, mas a verdade é que, desde 1929, quando havia sido preterida na escolha da sede para a Copa de 1930, a Itália já vinha sendo considerada como a escolha óbvia para promover a Copa seguinte. Tanto que os investimentos italianos em infraestrutura e estádios começaram bem antes de a Fifa publicar a decisão oficial. Por trás do empenho da Federação Italiana em organizar a Copa, havia uma força política que não podia ser subestimada: a do ditador Benito Mussolini, Il Duce, e seu Partido Nacional Fascista.

Investimentos e fundos

Para arrecadar fundos suficientes, o Partido Fascista criou uma loteria nacional. E aumentou os impostos sobre vários produtos – com destaque para os cigarros –, que passaram a trazer impressas nas embalagens alusões à Copa do Mundo. Assim, o comprador saberia que estava pagando um preço mais alto, mas por uma boa causa. A Itália foi também o primeiro país a emitir selos usando como tema a Copa do Mundo. Foram nove séries de selos, atualmente muito procurados por filatelistas.

No terreno prático, Mussolini ordenou a construção de três estádios, nas cidades de Turim, Nápoles e Trieste. Para não deixar dúvidas sobre quem era o benfeitor, o de Turim ganharia o nome de Stadio Mussolini. Outros estádios seriam reformados ou ampliados em Gênova, Florença e Roma, este rebatizado de Stadio Nazionale del PNF, a sigla do

A ITÁLIA

» Apenas a partir da década de 1920 – com a ascensão política de Benito Mussolini – é que a Itália voltaria a acalentar sonhos de se tornar novamente uma potência mundial. E foi essa "nova Itália" que se candidatou a sediar a Copa de 1934. Curiosamente, em 1934 a cidade de Roma tinha 1,1 milhão de habitantes, a mesma população que tivera 2 mil anos antes (Roma foi a primeira cidade do mundo a atingir a marca do milhão de moradores). Há controvérsias quanto à origem da palavra "Itália", mas a corrente etimológica mais forte sustenta que ela veio do grego *italós*, "boi". Embora todo mundo – inclusive os italianos – chame o país de Itália, o nome oficial da nação é *Repubblica Italiana*.

» O nacionalismo, entretanto, faria com que o Milan e o Genoa (clubes fundados por ingleses e cujos nomes são as formas inglesas dos nomes das cidades) tivessem de adotar brevemente nomes legitimamente italianos: "Milano" e "Genova". Fundado em 1893, o "Genoa Cricket and Football Club" foi a primeira equipe de futebol da Itália.

O BRASIL EM 1934

» A população brasileira era de 39,9 milhões de habitantes. O estado mais populoso era Minas Gerais, com 7,3 milhões. A maior cidade era o Rio de Janeiro, então a capital federal, com 1,6 milhão de moradores. A concentração populacional no Rio de Janeiro era tão grande que apenas seis estados tinham uma população maior do que a capital federal – Minas Gerais, São Paulo (6,3 milhões), Bahia (4,1 milhões), Pernambuco (2,9 milhões), Rio Grande do Sul (2,9 milhões) e o estado do Rio (2 milhões). E os números mostravam que essa concentração estava aumentando: de 1930 até 1934, a população do Brasil tinha crescido 6%. E a da cidade do Rio de Janeiro, 8%.

» As três músicas mais executadas nas rádios em 1934 foram "Agora é cinza", com Mário Reis; "Na batucada da vida", com Carmen Miranda; e "Cidade Maravilhosa", marcha que se tornaria o hino extraoficial da cidade do Rio de Janeiro.

» O livro *Casa grande & senzala*, escrito pelo sociólogo pernambucano Gilberto Freyre (1900-1987), mostrou, pela primeira vez, o choque entre o "Brasil faz de conta", das elites intelectuais brancas, e o "Brasil de verdade", fortemente influenciado pelo modo de vida da população negra.

Partito Nazionale Fascista. Até mesmo o Stadio San Siro, em Milão (o primeiro estádio italiano dedicado exclusivamente ao futebol, inaugurado em 1926), passou por reformas – sua capacidade foi ampliada de 35 mil para 45 mil espectadores.

Desistências

A eficiente propaganda fascista contaminou rapidamente a Europa, apesar da crise econômica mundial que havia se iniciado com a quebra da Bolsa de Nova York, em 1929. Além disso, a Copa seria o primeiro grande torneio intercontinental em quatro anos, já que o futebol havia ficado de fora dos Jogos Olímpicos de 1932, em Los Angeles, nos Estados Unidos, por não ser mais considerado um esporte amador pelo Comitê Olímpico Internacional.

O único senão é que duas grandes baixas já seriam sentidas bem antes de a Copa começar. A primeira foi a do Uruguai, então o campeão mundial. Ainda em 1933, o dr. Mario Ponce de León, presidente da Associação Uruguaia de Futebol, havia recusado formalmente o convite feito pela Fifa, em represália

por Max Gehringer

à ausência dos principais países europeus na Copa disputada três anos antes, em Montevidéu. Seria a única vez em que o campeão do torneio anterior não defenderia seu título.

A segunda ausência seria a da Inglaterra, que estava afastada da Fifa desde 1928 e insistia em seu "esplêndido isolamento doméstico". Para os ingleses, uma Copa do Mundo servia apenas para apontar o campeão de um torneio, e não para eleger a melhor seleção do mundo. Esse título, segundo os ingleses, pertencia por direito à Inglaterra, mesmo não participando da Copa. E mesmo que os resultados dentro de campo insinuassem o contrário: em maio de 1934, a Inglaterra foi derrotada em jogos amistosos pela Hungria e pela Tchecoslováquia. Acompanhando a decisão da Inglaterra, os demais membros da comunidade britânica – Escócia, Irlanda do Norte e Gales – também recusaram o convite da Fifa.

Uma nova Seleção para o Brasil

Depois da decepção na Copa de 1930, o Brasil trocou de técnico – assumiu o carioca Luiz Vinhaes, 35 anos, que dirigia o São Cristóvão – e

» Em 25 de janeiro, foi criada a USP, Universidade de São Paulo, reunindo várias faculdades então existentes – entre elas a célebre Faculdade de Direito do Largo de São Francisco, fundada em 1827. Para muita gente, a criação da USP pareceu, na época, uma miragem: a de proporcionar ensino superior gratuito num país que tinha mais de 60% de analfabetos.

» Em 24 de fevereiro, o novo Código Eleitoral instituiu o sufrágio secreto e obrigatório e concedeu às mulheres brasileiras o direito ao voto. Além disso, a idade mínima para votar foi reduzida de 20 para 18 anos.

» Em outubro, o limite de velocidade nas rodovias paulistas foi elevado de 60 para 80 km por hora, atendendo aos pedidos dos proprietários dos "possantes bólidos sobre rodas" da época.

» Em 17 de julho de 1934, aos 52 anos, o gaúcho Getúlio Vargas – que havia assumido "provisoriamente" o poder em 1930, por meio de um golpe – foi eleito presidente da República pela Assembleia Constituinte (que havia sido eleita pelo povo, por voto direto e secreto, no ano anterior). Assim, o governo de Getúlio Vargas tornava-se legítimo, embora não restassem muitas dúvidas de que Getúlio tinha sérias intenções de se perpetuar no poder.

fez apenas dois jogos oficiais nos dois anos seguintes, ambos contra o Uruguai, pela Copa Rio Branco. O primeiro aconteceu em 6 de setembro de 1931 (vitória brasileira por 2 a 0, nas Laranjeiras, no Rio de Janeiro) e o segundo em 4 de dezembro de 1932 (nova vitória, por 2 a 1, no Estádio Centenário em Montevidéu).

Nessa segunda partida, os jogadores paulistas ficaram de fora, porque São Paulo estava saindo de uma guerra contra o governo de Getúlio Vargas: a Revolução Constitucionalista havia começado em julho de 1932, provocando a paralisação do Campeonato Paulista. Até Arthur Friedenreich, o jogador de maior prestígio dos primeiros trinta anos do futebol brasileiro, tinha se alistado nas tropas paulistas e trocado a bola pelo fuzil – gesto que lhe valeu uma imediata nomeação como sargento e uma posterior promoção a tenente. No Rio, Flamengo e Vasco se recusaram a ceder seus jogadores para a Seleção.

Por isso, no Rio, por desavenças políticas entre cartolas, Flamengo e Vasco se recusaram a ceder seus jogadores para a Seleção. Por isso, o técnico Luiz Vinhaes montou uma equipe com jogadores de Botafogo, Fluminense, Bangu e São Cristóvão, enxertada com alguns talentos de equipes de menor expressão do Rio de Janeiro – o Bonsucesso, o EC Carioca do Jardim Botânico e o SC Brasil da Urca. O Uruguai também vivia uma fase de renovação – apenas cinco de seus titulares de 1932 haviam atuado em 1930 –, mas carregava o imponente título de campeão do mundo. O Brasil não apenas venceu o jogo em Montevidéu, superando todas as expectativas, como também revelou um jovem atacante do Bonsucesso: Leônidas da Silva. Aos 19 anos, Leônidas fazia sua estreia oficial na Seleção e foi o

> O Egito fica na África e na Ásia – uma questão mais de conveniência do que de geografia. A Palestina de 1934 era um país asiático. Ambos tiveram a honra de ser os primeiros representantes dos continentes asiático e africano em uma Eliminatória. **Os confrontos contra os egípcios foram os dois primeiros jogos internacionais da Palestina**, na época um protetorado sob administração britânica, e que nada tem a ver com a atual Palestina árabe. A Seleção da Palestina de 1934 foi formada por jogadores de origem judaica.

por Max Gehringer

1934

autor dos dois gols brasileiros. Em partida não oficial, Leônidas atuara no jogo treino da Seleção contra o Andarahy carioca uma semana antes, em 27 de novembro – e não fizera gols na vitória por 7 a 2.

Na semana seguinte, o Brasil aproveitaria a estada e jogaria mais duas vezes em Montevidéu, vencendo o Peñarol (1 a 0, em 8 de dezembro) e o Nacional (2 a 1, quatro dias depois). Leônidas, machucado, não atuou nessas duas partidas, e quem se destacou foi Domingos da Guia, 20 anos, o primeiro zagueiro central clássico do futebol brasileiro e recém-transferido do Bangu para o Vasco. As três vitórias em campos uruguaios geraram um clima de otimismo: com aquela nova geração de craques, o Brasil certamente teria condições de conquistar a Copa de 1934.

A SELEÇÃO

Roberto Gomes **Pedrosa**, goleiro do Botafogo, 21 anos (8/6/1913 – 5/7/1954)

Sylvio Hoffman Mazzi, zagueiro do São Paulo da Floresta, 26 anos (11/5/1908 – 15/11/1991)

Luiz Luz (Luiz dos Santos Luz), zagueiro do Grêmio, 25 anos (26/1/1909 – 27/10/1989)

Alfredo Alves **Tinoco**, médio do Vasco, 29 anos (2/12/1904 – 4/7/1975)

Martim Mércio da Silveira, médio do Botafogo, 23 anos (21/4/1911 – 27/5/1972)

Heitor **Canalli**, médio do Botafogo, 24 anos (31/3/1910 – 21/7/1990)

Luizinho (Luiz Mesquita de Oliveira), atacante do São Paulo da Floresta, 23 anos (29/3/1911 – 27/12/1993)

Waldemar de Brito, atacante do São Paulo da Floresta, 21 anos, (17/5/1913 – 21/2/1979)

Armandinho (Armando dos Santos), atacante do São Paulo da Floresta, 23 anos (3/6/1911 – 26/5/1972)

Leônidas da Silva, atacante do Vasco, 20 anos (6/9/1913 – 24/1/2004)

Patesko (Rodolfo Barteczko), atacante do Nacional de Montevidéu, 23 anos (12/11/1910 – 13/3/1988)

Germano Boettcher Sobrinho, goleiro do Botafogo, 23 anos (14/3/1911 – 9/6/1977)

Octacílio Pinheiro Guerra, zagueiro do Botafogo, 24 anos (21/11/1909 – 26/2/1967)

Ariel Augusto Nogueira, médio do Botafogo, 24 anos (22/2/1910 – data de morte não disponível)

Waldyr (Walter Vicente Guimarães), médio do Botafogo, 22 anos (21/3/1912 – data de morte não disponível)

Carlos Alberto Dobbert de **Carvalho Leite**, atacante do Botafogo, 22 anos (25/6/1912 – 20/5/2004)

Átila de Carvalho, atacante do Botafogo, 23 anos (16/12/1910 – data de morte não disponível)

Mercenários?

O Brasil demorou a adotar o profissionalismo. Desde 1917, os clubes já vinham cobrando ingressos dos torcedores, mas insistiam em ter atletas amadores, sem nenhum vínculo formal que os ligasse aos clubes. Os jogadores recebiam gratificações às escondidas – coisa que o jornalista Thomaz Mazzoni chamava de "amadorismo canalha" – ou acintosamente, como no caso do "bicho" que os próceres da colônia portuguesa do Rio começaram a pagar aos jogadores do Vasco, em 1923, e que serviu como forte incentivo para que o time conquistasse seu primeiro título carioca.

Com a implantação do profissionalismo, em 1933, o futebol brasileiro se dividiu. De um lado, ficaram a CBD e os clubes amadores. Do outro lado, os clubes profissionais, que formaram uma liga independente, a FBF, Federação Brasileira de Futebol. Para poder montar uma seleção que não fizesse feio na Copa, a CBD precisava dos atletas profissionais. E tomou a decisão de tentar contratar, por seis meses, os melhores jogadores da FBF. O valor pago aos jogadores que aceitaram o convite da CBD variou conforme o cartaz de cada um. Comentava-se que Leônidas, a grande estrela da Seleção, teria recebido trinta contos de réis – valor equivalente ao primeiro prêmio da Loteria Federal, mais conhecido como "a sorte grande". Em 1934, trinta contos era dinheiro que não acabava mais: um elegante automóvel Ford Phaeton modelo 35B custava quatro contos de réis, e um empregado no comércio ganhava três contos de réis *por ano*! A régia premiação logo se transformou em polêmica: os jogadores estavam indo representar o Brasil porque eram patriotas ou porque eram mercenários? Preocupado, o técnico da Seleção, Luiz Vinhaes – que dirigia o Bangu, um time profissional –, veio a público para afirmar que estava aceitando o convi-

> Dos dezessete jogadores que foram à Copa **representando o Brasil**, nove eram do Botafogo, quatro do São Paulo da Floresta, dois do Vasco, um do Grêmio e **um do Nacional do Uruguai**. Da Seleção que havia participado da Copa de 1930, o atacante Carvalho Leite foi o único jogador convocado em 1934.

te da FBF sem receber nada, movido apenas por seu espírito cívico.

Mas, se o dinheiro garantiu a presença de Leônidas na Copa, o outro grande craque do futebol brasileiro, o zagueiro Domingos da Guia, ficaria de fora. Contratado pelo Nacional de Montevidéu em fevereiro de 1933, Domingos necessitava da autorização de seu clube para se integrar à Seleção Brasileira. E o Nacional, ao saber que a CBD estava gastando dinheiro a rodo para arrebanhar jogadores, exigiu 45 contos de réis para liberar Domingos antes do fim do contrato (que venceria dali a apenas três meses, mas após a Copa). A CBD considerou a exigência "um absurdo". O outro jogador brasileiro que na época atuava pelo Nacional, o ponta-esquerda paranaense Patesko, cujo contrato venceria antes da Copa, acabou sendo liberado sem maiores problemas pelos uruguaios.

A Fifa, inventando...

O sistema de disputa foi modificado em relação a 1930 – e para pior. As oitavas de final não seriam disputadas dentro de grupos, mas por um único e decisivo jogo. Quem perdesse diria adeus à Copa. Estranhamente, somente a Espanha e a Suíça protestaram contra essa fórmula meio sem sentido, mas acabou prevalecendo a vontade do Comitê Organizador.

OS ESTÁDIOS

ESTÁDIO	CIDADE	INAUGURAÇÃO	CAPACIDADE	JOGOS
Nazionale del PNF	Roma	1928	55.000	3
Comunale Giovanni Berta	Florença	1931	55.000	3
Municipale Benito Mussolini	Turim	1933	55.000	2
Comunale Luigi Ferraris	Gênova	1910	50.000	1
Del Littoriale	Bolonha	1927	50.000	2
Calcistico di San Siro	Milão	1926	45.000	3
Comunale Giorgio Ascarelli	Nápoles	1934	45.000	2
Del Littorio	Trieste	1933	25.000	1

Das dezesseis seleções classificadas, o Comitê elegeu as oito consideradas tecnicamente mais fortes, para que elas não se enfrentassem já na primeira rodada. O grupo "forte" foi composto de Itália, Áustria, Hungria, Tchecoslováquia, Alemanha, Holanda, Brasil e Argentina. Quando o Comitê formulou a lista, em 3 de maio de 1934, já se sabia que Brasil e Argentina – esta, principalmente – não estariam representados por suas melhores seleções. A manutenção do status de "fortes" foi mais um reconhecimento pelo esforço de brasileiros e argentinos para estar na Copa. Aí, o Comitê sorteou, para enfrentar cada uma das oito "fortes", um oponente do grupo "fraco". No caso do Brasil, o sorteio – realizado no mesmo dia 3 de maio, em Roma – não ajudou. O jogo de estreia seria contra a Espanha, uma seleção de bom nível que, por motivos desconhecidos, havia sido incluída no grupo dos "fracos".

Espanha 3 x 1 Brasil

Essa foi a primeira apresentação do Brasil fora da América do Sul. A diferença de fuso horário entre Brasil e Itália era de quatro horas. No Brasil, a partida foi iniciada às 12h30. Por volta das 18 horas, após receber a informação por telégrafo, as rádios puderam informar aos caríssimos ouvintes o resultado da "pugna que se desdobrou na Itália", em linguagem radiofônica.

O PÔSTER QUE NÃO EXISTIU

» Em 1932, 158 artistas se inscreveram num concurso destinado a escolher o pôster oficial da Copa. O vencedor foi o romano Luigi Martinati, 39 anos (que, em 1942, criaria o cartaz para o célebre filme *Casablanca*). O desenho de Martinati mostrava, simplesmente, um pedaço da trave esquerda, a rede e a bola entrando no gol. Mas o pôster que hoje é reproduzido como "oficial" nem ficou entre os três finalistas do concurso: o jogador chutando a bola em frente a uma fieira de bandeiras. Seu autor foi Gino Boccasile. O Comitê Organizador emitiu cartões-postais, panfletos e programas usando as imagens dos dez primeiros colocados no concurso. De imediato, imprensa e público "adotaram" o trabalho de Boccasile (que, na época, não chegou a ser impresso no formato pôster).

por Max Gehringer

A pugna começou sob uma temperatura de 31 °C. Desde os primeiros momentos, ficou claro que a Espanha era uma equipe mais bem distribuída em campo, enquanto o Brasil era uma coleção de talentos individuais, que se esforçavam para jogar coletivamente. Mas, apesar da melhor organização tática da Espanha, nos minutos iniciais os dois jogadores que se destacaram aos olhos da torcida foram dois brasileiros – o atrevido Leônidas e o refinado Waldemar de Brito. Com dez minutos de jogo, a torcida genovesa já se colocava a favor do Brasil.

Infelizmente para o Brasil, porém, a Espanha estava num dia de graça. O jornal *La Vanguardia*, de Barcelona, considerou o primeiro tempo "a melhor exibição internacional da Espanha nos últimos anos". Em apenas meia hora, enquanto o Brasil tentava se arrumar em campo, os espanhóis fizeram 3 a 0. Aos 17 minutos, o ponta Gorostiza bateu um escanteio e, na confusão que se formou na pequena área,

> Espanha x Brasil foi o **primeiro jogo do Brasil transmitido por rádio** em Copas, embora os brasileiros não pudessem ouvi-lo. A transmissão foi da EAJ-7 Unión Radio Madrid, na voz do locutor Carlos Fuertes Peralba.

a bola tocou na mão de Sylvio Hoffman. O juiz alemão Birlem apontou o pênalti, que Iraragorri converteu. Os brasileiros reclamaram muito da marcação, que foi considerada "excessivamente rigorosa".

O Brasil tentou partir para o ataque, mas o oportunista Isidro Lángara – que, nas Eliminatórias, fizera sete gols em dois jogos – marcou mais dois em três minutos, e praticamente liquidou a questão. Aos 26 minutos, o ponteiro Gorostiza recebeu a bola de Marculeta, correu por 20 m sem ser alcançado por Martim e cruzou rasteiro para a área. Lángara chegou antes de Luiz Luz e chutou com força, fazendo 2 a 0. Aos 29 minutos, a jogada se repete: Marculeta passa a Gorostiza, que lança a bola na área, dessa vez pelo alto. O goleiro Pedrosa saiu para tentar rebater, mas foi encoberto. Atrás dele, Lángara tocou para o gol vazio: 3 a 0. Apesar do choque, o Brasil continuou atacando até o final do primeiro tempo, mas a Espanha foi para os vestiários com uma vantagem apreciável, embora tenha sofrido uma baixa importante – aos 43 minutos, Gorostiza se machucou e deixou o campo.

No segundo tempo, Gorostiza retornou com sua equipe, mas sem condições de repetir os velozes piques que dera na primeira etapa. Também Iraragorri, o jogador que mais tinha corrido nos primeiros 45 minutos, começou a aparentar sinais de cansaço. O jogo espanhol ficou bem mais lento, e o Brasil assumiu o controle da partida, aproveitando os espaços do campo de 110 x 65 m; cujo comprimento havia sido ampliado para a Copa. Aos 11 minutos, Leônidas fez 3 a 1, aproveitando uma rebatida do goleiro Zamora num chute de Patesko. As tênues esperanças que o Brasil tinha de chegar ao empate começavam a ficar mais concretas. Aos 15 minutos, Luizinho recebeu de Waldemar de Brito e tocou para as redes, mas o gol foi anulado por impedimento (apontado antes da conclusão de Luizinho). Ressabiada, a Espanha recuou ainda mais e, aos 17 minutos, o juiz Birlem apitou um pênalti a favor do Brasil, depois de uma trombada de Ciriaco em Waldemar de Brito.

No gol espanhol estava Ricardo Zamora, 34 anos, do Real Madrid, apelidado El Divino. Zamora, que estreara no gol espanhol aos 19 anos, nos Jogos Olímpicos de 1920, era considerado o melhor goleiro do mundo na época. O próprio Waldemar de Brito bateu o pênalti à meia altura no canto esquerdo, mas sem muita força. E Zamora, fazendo jus à sua fama, conseguiu espalmar a bola (segundo o jornal *La Vanguardia*, a tarefa de Zamora foi facilitada porque "el tiro no llevaba muy mala intención"). A perda do pênalti apagou Waldemar de Brito e esfriou os ânimos brasileiros. Até o fim do jogo, o Brasil não criaria mais oportunidades claras de gol, e a Espanha jogaria o suficiente para segurar o resultado de 3 a 1. Mesmo assim, foram os espanhóis que tiveram as duas melhores chances nos últimos dez minutos. Aos 36 minutos, Lángara entrou livre na área, passou pelo goleiro Pedrosa e, quando ia marcar, levou um

> **Primeiro país africano a participar de uma Copa do Mundo**, o Egito somente seria seguido 36 anos depois pelo Marrocos, na Copa do México, em 1970.

encontrão de Luiz Luz. O juiz considerou o choque normal e não marcou o pênalti. No último lance do jogo, num contra-ataque espanhol, Gorostiza cruzou e Lángara, sempre ele, cabeceou a bola no travessão.

O jornal italiano *Gazzetta dello Sport* classificou a atuação do Brasil como "estilística, porém sem consistência", criticando o excesso de filigranas dos jogadores brasileiros, que pareciam estar mais interessados em se divertir com a bola do que em concluir para o gol (comentários semelhantes seriam feitos sobre o futebol africano, cinquenta anos depois). Embora, no geral, a qualidade do futebol brasileiro tenha sido reconhecida, estatisticamente essa foi a pior participação do Brasil em uma Copa do Mundo: um jogo, uma derrota e a desclassificação. O Brasil seria uma das três seleções "fortes" que não passariam para a fase seguinte (as outras foram Argentina e Holanda). E a Espanha, agora consolidada como uma das forças da Copa, prosseguia na competição.

JOGOS DO BRASIL

ESPANHA 3   BRASIL 1

27 de maio de 1934 • Domingo
Stadio Luigi Ferraris • Gênova • 16h30

Gols no 1ºT • 1 × 0 Iraragorri (pênalti) 18', 2 × 0 Lángara 26', 3 × 0 Lángara 29'
Gol no 2ºT • 3 × 1 Leônidas 11'

ESPANHA • Zamora, Ciriaco, Quincoces, Cilaurren, Muguerza, Marculeta, Lafuente, Iraragorri, Lángara, Lecue, Gorostiza. **Técnico** Amadeo Garcia Salazár

BRASIL • Pedrosa, Sylvio Hoffman, Luiz Luz, Tinoco, Martim, Canalli, Luizinho, Waldemar de Brito, Armandinho, Leônidas, Patesko. **Técnico** Luiz Augusto Vinhaes

PÚBLICO ESTIMADO • 21.000

Juiz: Alfred Birlem (Alemanha)
Auxiliares: Carminatti (Itália) e Ivancsics (Hungria)

Quartas de final

Alemanha, Suécia, Tchecoslováquia, Suíça, Áustria, Hungria, Itália e Espanha se classificaram para as quartas de final. Na noite de 27 de maio, domingo, os países classificados enfrentaram um novo sorteio, que decidiu os jogos das quartas de final. Os resultados não mostraram nenhuma surpresa: Alemanha 2 x 1 Suécia, Tchecoslováquia 3 x 2 Suíça, Áustria 2 x 1

Hungria na prorrogação e Itália 1 x 0 Espanha, num jogo extra (o primeiro terminou 1 a 1).

No dia seguinte o Comitê Organizador da Fifa se reuniu em Florença para designar os juízes que apitariam os jogos das quartas de final. A reunião acabou sendo tensa e longa, devido às inúmeras reclamações sobre as más arbitragens da primeira fase. Alguns países sugeriram que os juízes fossem sorteados. Outros reivindicavam a escolha por comum acordo entre as duas seleções que fossem se enfrentar. Os mais radicais tentaram excluir alguns juízes da Copa. A reunião terminou num consenso: a Fifa apontaria os juízes, mas estaria aberta a pedidos de revisão. Por fim, toda a discussão se mostraria inócua: divulgada a lista dos juízes, não houve nenhuma contestação.

As semifinais

Dos quatro classificados para as semifinais, Itália e Áustria eram consideradas as que tinham as melhores chances de conquistar o título, já que Alemanha e Tchecoslováquia pouco haviam apresentado nos dois primeiros jogos. Mas quis o destino – pelas mãos de um sorteio realizado na noite da sexta-feira, dia 1º de junho – que austríacos e italianos tivessem de se enfrentar já nas semifinais. Numa partida decidida por um gol muito controvertido, a Itália venceu por 1 a 0. Enquanto isso, tchecos e alemães disputariam o outro jogo, que a imprensa chamou de "um atalho para a grande decisão". Apesar de levar um gol logo de cara, os tchecos conseguiram virar para 3 a 1 e passar à final.

> O **primeiro brasileiro a jogar na Europa foi o atacante Arnaldo Porta**, nascido em Araraquara-SP, em 5 de outubro de 1896. Filho de italianos, Porta foi para a Itália ainda adolescente, em 1911. E atuou durante quinze anos (1914-1929) pelo Hellas-Verona.

A final

Itália 2 x 1 Tchecoslováquia

Uma legião de 277 jornalistas, representando a imprensa de 29 países, cobriria o jogo final. Mussolini compareceu ao estádio, acompanhado por todo o seu Ministério, e foi saudado por um interminável coro de "Duce, Duce".

por Max Gehringer

A recepção calorosa tinha uma explicação: devido à grande procura de ingressos, o Comitê Organizador resolvera dar "preferência" aos torcedores que fossem militantes do Partido Fascista. Antes da partida, num fato inédito e nunca repetido em outra Copa, os jogadores da Alemanha – que três dias antes haviam conquistado o terceiro lugar – entraram uniformizados em campo, junto com italianos e tchecos. E desfraldaram a temível bandeira com a suástica nazista.

Ao final da partida, o cerimonial previa que Mussolini entregaria pessoalmente ao campeão o "Troféu Itália", um bronze com a efígie de – quem mais? – Benito Mussolini (o troféu da Copa do Mundo seria entregue por Jules Rimet). Os jogadores italianos sabiam muito bem o que lhes aconteceria caso o "Troféu Itália" fosse parar nas mãos do goleiro e capitão tcheco Frantisek Plánicka. E entraram em campo dispostos a correr como nunca.

Por seu lado, os tchecos não ficaram nem um pouco satisfeitos com a indicação do juiz sueco Eklind – o mesmo que havia apitado a semifinal entre Itália e Áustria. E o juiz não iria contribuir muito para melhorar sua imagem perante os tchecos. Antes do início da final, Eklind postou-se com seus auxiliares no centro do campo e saudou Mussolini, que estava nas tribunas, com o tradicional gesto fascista. Tempos depois, surgiria uma versão para aquela cortesia de Eklind. Na noite da véspera do jogo, os altos mandatários da Fifa haviam sido convidados a jantar com Mussolini, e o Duce dedicara uma parte de seu precioso tempo para conversar reservadamente com Eklind. Se isso é lenda ou verdade, não se sabe. O que se sabe é que, nas duas partidas, o juiz sueco teve algumas decisões controvertidas e até comuns em arbitragens – mas nenhuma delas em prejuízo da Itália.

> Autor de dois dos três gols espanhóis que tiraram o Brasil da Copa, o atacante Isidro Lángara tem uma história incrível como goleador. **Lángara conseguiu ser artilheiro não só do Campeonato Espanhol, mas também do Campeonato Argentino e do Mexicano**. Nesses três países, Lángara disputou 287 partidas e marcou 336 gols, uma média fantástica de 1,2 gol por jogo.

Almanaque dos Mundiais

Num duelo que opôs o lento jogo de toques dos tchecos à velocidade italiana, os dois goleiros foram os destaques do primeiro tempo. Principalmente Plánicka, que seria eleito o melhor da Copa. Aos 10 minutos, a Tchecoslováquia chegou a colocar a bola nas redes de Combi, mas o gol foi justamente anulado por impedimento de Nejedlý. A sorte, entretanto, logo abandonaria os tchecos. Aos 15 minutos, o meia Krcil saiu de campo com uma torção no tornozelo, após uma dividida com o italiano Guaita. Dez minutos depois, Krcil voltou, mas só para fazer número na ponta esquerda. Aos 35 minutos, o juiz Eklind advertiu o jurássico Monti, que já havia acumulado sua sétima falta no jogo. Cinco minutos depois, Monti deu uma voadora em Svoboda, atingindo com a sola do pé direito o joelho do tcheco. Impávido, Eklind apenas marcou a falta.

No segundo tempo, o panorama não se modificou. Aos 10 minutos, os tchecos pediram um pênalti de Monzeglio em Puc – uma rasteira por trás quando Puc entrava livre na área. Aos 15 minutos, o zagueiro Allemandi cortou com a mão um passe para Puc, na meia-lua. Em ambos os casos, o juiz Eklind mandou o jogo correr. Aos 28 minutos, seria a vez de Ferrari dar uma entrada forte em Puc, que saiu de campo carregado. A primeira impressão era que Puc não voltaria mais ao jogo, mas ele voltou, três minutos depois. E, logo na primeira jogada, fez o gol da Tchecoslováquia. Puc recebeu de Nejedlý no bico esquerdo da grande área e, inesperadamente, chutou no canto direito de Combi, que saltou com estilo, mas chegou um instante atrasado. Faltando apenas catorze minutos para o fim do jogo, a Itália perdia por 1 a 0.

> O **gol** de Ernst Lehner, na vitória da Alemanha sobre a Áustria, na disputa do terceiro lugar, seria o **mais rápido da história das Copas** até 1962, quando o tcheco Václav Masek marcou aos 17 segundos, contra o México. Mas, se em 1962 o feito de Masek foi confirmado pelo filme da Copa, em 1934 ninguém soube dizer exatamente em que momento Lehner marcou. Os registros da época falam em "menos de 30 segundos". Em 2002, o turco Hakan Sükür resolveu a pendenga, ao marcar **aos 11 segundos**, contra a Coreia do Sul.

por Max Gehringer

O gol desconcertou os italianos, e a Tchecoslováquia aproveitou. Dois minutos depois, Sobotka chutou no travessão. Parecia que o sonho do campeonato estava indo por água abaixo para os italianos. Mas, aos 35 minutos, pela esquerda do ataque italiano, Meazza agarrou Zenísek, que partia com a bola dominada. Zenísek caiu e os tchecos ficaram esperando a marcação da falta. Como o apito do juiz Eklind ficou mudo, Meazza tocou para Ferrari, que rolou a bola para o ponteiro Orsi, na altura da marca do pênalti. De costas para o gol, Orsi dominou a bola, girou o corpo, escapou do zagueiro Kostálek e acertou um chute rasante no canto direito do goleiro Plánicka, fazendo o gol de empate. Os tchecos reclamaram muito e forçaram o juiz Eklind a consultar o bandeirinha belga Baert (que, evidentemente, também não havia visto a falta de Meazza). O gol de Orsi foi confirmado, e a Copa seria decidida numa prorrogação.

> O ponta-direita Filó foi o **primeiro brasileiro a se sagrar campeão do mundo**. Filho de mãe italiana, Anfilóquio Guarisi Marques deixou o Corinthians em 1931 para jogar pela Lazio de Roma, e "italianou" o nome para Anfilogino Guarisi. Foi convocado dez vezes para a Seleção da Itália, participando de seis jogos.

Os dez minutos de descanso, antes do início da prorrogação, forçaram a torcida italiana a encarar uma preocupante realidade. Nos últimos dez dias aquela era a quarta partida da Itália. E as três anteriores tinham sido duríssimas: duas contra a Espanha – uma delas com prorrogação – e uma contra a Áustria, num campo encharcado e pesado. Foram trezentos minutos em campo, contra 120 minutos da Tchecoslováquia, que havia jogado apenas duas vezes. Além disso, o time da Itália não era formado por garotos: a média de idade já beirava os 30 anos. A Itália teria forças para manter seu ritmo acelerado na prorrogação?

A prorrogação

Felizmente para os torcedores, o excelente preparo físico da Itália fez a diferença. A Azzurra se mandou ao ataque no tempo extra e, aos 5 minutos, Meazza enfiou uma bola para Guaita. Já dentro da área, Guaita dividiu com o zagueiro Ctyroký e a bola sobrou para Schiavio, de frente para o gol. No momento em que Schiavio preparava o chute, o manquitola Krcil esticou o pé para tentar bloquear. O disparo saiu meio prensado e enganou o goleiro Plánicka, que caiu para o canto esquerdo enquanto a bola entrava no alto do gol. Foi a única dividida que a defesa tcheca perdeu em todo o jogo, mas o vacilo acabaria custando o título. Dali em diante, vencendo por 2 a 1, a Itália se fechou na defesa e garantiu o resultado. A Azzurra, para delírio da multidão, era campeã do mundo.

Nas tribunas, sob os aplausos de Mussolini e ovacionado delirantemente por todo o estádio, o goleiro e capitão italiano Combi recebeu a Taça das mãos de Jules Rimet. Depois, já de volta ao gramado, receberia também o troféu de bronze ofertado pelo Duce. A Itália tinha passado por um calvário de 510 minutos para conquistar a Copa, e ninguém discordava de que os italianos tinham, de fato, a melhor equipe entre os dezesseis participantes. Mas, para a imprensa presente – exceto a italiana –, dois fatores acabariam tirando um pouco o brilho da conquista da Azzurra: uma explícita parcialidade dos juízes nos momentos de aperto e o uso descarado da Copa como instrumento de propaganda do regime fascista.

FINAL

ITÁLIA 2   TCHECOSLOVÁQUIA 1

1 A 1 NO TEMPO NORMAL

10 de junho de 1934 • Domingo
Stadio Nazionale del PNF • Roma • 17h30

GOLS NO 2ºT • 0 × 1 Puc 31', 1 × 1 Orsi 36'
GOL NO 1ºT DA PRORROGAÇÃO • 2 × 1 Schiavio 5'

ITÁLIA • Combi, Monzeglio, Allemandi, Ferraris IV, Monti, Bertolini, Guaita, Meazza, Schiavio, Ferrari, Orsi. **TÉCNICO** Vittorio Pozzo

TCHECOSLOVÁQUIA • Plánicka, Zenísek, Ctyroký, Kostálek, Cambal, Krcil, Junek, Svoboda, Sobotka, Nejedlý, Puc. **TÉCNICO** Karel Petrú

PÚBLICO ESTIMADO • 55.000

JUIZ: Ivan Eklind (Suécia)
AUXILIARES: Baert (Bélgica) e Ivancsics (Hungria)

O juiz

O sueco Ivan Eklind, de apenas 28 anos e 7 meses (o mais jovem juiz a apitar uma final de Copa), não teria a reputação manchada. A imprensa reconheceu que ele atuou com a isenção que seria possível, diante da pressão e das circunstâncias. Eklind voltaria a apitar na Copa de 1938 (dirigindo, entre outros, o célebre jogo em que o Brasil bateu a Polônia por 6 a 5) e também na Copa de 1950, no Brasil. Após se aposentar como juiz de futebol, Eklind iniciaria a última fase de sua carreira, como árbitro internacional de hóquei sobre o gelo. E viria a falecer aos 75 anos, em 23 de julho de 1981.

> 12 de março de 1933. Nesse dia, em Santos, no Estádio da Vila Belmiro, o São Paulo da Floresta e o Santos disputaram **o jogo que marcaria o início do profissionalismo no Brasil**. O São Paulo ganhou por 5 a 1, com Friedenreich fazendo o histórico primeiro gol da nova era do futebol, aos 23 minutos do primeiro tempo.

A Itália campeã

A Federazione Italiana del Football foi fundada em 1896, em Torino. Em 1909, o nome foi mudado para Federazione Italiana Giuoco Calcio. A Seleção da Itália entrou em campo pela primeira vez em 19 de maio de 1910, em Milão, e venceu a França por 6 a 2. Apenas 4 mil torcedores assistiram à histórica partida. Em 26 de maio de 1910, a Itália fez sua primeira aparição fora de suas fronteiras, enfrentando a Hungria em Budapeste – e perdeu por 6 a 1. Não parecia um começo muito promissor, mas 24 anos depois a Itália seria o primeiro país europeu a conquistar a Copa do Mundo. Boa parte desse sucesso se deveu às liras: ao abrir seus generosos cofres, a Itália foi pioneira na importação de craques da América do Sul e de outros países da Europa. A partir da década de 1930, os jogadores que disputavam o Campeonato Italiano já eram os mais bem pagos do mundo – e continuariam a ser pelas décadas seguintes.

Um fiasco

O público oficial da Copa nunca foi divulgado. Mas sabe-se que a Copa da Itália teve um público médio por partida bem inferior ao da Copa anterior, no Uruguai. Sabe-se também que a renda oficial da Copa de 1934 foi de 3.670.393 liras. Os preços dos ingressos variavam bastante. Nas oitavas de final, entre 10 e 50 liras. Nas quartas e semifinais, entre 12,50 e 75 liras. Na final, entre 15 e 100 liras. Mesmo utilizando como média os preços mais baixos, o público não chegaria sequer aos 300 mil espectadores. O mais provável – e essa era a estimativa dos jornais da época, feita na base do olhômetro – é que a plateia total tenha ficado por volta dos 250 mil pagantes. Um fiasco. A ocupação média dos estádios mal superou os 30%.

Um sucesso

Porém, devido aos elevados preços dos ingressos, a arrecadação em 1934 (17 jogos) foi 150% vezes maior que a de 1930 (18 jogos). Ao final das contas, a Copa do Mundo novamente mostraria ser um empreendimento financeiramente viável, além de proporcionar ao país sede outras vantagens econômicas – como o aumento da receita do turismo.

Artilharia

Na Copa de 1934, as dezesseis seleções participantes disputaram apenas dezessete jogos, por força do regulamento que eliminou metade das equipes após um único jogo (e deveriam ser dezesseis, mas houve uma partida extra de desempate entre Itália e Espanha).

OS 11 CAMPEÕES

Gianpiero **Combi**, goleiro da Juventus de Turim, 31 anos (20/11/1902 – 12/8/1956)

Eraldo **Monzeglio**, zagueiro do Bologna, 28 anos (5/5/1906 – 3/11/1981)

Luigi **Allemandi**, zagueiro da Ambrosiana-Inter de Milão, 30 anos (8/11/1903 – 25/9/1978)

Attilio **Ferraris IV**, médio da Roma, 30 anos (26/3/1904 – 8/5/1947)

Luis Felipe **Monti**, médio da Juventus de Turim, 33 anos (15/5/1901 – 9/9/1983). Disputou pela Argentina a Copa de 1930

Luigi **Bertolini**, médio da Juventus de Turim, 29 anos (13/9/1904 – 11/2/1977)

Enrico **Guaita**, atacante da Roma, 24 anos (15/71910 – 18/5/1959)

Giuseppe **Meazza**, atacante da Ambrosiana-Inter, 24 anos (23/8/1910 – 29/10/1979)

Angelo **Schiavio**, atacante do Bologna, 29 anos (10/5/1905 – 17/4/1990). Foi o último dos campeões a falecer

Giovanni **Ferrari**, meia da Juventus de Turim, 26 anos (6/12/1907 – 2/12/1982)

Raimondo **Orsi**, atacante da Juventus de Turim, 33 anos (2/12/1901 – 6/4/1986)

Vittorio Pozzo, técnico da Seleção da Itália, 48 anos (2/3/1886 – 21/12/1968)

Foram marcados setenta gols, com uma média de 4,12 gols por jogo. A Itália marcou mais gols (doze, em cinco jogos), mas a Alemanha teve a melhor média ofensiva (onze gols em quatro jogos).

O artilheiro
Numa Copa não muito pródiga em goleadores, o troféu ficou com Oldrich Nejedlý, da Tchecoslováquia. Dos nove gols tchecos na Copa, Nejedlý fez cinco (um na Romênia, um na Suíça e três na Alemanha – embora o segundo, mesmo reconhecido pela Fifa, seja contestado). No jogo mais importante, a final contra a Itália, Nejedlý não marcou. Nascido em 13 de dezembro de 1909, em Zebrák, cidadezinha próxima a Praga, Nejedlý tinha 24 anos em 1934 e atuava pelo Sparta de Praga. Encerrou a carreira profissional em 1955, aos 45 anos, atuando pelo SK Zebrák de sua cidade natal. Entre 1931 e 1938, jogou 43 vezes pela Seleção Tcheca e marcou 29 gols (o último deles contra o Brasil, de pênalti, na Copa de 1938). Nejedlý faleceu em 11 de junho de 1990, aos 80 anos.

O Brasil cigano
Se a Seleção Brasileira tivesse regressado logo após a Copa, seus jogadores certamente seriam recebidos com festa por essas bandas, porque a imprensa local disseminara o comentário de que a eliminação prematura contra a Espanha tinha sido obra de um juiz mal-intencionado. Mas, em vez de regressar, a Seleção fez um giro de 45 dias pela Europa – que durou de 8 de junho a 22 de julho. Uma parte do roteiro já havia sido acertada antes de a Seleção deixar o Brasil, para que a CBD pudesse diminuir o rombo de caixa causado pe-

OS OUTROS 11 CAMPEÕES

Giuseppe **Cavanna**, goleiro do Napoli, 28 anos
Guido **Masetti**, goleiro da Roma, 26 anos
Virginio **Rosetta**, zagueiro da Juventus, 32 anos
Umberto **Caligaris**, zagueiro da Juventus, 33 anos
Mario **Varglien**, zagueiro da Juventus, 28 anos
Armando **Castellazzi**, médio da Ambrosiana-Inter, 30 anos
Mario **Pizziolo**, médio da Fiorentina, 25 anos
Felice Placido **Borel** II, atacante da Juventus, 30 anos
Pietro Sante **Arcari**, atacante do Milan, 25 anos
Anfilóquio **Guarisi** Marques, ponta-direita da Lazio, 25 anos
Attilio **De Maria**, atacante da Ambrosiana-Inter, 25 anos

las contratações dos jogadores profissionais. Mas outros jogos foram sendo encaixados no programa, conforme surgiam interessados.

Ao todo, foram oito apresentações na Iugoslávia, na Espanha e em Portugal. E o giro terminou com duas vitórias do Brasil, quatro empates e duas derrotas. Mas o primeiro dos oito jogos – contra a Iugoslávia, em Belgrado, no dia 3 de junho – foi um desastre colossal. Atuando com o mesmo time que havia sido eliminado pela Espanha uma semana antes, o Brasil perdeu por 8 a 4, o maior número de gols que a Seleção tomou em único jogo em sua história (a maior diferença de gols foi numa goleada para o Uruguai, em 1920 – 6 a 0).

Os sete jogos seguintes foram todos contra clubes ou combinados de cidades: empate de 0 a 0 com o Gradjanski da Iugoslávia (8 de junho), derrota de 2 a 1 e empate de 2 a 2 contra o combinado da Catalunha (17 e 24 de junho), empate de 4 a 4 com o Barcelona (1º de julho), vitória de 4 a 2 sobre o combinado de Lisboa (12 de julho), vitória de 6 a 1 sobre o Sporting de Portugal (15 de julho) e empate de 0 a 0 com o FC Porto (22 de julho).

Esses jogos, embora extraoficiais, apagaram a impressão inicial de que o Brasil tinha um time de primeira classe. Apenas Leônidas e Waldemar de Brito confirmaram as impressões positivas que haviam deixado na Copa: dos 25 gols que a Seleção fez no giro europeu, cada um deles marcou sete. De resto, quando a Seleção finalmente desembarcou de volta ao Brasil, em 2 de agosto, ninguém mais mostrava muito interesse em conversar sobre a Copa. A não ser, é claro, os descendentes de italianos que viviam por aqui.

1938

O Brasil se consagra na Europa

A Copa no berço da Fifa

A Alemanha, após ter conseguido levar para Berlim os Jogos Olímpicos de 1936, queria também promover a Copa de 1938. Sua única concorrente era a Argentina, que havia apoiado o Uruguai em 1930 e em troca recebeu o apoio dos uruguaios e dos demais países sul-americanos (exceto o Brasil, que ficou em cima do muro) para ser a sede em 1938. Os argentinos estavam convencidos de que um hipotético rodízio entre continentes traria novamente o torneio para a América do Sul. Só dependia da Fifa.

Mas a Fifa não colaborou. Tudo começou ainda em 1934, durante a Copa da Itália, quando Jules Rimet se pôs a dissertar sobre as vantagens de promover a próxima Copa do Mundo em Paris, simultaneamente à Exposição Mundial – oficialmente chamada Exposição Internacional de Arte & Técnicas da Vida Moderna. Na visão de Rimet, o grande influxo de turistas do mundo inteiro à capital francesa certamente faria com que os estádios ficassem cheios. Além disso, se a Copa do Mundo fosse incluída no calendário oficial da Exposição, haveria a possibilidade de a Fifa receber um sólido financiamento do governo francês.

Só havia uma questão a resolver: a Exposição aconteceria em 1937. Logo, seria necessário antecipar a Copa do Mundo em um ano para que as datas coincidissem. A ideia de Rimet foi bombardeada pelos países-membros da Fifa, mas a França – ao contrário do que se supôs na época – não retirou oficialmente a candidatura que havia apresentado. Além disso, ficou no ar aquela sensação geral de "estamos devendo uma para Monsieur Le Président". Afinal, Rimet já estava com 64 anos.

Em 13 de agosto de 1936, durante as Olimpíadas de Berlim, o 23º Congresso da Fifa se reuniu no prédio da Ópera Kroll para deliberar sobre a sede da próxima Copa. Embora a Fifa já contasse com 53 países filiados, os votantes seriam apenas 24. Alemanha e Argentina já se preparavam para defender suas candidaturas quando René Chevalier, o delegado da Federação Francesa, pediu a palavra. E lembrou aos presentes os grandes esforços de dois franceses – Henri Delaunay e Jules Rimet – para que a Copa do Mundo se tornasse realidade. Assim, como homenagem a eles, nada seria mais justo do que conceder à França o direito de sediar a Copa de 1938.

Com Rimet e Delaunay presentes à reunião, os delegados se sentiram constrangidos em votar contra a proposta francesa. Feitas as contas, a França acabou ficando com a maioria absoluta dos votos, dezenove. A Argentina recebeu quatro votos, e a Alemanha um voto (dela própria, posteriormente repassado à França, sob a condição de que os franceses apoiassem a pretensão alemã de sediar a Copa de 1942). Em sinal de protesto, os delegados argentinos abandonaram o Congresso. E, um ano e meio mais tarde, ainda ofendidos, tomariam a decisão de não participar da Copa de 1938.

Fugas estratégicas
A Inglaterra, que havia se afastado da Fifa em 1928, continuava teimando em considerar a Copa do Mundo um torneio sem expressão. Os ingleses se encheriam mais ainda de razão um ano depois, em 26 de outubro de 1938,

A FRANÇA

» A França moderna começou a ganhar projeção no século xv, mas sua história teve início há 2 mil anos. Na época, um povo de origem celta estabeleceu, no centro da atual Europa, uma colônia chamada Gaul. Por essa razão, até hoje os franceses são conhecidos também por gauleses, embora o único gaulês lembrado nos dias presentes seja um personagem de história em quadrinhos, Asterix. Os romanos latinizaram o nome da região para Gália, e dessa palavra surgiriam outras duas: galo e galinha. O galo, ave da região, se tornou um dos símbolos nacionais da França, é por isso que a Seleção Francesa tem o desenho de um deles em sua camisa. No século v, uma tribo de bárbaros germânicos, os francos, conquistou a região da Gália, dando origem ao nome latino Francia, ou terra dos francos. A França tem uma área de 674 mil km² (comparativamente, o estado da Bahia tem 565 mil km²). Assim como acontece com a Itália, que oficialmente não se chama Itália, a França também não se chama França – o nome oficial do país é *République Française*.

quando sua seleção venceria o "resto da Europa" por 3 a 0, em Londres.

Mas a deserção que mais entristeceu os organizadores foi a do Uruguai. Os uruguaios haviam encantado os torcedores franceses nos Jogos Olímpicos de Paris, em 1928, e Jules Rimet se empenhou pessoalmente para convencê-los a retornar aos campos da França em 1938. Mas recebeu uma recusa pouco diplomática e pouco convincente: os uruguaios ainda não haviam perdoado os europeus pelo boicote à Copa de 1930.

O real motivo, porém, era outro. Desde que implantara o profissionalismo em seu futebol, em 1932, o Uruguai não vinha conseguindo formar boas seleções. Seus clubes mais fortes, Peñarol e Nacional, exigiam compensações financeiras da Federação Uruguaia para liberar seus jogadores. Já a Federação achava que vestir a camisa da seleção era uma honra, quando não uma obrigação patriótica. Além disso, os melhores jogadores uruguaios já estavam na Itália (um deles, Andreolo, seria campeão mundial pela Azzurra em 1938).

Esses desentendimentos internos foram responsáveis pela péssima campanha do Uruguai no Campeonato Sul-Americano de 1937. Sem seus principais jogadores, o Uruguai conseguiu duas vitórias e sofreu três derrotas, terminando a competição num mísero quarto lugar, atrás de Argentina, Brasil e Paraguai.

O BRASIL EM 1938

» O país tinha 44,1 milhões de habitantes e cerca de 1.500 municípios. Minas Gerais era o estado mais populoso (8 milhões) e o Rio de Janeiro, capital federal, a maior cidade do país (1,8 milhão). A maioria da população (71%) ainda vivia nas zonas rurais, e o café continuava a ser a principal fonte de renda no comércio internacional (45% da receita de exportação de 1938). Um dólar valia 18.500 réis. Ainda não existia o salário mínimo, que só seria instituído em 1º de maio de 1940, com o valor de 240 mil-réis.

» As três músicas mais executadas nas rádios em 1938 foram "As pastorinhas", com Silvio Caldas; "Camisa listada" (sic), com Carmen Miranda; e "Se acaso você chegasse", com Cyro Monteiro. O compositor carioca Noel Rosa, mesmo tendo falecido no ano anterior, em 4 de maio de 1937, aos 27 anos, vítima de tuberculose, teria quatro de suas músicas na lista das vinte mais tocadas em 1938.

por Max Gehringer

Receosos em arriscar a perda do prestígio mundial conseguido na década anterior, os dirigentes da Federação Uruguaia preferiram ficar em casa e acompanhar a Copa de 1938 pelos jornais.

Quase tudo certo

Assim, apesar dos percalços durante as Eliminatórias, catorze países estavam qualificados para se juntar à França, o país sede, e à Itália, a atual campeã, para formar o grupo de dezesseis que disputariam a Copa de 1938. É verdade que os dezesseis seriam quinze, já que a Áustria não iria competir. Mas a Fifa se fingiu de morta e manteve a Áustria na tabela da fase final.

Em 11 de março de 1938 (sete meses após a Áustria ter conseguido a classificação, e três meses antes do início da Copa), os tanques da Alemanha nazista invadiram Viena. Recebido pelo povo austríaco com aplausos, Adolf Hitler, que era austríaco de nascimento, decretou o *Anschluss*, "ligação", anexando a Áustria à Alemanha (como Hitler antecipara que faria em seu livro de 1925 *Mein Kampf*, "Minha luta", e ninguém acreditou). Apenas o Ministério de Relações Exteriores da França condenou a invasão, mas a reação internacional parou por aí. Em represália, a Federação Alemã cancelou um amistoso que a Áustria faria em Paris, contra a França, em 24 de março. Doze dias antes, em 12 de março, em seu último ato oficial como entidade autônoma, a Federação Austríaca solicitara seu desligamento dos quadros da Fifa.

Em 3 de abril de 1938, Alemanha e Áustria disputaram um amistoso em Viena (vitória austríaca por 2 a 0, gols de Sindelar e Sesta). Para deixar clara a nova situação, a imprensa germânica recebeu a recomendação de denominar a Alemanha como "Altes Reich" e a Áustria como "Ostmark" –

> Brasil 6 x 5 Polônia foi o **primeiro jogo que teve transmissão direta por rádio para o Brasil**. Pela voz do *speaker* Gagliano Netto os brasileiros puderam acompanhar um jogo de Copa do Mundo ao vivo. **Gagliano narrou o jogo em pé, à beira do gramado**, sem comentarista nem repórter de campo. Apenas um guarda-chuva lhe foi providenciado pelo Comitê Organizador a partir do segundo tempo.

algo como "reino antigo" e "província do Oeste". Uma semana depois, a Federação Alemã comunicou à Fifa que os principais jogadores austríacos disputariam a Copa vestindo a camisa de sua nova pátria, a Alemanha. No dia 2 de maio, o técnico alemão Herberger divulgou a relação dos 38 jogadores pré-convocados para a Copa – que incluía 14 austríacos.

OS 22 JOGADORES DE 1938

Batatais (Algisto Lorenzato), goleiro do Fluminense, 28 anos (20/5/1910 – 16/7/1960)

Walter de Souza Goulart, goleiro do Flamengo, 26 anos (17/7/1912 – 17/7/1981)

Domingos Antônio da Guia, zagueiro do Flamengo, 25 anos (19/11/1912 – 18/5/2000)

Arthur **Machado**, zagueiro do Fluminense, 29 anos (1/1/1909 – data de morte não disponível)

Nariz (Álvaro Cançado Lopes), zagueiro do Botafogo, 25 anos (8/12/1912 – 19/9/1984)

Jaú (Euclydes Barbosa), zagueiro do Vasco da Gama, 28 anos (7/12/1909 – 26/12/1988)

Affonsinho (Affonso Guimarães da Silva), médio do São Cristóvão, 24 anos (8/3/1914 – 20/2/1997)

Argemiro Pinheiro da Silva, médio da Portuguesa Santista, 23 anos (3/6/1915 – 4/7/1975)

José Augusto **Brandão**, médio do Corinthians, 22 anos (1/1/1910 – 20/7/1989)

Hermínio Américo de **Brito**, médio do América, 24 anos (6/5/1914 – data de morte não disponível)

Martim Mércio da Silveira, médio do Botafogo, 27 anos (2/3/1911 – 27/5/1972)

Zezé Procópio (José Procópio Mendes), médio do Botafogo, 25 anos (12/8/1913 – 8/2/1980)

Hércules de Miranda, atacante do Fluminense, 26 anos (2/7/1912 – 3/9/1982)

Leônidas da Silva, atacante do Flamengo, 24 anos (6/9/1913 – 24/1/2004)

José dos Santos **Lopes**, atacante do Corinthians, 27 anos (1/11/1910 – 28/8/1996)

Luizinho (Luiz Mesquita de Oliveira), atacante do Palestra Itália, 27 anos (29/3/1911 – 27/12/1993)

Patesko (Rodolpho Barteczko), atacante do Botafogo, 27 anos (12/11/1910 – 13/3/1988)

José **Perácio** Berjum, atacante do Botafogo, 20 anos (2/11/1917 – 10/3/1977)

Roberto Emílio da Cunha, atacante do São Cristóvão, 26 anos (20/6/1912 – data de morte não disponível)

Romeu Pelliciari, atacante do Fluminense, 27 anos (26/3/1911 – 15/7/1971)

Tim (Elba de Pádua Lima), atacante do Fluminense, 23 anos (20/2/1915 – 7/7/1984)

Niginho (Leonídio Fantoni), atacante do Vasco da Gama, 26 anos (12/2/1912 – 5/9/1975)

por Max Gehringer

1938

De qualquer forma, pela terceira vez estava meio difícil dizer que a Copa seria "do Mundo". Se a Copa de 1930 foi basicamente uma disputa sul-americana, as de 1934 e 1938 foram campeonatos europeus, com dois ou três penetras de outros continentes. Mas o Brasil estaria lá, e isso era o que interessava.

A Seleção em marcha lenta

Após a Copa de 1934 (e de alguns amistosos disputados no segundo semestre daquele ano, contra times europeus e combinados regionais brasileiros), a Seleção entrou em recesso. Apenas dois anos depois, entre dezembro de 1936 e fevereiro de 1937, o Brasil disputaria o Campeonato Sul-Americano, em Buenos Aires. A decisão, num jogo extra contra a Argentina, foi um tumulto: os jogadores brasileiros, após serem agredidos pela torcida, decidiram abandonar o campo. Mas encontraram a porta do vestiário trancada e foram obrigados a retornar. Na prorrogação, a Argentina conseguiu fazer dois gols e levar o título.

Depois do jogo final contra a Argentina, em 1º de fevereiro de 1937, haveria outro longo período de jejum: o Brasil só voltaria a entrar em campo para disputar a primeira partida da Copa de 1938, quase um ano e meio depois.

O pôster

O Comitê Organizador instituiu um concurso para escolher o cartaz oficial da Copa. O desenho vencedor, de Jean Desmé, mostrava um pé sobre uma bola, ambos em cima do globo terrestre, tudo em tons avermelhados. Era uma imagem mais marcial que esportiva – e algo assustadora, até pelo tamanho: 1,55 x 1,14 metro. Um dos desenhos finalistas seria muito mais bem recebido pelo público: o do artista Joë Bridge, 51 anos, que mostrava um goleiro chutando uma bola, em tons vivos e radiantes.

> Em 17 de abril de 1938, a BBC inglesa transmitiu pela TV, diretamente do Estádio de Wembley, a final da Copa da Inglaterra (Preston North End 1 x 0 Huddersfield Town). Foi o **primeiro jogo mostrado ao vivo pela TV**, apenas para a cidade de Londres e cercanias. Na época, havia cerca de **10 mil aparelhos de TV na Inglaterra**.

Em clima de Copa

Como acontecera em 1934, a Fifa decidiu que todos os jogos, incluindo os da primeira rodada – as oitavas de final –, seriam eliminatórios. Quem ganhasse continuaria e quem perdesse estaria eliminado. Em caso de empate, seria disputada uma prorrogação de trinta minutos, em dois tempos de quinze. Se persistisse o empate, haveria uma nova prorrogação. Se nem assim surgisse um vencedor, seria marcado um jogo extra. Se o jogo extra também terminasse sem vencedor, no tempo normal e nas prorrogações, a decisão seria feita por sorteio. Mas havia uma novidade no regulamento de 1938. Na finalíssima, caso houvesse empate nos dois jogos e nas quatro prorrogações, não haveria sorteio: os dois países seriam proclamados campeões mundiais. Isso não ocorreu, mas, se tivesse acontecido, a Copa de 1938 teria sido a única a ter o troféu repartido.

Em janeiro de 1938, o Comitê Organizador da Copa se reuniu em San Remo, na Itália, para definir os critérios para as oitavas de final. Como havia acontecido em 1934, ficou decidido que também em 1938 seriam formados dois grupos de oito países cada um, os "fortes" e os "fracos". Do lado "forte" ficaram Itália, Brasil, França, Áustria, Alemanha, Hungria, Tchecoslováquia e Argentina. O interessante é que, naquele momento, húngaros, tchecos e argentinos ainda não haviam garantido suas classificações. Por isso, Cuba acabaria herdando a posição de "forte", quando a Argentina desistiu de participar. Dois meses depois, foi feito o sorteio dos cruzamentos.

> Com os quatro gols que marcou na partida Brasil 6 x 5 Polônia, **Ernest Otton Wilimowski** entrou para a história. Ele é **o jogador que fez mais gols na Seleção Brasileira em um único jogo**.

Oitavas de final

Todas as seleções entraram uniformizadas em campo para a cerimônia de abertura. O presidente da França, Albert Labrun, fez o discurso de praxe e depois foi convidado por Jules Rimet a dar o pontapé inicial da Copa. E, para delírio da plateia presente, conseguiu a proeza de errar o chute, fazendo a bola rolar apenas alguns centímetros. Pouco antes do início da partida, a maioria das delegações deixaria rapidamente o estádio, porque teria de disputar jogos em outras cidades, já no dia seguinte.

Brasil 6 x 5 Polônia

Uma partida emocionante, que passou a figurar em qualquer compêndio de "Grandes jogos da história das Copas". Em sua edição daquele dia, o jornal *O Globo* anunciava: "Nada deterá o ímpeto do *scratch* branco!". O *scratch* branco, lógico, era o Brasil. Só que a Polônia também jogava com camisas brancas. Assim que a delegação brasileira desembarcara na França, a Comissão Organizadora da Copa procedeu a um sorteio, e o Brasil perdeu – teria de estrear com seu segundo uniforme. E o único disponível era o utilizado pela equipe "azul" nos treinos. Assim, a Seleção entrou em campo para enfrentar a Polônia vestindo um calção azul-bandeira e uma camisa num tom de azul mais pálido. As camisas não tinham o escudo da CBD, e os dirigentes acharam que daria muito trabalho despregar os distintivos das camisas brancas e pregá-los nas azuis, para em seguida ter de voltar a pregá-los nas brancas. Por isso, pela primeira e única vez em sua história, a Sele-

OS ESTÁDIOS

ESTÁDIO	CIDADE	CAPACIDADE	INAUGURAÇÃO	JOGOS
Olympique Colombes	Paris	42.000	1924	3
Vélodrome	Marselha	36.740	1937	2
Parc des Princes	Paris	34.000	1897	3
Parc Lescure	Bordeaux	26.000	1938	3
Cavee Verte	Le Havre	24.900	1924	1
Meinau	Estrasburgo	23.000	1914	1
Chapou	Toulouse	22.000	1928	2
Victor Boucquey	Lille	15.000	1914	1
Auguste Delaune	Reims	9.500	1931	1
Fort Carré	Antibes	8.000	1920	1

ção disputou um jogo oficial sem um distintivo no peito.

Já a Polônia se apresentava pela primeira vez em uma fase final de Copa do Mundo. O futebol era o esporte número um dos poloneses. Mas a Seleção Polonesa não tinha conseguido acumular muito prestígio: das 82 partidas disputadas entre 1923 e 1938, a Polônia havia vencido apenas 31.

Aproveitando o campo pesado, consequência da chuva que caíra no dia anterior, os poloneses começaram atacando. Do outro lado, o Brasil também partiu para o ataque, mostrando o que tinha de melhor: o individualismo de seus jogadores, que compensavam a falta de conhecimento tático de Ademar Pimenta. E deu no que tinha que dar: um jogo cheio de gols. Antes de Leônidas marcar o primeiro, aos 18 minutos, Perácio já havia acertado um de seus famosos petardos no travessão polonês.

Mas, aos 23 minutos, o desprotegido Domingos da Guia foi obrigado a agarrar Wodarz dentro da área, num lance típico de futebol americano. Scherfke converteu o pênalti e empatou. Romeu e Perácio marcaram ainda no primeiro tempo – o gol de Perácio, aos 44 minutos, desviando de testa, no puro reflexo, um chute de Leônidas que iria para fora, foi o

JOGOS DO BRASIL

BRASIL 6 POLÔNIA 5

4 A 4 NO TEMPO NORMAL

5 de junho de 1938 • Domingo
Estádio Meinau • Estrasburgo • 17h30

Gols no 1ºT • 1 × 0 Leônidas 18', 1 × 1 Scherfke (pênalti) 23', 2 × 1 Romeu 25', 3 × 1 Perácio 44'
Gols no 2ºT • 3 × 2 Wilimowski 8', 3 × 3 Wilimowski 14', 4 × 3 Perácio 26', 4 × 4 Wilimowski 44'
Gols no 1ºT da prorrogação • 5 × 4 Leônidas 3', 6 × 4 Leônidas 14'
Gol no 2ºT da prorrogação • 6 × 5 Wilimowski 13'

BRASIL • Batatais, Domingos, Machado, Zezé Procópio, Martim, Affonsinho, Lopes, Romeu, Leônidas, Perácio, Hércules.
Técnico Ademar Pimenta

POLÔNIA • Madejski, Szczepaniak, Galecki, Góra, Nyk, Dytko, Piec, Piatek, Scherfke, Wilimowski, Wodarz.
Técnico Jozef Kaluska

Público • 13.452

Juiz: Ivan Eklind (Suécia) • **Auxiliares:** Poissant (França) e Kissenberger (França)

por Max Gehringer

1938

primeiro que o Brasil fez de cabeça em uma Copa. Com a vantagem de 3 a 1 ao final do primeiro tempo, a vitória brasileira parecia assegurada, e um pequeno relaxamento foi suficiente para que o centroavante Wilimowski conseguisse empatar o jogo no início do segundo tempo, fazendo dois gols em menos de quinze minutos. Com os brasileiros novamente concentrados, Perácio fez 4 a 3 aos 26 minutos, após entrar na área tabelando com Romeu e chutar forte no canto direito. Aos 39 minutos, Wilimowski acertaria a trave esquerda do goleiro Batatais. Mas, quando todos já comemoravam a passagem para as quartas de final, um passe errado de Affonsinho, na entrada da área, permitiu que o incansável Wilimowski empatasse outra vez, no penúltimo minuto de jogo.

Na prorrogação (na época chamada de "prolongação"), o Brasil voltou arrasando. Logo aos 3 minutos, Romeu tocou para Perácio na meia-lua, que tocou para Leônidas à altura da marca do pênalti. Leônidas dominou marcado por Galecki e acertou um chute colocado no canto direito alto do goleiro Madejski. Dois minutos depois, Hércules bateu um escanteio e Lopes chutou no travessão. Aos 14 minutos, Leônidas surgiu sozinho na área polonesa e chutou no meio do gol. O goleiro Madejski rebateu e a bola voltou para Leônidas, que aumentou para 6 a 4. O persistente Wilimowski ainda marcaria o quinto gol polonês, a dois minutos do fim da prorrogação. E, nos instantes finais, a torcida prendeu a respiração, porque, àquela altura, qualquer coisa parecia possível. Mas o Brasil, em sua terceira Copa, finalmente conseguiu vencer no jogo de estreia. No dia seguinte, o jornal alemão *Kicker* resumiu o futebol brasileiro: "Sem nenhuma tática, mas brilhante e acrobático".

Diz uma lenda que Leônidas marcou o quinto gol brasileiro sem a chuteira do pé di-

> Um raro modelo de **longevidade no futebol**, o técnico alemão Sepp Herberger permaneceria na função durante incríveis **28 anos** (e 167 jogos). Como Otto Nerz havia sido o primeiro técnico oficial da seleção, a partir de 1923, a Alemanha teria apenas dois treinadores em seus primeiros 41 anos de existência.

reito, que havia se rompido na costura. O juiz Eklind não teria percebido a irregularidade porque, àquela altura, os jogadores já estavam com pés e pernas cobertos de barro, devido à chuva torrencial que desabara durante todo o jogo. Uma bela lenda, sem dúvida, mas falsa. Embora os jornais brasileiros tenham relatado o "temporal incessante", o "campo de jogo enlameado e repleto de poças", os lances filmados da partida (cerca de dois minutos) permitem ver que as meias (brancas) dos jogadores poloneses não estavam cheias de barro nem o campo parecia um lamaçal. Pelo contrário, o filme não mostra uma única poça visível no gramado e a bola rolava normalmente.

Mas, de chuteiras calçadas, Leônidas marcou três gols no jogo, encantou a torcida e foi a grande figura do Brasil. No decorrer da Copa, Leônidas receberia vários apelidos dos jornalistas internacionais – sendo que Homem Borracha foi o que mais pegou (e, em francês, até

> Cuba – então uma democracia – foi o **primeiro país da América Central a disputar uma Copa do Mundo**. Na época com 4 milhões de habitantes, Cuba havia se filiado à Fifa em 1932, para poder disputar as Eliminatórias.

rimava: "l'hômme gomme"). Os jornais diziam que Leônidas – que pesava 61 quilos – tinha um "físico improvável": suas pernas curtas davam a impressão de ser insuficientes para suportar seu tronco quase roliço. Mesmo assim, Leônidas demonstrava uma agilidade e um equilíbrio que pareciam contrariar a natureza. A revista francesa *Match* chamou Leônidas de "um cômico travesso e produtivo".

Quartas de final

A fase das oitavas de final havia demonstrado um inesperado equilíbrio. Dos sete jogos disputados, cinco foram para a prorrogação. E, em dois desses cinco jogos, as prorrogações terminaram empatadas e foram necessários jogos extras. Os confrontos para as quartas de final seriam: Hungria x Suíça; Suécia x Cuba; Itália x França; Brasil x Tchecoslováquia.

A tabela de toda a Copa, até a grande final, havia sido confeccionada com cinco meses de antecedência. E a ordem dos jogos das oitavas (que determinariam os adversários das quartas de final) foi feita por sorteio, sem critérios especiais. Mas bem que a Fifa poderia ter sido mais camarada, dirigindo um pouco a tabela para evitar que a França, dona da casa, não tivesse de cruzar tão cedo com a Itália, a então campeã mundial.

Brasil 1 x 1 Tchecoslováquia
A vitória contra a Polônia foi duríssima. Mas a Tchecoslováquia seria um adversário ainda mais difícil. Bastava ver o confronto direto entre poloneses e tchecos: as duas seleções já haviam se enfrentado nove vezes, com oito vitórias tchecas. Além disso, a Tchecoslováquia era a então vice-campeã mundial.

Brasil e Tchecoslováquia se enfrentaram em Bordeaux, cidade que é um dos templos vinícolas franceses. O motivo foi a inauguração do Estádio Municipal, o primeiro do mundo construído sem colunas para sustentar o teto que cobre as arquibancadas. Isso permitia que os espectadores, ao contrário do que ocorria em outros estádios, tivessem total visão do campo. A ousadia do projeto consagraria seu arquiteto, Adrien Marquet, e seria copiada em todos os estádios construídos dali em diante.

Pelo lado negativo, a festa obrigou as duas equipes a fazer longos percursos de trem, com desvantagem para os brasileiros. Os tchecos viajaram 521 km desde Le Havre, e os brasileiros 758 km desde Estrasburgo. No caso do Brasil, foram quase dezesseis horas dentro de trens e estações.

BRASIL 1   TCHECOSLOVÁQUIA 1

12 de junho de 1938 • Domingo
Estádio Parc Lescure • Bordeaux • 17h00

Gol no 1ºT • 1 × 0 Leônidas 30'
Gol no 2ºT • 1 × 1 Nejedlý (pênalti) 20'

BRASIL • Walter, Domingos, Machado, Zezé Procópio, Martim, Affonsinho, Lopes, Romeu, Leônidas, Perácio, Hércules. **Técnico** Ademar Pimenta

TCHECOSLOVÁQUIA • Plánicka, Burgr, Daucík, Kostálek, Boucek, Kopecký, Ríha, Simunek, Ludl, Nejedlý, Puc. **Técnico** Josef Meissner

PÚBLICO • 22.021

Juiz: Paul von Hertzka (Hungria)
Auxiliares: Scarpi (Itália) e Delasalle (França)

É bem possível que a longa viagem tenha influenciado no ânimo e nos nervos das duas equipes. Os tchecos, que jogavam um futebol metódico, e os brasileiros, que jogavam um futebol artístico, resolveram ambos fugir de suas características e partiram desde o primeiro minuto para um jogo violento. Tão violento que passou para a história das Copas como "A batalha de Bordeaux". Das quatro expulsões da Copa, três aconteceriam nesse jogo. Zezé Procópio foi o primeiro, logo aos 11 minutos do primeiro tempo, depois de dar um chute sem bola em Nejedlý.

Num dos raros momentos em que foi possível jogar futebol no primeiro tempo, Leônidas, como era esperado, fez o gol do Brasil. Aos 30 minutos, Perácio cobrou uma falta, a bola amorteceu na barreira e ficou pingando entre a marca do pênalti e a linha da pequena área. Leônidas, em posição duvidosa, chegou antes que o goleiro Plánicka e mandou para as redes. O gol deixou os tchecos ainda mais irritados. Aos 34 minutos, Kostálek trombou violentamente com Leônidas, provocando a paralisação do jogo e uma gritaria geral entre os jogadores. Carregado para trás do gol tcheco, Leônidas ficou estendido no solo durante quase cinco minutos. Aos 43 minutos, Machado e Ríha trocaram sopapos e foram expulsos. Machado saiu de campo, mas não se conformou e voltou, causando outro empurra-empurra, até ser retirado pelos próprios companheiros. Aos 45 minutos, ainda cambaleando, Leônidas permaneceu atrás da linha de zagueiros, mas teve lucidez para mandar para a rede uma bola que passava à sua frente. O gol foi anulado por impedimento.

No segundo tempo, Leônidas voltou na ponta esquerda, com Affonsinho passando para o meio. Com praticamente dois jogadores a menos, o Brasil aguentou a vantagem de 1 a 0 durante vinte minutos. Então, Domingos

> O atacante húngaro **Gyorgy Sárosi, 26 anos, advogado e intelectual**, aparecia nas escalações dos jornais com o reverente nome de "dr. Sárosi". Um ano antes, em 19 de setembro de 1937, **ele havia marcado sete gols na vitória húngara** de 8 a 3 sobre a Tchecoslováquia, em cujo gol atuava o célebre goleiro Plánicka.

da Guia tentou cortar de peito uma tabela entre Nejedlý e Simunek, e acabou conduzindo a bola com o braço, próximo ao ombro. Pênalti, que Nejedlý transformou no gol de empate. A essa altura, entretanto, atingir as canelas dos adversários parecia mais importante que dominar a bola. Se o juiz húngaro Von Hertzka tivesse sido realmente rigoroso, nem haveria a prorrogação, porque a maioria dos jogadores já teria sido expulsa durante os noventa minutos.

Ao fim da prorrogação, o empate de 1 a 1 persistiu e o rescaldo da batalha era altamente preocupante. Principalmente para os tchecos, porque o goleiro Plánicka tinha jogado os últimos quinze minutos com a clavícula deslocada, depois de um choque com Perácio. E o artilheiro Nejedlý, como só se descobriu após o jogo, havia fraturado o pé direito. Ambos estariam fora da partida de desempate, que seria disputada dali a apenas 48 horas. No time brasileiro, Perácio saiu arrebentado de campo. E Leônidas – o mais caçado dos brasileiros – também era dúvida para o jogo seguinte. O chefe da delegação brasileira, Sotero Cosme, enviou uma carta à Comissão Organizadora protestando contra a parcialidade do juiz nas expulsões de Zezé Procópio e Machado e na marcação do pênalti (sob a alegação de que o toque da bola no braço havia sido casual). Sotero Cosme finalizava pedindo um juiz que tivesse "absoluta neutralidade" para o jogo de desempate, no que foi atendido. O Comitê de Arbitragem, sem entrar no mérito das reclamações, indicou o francês Georges Capdeville.

> Numa carta de próprio punho, endereçada à revista carioca *Sport Illustrado*, Leônidas afirmava: **"Joguei esta partida (contra a Tchecoslováquia) porque Niginho não está com a situação regularizada. Porém fui infeliz, pois que me machuquei, e não posso jogar amanhã [a semifinal] contra a Itália"**. A declaração de Leônidas inocentava o técnico Ademar Pimenta. Mesmo assim, durante muito tempo Pimenta seria acusado de ter "poupado Leônidas contra a Itália, para resguardá-lo para a grande final".

Brasil 2 x 1 Tchecoslováquia

O técnico Meissner imaginou que iria surpreender o Brasil ao fazer cinco alterações na equipe tcheca. Porém, na hora em que os times entraram em campo, Meissner só se convenceu de que aquele era mesmo o Brasil quando viu Leônidas uniformizado. Porque, à exceção dele e do goleiro Walter, Ademar Pimenta tinha trocado *todos* os outros jogadores! Até Domingos da Guia tinha sido sacado da equipe. O que para Meissner pareceu uma loucura, para Ademar Pimenta era a vitória de uma estratégia. O time que estava entrando em campo era o "Branco" – o "pesado" – que havia treinado junto várias vezes em Caxambu, com a simples adição de Leônidas no comando do ataque. Mas a participação de Leônidas nesse jogo custaria caro ao Brasil. Leônidas não estava fisicamente bem e só entrou em campo porque Niginho – seu reserva imediato e centroavante do quadro "'Branco" – não tinha condições legais de jogo.

Em 1937, Niginho foi vendido pelo Palestra Itália mineiro ao Vasco, sem que nenhum dos clubes informasse à Lazio sobre essa transferência. E Ademar Pimenta, que não sabia de nada, convocou Niginho para a Copa. Em 31 de maio, cinco dias antes da estreia do Brasil contra a Polônia, a Federação Italiana informara por carta à Fifa e à CBD que a situação de Niginho era irregular – para jogar na Copa, ele dependia de uma autorização escrita da Lazio, clube que legalmente ainda tinha o brasileiro sob contrato. O caso nem chegou a ser julgado, porque a CBD não solicitou a posição formal da Fifa. Embora tivessem passado alguns dias afirmando aos jornalistas brasileiros que a situação de Niginho era "perfeitamente regular", na hora de decidir os

---

BRASIL 2   TCHECOSLOVÁQUIA 1

14 de junho de 1938 • Terça-feira
Estádio Parc Lescure • Bordeaux • 18h00

Gol no 1ºT: 0 × 1 Kopecký 25'
Gols no 2ºT: 1 × 1 Leônidas 12', 2 × 1 Roberto 17'

BRASIL • Walter, Jaú, Nariz, Brito, Brandão, Argemiro, Roberto, Luizinho, Leônidas, Tim, Patesco.
Técnico Ademar Pimenta

TCHECOSLOVÁQUIA • Burkert, Burgr, Daucík, Kostálek, Boucek, Kreuz, Horák, Senecký, Ludl, Kopecký, Rulc.
Técnico Josef Meissner

Público • 18.141

Juiz: Georges Capdeville (França) • **Auxiliares**: Kissenberger (França) e Marenco (França)

por Max Gehringer

dirigentes brasileiros preferiram não correr riscos. Niginho não seria escalado, e Leônidas foi para o sacrifício.

Comparado com a guerra que foi o primeiro jogo, o segundo seria mais tranquilo. Não com aquela placidez de colégio de freiras, porque o zagueiro Nariz teve fratura dupla do pulso direito e o tcheco Kopecký saiu carregado de campo, aos 30 minutos do segundo tempo. Mas, de resto, a torcida de Bordeaux apreciou uma boa partida, cuja principal figura foi o meia Tim, do Fluminense, que estreava na Copa. Encantado com sua visão de jogo, um jornal francês o chamou de "o Criador". Os tchecos fizeram um gol no primeiro tempo, quando conseguiram controlar o ritmo da partida. Mas, no segundo tempo, o Brasil voltou mais veloz e empatou o jogo aos 12 minutos, com o infalível Leônidas. Aos 15 minutos, um susto: num chute rasteiro de Senecký, Walter fez a defesa, mas a bola escapou de suas mãos e deu a impressão de ter ultrapassado a linha do gol, antes que o goleiro a puxasse de volta. Mas o juiz francês não viu e o jogo continuou. Logo em seguida, Roberto, de voleio, mandou a bola no canto direito do goleiro Karel Burkert e decretou a vitória do Brasil.

No dia seguinte, enquanto esperavam na estação o trem que os levaria de Bordeaux para Marselha, alguns jogadores brasileiros fascinaram os jornalistas europeus que foram presenciar o embarque, com um artístico show coletivo de embaixadinhas. Segundo os relatos, durante vários minutos uma bola foi sendo passada de pé para pé, sem tocar o chão. Algo nada incomum no Brasil, mas nunca visto na Europa.

Eliminados os tchecos, vice-campeões de 1934, o Brasil iria agora encarar os campeões,

> O Jogo do Bicho, inventado em 1892, se tornou mania entre os cariocas. Em 1923, o Vasco da Gama foi o primeiro clube brasileiro a pagar gratificações a seus craques. Logo, os jogadores passaram a **classificar a "ajuda" pela tabela bicheira**: um "cachorro" (5 mil réis), um "coelho" (10 mil), um "peru" (20 mil) e assim por diante. No final da década de 1930, **todas as gratificações eram conhecidas por um só nome: "o bicho".**

os italianos. Para a imprensa presente à Copa, aquela era uma final antecipada: quem vencesse dificilmente deixaria escapar o título. Porque tanto Suécia quanto Hungria, os outros dois semifinalistas, não seriam páreo para Brasil ou Itália numa final. Nos dois dias que antecederam o jogo contra os italianos, duas perguntas estavam na boca de todos os brasileiros. A primeira: que time Ademar Pimenta iria escalar, o que ganhara da Polônia ou o que vencera a Tchecoslováquia? E a segunda, e mais importante: Leônidas iria jogar?

Semifinais

Itália x Brasil e Hungria x Suécia decidiriam os finalistas da terceira Copa do Mundo.

A Suécia pegou um belo atalho na Copa. A semifinal contra a Hungria era apenas o segundo jogo dos escandinavos, sendo que o primeiro havia sido contra a fraca Seleção de Cuba. Mesmo que perdesse para a Hungria, a Suécia já estaria garantida entre os quatro finalistas. Mas os suecos começaram dando a impressão de que poderiam ir à final. No primeiro ataque do jogo, logo aos 35 segundos, o zagueiro húngaro Lázár furou, e Nyberg fez 1 a 0. A ilusão sueca durou dezoito minutos. Aos 19 minutos, o zagueiro Jacobsson tentou cortar uma tabela entre Zsengellér e Toldi, e mandou a bola para dentro de seu próprio gol, empatando o jogo. No resto do primeiro tempo, só a Hungria atacou, e conseguiu mais dois gols, virando em confortáveis 3 a 1.

No segundo tempo, a Suécia chegou tão pouco à área da Hungria que uma *alouette*, a tradicional andorinha francesa, pousou no travessão do goleiro húngaro Szabó, e ficou ali um tempão, sem ser incomodada. Do outro lado, a Hungria continuava a criar chances. Perdeu muitas – pelo menos cinco –, mas conseguiu converter duas. Uma delas, que resultou no quinto

> Em 1979, **o Stadio San Siro, em Milão, seria rebatizado como Stadio Giuseppe Meazza, em honra ao jogador que Pozzo** dirigira. Mas, 22 anos após a morte de Vittorio Pozzo, técnico nas conquistas italianas dos anos 1930, sua cidade natal, Turim, recusou uma proposta semelhante, a de dar o nome do técnico ao novo estádio que tinha sido construído para a Copa de 1990. O nome escolhido foi Stadio Delle Alpi.

gol, foi uma meia bicicleta cheia de estilo do dr. Sárosi. Àquela altura, os húngaros já tinham transformado a partida em uma exibição. Com a fácil vitória, a Hungria iria encarar na final a Itália. E também as estatísticas – os húngaros não venciam os italianos desde 1924.

Itália 2 x 1 Brasil
Brasil e Itália jogaram no dia de Corpus Christi – que, naquela época, não era feriado no Brasil. No Rio, em Porto Alegre e em Belo Horizonte aparelhos receptores de rádio foram instalados em repartições públicas para que os funcionários pudessem acompanhar a transmissão. Em São Paulo, na praça do Patriarca, segundo o jornal O *Estado de S. Paulo*, mais de mil pessoas se aglomeraram para ouvir o jogo, pelos possantes alto-falantes da Rádio Record, já integrada à rede radiofônica. Na véspera da partida, centenas de telegramas tinham chegado à França desejando boa sorte ao Brasil. Um deles, com mais de 3 mil assinaturas. O otimismo era geral.

Quando o Brasil entrou em campo – sob uma temperatura de 31 °C – a torcida ficou surpresa. Além de Leônidas, Ademar Pimenta também não tinha escalado Tim – que havia sido o melhor jogador em campo no jogo de desempate contra os tchecos. E Romeu, que era meia, entrava de centroavante, porque Leônidas e Niginho não tinham condições de jogo. Assim, Ademar Pimenta improvisava um ataque que nunca havia atuado junto, nem na Copa nem nos treinos em Caxambu.

Apesar disso, o Brasil fez um ótimo primeiro tempo, ajudado em parte pelo vento

ITÁLIA 2 BRASIL 1
16 de junho de 1938 • Quinta-feira Estádio Vélodrome • Marselha • 18h00
GOLS NO 2ºT • 1 × 0 Colaussi 6', 2 × 0 Meazza (pênalti) 15', 2 × 1 Romeu 42'
ITÁLIA • Olivieri, Foni, Rava, Serantoni, Andreolo, Locatelli, Biavati, Meazza, Piola, Ferrari, Colaussi. TÉCNICO Vittorio Pozzo
BRASIL • Walter, Domingos, Machado, Zezé Procópio, Martim, Affonsinho, Lopes, Luizinho, Romeu, Perácio, Patesko. TÉCNICO Ademar Pimenta
PÚBLICO • 33.000
JUIZ: Hans Wuthrich (Suíça) • AUXILIARES: Beranek (Alemanha) e Marenco (França)

forte que soprava contra o gol italiano. Até o parcial jornal italiano *Gazzetta Dello Sport*, de Turim, mencionou as tabelas rápidas e os dribles imprevisíveis dos brasileiros, que deliciaram o público francês. Mas também relatou que as duas defesas se comportaram melhor que os ataques, impedindo que chances reais de gol pudessem ser criadas. No momento mais perigoso do Brasil, aos 26 minutos, Patesko acertou um chute forte que triscou a lateral da trave e foi para fora. Mas esse foi um lance isolado. Aos 35 minutos, o técnico Pimenta, percebendo a falta de pegada do ataque brasileiro, ordenou que Luizinho e Romeu trocassem de posição, para que Romeu pudesse fazer o que estava acostumado – vir de trás com a bola dominada.

No segundo tempo, a Itália aproveitou o vento a seu favor e partiu para o ataque. A defesa brasileira se comportava bem, mas seria surpreendida por um gol logo aos 6 minutos. Na primeira vez em que Piola conseguiu se antecipar a Domingos da Guia, o italiano tocou na direita para Ferrari, que cruzou rasteiro. A bola atravessou um bolo de jogadores e chegou a Colaussi, pela meia-esquerda. De primeira, Colaussi emendou forte, à meia altura, no canto direito, sem chance para o goleiro Walter – que nem pulou na bola.

O Brasil partiu para o ataque. E, nove minutos depois, aconteceria o lance mais comentado da Copa (pelo menos no Brasil): o célebre pênalti de Domingos da Guia em Piola. A versão mais aceita (fora do Brasil) é que, num centro da direita, a defesa brasileira rebateu a bola para fora da área. Nesse instante, e fora do lance, Piola passou entre Domingos e Machado, dentro da área do Brasil. E Domingos chutou o joelho de Piola, que desabou no chão. Só que o juiz suíço viu e marcou o pênalti.

> Na volta à pátria, por trem, os **jogadores italianos** campeões do mundo foram recebidos por Mussolini na sede do governo, o Palazzo Venezia, em Roma. Após os abraços e as saudações oficiais, **cada atleta recebeu do governo 8 mil liras pela conquista do título** (equivalentes ao valor do carro mais popular na Itália em 1938, um Fiat Topolino).

por Max Gehringer

O jornal francês *Sporting* também concordou com a marcação do pênalti, e só reclamou do absurdo da regra: "Não havia ameaça alguma ao gol brasileiro. Mas o juiz, obedecendo à lei, ofereceu um gol aos italianos". O *Diário de Pernambuco* classificou a atitude de Domingos de "infelicíssima". E relatou: "Sem explicação nenhuma, desferiu um violento pontapé em Piola na área perigosa". Nenhum dos jornais franceses do dia seguinte afirmou que o pênalti havia sido incorretamente marcado – e os franceses não eram exatamente neutros, porque torciam fervorosamente para que o Brasil trucidasse a Itália.

Em várias entrevistas nos anos seguintes, Domingos nunca negou que chutara mesmo Piola. O centroavante italiano vinha provocando Domingos desde o começo do jogo, e Domingos achou que aquele seria um bom momento para dar o troco. Mas Domingos sempre insistiu que a bola estava fora de jogo (teria saído pela linha de fundo). Versão que, após a partida, seria unanimemente adotada por todos os jogadores e membros da delegação. De qualquer forma, aquele era o terceiro pênalti, em quatro jogos, cometido por Domingos – talvez o melhor e mais técnico zagueiro que o Brasil já viu jogar. A favor de Domingos há o fato de que ele entrara em campo contra a Itália ainda não recuperado de uma forte gripe.

Meazza bateu o pênalti à meia altura, no canto direito, e fez 2 a 0. E proporcionou à torcida um lance hilariante: enquanto aguardava a autorização do juiz para a cobrança, Meazza resolveu amarrar melhor o calção, mas exagerou na força e o cordão se rompeu. O juiz apitou, e Meazza foi para a bola meio desajeitado, segurando o calção com a mão direita. Mas, infelizmente, ele acertou o chute e depois correu para o vestiário, para trocar o calção. Daí até o fim do jogo a Itália se retraiu e o Brasil conseguiu seu gol aos 42 minutos.

> Numa clara demonstração de que na Itália a **política e o futebol andavam de mãos dadas**, os italianos aproveitaram que a França também usava camisas azuis para trocar sua tradicional malha *azzurra* por camisas pretas, um dos símbolos do fascismo.

Luizinho cobrou um escanteio, Olivieri rebateu, e Perácio ajeitou para Romeu, que chutou de esquerda no canto direito. Três minutos depois, sob protestos dos brasileiros, o juiz suíço Wuthrich apitou o fim da partida, sem dar sequer um segundo de desconto.

Parecia que o sonho do campeonato mundial estava acabado. Mas, horas após o jogo, a Rádio Tupi do Rio de Janeiro soltou um alentador "furo de reportagem". Devido ao erro clamoroso do juiz na marcação do pênalti, reportou a Tupi, a Fifa iria anular o jogo e uma nova partida seria disputada dali a dois dias. E, dessa vez, com Leônidas em campo. Muitos torcedores cariocas saíram às ruas para comemorar as boas-novas. Realmente, o chefe da delegação brasileira, Castello Branco, dissera após a partida que faria uma reclamação formal contra a arbitragem. Mas a Fifa, em momento algum, considerou a possibilidade da anulação. O fugaz momento de alegria da torcida terminou quando os jornais do dia seguinte desmentiram o "furo". E a Tupi se desculpou, alegando que havia captado a notícia diretamente de uma emissora francesa, em ondas curtas.

Os chiados da transmissão e uma tradução malfeita haviam induzido ao erro de interpretação. No dia seguinte, os principais jornais franceses enalteceram o controle de bola dos brasileiros e lamentaram a ausência de Leônidas, mas reconheceram a superioridade italiana. O pênalti foi classificado como "rigoroso", mas não como "inexistente".

Brasil 4 x 2 Suécia

O Brasil conquistou o terceiro lugar na Copa com uma virada histórica: 4 a 2 sobre a Suécia, depois de sair perdendo de 2 a 0. O que mais chamou a atenção da imprensa estrangeira foi o abismo entre o alto nível técnico dos jogadores brasileiros e a rudimentar disposição tática da Seleção. Assim, a Suécia, mesmo sem contar com quatro titulares (Keller, Källgren, Jacobsson e Wetterström), aproveitou seu melhor conjunto e abriu dois gols de diferença. O Brasil só começou a jogar nos cinco minutos finais do primeiro tempo. Aos 42 minutos, Leônidas teve um gol anulado por impedimento. Aos 44 minutos, Romeu marcou. Assim que foi dada a

por Max Gehringer

1938

saída, o Brasil recuperou a bola e um chute de Perácio passou raspando o travessão.

No segundo tempo, a arte sobrepujou a técnica, e o individualismo brasileiro desmontou o conjunto dos suecos. Aos 18 minutos, Leônidas, contrariando suas características, fez o gol de empate num chute longo, de 20 m. Aos 29 minutos, ele mesmo virou o jogo, marcando seu sétimo gol na Copa. E Perácio selou a vitória de 4 a 2, a dez minutos do final. Tudo na maior tranquilidade. Tal qual já haviam feito contra a Hungria, no segundo tempo os suecos pararam em campo e ficaram assistindo ao Brasil jogar.

O Brasil de 1938 foi o time mais prejudicado pelas viagens em toda a história das Copas. Após participar em Paris da cerimônia de abertura, a Seleção viajou 487 km até Estrasburgo, no nordeste da França, onde jogou contra a Polônia. De lá, deslocou-se 758 km até Bordeaux, no sudoeste, para enfrentar a Tchecoslováquia. De Bordeaux foi para Marselha, a 503 km, no sudeste, encarar a Itália. E finalmente voltou para Bordeaux, percorrendo mais 503 km, para jogar contra a Suécia. Ao todo, considerando-se os transbordos, foram mais de 3 mil km viajados e quase três dias gastos dentro de trens ou esperando em estações. Um absurdo, principalmente quando se comparava a situação do Brasil com a da Itália. Mesmo sabendo que a Azzurra teria de viajar bem menos, os dirigentes italianos – com a bênção de Mussolini – já tinham engatilhado o aluguel de um avião para o caso de

---

BRASIL 4 SUÉCIA 2

19 de junho de 1938 • Domingo
Estádio Parc Lescure • Bordeaux • 17h00

GOLS NO 1ºT • 0 × 1 Jonasson 28',
0 × 2 Nyberg 38', 1 × 2 Romeu 44'
GOLS NO 2ºT • 2 × 2 Leônidas 18',
3 × 2 Leônidas 29', 4 × 2 Perácio 35

BRASIL • Walter, Domingos, Machado, Zezé Procópio, Brandão, Affonsinho, Roberto, Romeu, Leônidas, Perácio, Patesko. TÉCNICO Ademar Pimenta

SUÉCIA • Abrahamsson, Eriksson, Nilsson, Almgren, Linderholm, Svanström, Nyberg, Jonasson, Harry Andersson, Persson, Ake Andersson. TÉCNICO Josef Nagy

PÚBLICO • 12.500

JUIZ: Jean Langenus (Bélgica)
AUXILIARES: Valprede (França) e Olive (França)

algum deslocamento longo e inesperado. Mas nem precisaram usá-lo. Além disso, o Brasil foi o país que mais jogou na Copa (quatro jogos e uma prorrogação, em apenas oito dias).

A derrota do Brasil para a Itália havia provocado incidentes em muitas cidades brasileiras. Em algumas capitais, a polícia teve de intervir para impedir maiores tumultos. Mas, passada a raiva, decorrente da frustração, houve muita festa pela conquista do terceiro lugar. Essa alegria, como se veria dali a quinze dias, no retorno dos jogadores, se transformaria em idolatria.

O craque dos chocolates
Logo após a volta da Seleção, Leônidas foi eleito "o maior *crack* do futebol brasileiro", recebendo 250 mil votos num concurso dos cigarros Magnólia (as marcas de cigarros eram bem mais criativas naqueles tempos; em 1930, o vascaíno Russinho havia vencido um concurso semelhante, patrocinado pelos cigarros da marca Veado). Aproveitando a euforia popular, em agosto de 1938 a Lacta, empresa paulista de chocolates e confeitos, lançou a barra de chocolate Diamante Negro, em homenagem a Leônidas. Embora fosse o usuário do apelido – que lhe tinha sido dado pelos uruguaios do Peñarol, em 1932 –, Leônidas não tinha a propriedade legal do nome. Mesmo tendo recebido vinte contos de réis para ser o garoto-propaganda da marca no lançamento, Leônidas não participaria dos altos lucros que a Lacta teria com as vendas do "seu" chocolate pelas oito décadas seguintes. No futuro, essa história abriria os olhos de Pelé, que sabiamente transformou seu apelido em marca registrada, antes de completar 20 anos de idade.

A final

Itália 4 x 2 Hungria
Um mês e meio antes da Copa, ao avaliar as possibilidades das seleções participantes, o jornal *France Soir* escreveu que o Brasil era "um ponto de interrogação". E arriscou uma previsão: Itália e Hungria disputariam o título, com amplo favoritismo para a Itália. Foi um tiro na mosca.

por Max Gehringer

Bastante renovada, a Seleção Italiana de 1938 era ainda melhor que a de 1934 (apenas dois jogadores que enfrentaram a Hungria, na final de 1938, tinham atuado na Copa de 1934: Meazza e Ferrari). A dupla de zaga, Foni e Rava, extraída da equipe que conquistara o título olímpico de 1936, era mais jovem e mais segura. O médio central, o uruguaio Andreolo, era mais criativo que seu antecessor, o troglodita argentino Monti. E o ataque tinha ficado mais ágil com a inclusão de Piola, um centroavante capaz de armar e de concluir jogadas. Tanto que os jornalistas europeus, mesmo reconhecendo o soberbo talento de Leônidas, preferiram escalar Piola, por sua eficácia, na seleção ideal da Copa. Se Leônidas tivesse atuado contra a Itália, a história talvez tivesse sido outra. Mas não foi.

A Azzurra chegou à final confiante. Contra a Hungria, sua adversária na decisão, a Itália tinha jogado quatro vezes nos últimos quatro anos, conseguindo três vitórias e um empate. E, além de ter uma equipe melhor, os italianos contavam com um grande incentivador: Benito Mussolini, Il Duce. Ele já tinha ido pessoalmente se despedir dos jogadores antes do embarque para a França e pedira (em seu estilo autoritário) a vitória na Copa. Na véspera da decisão, o técnico Vittorio Pozzo recebeu um telegrama assinado pelo secretário-geral do Partido Fascista, Achille Starace, enfatizando o pedido de Mussolini. A mensagem dizia apenas: "Vencer ou morrer". Sem pestanejar, os jogadores italianos preferiram a primeira alternativa.

A FINAL

ITÁLIA 4 HUNGRIA 2

19 de junho de 1938 • Domingo
Estádio Olympique de Colombes • Paris • 17h00

Gols no 1º T • 1 × 0 Colaussi 6', 1 × 1 Titkos 8', 2 × 1 Piola 16', 3 × 1 Colaussi 35'
Gols no 2º T • 3 × 2 Sárosi 15', 4 × 2 Piola 37'

ITÁLIA • Olivieri, Foni, Rava, Serantoni, Andreolo, Locatelli, Biavati, Meazza, Piola, Ferrari, Colaussi.
Técnico Vittorio Pozzo

HUNGRIA • Szabó, Polgár, Biró, Lázár, Szucs, Szalay, Sas, Zsengellér, Sárosi, Vince, Titkos.
Técnicos Károly Dietz e Alfred Schäffer

PÚBLICO: 45.124

Juiz: Georges Capdeville (França) • Auxiliares: Krist (Tchecoslováquia) e Wuthrich (Suíça)

Almanaque dos Mundiais

Logo aos 6 minutos, a Itália fez 1 a 0. A bola veio da ponta direita, pelo alto, e a defesa húngara não acompanhou o ponteiro Colaussi, que entrava livre pela meia-esquerda. Sem deixar a bola cair, Colaussi acertou um chute de primeira, no canto direito de Szabó. Dois minutos depois, os húngaros, que até ali não haviam feito nenhum ataque perigoso, conseguiram o empate. Numa bola levantada na área, Sas desviou de cabeça para trás. E Titkos, pela esquerda, quase do bico da pequena área, chutou no alto do gol de Olivieri.

Aos 16 minutos, a Itália desempatou num gol sincronizado, o mais bonito do jogo. Os italianos fizeram a bola rolar dentro da área húngara, sem que os zagueiros conseguissem interceptá-la. Começou com Colaussi, na esquerda, foi a Piola, pelo centro, que tocou para Ferrari. Mesmo com o gol à sua frente, Ferrari tocou para Meazza, na direita. Meazza ainda driblou seu marcador e serviu Piola, na marca

OS 11 CAMPEÕES

Aldo **Olivieri**, goleiro do Lucchese-Libertas, 27 anos (2/10/1910 – 5/4/2001)

Alfredo **Foni**, zagueiro da Juventus, 27 anos (21/1/1911 – 1985)

Pietro **Rava**, zagueiro da Juventus, 22 anos (21/1/1916 – 2006). Foi o último dos campeões a falecer, dois meses antes de completar 91 anos

Pietro **Serantoni**, médio da Roma, 32 anos (11/12/1906 – 1964). Foi o primeiro dos campeões a falecer

Miguel Angel **Andreolo**, médio central do Bologna, 25 anos (6/9/1912 – 1981)

Ugo **Locatelli**, médio da Ambrosiana-Inter, 22 anos (5/2/1916 – 28/5/1993)

Amedeo **Biavati**, ponteiro-direito do Bologna, 23 anos (4/4/1915 – 4/1979)

Giuseppe **Meazza**, meia da Ambrosiana-Inter, 28 anos (23/8/1910 – 10/1979). Poucos meses após sua morte, o Stadio San Siro de Milão foi rebatizado de Stadio Giuseppe Meazza

Silvio **Piola**, centroavante da Lazio, 24 anos (29/9/1913 – 4/10/1996)

Giovanni **Ferrari**, meia da Ambrosiana-Inter, 30 anos (6/12/1907 – 2/12/1982)

Gino **Colaussi**, ponteiro-esquerdo da Triestina, 24 anos (4/3/1914 – 25/12/1991)

Vittorio **Pozzo**, técnico, 52 anos (2/3/1886 – 21/12/1968)

do pênalti, que chutou no ângulo esquerdo de Szabó. Aos 35 minutos, Colaussi aumentou para 3 a 1, após receber um lançamento de Meazza e correr 30 m, acompanhado do húngaro Polgár. O goleiro Szabó não saiu do gol e Colaussi, quase da risca da pequena área, chutou rasteiro, no canto esquerdo.

No segundo tempo, a Hungria ainda diminuiu para 3 a 2. Num rápido contra-ataque, aos 15 minutos, Sárosi apareceu de surpresa na frente do goleiro Olivieri, num cruzamento da ponta direita, e chutou no canto esquerdo. Mas a Itália continuou dominando, enquanto os húngaros se defendiam, dando a impressão de que o vice-campeonato já estava de bom tamanho. Aos 37 minutos, Piola fechou a conta ao marcar o quarto gol italiano. Biavati, lançado pela direita, cruzou para trás. Piola apareceu no meio da área e chutou meio prensado, no cantinho direito de Szabó, com a bola tocando na trave antes de entrar.

Quinze minutos depois, o capitão Meazza se dirigiu às Tribunas do Estádio de Colombes para receber a Taça das mãos do presidente francês, Albert Lebrun. E Meazza não se furtou a fazer a saudação fascista, antes e depois da entrega do troféu, revoltando boa parte da torcida francesa. Foi a única vez em que o capitão de uma equipe campeã seria vaiado pelo público ao receber a Taça.

O artilheiro

No total, foram marcados 84 gols em dezoito jogos, com média de 4,7 gols por jogo. Leônidas da Silva terminou a Copa como artilheiro, com sete gols marcados em quatro jogos (três contra a Polônia, dois contra a Tchecoslováquia e dois contra a Suécia). Mas já durante a

OS OUTROS 11 CAMPEÕES

Carlo **Ceresoli**, goleiro do Bologna, 27 anos
Guido **Masetti**, goleiro da Roma, 30 anos
Eraldo **Monzeglio**, zagueiro da Roma, 32 anos
Sergio **Bertoni**, zagueiro do Genoa, 22 anos
Aldo **Donati**, médio da Roma, 27 anos
Mario **Genta**, médio do Genoa, 26 anos
Mario **Perazzolo**, médio do Genoa, 27 anos
Renato **Olmi**, médio da Ambrosiana-Inter, 24 anos
Piero **Pasinati**, atacante da Triestina, 28 anos
Pietro **Ferraris II**, atacante da Ambrosiana-Inter, 26 anos
Bruno **Chizzo**, atacante da Triestina, 22 anos

Copa alguns jornais europeus atribuíram oito gols a Leônidas (sendo quatro contra a Polônia), confundindo as estatísticas daí em diante. O próprio Leônidas, em várias entrevistas concedidas pelas décadas seguintes, sempre esclareceu que havia feito três gols contra os poloneses.

Público

O público total nos dezoito jogos foi de 365 mil torcedores, correspondendo a 72% da capacidade máxima dos estádios. Apenas dois jogos tiveram ocupação máxima, ambos no Estádio Olympique Colombes: Itália e França pelas quartas de final e o jogo decisivo entre Itália e Hungria. O menor público foi o do jogo entre Cuba e Romênia – 6.707 espectadores, apenas 30% da capacidade do Estádio Chapou, em Toulouse. Mas, novamente, o resultado financeiro da Copa cobriu os investimentos e as despesas e gerou um lucro razoável para os organizadores.

A Guerra

A Segunda Guerra Mundial (1938-1945) deixou a década de 1940 sem Copas. Se elas tivessem acontecido, o mais provável é que a Copa de 1942 tivesse sido na Argentina e a de 1946 na Alemanha, ou vice-versa. Quando o capítulo mais trágico da história do século XX se encerrou, a devastação que a Guerra provocou na Europa daria ao Brasil a oportunidade de promover a Copa seguinte, em 1950. Com uma nova Seleção, o Maracanã recém-construído e a vantagem de jogar em casa, o Brasil era apontado como o grande favorito da competição. Condição que confirmaria, dentro de campo, até faltarem apenas onze minutos para o encerramento do jogo final, contra o Uruguai, em 16 de julho de 1950. Mas essa já é outra história...

1950

Em 11 minutos, um sonho vira pesadelo

A volta da Copa do Mundo

Em 4 de junho de 1938 – dia da abertura da Copa da França –, o 24º Congresso da Fifa se reuniu na sede do Automóvel Clube de Paris para avaliar as candidaturas para a Copa de 1942. A concorrente mais forte era a Alemanha, representada por Felix Linnemann – dirigente da própria Fifa desde 1921. O projeto alemão ganhara força e adeptos em 1936, quando o sucesso dos Jogos Olímpicos de Berlim havia demonstrado a competência germânica para organizar grandes eventos.

Competindo com a Alemanha estavam o Brasil e a Argentina. Ambos apresentaram o mesmo argumento: as duas Copas anteriores haviam sido disputadas na Europa, e agora seria a vez da América do Sul. Segundo o representante da CBD no Congresso de Paris, o jornalista Célio Negreiros de Barros, o Brasil merecia o direito de promover a Copa de 1942 por ter sido o único país sul-americano a viajar para a Europa para disputar as Copas de 1934 e 1938. A Argentina, por seu lado, alegava que deveria ter prioridade sobre o Brasil, por já ter sido preterida duas vezes, na escolha das sedes de 1930 e 1938. Ao final do Congresso de Paris, Jules Rimet anunciou que as três propostas seriam avaliadas, mas a decisão final só seria tomada em 1940, no Congresso da Fifa em Luxemburgo.

Mas tudo mudaria em setembro de 1939. Ao invadir a Polônia, a Alemanha deflagrou a Segunda Guerra Mundial. O Congresso de 1940 da Fifa foi cancelado e a Copa prevista para 1942 não aconteceu. Nem a de 1946, que já havia recebido as pré-candidaturas de três países europeus: Áustria, Hungria e Tchecoslováquia. Nos seis anos entre 1939 e 1945, o futebol ficou em segundo plano no cenário internacional e mais de 50 milhões de pessoas perderiam a vida na guerra.

Em maio de 1940, às vésperas da invasão da França pelas tropas nazistas, Rimet transferiu às pressas a sede da Fifa de Paris para Zurique, na neutra Suíça. E lá, durante os cinco anos seguintes, a Fifa se limitou a traba-

por Max Gehringer

lhos burocráticos. Um novo Congresso – o 25º da história da entidade – só viria a ocorrer após o fim da guerra, marcado para o período de 24 a 28 de julho de 1946, em Luxemburgo. Dos 59 países filiados à Fifa em 1946, 34 se fizeram presentes.

Obviamente, o assunto mais importante na pauta do Congresso de 1946 era a próxima Copa do Mundo, inicialmente marcada para 1948. Pelas notícias publicadas até então, supunha-se que havia um único país ainda disposto a sediar a Copa – o Brasil, que recebera o apoio dos demais países sul-americanos em 10 de novembro de 1945. Existia também uma pouco divulgada proposta da Suíça, protocolada sem espalhafato em junho de 1945, para o caso de não existirem outros candidatos. Sendo a sede da Fifa, a Suíça não poderia receber um simples agradecimento pela cortesia, e logo se transformou em candidata viável.

No Congresso de Londres, em 27 de julho de 1948, finalmente a Copa foi confirmada para 1950 no Brasil. Para serenar os ânimos europeus, a Suíça recebeu o direito de sediar a Copa de 1954 e a Suécia a promessa de sediar a de 1958 (a confirmação aconteceria em junho de 1950, no Rio de Janeiro). Também ficou estabelecido o período de disputa da Copa – en-

O BRASIL EM 1950

» O censo divulgado em 1º de julho de 1950 revelou que a população brasileira era de 51.944.397 habitantes, dos quais 64% viviam em zonas rurais. Os analfabetos finalmente deixaram de ser maioria: 53% dos brasileiros já sabiam ler e escrever.

» A inflação anual foi de 13,4%. O salário mínimo valia 380 cruzeiros. O dólar foi cotado a 18,50 cruzeiros.

» Na música, o destaque carnavalesco do ano foi "General da banda", com o cantor Blecaute. A Rainha do Rádio, Emilinha Borba, fez sucesso com "Paraíba (mulher macho, sim senhor)", disputando a condição de mais tocada nas rádios com "Pé de manacá", cantada por Isaurinha Garcia e Hervé Cordovil.

» Duas semanas antes do início da Copa, Getúlio Vargas, ex-presidente deposto em 1945, foi lançado como candidato pelo PTB às eleições presidenciais de 3 de outubro. Tinha 68 anos e venceria facilmente, com 3,8 milhões de votos (49% do total).

tre 25 de julho e 25 de agosto de 1950 – para que as seleções europeias pudessem dispor de trinta dias para descanso e treinamentos após o final dos campeonatos locais. Mas esse período seria alterado em janeiro de 1949 – a Copa foi disputada entre junho e julho –, a pedido dos próprios clubes europeus.

O maior do mundo

Desde o final da década de 1930, o jornalista Mario Filho, do *Jornal dos Sports*, que ele mesmo fundara em 1931, já vinha pregando a construção de um estádio "à altura do Rio". Em 1941, a prefeitura instituiu um concurso de projetos, que acabou engavetado. Em 1946, no Congresso da Fifa em Luxemburgo, a CBD encantou a Fifa com a proposta de construir,

> Em 1950, a cidade de Montevidéu tinha 57 clubes profissionais espalhados por 4 divisões. **De cada 200 homens entre 18 e 35 anos, um era jogador profissional.** Comparativamente, Rio e São Paulo, com uma população conjunta três vezes maior, tinham a metade dos clubes profissionais de Montevidéu.

no Rio, o maior e melhor estádio do mundo na época.

A capacidade nominal do Maracanã seria de 155 mil lugares (93.500 nas arquibancadas, 30 mil nas cadeiras numeradas, 1.500 nos camarotes e 30 mil, em pé, nas gerais). Na época, o recorde de público pertencia ao Hampden Park de Glasgow, na Escócia, de propriedade do Queen's Park Rangers. Em 1937, num jogo entre Escócia e Inglaterra, o Hampden Park acomodara, em pé, 149.547 torcedores (14% da população de Glasgow, que era de 1,085 milhão).

A inauguração oficial do Maracanã ocorreu numa sexta-feira, 16 de junho de 1950, oito dias antes do início da Copa. O presidente da República, general Eurico Gaspar Dutra, cortou a fita simbólica e franqueou o estádio ao público. Na tarde do dia seguinte, sábado, 17 de junho, um jogo entre as seleções de novos do Rio e de São Paulo, sem cobrança de ingressos, serviu como teste final do gramado e das instalações – embora ainda existissem muitos vestígios de obras em andamento, principalmente andaimes. Os paulistas venceram por 3 a 1.

1950

A Seleção

O carioca Flávio Rodrigues Costa era o técnico da Seleção desde maio de 1944, quando tinha 37 anos. Nos seis anos entre 1939 e 1944, Flávio

A SELEÇÃO BRASILEIRA

① Moacir **Barbosa** Nascimento, goleiro do Vasco, 28 anos (27/3/1921 – 7/4/2000)
② **Augusto** da Costa, zagueiro do Vasco, 29 anos (22/10/1920 – 1/3/2004)
③ **Juvenal** Amarijo, zagueiro do Flamengo, 26 anos (27/11/1923 – 30/10/2009)
④ José Carlos **Bauer**, médio do São Paulo, 24 anos (21/11/1925 – 4/2/2007)
⑤ **Danilo** Alvim, médio do Vasco, 28 anos (3/12/1921 – 16/5/1996)
⑥ **Bigode** (João Ferreira), médio do Flamengo, 28 anos (4/4/1922 – 31/7/2003)
⑦ Albino **Friaça** Cardoso, ponta-direita do São Paulo, 25 anos (20/10/1924 – 12/1/2009)
⑧ **Zizinho** (Thomaz Soares da Silva), atacante do Bangu, 28 anos (14/9/1921 – 8/2/2002)
⑨ **Ademir** Marques de Menezes, atacante do Vasco, 27 anos (8/11/1922 – 11/5/1996)
⑩ **Jair** Rosa Pinto, atacante do Palmeiras, 29 anos (21/3/1921 – 28/7/2005)
⑪ **Chico** (Francisco Aramburu), ponteiro-esquerdo do Vasco, 28 anos (7/1/1922 – 1/10/1997)
① Carlos José **Castilho**, goleiro do Fluminense, 23 anos (27/4/1927 – 2/2/1987)
② **Nena** (Olavo Rodrigues Barbosa), zagueiro do Internacional, 27 anos (11/7/1923)
③ **Nilton** dos Reis **Santos**, zagueiro do Botafogo, 25 anos (16/5/1925)
⑥ Alfredo Eduardo Ribeiro Menna Barreto de Freitas **Noronha**, médio do São Paulo, 31 anos (25/9/1918 – 27/7/2003)
④ **Ely** do Amparo, médio do Vasco, 29 anos (14/5/1921 – 9/3/1991)
⑤ **Rui** Campos, médio do São Paulo, 28 anos (2/8/1922 – 2/1/2002)
⑦ **Alfredo** dos Santos, médio do Vasco, 30 anos (1/1/1920)
⑩ **Adãozinho** (Adão Nunes Dornelles), atacante do Internacional, 25 anos (2/4/1925 – 30/8/1991)
⑧ **Maneca** (Manuel Marinho Alves), atacante do Vasco, 24 anos (28/1/1926 – 28/6/1961)
⑨ **Baltazar** (Oswaldo da Silva), atacante do Corinthians, 24 anos (14/1/1926 – 25/3/1997)
⑪ Francisco **Rodrigues**, atacante do Palmeiras, 25 anos (27/6/1925 – 30/10/1988)

havia vencido quatro campeonatos cariocas com o Flamengo. Em 1947, foi contratado pelo Vasco e montou um esquadrão que ficou conhecido como "Expresso da Vitória". Com Flávio, o Vasco foi campeão carioca invicto em 1947 e 1949. Em 1949, dirigindo a Seleção, Flávio Costa foi campeão sul-americano – título que o Brasil não ganhava desde 1922. O torneio, disputado no Rio, foi esvaziado pela ausência da Argentina e pelo fato de o Uruguai ter mandado uma equipe reserva, devido à greve dos atletas dos principais clubes de Montevidéu (dos onze jogadores uruguaios que atuaram em 1949, apenas um – Matías González – jogaria a Copa de 1950).

A convocação

No dia 5 de junho de 1950, como determinava o regulamento da Fifa, Flávio Costa apresentou a lista dos 22 jogadores que seriam inscritos para a Copa. Dos 22 jogadores da relação final, oito eram do Vasco (Barbosa, Augusto, Eli, Danilo, Alfredo, Ademir, Maneca e Chico), quatro do São Paulo (Bauer, Rui, Noronha e Friaça), dois do Flamengo (Juvenal e Bigode), dois do Internacional de Porto Alegre (Nena e Adãozinho), dois do Palmeiras (Jair e Rodrigues) e mais Castilho (Fluminense), Baltazar (Corinthians), Nilton Santos (Botafogo) e Zizinho (Bangu). Em março de 1950, Zizinho tinha sido vendido ao Bangu pelo

OS ESTÁDIOS

ESTÁDIO	CIDADE	CAPACIDADE	INAUGURAÇÃO	JOGOS
Maracanã	Rio de Janeiro (RJ)	155.000	1950	8
Pacaembu	São Paulo (SP)	60.000	1940	6
Ilha do Retiro	Recife (PE)	18.000	1937	1
Independência	Belo Horizonte (MG)	15.000	1950	3
Durival de Britto	Curitiba (PR)	13.000	1947	2
Eucaliptos	Porto Alegre (RS)	12.000	1931	2

Flamengo por 600 mil cruzeiros, na maior transação do futebol brasileiro até a época.

Brasil 4 x 0 México
O jogo inaugurou oficialmente o Maracanã. Embora as bilheterias tenham registrado 81.650 pagantes, acredita-se que o público ultrapassou 120 mil pessoas. Antes do início, a aglomeração popular nas ruas da vizinhança quase causa um transtorno: o carro que trazia o juiz Reader e seus auxiliares ficou retido na confusão humana. O trio só conseguiu chegar aos vestiários no momento em que o presidente da República, o marechal Eurico Gaspar Dutra, fazia seu discurso inaugural, da tribuna de honra, ao lado de Jules Rimet. Mas o jogo começaria pontualmente no horário.

Às 15h30, o juiz apitou e Baltazar rolou para Ademir, que recuou para Danilo. Começava a quarta Copa do Mundo. Aos 31 minutos do primeiro tempo, Danilo, do meio do campo, fez um lançamento alto na direção de Baltazar, na área mexicana. Carbajal saiu mal do gol e Baltazar aparou de cabeça para Ademir, que entrava na corrida pelo meio. Ademir chutou forte, de pé esquerdo, no centro do gol vazio. E os pasmados radialistas estrangeiros puderam ouvir, pela primeira vez, o característico grito de "gol" (com o "o" se prolongando indefinidamente) dos locutores brasileiros.

O Brasil atuou razoavelmente bem o jogo inteiro, mas o único período em que realmente empolgou a torcida durou apenas treze minutos – dos 21 aos 34 minutos do segundo tempo.

JOGOS DO BRASIL

BRASIL 4 MÉXICO 0
24 de junho de 1950 • Sábado
Estádio do Maracanã • Rio de Janeiro • 15h30
Gol no 1ºT • 1 × 0 Ademir 32'
Gols no 2ºT • 2 × 0 Jair 21', 3 × 0 Baltazar 26', 4 × 0 Ademir 34'
BRASIL • Barbosa, Augusto, Juvenal, Eli, Danilo, Bigode, Maneca, Ademir, Baltazar, Jair, Friaça. **Técnico** Flávio Costa
MÉXICO • Carbajal, Zetter, Montemayor, Ruíz, Ochoa, Roca, Septién, Ortíz, Casarín, Pérez, Velásquez. **Técnico** Octávio Vial
PÚBLICO • 81.650 | **RENDA** • Cr$ 2.565.020,00
Juiz: George Reader (Inglaterra) **Auxiliares:** Mitchell (Escócia) e Griffiths (Gales)

Aos 21 minutos, Jair fez o segundo gol, com um chute forte da entrada da área. Aos 24 minutos, a bola foi duas vezes às traves do México, no mesmo lance. Aos 26 minutos, Baltazar, de cabeça, após um escanteio, fez o terceiro. E, aos 34 minutos, Ademir, aproveitando um passe curto de Jair, anotou o quarto gol. Aos 39 minutos do segundo tempo, um problema: Jair chocou-se com um defensor mexicano e ficou reclamando de dores na coxa. Ele permaneceria em campo até o fim do jogo, já que não eram permitidas substituições, mas desfalcaria o Brasil no jogo seguinte, contra a Suíça.

Brasil 2 x 2 Suíça

A Suíça vinha de derrota (3 a 0) para a Iugoslávia. O receio de expor a Seleção às vaias da ressabiada torcida paulista levou o técnico a trocar a linha média carioca que atuara contra o México – Eli, Danilo e Bigode – pela do São Paulo – Bauer, Rui e Noronha.

> O suíço Alfred Bickel, 32 anos, foi um dos dois jogadores que **disputaram jogos de Copa antes e depois da Segunda Guerra Mundial**. O outro foi Erik Nilsson, da Suécia. O técnico iugoslavo Milorad Arsenijevic foi o primeiro ex-jogador a ter participado de uma Copa também como técnico. Em 1930, ele atuou contra o Brasil.

Logo aos 2 minutos, Ademir recuperou uma bola quase sobre a linha de fundo, à direita do gol suíço, e cruzou para trás. Baltazar furou, a bola atravessou a área e Alfredo, que vinha na corrida pela meia-direita, acertou um chute forte e cruzado no ângulo direito do goleiro Stuber (foi o gol mais rápido da Copa de 1950). Os suíços reclamaram que a bola havia saído antes do centro de Ademir e os jornais do dia seguinte concordaram com a reclamação. Somente uma semana depois, quando o filme do jogo foi exibido, é que se percebeu que o lance tinha sido normal.

Com apenas três atacantes, contra dois zagueiros e três médios, a Suíça ficava na dependência de uma eventual falha da defesa brasileira. E ela aconteceu aos 17 minutos. Bickel centrou rasteiro da ponta direita, Barbosa titubeou e Juvenal se enrolou ao tentar dominar a bola na pequena área. Chegando por trás de Juvenal, o ponteiro Fatton só cutucou no canto direito. Para surpresa dos jornalistas estrangeiros presentes ao Pacaembu, uma razoável parcela da torcida comemorou e aplaudiu o gol suíço. Nos vinte minutos seguintes, o Brasil conseguiu seis escanteios. Num deles, cobrado por Friaça aos 31 minutos, o especialista Baltazar saltou no meio de dois zagueiros suíços e cabeceou no ângulo esquerdo de Stuber, fazendo 2 a 1.

No segundo tempo, a três minutos do fim, em novo passe de Bickel, Augusto espirrou o taco e a bola sobrou para Fatton, pela meia-esquerda, que dominou e chutou cruzado. A bola passou por entre os braços de Barbosa e morreu no canto esquerdo. Após sofrer o empate, o Brasil foi todo para o ataque. Sob intensas vaias da torcida, o jogo terminou 2 a 2. Uma hora depois, ao deixar o estádio protegido pela polícia, Flávio Costa teve de ouvir um coral de insultos.

Brasil 2 x 0 Iugoslávia

Após a fácil vitória contra o México, por 4 a 1, em Porto Alegre, a Iugoslávia precisaria apenas de um empate no jogo seguinte, contra o Brasil, para passar à fase final da Copa. Em sua edição de 1º de julho, o jornal *O Estado de S. Paulo* alertava: "Seleção Brasileira corre o risco de ser eliminada esta tarde". E reclamava que Flávio Costa ainda não havia conseguido encontrar a escalação ideal. Mas o que se veria em campo, dali em diante, enterraria todas as desconfianças.

Na escada do túnel de acesso ao campo, o armador iugoslavo Rajko Mitic não percebeu uma barra metálica pendendo do teto. E deu uma cabeçada nela, abrindo um corte profundo

---

BRASIL 2   SUÍÇA 2

28 de junho de 1950 • Quarta-feira
Estádio do Pacaembu • São Paulo • 15h00

Gols no 1ºT • 1 × 0 Alfredo 2', 1 × 1 Fatton 17', 2 × 1 Baltazar 31'
Gol no 2ºT • 2 × 2 Fatton 43'

BRASIL • Barbosa, Augusto, Juvenal, Bauer, Rui, Noronha, Alfredo, Maneca, Ademir, Baltazar, Friaça.
Técnico Flávio Costa

SUÍÇA • Stuber, Neury, Bocquet, Lusenti, Eggimann, Quinche, Bickel, Tamini, Friedländer, Bader, Fatton.
Técnico Franco Andreoli

PÚBLICO ESTIMADO • 50.000 | **RENDA** •: Cr$ 1.534.720,00

Juiz: Ramón Azon (Espanha)
Auxiliares: Nicola (Paraguai) e Bustamante (Chile)

na testa. Enquanto Mitic era atendido no vestiário, no campo o capitão Zlatko Cajkovski tentava convencer o juiz Griffiths a adiar o início do jogo. Mas, britanicamente, o juiz recusou o pedido, e a Iugoslávia teve de começar jogando sem seu principal articulador.

Aos 3 minutos, Maneca chutou em cima de Stankovic e a bola sobrou para Zizinho, que tocou para Ademir, entrando sozinho pelo meio da área. Num elegante toque, com o lado externo do pé direito, Ademir aninhou a bola no canto esquerdo de Mrkusic. Aos 10 minutos, Mitic entrou no jogo – com vários pontos na testa e uma bandagem em forma de turbante – e a Iugoslávia foi se acertando em campo. Aos 28 minutos, o juiz Griffiths parou o jogo e ordenou que o goleiro iugoslavo Srdjan Mrkusic trocasse de camisa (Mrkusic havia entrado de uniforme branco, igual ao do Brasil, e o juiz demorou quase meia hora para deduzir que isso poderia resultar em alguma confusão). Uma camisa azul foi providenciada pelo roupeiro iugoslavo, e o jogo recomeçou após quatro minutos.

Aos 23 minutos do segundo tempo, Zizinho recebeu de Bauer na intermediária iugoslava. Ademir deslocou-se do centro do ataque para a meia-esquerda, levando a marcação da zaga. Zizinho percebeu o corredor aberto à sua frente e deu um pique de 20 m, perseguido por dois adversários. Ao entrar na área, Zizinho bateu cruzado no canto direito de Mrkusic, que saía do gol. E o Brasil, com os 2 a 0, garantiu a vaga nas finais. A partir dos 40 minutos, toda a torcida começou a acenar lenços brancos – na época, lenço era peça

---

BRASIL 2 IUGOSLÁVIA 0

1º de julho de 1950 • Sábado
Estádio do Maracanã • Rio de Janeiro • 14h45

Gol no 1ºT • 1 × 0 Ademir 3'
Gol no 2ºT • 2 × 0 Zizinho 24'

BRASIL • Barbosa, Augusto, Juvenal, Bauer, Danilo, Bigode, Maneca, Zizinho, Ademir, Jair, Chico.
Técnico Flávio Costa

IUGOSLÁVIA • Mrkusic, Horvat, Stankovic, Zlatko Cajkovski, Jovanovic, Djajic, Zeljko Cajkovski, Mitic, Tomasevic, Bobek, Vukas.
Técnico Milorad Arsenijevic

PÚBLICO ESTIMADO • 142.430 | **RENDA** • Cr$ 4.619.682,00

Juiz: Mervyn Griffiths (Gales)
Auxiliares: Costa (Portugal) e Beranek (Áustria)

fundamental da indumentária masculina – para se despedir dos iugoslavos.

A maior zebra da Copa

Para vir de Londres ao Rio, os ingleses enfrentaram uma viagem de 31 horas, com escalas em Paris, Lisboa, Dakar e Recife. Ao desembarcarem, no dia 19 de junho, foram saudados por entusiásticas manchetes nos jornais do dia. Tamanho cartaz levou a delegação brasileira em peso às tribunas do Maracanã, uma semana depois (foi o único jogo da Copa visto pelos jogadores brasileiros), para testemunhar dois momentos históricos. A vitória inglesa sobre o Chile por 2 a 0 foi a primeira apresentação da Inglaterra em Copas do Mundo, e a primeira vez em que uma Seleção Inglesa jogava no continente americano.

Quanto aos Estados Unidos, muita gente imaginou que, após tomar duas surras do México nas Eliminatórias (6 a 0 e 6 a 2), os americanos se juntariam ao grupo dos países que desistiram de vir ao Brasil. Mas eles vieram, com uma equipe semiamadora, formada basicamente por filhos de imigrantes – Maca era belga, McIlvenny escocês e Wolanin polonês. E o haitiano Gaetjens nem sequer era cidadão americano (morava no país com um visto provisório de estudante). Contra a Espanha, na estreia, em Curitiba, os americanos venciam até os 35 minutos do segundo tempo por 1 a 0, até sofrerem a virada para 3 a 1. Contra a Inglaterra, protagonizariam uma das maiores zebras da história das Copas (e do próprio futebol) em todos os tempos.

Os 12 mil torcedores que foram ao Estádio Independência, em Belo Horizonte, naquela tarde de 29 de junho, feriado do dia de São Pedro, levaram algum tempo para acreditar no que tinham acabado de testemunhar: a poderosa Inglaterra havia sido derrotada pelo futebol rudimentar dos americanos.

> A bilheteria dos 22 jogos atingiu 36,2 milhões de cruzeiros, sendo que **os seis jogos do Brasil arrecadaram 25,7 milhões** – 70% da renda total. Nas oito partidas disputadas em Belo Horizonte, Curitiba, Porto Alegre e Recife, o público foi decepcionante: média de 9,6 mil pessoas.

Almanaque dos Mundiais

Nas casas de apostas londrinas, os Estados Unidos vinham em último lugar na preferência dos apostadores, pagando 500 libras por libra apostada. A Inglaterra, além de mais técnica, era também mais experiente (idade média de 28,1 anos, contra 26,4 dos americanos). Aos 38 minutos, aconteceu o inesperado. O médio americano McIlvenny, quase na linha do meio do campo, cobrou um lateral para Bahr. Pressionado pela marcação inglesa, Bahr levantou a bola na direção da área inimiga, e o goleiro Williams se posicionou para uma tranquila defesa, enquanto o zagueiro Ramsey ficava observando o lance. Foi quando o haitiano Gaetjens se atirou na bola. E, com um toque de cabeça, de alguma competência e muita sorte, desviou-a das mãos do goleiro. Pererecando, a bola foi na direção do canto direito, sob o olhar incrédulo de Ramsey, e acabou no fundo das redes.

Durante todo o jogo, a Inglaterra atacou muito – só no primeiro tempo, foram trinta chutes a gol dos ingleses e apenas dois dos americanos. Porém, como diria o capitão inglês Billy Wright após a partida, "poderíamos ficar jogando o dia inteiro que o gol não sairia". Quando o juiz finalmente apitou o final do jogo, os torcedores mineiros invadiram o campo e carregaram nas costas os surpreendentes – e surpresos – jogadores americanos.

A fase final

Após uma semana inteira de descanso, já que nenhum dos grupos necessitou de jogos de desempate, começaria a fase final – um torneio por pontos corridos, em turno único. Além de Brasil e Espanha, classificaram-se a Suécia, no Grupo 2, e o Uruguai, que, para isso, precisou somente golear a Bolívia por 8 a 0, em Belo Horizonte, no único jogo do Grupo 4. No dia 28

> A equipe do Torino, pentacampeão italiano (1946-49) e base da Seleção da Itália, havia sido dizimada por um desastre aéreo em 4 de maio de 1949. Em 1950, ainda chocada com a catástrofe, **a delegação italiana resolveu viajar até o Brasil por mar**, numa longa viagem, em vez de vir de avião. Os italianos embarcaram em Nápoles, no navio *Sises*, no dia 4 de junho, **e desembarcaram em Santos catorze dias depois**, após escalas em Las Palmas e no Rio.

por Max Gehringer

de junho – quatro dias antes da partida contra o Uruguai –, os dirigentes da Bolívia ameaçaram retirar-se da disputa, porque o Comitê Organizador se recusava a arcar com os custos de estada dos bolivianos no Brasil. De acordo com o regulamento da Copa, seriam pagas as despesas a partir de dois dias antes do primeiro jogo – ou seja, 22 de junho. Mas a Bolívia havia chegado dez dias antes, e já estava com o caixa zerado. Para resolver o impasse, a própria CBD se propôs a cobrir os gastos. Por pouco, o Uruguai teria se classificado no Grupo 4 sem sequer entrar em campo.

A ordem dos jogos da fase final foi decidida (não sorteada) após uma longa reunião do Comitê Organizador na noite da segunda-feira, 3 de julho, no Rio. Com a concordância do chefe da delegação uruguaia, o último jogo seria entre Brasil e Uruguai (a proposta partiu da CBD, que via no Uruguai, se não o adversário mais fraco, pelo menos o mais conhecido dos brasileiros). Nessa mesma reunião, a CBD solicitou – e o Comitê aceitou – que os três jogos do Brasil fossem realizados no Maracanã, porque o Pacaembu não comportava mais que 70 mil torcedores, e no Rio certamente as plateias seriam duas vezes maiores. Essa decisão daria uma pequena vantagem extra ao Brasil, a única das quatro seleções que não teria de se deslocar do Rio para São Paulo, ou vice-versa. A decisão desagradou aos dirigentes da Espanha, que manifestaram sua contrariedade por mais esse benefício concedido ao Brasil.

> Durante a Segunda Guerra, o presidente da Federação Italiana, Ottorino Barassi, **levara secretamente a Taça** para a nova sede da Fifa, em Zurique, na Suíça, **e a mantivera escondida debaixo da cama**.

Brasil 7 x 1 Suécia

Contra a Suécia, o Brasil começaria a viver uma semana iluminada. Era o quarto jogo do Brasil na Copa e a primeira vez em que Flávio Costa conseguia repetir os onze jogadores. A Seleção teria uma atuação quase irrepreensível, principalmente o trio de atacantes Zizinho-Ademir-Jair. O Brasil abriu o marcador aos 17 minutos. Jair conduziu a bola e tocou para Ademir, já dentro da área, pela meia-esquerda. Ademir girou o corpo e chutou rasteiro de pé esquerdo, no canto direito do goleiro Svensson, que deixou a bola passar por baixo de seu corpo. Aos 37 minutos, num lance idêntico ao do primeiro gol, Jair carregou a bola e entregou para Ademir, que entrou pelo meio da área e concluiu com um preciso to-

BRASIL 7   SUÉCIA 1
9 de julho de 1950 • Domingo
Estádio do Maracanã • Rio de Janeiro • 15h00

Gols no 1º T • 1 × 0 Ademir 17', 2 × 0 Ademir 37', 3 × 0 Chico 39'
Gols no 2º T • 4 × 0 Ademir 6', 5 × 0 Ademir 14', 5 × 1 Andersson (pênalti) 22', 6 × 1 Maneca 40', 7 × 1 Chico 43'

BRASIL • Barbosa, Augusto, Juvenal, Bauer, Danilo, Bigode, Maneca, Zizinho, Ademir, Jair, Chico.
Técnico Flávio Costa

SUÉCIA • Svensson, Samuelsson, Erik Nilsson, Nordahl, Andersson, Gärd, Sundqvist, Palmér, Jeppsson, Skoglund, Stellan Nilsson.
Técnico George Raynor

PÚBLICO ESTIMADO • 138.900 | **RENDA** • Cr$ 4.996.177,50

Juiz: Arthur Ellis (Inglaterra)
Auxiliares: Delasalle (França) e Garcia (Estados Unidos)

que no canto esquerdo. O gol desnorteou os suecos. Dois minutos depois, o ponteiro Chico, deslocado para o meio da área, driblou facilmente Samuelsson e chutou com força, de pé esquerdo, no canto direito alto. Quando o primeiro tempo acabou, os suecos já mostravam evidentes sinais de abatimento.

No segundo tempo, a Suécia mal teve tempo para se aprumar. Aos 6 minutos, da meia-esquerda, e mesmo marcado por dois adversários, Ademir achou espaço para chutar cruzado no canto esquerdo e aumentar o marcador para 4 a 0. Em estado de graça, Ademir faria também o quinto, aos 14 minutos. Lançado em profundidade por Zizinho, Ademir entrou sozinho na área, passou por Svensson e entrou no gol com bola e tudo. Aos 21 minutos, o sueco Palmér conseguiu puxar um rápido contra-ataque e levou uma rasteira de Bigode, dois passos fora da área brasileira. Muito distante do lance, o juiz Ellis assinalou erradamente o pênalti, que Andersson bateu no canto esquerdo de Barbosa.

Satisfeitos com os 5 a 1, suecos e brasileiros passaram vinte minutos só tocando a bola. De repente, em três minutos, o Brasil fez mais dois gols. Aos 40 minutos, Chico correu pela ponta esquerda e centrou pelo alto. Maneca, que estava fazendo número em campo desde os 23 minutos, quando sentira uma fisgada na coxa, conseguiu acertar um chute rasteiro, de primeira, no canto esquerdo. Mas o estiramento era sério e tiraria Maneca do resto da Copa. Finalmente, aos 43 minutos, Samuelsson se esqueceu de Chico, que se viu completamente sem marcação pela esquerda. O ponta recebeu a bola de Jair, correu sozinho até dentro da área e tocou no canto esquerdo na saída de Svensson. No Pacaembu, no mesmo dia e horário, Uruguai e Espanha empatavam por 2 a 2. Com 2 pontos ganhos, o Brasil liderava a fase final da Copa.

Brasil 6 x 1 Espanha

O Brasil daria um incrível, e até inesperado, banho de bola na Espanha. Aos 15 minutos, sairia o primeiro gol do Brasil. Deslocando-se da esquerda para o centro da área, Ademir chutou, quase caindo, no canto esquerdo de Ramallets. O lance não parecia perigoso, mas, no meio do caminho, a bola desviou no peito do zagueiro Parra e entrou no canto oposto.

A Espanha logo levaria o segundo, e de novo devido a uma falha, dessa vez do goleiro Ramallets. Aos 23 minutos, Jair recebeu de Ademir e disparou um chute forte e rasteiro de fora da área. Ramallets pulou e defendeu, mas a bola escapou de suas mãos, subiu, tocou a rede pelo alto e caiu dentro do gol. Aos 30 minutos, sairia o terceiro, depois de um

---

BRASIL 6   ESPANHA 1

13 de julho de 1950 • Quinta-feira
Estádio do Maracanã • Rio de Janeiro • 15h00

GOLS NO 1ºT • 1 × 0 Parra (contra) 15',
2 × 0 Jair 23', 3 × 0 Chico 30'
GOLS NO 2ºT • 4 × 0 Chico 11', 5 × 0 Ademir 12',
6 × 0 Zizinho 22', 6 × 1 Igoa 26'

BRASIL • Barbosa, Augusto, Juvenal, Bauer, Danilo, Bigode, Friaça, Zizinho, Ademir, Jair, Chico.
TÉCNICO Flávio Costa

ESPANHA • Ramallets, Alonso, Parra, José Gonzalvo, Mariano Gonzalvo, Puchades, Basora, Panizo, Zarra, Igoa, Gaínza. TÉCNICO Guillermo Eizaguirre Olmos

PÚBLICO ESTIMADO • 167.200 | **RENDA** • Cr$ 5.682.000,00

JUIZ: Reginald Leafe (Inglaterra)
AUXILIARES: Costa (Portugal) e Mitchell (Escócia)

bate e rebate na área espanhola. Chico recebeu de Bigode, derivou para o centro da área e chutou prensado por dois zagueiros. Ademir pegou o rebote, mas seu chute também foi travado. A bola espirrou para Chico, que emendou de primeira no canto esquerdo.

Depois do intervalo, o Brasil voltaria arrasador: em dez minutos, chutou cinco bolas contra o gol da Espanha. No sexto chute, aos 11 minutos, viria o quarto gol. Deslocado pela ponta direita, Ademir ganhou na disputa de corpo com Parra e tocou para Chico, sozinho na pequena área, mandar para as redes. Não foi o gol mais bonito do jogo, mas foi o mais histórico, o de número 300 da história das Copas.

Zonza, a Espanha mal deu a saída e levou o quinto gol. A defesa brasileira recuperou a bola, que foi de Bauer a Zizinho, deslocado pela ponta esquerda. Zizinho deu um passe perfeito para Ademir, com um toque elegante, colocar a bola no canto direito de Ramallets. Era o oitavo gol de Ademir na Copa, e seria o último. Mais dez minutos e Zizinho, com um chute violento da entrada da área, marcaria o sexto gol.

O espetáculo, então, se transferiu do gramado para as arquibancadas do Maracanã. Sem ensaio prévio, de repente mais de 160 mil pessoas se incorporaram a um coro musical que havia começado após o quarto gol do Brasil. Acenando lenços, a multidão entoava a marchinha "Touradas em Madri", composta em 1942 por João de Barro e Alberto Ribeiro: "Eu fui às touradas em Madri – parará tibum, bum, bum...".

Nem mesmo o gol da Espanha, marcado por Igoa aos 26 minutos – o mais bonito do jogo, de meia bicicleta, num cruzamento de Basora –, tirou a torcida do transe melódico, que prosseguiria pelas ruas após o fim da partida. No Pacaembu, mais uma vez no mesmo dia e horário, o Uruguai enfrentava a Suécia. No intervalo, com a vitória parcial dos suecos

> O goleiro mexicano Antonio Carbajal, aos 21 anos, estreava em Copas do Mundo. Ele chegaria ao **recorde de cinco participações** (de 1950 a 1966), mas com um currículo sofrível: **26 gols sofridos e apenas uma vitória**, contra a Tchecoslováquia, em 1962.

por Max Gehringer

1950

por 2 a 1, os matemáticos começaram a fazer contas. Se os dois jogos terminassem com as vitórias do Brasil e da Suécia, o Brasil iria para a última rodada sem nenhum ponto perdido. Uruguai e Espanha, com três pontos perdidos, estariam fora da luta pelo título. Só a Suécia – com dois pontos perdidos – ainda teria uma chance, embora mínima: se vencesse a Espanha na última rodada e se o Uruguai derrotasse o Brasil, haveria um jogo extra entre Brasil e Suécia para decidir a Copa. Esse era precisamente o receio dos delegados da Fifa que haviam votado contra o sistema de pontos corridos, dois anos antes: uma rodada final na qual dois times com condições de ganhar a Copa não jogariam entre si, mas contra duas equipes já eliminadas.

Felizmente para a Fifa – e muito infelizmente para o Brasil –, o Uruguai deu um jeito de remediar a situação no segundo tempo. Penou, mas ganhou da Suécia, por 3 a 2, de virada, com um gol de Míguez a seis minutos do final. E manteve suas esperanças de título, desde que, é claro, vencesse o Brasil na última rodada, no Maracanã.

16 de julho de 1950

Com um simples empate, o Brasil seria campeão do mundo. O Uruguai, para levar o título, precisaria vencer o Brasil – algo que, consideradas as apresentações das duas equipes até então, parecia uma missão impossível. Suécia e Espanha, eliminadas, enfrentavam-se no mesmo dia e horário, no Pacaembu, diante de um público diminuto. Os paulistanos acharam melhor ficar em casa, para acompanhar a transmissão do jogo Brasil e Uruguai pelo rádio (os radinhos portáteis só apareceriam dez anos depois). A Suécia ganhou (3 a 1) e ficou com o terceiro lugar.

> No jogo Espanha 2 x 1 Chile, como os dois times tinham camisas da mesma cor – vermelho –, **um sorteio determinou que os espanhóis atuassem de azul**. Do outro lado, o chileno Sergio Livingstone tornou-se o **primeiro goleiro a atuar com camisa de mangas curtas** em uma Copa do Mundo.

O jornal O Mundo teve a agourenta ideia de antecipar em um dia a venda do pôster que certamente sumiria das bancas na manhã seguinte. Uma foto de meia página do time que atuara contra a Espanha era encimada por uma manchete em caixa alta de oito colunas: "Estes são os Campeões do Mundo".

Ao meio-dia, o estádio já estava superlotado. Os portões tinham sido abertos às oito da manhã, quando as filas começavam a engrossar. Supõe-se que, além dos 173 mil pagantes, mais de 20 mil torcedores conseguiram entrar. Impossível de ser confirmado, o número de 200 mil pessoas é sempre citado como a provável plateia daquela tarde. Foram destacados 1.700 policiais militares – 70% do efetivo da corporação – para a segurança interna e externa do Maracanã. O Exército também contribuiu com cerca de trezentos soldados, entre eles o recruta Mário Jorge Lobo Zagallo.

O perigoso clima de "já ganhou", em vez de ser amenizado, foi transformado em discurso pelo prefeito Ângelo Mendes de Moraes. Falando pelos alto-falantes, antes do início do jogo, para a Seleção postada lá no gramado, o prefeito nem se preocupou com o evidente menosprezo aos jogadores uruguaios, que também o ouviam: "Vós, brasileiros, que em poucas horas sereis aclamados por milhões de compatriotas. Vós, a quem já saúdo como vencedores". Se a verborragia teve algum efeito prático, certamente foi negativo.

Ao contrário do que acontecera nos jogos contra México, Suécia e Espanha, dessa vez o Brasil perdeu no cara ou coroa e o Uruguai escolheu o campo. O mérito do Uruguai nos primeiros 45 minutos foi o de conseguir anular a

---

BRASIL 1   URUGUAI 2

16 de julho de 1950 • Domingo
Estádio do Maracanã • Rio de Janeiro • 14h55

Gols no 2ºT • 1 × 0 Friaça 1',
1 × 1 Schiaffino 21', 1 × 2 Ghiggia 34'

BRASIL • Barbosa, Augusto, Juvenal, Bauer, Danilo, Bigode, Friaça, Zizinho, Ademir, Jair, Chico.
Técnico Flávio Costa

URUGUAI • Máspoli, Matías González, Tejera, Gambetta, Obdulio Varela, Rodríguez Andrade, Ghiggia, Julio Pérez, Míguez, Schiaffino, Morán.
Técnico Juan López

PÚBLICO ESTIMADO • 172.772 | **RENDA** • Cr$ 6.272.959,00
Juiz: George Reader (Inglaterra)
Auxiliares: Ellis (Inglaterra) e Mitchell (Escócia)

por Max Gehringer

jogada mais forte do Brasil, e que tinha funcionado com perfeição nos jogos contra Suécia e Espanha: a eficiente troca de passes entre Zizinho, Ademir e Jair. E, principalmente, as precisas conclusões de Ademir.

O panorama, entretanto, mudaria logo no primeiro minuto do segundo tempo. Ademir recebeu de Zizinho pelo meio do ataque e, rapidamente, enfiou um passe perfeito na direita, em diagonal. Friaça correu na frente de Rodríguez Andrade e, do bico da grande área, chutou rasteiro e cruzado no canto oposto. Máspoli, que saía do gol, foi apanhado no contrapé: quando o goleiro se agachou para tentar a defesa, a bola já tinha passado. E uma ensurdecedora bateria de rojões produziu uma nuvem de fumaça que impediria a torcida do anel superior de enxergar o campo de jogo por alguns minutos.

O que aconteceu, daí em diante, nenhum jogador brasileiro soube explicar nos anos seguintes. Aos 21 minutos, Obdulio Varela entregou a bola para Ghiggia, na intermediária brasileira, junto à linha lateral. Bigode, famoso por suas tesouras voadoras, tentou matar a jogada com um carrinho. Mas Ghiggia conseguiu escapar com a bola e correu livre, por 20 m. Quando ultrapassou a linha lateral da grande área, a 3 m da linha de fundo, fez o passe rasteiro para Schiaffino, que vinha correndo da esquerda para a meia-direita. No momento em que Juvenal se atirou a seus pés, Schiaffino acertou um chute alto, de pé direito, no canto alto esquerdo de Barbosa, empatando o jogo.

Aos 34 minutos, ainda dentro do campo uruguaio, Danilo perdeu a bola para Julio Pérez, que se livrou da marcação de Jair e partiu na direção da lateral direita, onde estavam Ghiggia e Bigode. Julio Pérez tocou para Ghiggia, que devolveu de primeira e saiu correndo. Bigode ficou no meio do caminho e Julio Pérez enfiou a bola nas costas do médio brasileiro. Ghiggia, novamente, correu

> Iugoslávia 3 x 0 Suíça foi o jogo inaugural do Estádio Independência, em Belo Horizonte. E também o **primeiro na história das Copas** a ser disputado, em parte, **sob iluminação artificial**, por conta do atraso de noventa minutos com a cerimônia de inauguração.

toda a intermediária brasileira, fechando na direção da área, com Bigode tentando inutilmente alcançá-lo. Pelo centro do ataque, Schiaffino entrava na área, livre de marcação, porque Juvenal partira sobre Ghiggia.

Barbosa pressentiu que o lance do primeiro gol poderia se repetir e afastou-se um pouco da trave esquerda. Sem levantar a cabeça, Ghiggia chutou exatamente ali, no momento em que Juvenal chegava para a cobertura – um décimo de segundo atrasado. Barbosa ainda deu um pulo para trás, mas a bola passou entre ele e a trave. Esse foi o único chute em gol de Ghiggia, durante todo o jogo, e seria também a última finalização do Uruguai. Enquanto isso, os jogadores brasileiros se viam diante de um fato inédito na Copa: pela primeira vez, após 529 minutos jogados (quase nove horas em campo), o Brasil ficava atrás no marcador, e com apenas onze minutos para reagir.

Como era esperado, só o Brasil atacou nos minutos que restavam, chegando sete vezes à área do Uruguai. Mas, para desespero dos tor-

OS 11 CAMPEÕES DE 1950

① Roque Gastón **Máspoli**, goleiro do Peñarol, 32 anos (12/10/1917 – 22/2/2004)
③ Eusebio Ramón **Tejera**, zagueiro do Nacional, 28 anos (6/1/1922 – 9/11/2002)
② **Matías González**, zagueiro do Cerro, 25 anos (6/8/1925 – 12/5/1984)
④ Schubert **Gambetta**, médio do Nacional, 30 anos (14/4/1920 – 9/8/1991)
⑤ **Obdulio** Jacinto **Varela**, médio do Peñarol, 32 anos (20/9/1917 – 7/5/2003)
⑥ Victor Pablo **Rodríguez Andrade**, médio do Central, 23 anos (14/2/1927 – 19/5/1985)
⑦ Alcides Edgardo **Ghiggia**, ponteiro-direito do Peñarol, 23 anos (22/12/1926)
⑧ **Julio** Gervasio **Pérez**, meia do Nacional, 24 anos (19/6/1926 – 22/9/2002)
⑨ Oscar Omar **Míguez**, centroavante do Peñarol, 22 anos (5/12/1927 – 19/8/2006)
⑩ Juan Alberto **Schiaffino**, meia do Peñarol, 25 anos (28/7/1925 – 13/11/2002)
⑪ Rubén **Morán**, ponteiro-esquerdo do Cerro, 20 anos (6/8/1930 – 10/1/1978)
Ⓣ **Juan López** Fontana, técnico, 42 anos (15/3/1908 – 15/4/1984)

por Max Gehringer

cedores, que viam o tempo voar, a defesa uruguaia não permitiu um único arremate perigoso. No último lance da partida, em cima dos 45 minutos, Friaça cobrou um escanteio da direita e quinze jogadores estavam na área uruguaia (e mais o juiz e o bandeirinha, que decidira acompanhar o lance na junção da linha da grande área com a linha de fundo). No momento em que Máspoli e Jair saltavam na bola alçada por Friaça, o juiz Reader – já de costas para o lance – encerrou o jogo. O Uruguai era campeão – e continuava invicto em

OS OUTROS 11 CAMPEÕES

① Aníbal Luís **Paz**, goleiro do Nacional, 32 anos
② William Pablo **Martínez**, zagueiro do Rampla Juniors, 24 anos
⑤ Héctor **Vilches**, zagueiro do Cerro, 24 anos
④ Juan Carlos **González**, médio do Peñarol, 25 anos
④ Washington **Ortuño**, médio do Peñarol, 25 anos
⑥ Rodolfo **Pini**, médio do Nacional, 24 anos
⑦ Julio César **Britos**, atacante do Peñarol, 24 anos
⑨ Carlos **Romero**, atacante do Danúbio, 22 anos
⑩ Luís Alberto **Rijo**, atacante do Central, 22 anos
⑧ Juan **Burgueño**, atacante do Danúbio, 26 anos
⑪ Ernesto José **Vidal**, ponteiro do Peñarol, 28 anos

O ARTILHEIRO

O artilheiro da Copa foi Ademir, do Brasil, com oito gols – ou nove, segundo o atual critério de conceder o gol a quem teve intenção de marcá-lo. No primeiro gol contra a Espanha, a bola chutada por Ademir desviou em Parra, o que na época era contabilizado como gol contra.

Copas do Mundo. Três minutos após o apito final, quando o locutor da Rádio Nacional, Antônio Cordeiro, passou a palavra ao repórter de campo César de Alencar, apenas um jogador brasileiro continuava no gramado: o médio Danilo, que chorava incontrolavelmente. César de Alencar, notório falador em seus programas de auditório, disse que não tinha palavras, e pediu para Antônio Cordeiro retomar a transmissão.

*Quem vai ser o
vice-campeão?*

1954

Os preparativos

No 26º Congresso da Fifa, realizado em 1948, em Londres, a Suíça foi confirmada como sede da Copa de 1954. O motivo alegado foi o cinquentenário da Fifa, cuja sede ficava em Zurique, mas, na verdade, a Suíça era um dos raros países europeus com condições de realizar uma Copa, por ter escapado ilesa, financeira e fisicamente, da Segunda Guerra Mundial.

Ninguém duvidava...

Quem seria o campeão do mundo? A não ser que acontecesse uma improvável catástrofe, o título de 1954 já parecia ter dono antes mesmo de a Copa começar: a imbatível Hungria. No dia 14 de maio de 1950, a Hungria perdeu para a Áustria, em Viena, por 5 a 3. Mas, a partir do jogo seguinte – uma vitória de 5 a 2 sobre a Polônia, em Varsóvia, em 4 de junho de 1950 –, os húngaros começaram a construir uma impressionante série invicta, que duraria quatro anos. Ao estrear na Copa de 1954, a Hungria tinha acumulado 24 vitórias e quatro empates, com 119 gols a favor (mais de quatro por jogo, em média) e 26 contra. Em 1952, a Hungria se tornou campeã olímpica em Helsinque, na Finlândia. Restava apenas um definitivo teste para a força dos húngaros: a Inglaterra.

Na toca do leão

Sempre que uma seleção começava a ganhar destaque na Europa, os ingleses a convidavam para visitar o estádio londrino de Wembley, o "Santuário do Futebol". Ali, davam uma surra no adversário e continuavam a se autoproclamar "os deuses do futebol". Em 1953, a vítima da vez seria a Hungria. E lá foram os húngaros para Wembley, onde a Inglaterra jamais havia perdido um jogo para equipes não britânicas. Em 25 de novembro de 1953, cem mil pessoas lotaram o estádio e o jogo realmente terminou com uma soberba goleada – 6 a 3. Mas a favor da Hungria.

O resultado provocou uma comoção nacional na Inglaterra. O técnico inglês, Walter

por Max Gehringer

Winterbottom, declarou após o jogo que os ingleses não haviam estudado suficientemente o esquema tático húngaro. Mas afirmou que não existiam motivos para preocupação: uma nova partida entre as duas equipes colocaria as coisas em seus devidos lugares. Assim, um mês antes do início da Copa, em 23 de maio de 1954, a Inglaterra – desta vez, bem preparada – entrou no Népstadion de Budapeste para a revanche. E foi arrasada por estratosféricos 7 a 1 (a maior goleada que o futebol inglês levou em sua sagrada história). Para a Europa, não restavam mais dúvidas: a Hungria – uma perfeita fusão de força, talento e disciplina – transformaria a Copa do Mundo em um parque de diversões.

A Seleção Brasileira

Depois da derrota na Copa de 1950, o todo-poderoso técnico Flávio Costa havia sido afastado da Seleção e substituído pelo estrategista Zezé Moreira, 45 anos. Na Seleção, Zezé introduziu a marcação por zona. E, com esse esquema, conquistou o Campeonato Pan-americano de 1952, disputado no Chile – o

A SUÍÇA

» Uma das democracias mais antigas do mundo, a Suíça foi constituída em 1291, quando três pequenos territórios independentes assinaram um "pacto de aliança eterna". Outras regiões foram se juntando a esse núcleo inicial, constituindo os Cantões, ou estados associados à Confederação Helvética (os helvéticos eram uma tribo de origem celta, que migrou para a região há mais de 2 mil anos). Desde o século XVIII, a Suíça vem sendo uma ilha de estabilidade e tranquilidade, conhecida por seus chocolates, seus relógios, seu hermético sistema bancário e sua neutralidade política (apenas em 2002 os suíços, por meio de um plebiscito, concordaram em fazer parte da ONU).

» Oficialmente, a Suíça tem quatro nomes – já que o país tem quatro idiomas oficiais. Em francês, *Confédération Suisse*. Em alemão, *Schweizerische Eidgenossenschaft*. Em italiano *Confederazione Svizzera*. E, em românico, *Confederaziun Svizra*. O território suíço ocupa uma área de 41.285 km² (a metade do estado de Santa Catarina, que tem 95 mil). Em 1954, a Suíça tinha 4,7 milhões de habitantes e suas maiores cidades – Zurique e Berna – mal chegavam a 200 mil. O fuso horário entre Suíça e Brasil era de quatro horas. Aqui, os jogos começavam logo após o almoço.

Almanaque dos Mundiais

O BRASIL EM 1954

» A população brasileira atingia 57 milhões. Rio de Janeiro e São Paulo eram as maiores cidades do país, com praticamente a mesma população: 2,7 milhões de habitantes.

» A inflação anual foi de 25,3% (a mais alta da história, até então). O salário mínimo valia 1.200 cruzeiros em janeiro e em julho dobrou para 2.400 cruzeiros.

» As três músicas mais tocadas no rádio em 1954 foram a carnavalesca "Saca-rolhas", com Zé da Zilda e Zilda do Zé; o samba-canção "Tereza da praia", cantado por Dick Farney e Lúcio Alves; e o tango "Carlos Gardel", na voz de Nélson Gonçalves.

» Entrou no ar o primeiro seriado de TV produzido no Brasil: o *Capitão 7*, estrelado por Ayres Campos e Idalina de Oliveira e apresentado diariamente pela TV Record, Canal 7, de São Paulo.

» O presidente da República, Getúlio Vargas, chegava ao quarto ano de mandato enfrentando uma crise econômica e institucional, com acusações de corrupção atingindo os altos escalões do governo. No dia 24 de agosto, incapaz de conter as pressões, Getúlio se suicidou em seu gabinete presidencial.

primeiro título que o Brasil, em sua história, conseguia fora de casa. Como reconhecimento, Zezé passou a ser chamado pela imprensa de "o homem que mais entende de futebol no Brasil". A Zezé, a CBD confiou a tarefa de renovar a Seleção. E, principalmente, de acabar com o sentimento de inferioridade que parecia atormentar os craques nacionais. A esse complexo era atribuído o fato de nossos jogadores se encolherem em campo nas decisões, como ocorrera diante do Uruguai, em 1950. Para Zezé Moreira, a mensagem era clara: ou ele dava um jeito nos nervos dos jogadores da nova geração ou ela corria o risco de repetir os insucessos da velha geração.

Mas, antes, Zezé teria de resolver seus próprios problemas. Mesmo conquistando o título sul-americano, ele não caiu nas graças do povão, porque sua Seleção praticava um "futebol de resultados". Ou seja, ganhava, mas jogava feio, mais se defendendo que atacando. Magoado com essa falta de reconhecimento, Zezé recusou o convite para dirigir a Seleção no Sul-Americano de 1953, no Peru. A CBD resolveu então convocar o irmão de Zezé, Aimo-

por Max Gehringer

ré Moreira, adepto de um futebol "mais artístico". E o Brasil perdeu feio, sendo derrotado duas vezes pelo Paraguai. A perda do Sul-Americano provocou uma convulsão na Seleção. No dia 15 de janeiro de 1954, a CBD ponderou e resolveu: entre as vitórias sem graça e a desgraça das derrotas, a primeira opção era melhor. E Zezé Moreira foi reconduzido ao

A SELEÇÃO BRASILEIRA

① Carlos José **Castilho**, goleiro do Fluminense, 27 anos (27/4/1927 - 2/2/1987)

㉑ **Veludo** (Caetano da Silva), goleiro do Fluminense, 23 anos (7/8/1930 - 26/1/1979)

㉒ **Cabeção** (Luiz Moraes), goleiro do Corinthians, 23 anos (23/8/1930)

② **Djalma** dos **Santos**, zagueiro da Portuguesa de Desportos, 25 anos (27/2/1929)

③ **Nilton** dos Reis **Santos**, zagueiro do Botafogo, 29 anos (16/5/1925)

⑤ João Carlos Batista **Pinheiro**, zagueiro do Fluminense, 22 anos (13/1/1932)

⑥ José Carlos **Bauer**, zagueiro do São Paulo, 28 anos (21/11/1925 - 4/2/2007)

⑫ **Paulinho** (Paulo de Almeida Ribeiro), zagueiro do Vasco da Gama, 22 anos (15/4/1932 - 9/6/2007)

⑬ **Alfredo Ramos** Castilho, zagueiro do São Paulo, 29 anos (27/10/1924)

⑭ **Ely** do Amparo, zagueiro do Vasco da Gama, 33 anos (14/5/1921 - 9/3/1991)

⑮ **Mauro** Ramos de Oliveira, zagueiro do São Paulo, 23 anos (30/8/1930 - 18/9/2002)

④ **Brandãozinho** (Antenor Lucas), volante da Portuguesa de Desportos, 29 anos (9/6/1925 - 4/4/2000)

⑧ **Didi** (Waldir Pereira), armador do Fluminense, 25 anos (8/10/1928 - 12/5/2001)

⑯ **Dequinha** (José Mendonça dos Santos), volante do Flamengo, 26 anos (19/3/1928 - 30/7/1997)

⑳ **Rubens** Josué da Costa, armador do Flamengo, 25 anos (24/11/1928 - 31/5/1987)

⑦ **Julinho** (Julio Botelho), atacante da Portuguesa de Desportos, 25 anos (29/7/1929 - 11/1/2003)

⑨ **Baltazar** (Oswaldo da Silva), atacante do Corinthians, 28 anos (14/1/1926 - 25/3/1997)

⑩ **Pinga** (José Lázaro Robles), atacante do Vasco da Gama, 30 anos (11/2/1924 - 7/5/1996)

⑪ Francisco **Rodrigues**, atacante do Palmeiras, 29 anos (27/6/1925 - 30/1/1988)

⑰ **Maurinho** (Mauro Raphael), atacante do São Paulo, 21 anos (6/6/1933 - 28/6/1995)

⑱ **Humberto** Tozzi, atacante do Palmeiras, 20 anos (4/2/1934 - 17/4/1980)

⑲ **Índio** (Aloísio Francisco da Luz), atacante do Flamengo, 23 anos (1/3/1931)

cargo de técnico. Um mês depois, o Brasil passaria, com relativa tranquilidade, pelas Eliminatórias (as primeiras em que jogou em toda a história das Copas).

O uniforme

Outro assunto, mais simples, ganhou a atenção geral: o uniforme da Seleção. Segundo os esotéricos de plantão, a camisa branca – usada pelo Brasil desde 1914 – dava azar. Nas Olimpíadas da Finlândia, em 1952, a Seleção vestiu uma camisa amarela. Sem o escudo da CBD, ela trazia no peito, em azul, a palavra "Brasil" e as cinco estrelas do Cruzeiro do Sul.

No Sul-Americano de 1953, o Brasil entrou em campo de camisas azuis com golas brancas. Em outubro de 1953, Walter Mesquita, editor de esportes do jornal carioca *Correio da Manhã*, convenceu a CBD a promover um concurso nacional para a escolha de um novo uniforme.

Como pré-requisito, o uniforme deveria ter as quatro cores da bandeira brasileira. Cerca de duzentos trabalhos foram avaliados e, em dezembro de 1953, a CBD anunciou o vencedor: um jovem estudante de Direito de 19 anos, Aldyr Garcia Schlee, gaúcho de Jaguarão, na fronteira com o Uruguai. A célebre camisa amarela com golas verdes e o calção azul com frisos laterais brancos foram usados pela primeira vez em 1954, contra o Chile, pelas Eliminatórias da Copa.

Rumo à Suíça

No dia 1º de abril de 1954, Zezé Moreira chamou 25 jogadores para os treinos iniciais. Três dias depois, os convocados partiram para Caxambu (MG), cidade que também recebera o Brasil antes da Copa de 1938. No dia 23 de maio, depois de 45 dias de treinos, Zezé fez os últimos cortes (Gérson dos Santos e Oswaldo Baliza, do Botafogo, e Salvador, do Internacional-RS) e apresentou a relação final dos 22 que iriam à Copa. No dia 25

> Pela primeira vez, foram negociados os direitos de transmissão – para rádio e TV – e de filmagem. Assim, a Copa de 1954 seria a primeira a ter o "filme oficial da Fifa", que preservaria em celuloide os principais lances e quase todos os gols.

de maio, à meia-noite, a bordo de um avião Constellation, da Panair do Brasil, a Seleção alçou voo do Aeroporto do Galeão, no Rio, e se mandou para a Suíça. Lá, ficaria concentrada em Macolin, num hotel-escola recém-inaugurado nas montanhas da Suíça francesa, próxima à cidade de Biel/Bienne, então com 39 mil habitantes.

Não demorou muito para a pressão sobre os jogadores assumir uma forma concreta: a da Seleção da Hungria. Porque, dependendo dos resultados das oitavas de final, o Brasil poderia pegar os húngaros já nas quartas. A grande pergunta passou a ser: será que os jogadores brasileiros correriam o risco de "amarelar" na hora de encarar os temíveis húngaros?

"Não", respondiam os jogadores. E, para provar que os tempos haviam mudado, subiam o tom das declarações. Para Pinga, a defesa da Seleção da Hungria era "uma porta mal fechada". Segundo Zezé Moreira, "enfrentar a Hungria é a mesma coisa que enfrentar o Para-

OS ESTÁDIOS

ESTÁDIO	CIDADE	CAPACIDADE	EM PÉ	INAUGURAÇÃO	JOGOS
Wankdorf (do BSC Young Boys)	Berna	27.599	37.000	1925	5
ST. Jakkob (do FC Basel)	Basel	16.128	38.700	1954	6
Olympique La Pontaise	Lausanne	10.490	39.820	1904	5
Des Charmilles (do Servette FC)	Genebra	10.277	25.700	1930	4
Hardturm (do FC Grasshoppers)	Zurique	9.279	25.500	1929	5
Cornaredo (do AC Lugano)	Lugano	5.654	30.100	1951	1

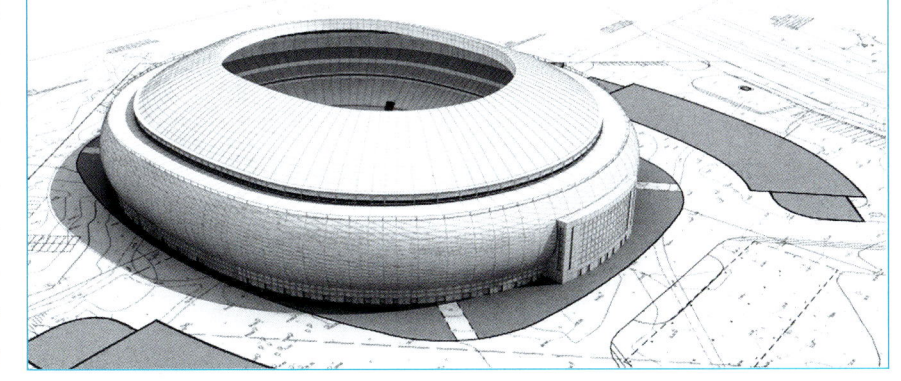

guai". E Bauer declarava, em tom de letra de hino pátrio: "Saberemos lutar com ardor".

Oitavas de final

O Comitê Organizador da Copa havia bolado uma fórmula esdrúxula. As equipes seriam divididas em quatro grupos, cada um deles com quatro países. Em vez de um cabeça de chave, cada grupo teria dois (os mais fortes). Esses dois cabeças de chave não se enfrentariam diretamente, jogando apenas contra as outras duas seleções do grupo (as mais fracas). E os dois países que não eram cabeças de chave também não jogariam entre si. Portanto, cada seleção só faria dois jogos (fracos x fortes) e as duas que tivessem mais pontos ganhos passariam para as quartas de final. Em caso de empate no número de pontos, o saldo de gols não contaria. Se houvesse igualdade no primeiro lugar, os dois passariam, sem necessidade de decidir quem era o campeão do grupo. Se o empate ocorresse no segundo lugar, a vaga para as quartas seria decidida em um jogo extra. O objetivo do sistema era claro: classificar as equipes mais fortes para as quartas. Havia, ainda, outra novidade em 1954, mais difícil ainda de ser entendida: qualquer jogo que terminasse empatado nas oitavas iria para a prorrogação. Mas, se a prorrogação também terminasse empatada, nada aconteceria – prevaleceria o empate.

> Foi também a **primeira Copa transmitida ao vivo** pela TV. As imagens de dez partidas seriam vistas em oito países europeus: França, Inglaterra, Alemanha, Itália, Holanda, Bélgica, Dinamarca e Suíça. Quatro milhões de **aparelhos captaram as imagens em preto e branco**.

Grupo A
Brasil, França, Iugoslávia e México

Brasil 5 x 0 México

Aos 24 minutos, Baltazar tabelou com Pinga e chutou rasteiro da meia-lua, abrindo o marcador. Cinco minutos depois, Didi marcou o segundo, cobrando uma falta frontal a 5 m da área e mandando a bola no ângulo direito. A partir daí, o Brasil passeou em campo. Pinga fez mais dois gols no primeiro tempo e o Brasil foi para os vestiários vencendo

por Max Gehringer

1954

por 4 a 0. No segundo tempo, Julinho ainda brindaria o público com uma pintura de gol aos 23 minutos, ao driblar dois mexicanos em um espaço mínimo, no bico esquerdo da grande área, e chutar cruzado, com efeito, no ângulo direito de Mota.

OS JOGOS DO BRASIL

BRASIL 5   MÉXICO 0

16 de junho de 1954 • Quarta-feira
Estádio des Charmilles • Genebra • 18h00

GOLS NO 1ºT • 1 × 0 Baltazar 24', 2 × 0 Didi 29', 3 × 0 Pinga 34', 4 × 0 Pinga 42'
GOL NO 2ºT • 5 × 0 Julinho 23'

BRASIL • ①Castilho, ②Djalma Santos, ⑤Pinheiro; ⑥Bauer, ④Brandãozinho, ③Nilton Santos, ⑦Julinho, ⑧Didi, ⑨Baltazar, ⑩Pinga, ⑪Rodrigues.
TÉCNICO Zezé Moreira

MÉXICO • ⑫Mota, ②López, ⑭Gómez, ③Romo, ⑤Cárdenas, ⑥Avalos, ⑦Torres, ⑧Naranjo, ⑨Lamadrid, ⑩Balcázar, ⑪Arellano.
TÉCNICO Antonio López-Herranz

PÚBLICO • 12.500

JUIZ: Paul Wyssling (Suíça)
AUXILIARES: Da Costa (Portugal) e Schönholzer (Suíça)

No mesmo dia e horário, em Lausanne, a Iugoslávia vencia a França por 1 a 0. Pelo regulamento, como Brasil e França eram os cabeças de chave do Grupo A, os dois não se enfrentariam diretamente. Assim, bastava que Brasil e Iugoslávia – ambos vencedores na primeira rodada – empatassem entre si para se classificar. Já a França teria de vencer o México no outro jogo. E ainda dependeria de uma vitória, ou do Brasil ou da Iugoslávia, para então decidir a vaga com o perdedor, numa partida extra.

Brasil 1 x 1 Iugoslávia

O Brasil começou atacando a Iugoslávia, como se estivesse com pressa de resolver a situação. Mas os brasileiros teriam uma má surpresa aos 20 minutos, quando Rodrigues se machucou e passou a fazer número em campo. Com um jogador a mais, a Iugoslávia abriu o marcador aos 4 minutos do segundo tempo, com Zebec, no único cochilo de marcação da zaga brasileira. Para alívio dos brasileiros, Didi, num de seus chutes venenosos da entrada da área, empatou o jogo aos 24 minutos.

Almanaque dos Mundiais

O empate por 1 a 1 classificava brasileiros e iugoslavos (ambos com 3 pontos) para as quartas de final. Mas o regulamento demandava uma prorrogação, com dois tempos de quinze minutos. Se a prorrogação também terminasse empatada, aí sim os dois países estariam classificados. Quando o juiz Faultless apitou o fim do tempo normal, e os jogadores começaram a se cumprimentar, o representante da Fifa mostrou, gesticulando, que o jogo continuaria. Os dirigentes da Iugoslávia, pelo jeito, não sabiam da prorrogação, o que provocou alguns minutos de discussão na beira do gramado. Mas, após ver o regulamento (escrito em francês), os iugoslavos entenderam que o empate na prorrogação seria suficiente. Aparentemente, os dirigentes brasileiros também sabiam disso, mas acreditavam que a vitória seria importante para a definição dos adversários das quartas de final.

No mesmo dia e horário, a França fazia 3 a 2 no México. Naquele mesmo instante, Brasil e Iugoslávia se preparavam para começar a disputar a prorrogação. Aos franceses, só restava aguardar e torcer. Os jogadores e dirigentes foram para os vestiários, onde ouviram a prorrogação pelo rádio (com o irado locutor da *Radiodiffusion Française* reclamando incessantemente da falta de empenho de brasileiros e iugoslavos). Após trinta minutos de agonia, e com o empate entre brasileiros e iugoslavos permanecendo, a França se tornava o primeiro cabeça de chave a ser eliminado da Copa de 1954.

BRASIL 1   IUGOSLÁVIA 1

PRORROGAÇÃO: 0 × 0

19 de junho de 1954 • Sábado • Estádio Olympique La Pontaise • Lausanne • 17h00

GOLS NO 2º T • 0 × 1 Zebec 4', 1 × 1 Didi 24'

BRASIL • ①Castilho, ②Djalma Santos, ⑤Pinheiro, ⑥Bauer, ④Brandãozinho, ③Nilton Santos, ⑦Julinho, ⑧Didi, ⑨Baltazar, ⑩Pinga, ⑪Rodrigues.
TÉCNICO Zezé Moreira

IUGOSLÁVIA • ①Beara, ②Stankovic, ⑤Horvat, ③Crnkovic, ④Cajkovski, ⑥Boskov, ⑱Milutinovic, ⑧Mitic, ⑨Vukas, ⑳Dvornic, ⑪Zebec.
TÉCNICO Aleksandar Tirnanic

PÚBLICO • 21.000

JUIZ: Charles Faultless (Escócia)
AUXILIARES: Steiner (Áustria) e Von Gunten (Suíça)

por Max Gehringer

Quartas de final

Dois grupos terminaram com países empatados na primeira colocação: o A (Brasil e Iugoslávia, com 3 pontos ganhos) e o C (Uruguai e Áustria, com 4 pontos). Já se sabia que, nas quartas de final, haveria os cruzamentos dos grupos (A x B e C x D). Portanto, o Brasil, classificado no Grupo A, enfrentaria um dos classificados no Grupo B – ou a Hungria ou o vencedor de Alemanha x Turquia, que fizeram um jogo de desempate dois dias depois. No sábado, dia 19, o Comitê Organizador convocou uma reunião para as 9 horas da manhã da segunda-feira, dia 21, mas não deu nenhuma pista sobre suas intenções.

O dirigente Castello Branco e o técnico Zezé Moreira compareceram à reunião do Comitê Organizador. E já encontraram urnas metálicas sobre a mesa, revelando que os adversários seriam mesmo definidos por sorteio. O dirigente italiano Ottorino Barassi ficou encarregado de conduzir a cerimônia, tentando ser engraçado num ambiente pesadamente tenso. Alguns minutos depois, a sorte – ou a falta dela – revelou que o Brasil teria de encarar os temíveis húngaros já no domingo seguinte.

Ao final do sorteio, percebeu-se que as quartas de final ficaram desbalanceadas. Uruguai e Inglaterra, vencedores dos Grupos C e D, jogariam entre si. Hungria e Brasil, fortes candidatos ao título, também. Os outros dois jogos reuniriam equipes menos cotadas: Iugoslávia x Alemanha ou Turquia, e Áustria x Itália ou Suíça.

Áustria e Suíça fizeram o jogo mais maluco da história das Copas, principalmente o primeiro tempo, que foi antológico. Começou com a Suíça marcando três gols em sete minutos, e abrindo 3 a 0. Em seguida, a Áustria fez cinco gols em nove minutos, virando para 5 a 3. Nos cinco minutos finais, a Suíça diminuiu para 5 a 4 e a Áustria ainda desperdiçou um pênalti, aos 43 minutos. Para quem gosta-

> O jogo Iugoslávia 1 x 0 França foi o **primeiro da história das Copas a ter transmissão direta por TV**. E também o primeiro em que os jogadores atuaram com **numeração fixa e pessoal**. Cada jogador inscrito recebeu um número, de 1 a 22, para ser usado na camisa.

va de ver a rede balançar, foi uma orgia: nove gols num espaço de apenas 25 minutos. No segundo tempo, saíram mais dois gols nos primeiros treze minutos – um para cada lado. E o austríaco Probst, aos 31 minutos, ainda achou fôlego para fazer 7 a 5.

O Uruguai eliminou a Inglaterra vencendo por 4 a 2. O jogo das quartas de final que despertou menor atenção foi Alemanha x Iugoslávia. Os iugoslavos saíram perdendo, com um gol contra marcado pelo central Ivan Horvat logo aos 10 minutos. E sofreram o segundo gol a quatro minutos do fim, quando o ponteiro alemão Helmut Rahn acertou um chute de voleio, da risca da grande área, no ângulo direito do gol de Beara. Para surpresa dos entendidos, a Iugoslávia deixava a Copa e a Alemanha prosseguia.

> No Brasil, a TV – que existia desde 1950 – ficou apenas nos comentários dos especialistas. Os brasileiros novamente acompanhariam a **Copa pelo rádio** e só veriam algumas **cenas nos cinemas um mês depois**.

Brasil 2 x 4 Hungria

A Hungria tinha um problema sério: Puskás, o cérebro do time, não jogaria. Enquanto os jogadores brasileiros estavam nos vestiários, ouvindo as exortações dos dirigentes e a preleção de Zezé Moreira, a Hungria também se preparava, só que correndo na lateral do campo de jogo. Assim, os húngaros já entravam em campo como se estivessem jogando há vários minutos, e pegavam o oponente ainda frio. Invariavelmente, conseguiam marcar um ou dois gols já no início da partida.

Foi o que aconteceu contra o Brasil. Logo aos 4 minutos, num lance em que seis brasileiros e cinco húngaros estavam na área do Brasil, Pinheiro tentou sair driblando, na boca do gol. Ligado, o ataque húngaro tomou-lhe a bola. Castilho ainda defendeu o chute à queima-roupa de Czibor, mas, no rebote, Hidegkuti chutou com força da risca da pequena área e fez o primeiro gol. O Brasil nem teve tempo para se recuperar do choque. Aos 7 minutos, a bola foi alçada por Tóth para a área brasileira. Na meia-lua, Pinheiro parou, esperando a marcação de um impedimento, e o especialista

por Max Gehringer

19 54

Kocsis surgiu sozinho diante de Castilho, para acertar uma de suas cabeçadas bem colocadas e fazer 2 a 0.

> Áustria 7 x 5 Suíça é a **partida com o maior número de gols** em toda a história das Copas.

Aos 17 minutos, Buzánski derrubou Índio por trás na área, e o juiz marcou o pênalti. Com uma calma incomum para a situação, Djalma Santos colocou a bola à meia altura, no canto direito, enquanto Grosics pendia para o canto esquerdo. Aos poucos, o jogo foi se transformando em uma batalha. No final do primeiro tempo, o ponteiro Tóth ficou num sanduíche entre Nilton Santos e Pinheiro e saiu de campo amparado pelo massagista.

Tóth voltou mancando para o segundo tempo e a sorte parecia estar virando para o lado do Brasil. Mas, aos 15 minutos, Czibor cruzou da esquerda, e Pinheiro e Kocsis foram juntos para a bola. O juiz Ellis, bem próximo do lance, imediatamente apitou o pênalti. Dada a rapidez da jogada, os locutores de rádio brasileiros ficaram sem entender o que o juiz tinha visto – uma carga irregular de Pinheiro sobre Kocsis? Ou a bola tocando na mão de Pinheiro?

A decisão renderia a Mister Ellis vários adjetivos nos jornais brasileiros do dia seguinte, sendo o mais brando deles o de "ladrão". Ou, segundo um desvairado ofício da CBD à Fifa, Mister Ellis estaria "a serviço do comunismo". O filme do jogo não deixa claro o toque de mão que de fato originou o pênalti, mas mostra que nenhum dos cinco jogadores brasileiros que estavam na área – incluindo Pinheiro – reclamou com o juiz após a marcação. Lantos bateu a penalidade, no alto do canto direito, e fez Hungria 3 a 1.

De novo, o Brasil encontrou forças para pressionar os húngaros. Aos 21 minutos, Juli-

> Jornalistas de 48 países cobriram a Copa da Suíça. Foram credenciados 1.054 profissionais de imprensa, 129 fotógrafos e 215 radialistas. **O Brasil contribuiu com 63 jornalistas, onze fotógrafos e 31 radialistas**. Haveria 332 transmissões de jogos pelo rádio, e seis emissoras brasileiras estariam presentes, três do Rio e três de São Paulo.

nho fez um dos gols mais bonitos da Copa, semelhante ao que havia marcado contra o México: um chute de curva do bico esquerdo da grande área, que entrou no canto oposto do goleiro Grosics. A pressão que tomava conta de todos os jogadores ficou clara aos 26 minutos, quando Nilton Santos – um zagueiro cheio de estilo – e Bozsik – um médio que sabia tratar bem a bola – se estranharam e trocaram empurrões e pontapés. O juiz Ellis se aproximou e ordenou que os dois briguentos se apertassem as mãos. Com a cabeça fervendo, Nilton Santos e Bozsik se recusaram a atender ao pedido e o juiz expulsou os dois. Aos 40 minutos, num lance sem nenhum perigo na intermediária da Hungria, Humberto deu uma voadora na perna do húngaro Lóránt e também foi expulso.

Com nove jogadores, o Brasil aguentou por mais três minutos. Aos 44 minutos, Czibor cruzou da direita e Kocsis chegou antes de Djalma Santos, cabeceando da risca da pequena área para o canto direito. Mal o Brasil deu a saída após o quarto gol húngaro, o juiz Ellis encerrou o jogo. A "Batalha de Berna" terminaria com 42 faltas marcadas, numa época em que a metade disso já seria suficiente para classificar uma partida como "violenta".

O jogo estava terminado, mas as brigas não. Na saída de campo, os jogadores continuaram a se estranhar, até que Maurinho deu um soco em Czibor. Segundo Maurinho, porque Czibor se recusara a apertar a mão de Djalma Santos. Na confusão que se seguiu, o jornalista Paulo Planet Buarque deu um competente rabo-de-arraia num guarda suíço que estava tentando apartar as escaramuças, gerando uma célebre foto que seria estampada na capa da *Paris Match*, na época a revista de maior prestígio do mundo. Nos túneis de acesso aos vestiários, o bafafá se generalizou de vez. Puskás, que resolvera deixar as arquibancadas para ajudar seus companheiros, abriu a testa de Pinheiro com uma garrafada. Em compensa-

> A Copa de 1954 teve a melhor média de gols da história: 5,4 por jogo. **Em 26 partidas foram marcados 140 gols**, sendo onze deles do húngaro Sándor Kocsis, o artilheiro da competição.

ção, fazendo uso de uma chuteira que carregava na mão, Zezé Moreira atingiu com um potente golpe o rosto de Gusztáv Sebes, vice-ministro de Esportes da Hungria.

No dia seguinte, a Fifa lamentou o episódio, mas não puniu ninguém. O único prejudicado na história seria o juiz brasileiro Mário Vianna, que nem deveria estar no estádio. Depois do jogo, Vianna foi aos vestiários para confrontar seu colega Arthur Ellis – e acabaria sendo expelido dos quadros da Fifa por essa indelicadeza ética. Mesmo o expulso Bozsik não sofreria nenhuma sanção, e disputaria normalmente o jogo seguinte da Hungria.

O avião Constellation, que trouxe a Seleção de volta ao Brasil, pousou no Aeroporto do Galeão, no Rio, no sábado, 3 de julho, à 1 hora da madrugada. E os jogadores foram recebidos como heróis, enquanto os dirigentes passaram 45 minutos na esteira de inspeção, tamanha a quantidade de *souvenirs* trazidos da Europa, e que resultariam numa multa de 200 mil cruzeiros aplicada pelos fiscais da alfândega. No dia seguinte, as críticas contra a CBD continuaram. Para a *Tribuna da Imprensa*, do Rio, os 5 milhões de cruzeiros cedidos pelo Conselho Nacional de Desportos (que, antes da Copa, foram classificados como "indispensáveis") passaram a ser "o dinheiro do povo que foi queimado na Suíça". O relatório final da CBD indicaria gastos de exatos 5.791.059,40 cruzeiros (116 mil dólares, ao câmbio oficial de 1954).

HUNGRIA 4   BRASIL 2
27 de junho de 1954 • Domingo Estádio Wankdorf • Berna • 17h00
Gols no 1ºT • 1 × 0 Hidegkuti 4', 2 × 0 Kocsis 7', 2 × 1 Djalma Santos (pênalti) 18' **Gols no 2ºT** • 3 × 1 Lantos (pênalti) 15', 3 × 2 Julinho 21', 4 × 2 Kocsis 44'
BRASIL • ①Castilho, ②Djalma Santos, ⑤Pinheiro, ⑥Bauer, ④Brandãozinho, ③Nilton Santos, ⑦Julinho, ⑧Didi, ⑲Índio, ⑱Humberto, ⑰Maurinho. **Técnico** Zezé Moreira
HUNGRIA • ①Grosics, ②Buzánski, ③Lóránt, ④Lantos, ⑤Bozsik, ⑥Zakariás, ⑦Jozsef Tóth, ⑧Kocsis, ⑨Hidegkuti, ⑪Czibor, ⑳Mihaly Tóth. **Técnico** Gyula Mándi
Público • 40.000
Juiz: Arthur Ellis (Inglaterra) **Auxiliares**: Ling (Inglaterra) e Wyssling (Suíça)

As semifinais

Os jogos das semifinais foram decididos por um novo sorteio, realizado na manhã da segunda-feira 28 de junho. O Comitê Organizador já havia comunicado – quando do sorteio das quartas de final, sete dias antes – que nas semifinais não haveria cruzamentos de seleções que já tivessem se enfrentado nas oitavas de final. Essa decisão eliminava a possibilidade de um confronto entre Hungria e Alemanha.

Dessa vez, quem conduziu a reunião foi o suíço Ernst Thommen. E ele convidou o dirigente uruguaio Lorenzo Vilizio para proceder ao sorteio. Duas urnas estavam sobre a mesa. Numa, estavam os papéis de Alemanha e Hungria. Na outra, os de Áustria e Uruguai. Vilizio sacou da primeira urna o papel da Alemanha. E, da segunda, o da Áustria. Esse seria o primeiro jogo das semifinais. O segundo confronto seria o que a imprensa europeia chamou de "final prematura da Copa" – a Hungria contra o Uruguai. Ninguém duvidava que o vencedor desse jogo seria o campeão do mundo.

> Após a derrota por 1 a 0 para a Áustria, o escocês Andy Beattie tornou-se o **único técnico, até hoje, a se demitir** durante uma Copa do Mundo.

Na partida contra a Áustria, a Alemanha entrou de verde, seu uniforme número dois. E repetiu no primeiro tempo o que havia feito no jogo anterior, contra a Iugoslávia: mesmo dominada, virou vencendo por 1 a 0, gol de Schäfer, aos 31 minutos. No segundo tempo, porém, o panorama se alterou. Aos 2 minutos, Max Morlock saltou entre dois zagueiros austríacos e, de testa, fez 2 a 0 para a Alemanha. Aos 7 minutos, o sempre presente austríaco Probst diminuiu. A Áustria, então, cometeu dois pênaltis claros e desnecessários – o primeiro de Happel sobre Schäfer, o segundo de Zeman sobre Rahn. Ambos foram convertidos por Fritz Walter, com uma cobrança em cada canto. Entre um e outro pênalti, Ottmar Walter marcou o quarto gol alemão, de cabeça, sem ser incomodado pelos zagueiros. Assim, num intervalo de apenas nove minutos, a Alemanha conseguiu três gols e se viu inesperadamente vencendo por 5 a 1, com 25 minutos de jogo ainda pela frente. O abatimento austríaco era tão flagrante que a Ale-

por Max Gehringer

manha, sem forçar muito, ainda conseguiu marcar o sexto gol – Ottmar Walter, novamente de cabeça, no penúltimo minuto de jogo. Assim, a Áustria iria disputar o terceiro lugar. E a Alemanha – surpreendentemente – chegava à final.

Contra o Uruguai, novamente a Hungria atuou sem Puskás. Em compensação, o Uruguai jogou sem seu capitão e alma do time, Obdulio Varela, também contundido e substituído por Néstor Carballo. A Hungria, como já era tradição, não demorou a marcar o seu primeiro gol. Aos 12 minutos, num cruzamento da esquerda, Kocsis aparou de cabeça para Czibor. O lateral Santamaría vacilou e Czibor acertou um chute rasteiro da meia-esquerda, pegando Máspoli fora de posição. Mas o jogo, antes e depois desse gol, foi parelho. No segundo tempo, novamente a Hungria aproveitou a primeira oportunidade que teve. Aos 2 minutos, uma rápida sequência de passes entre Buzánski, Bozsik e Kocsis resultou num cruzamento de Budai. Próximo à trave direita, Hidegkuti deu um mergulho acrobático e cabeceou para as redes, fazendo 2 a 0.

A Hungria continuou controlando o jogo, mas, aos poucos, o Uruguai foi criando coragem. Aos 31 minutos, Hohberg foi lançado por Ambrois, entrou sozinho na área e tocou na saída de Grosics. O gol incendiou os uruguaios, que abandonaram a defesa e passaram a atacar com disposição. Aos 41 minutos, numa confusão na área húngara, Hohberg teve de chutar duas vezes para finalmente empatar a partida. Sobre a linha do gol, Lantos tentou defender com a mão, mas não conseguiu. O cansaço e a emoção foram tão fortes que Hohberg desmaiou após o gol, e não disputou os quatro minutos finais do tempo normal. O jogo foi para a prorrogação.

Aos 8 minutos, Hohberg quase completa uma histórica virada, mas seu chute explodiu na trave húngara. No segundo tempo, os jogadores se limitaram a alçar bolas altas na área inimiga. E aí venceu quem tinha o melhor especialista nesse tipo de jogada – a classifica-

> Nas oitavas de final, **a Hungria venceu a Alemanha por 8 a 3** (a maior goleada que os alemães tomaram em Copas.

ção da Hungria seria decidida por duas precisas cabeçadas de Kocsis: aos 4 minutos, aproveitando um centro de Budai; aos 12 minutos, num cruzamento de Hidegkuti. O Uruguai, depois de 24 anos, deixava o campo derrotado numa Copa do Mundo, mas com a honra intacta. Na decisão do terceiro lugar, perderia novamente, para a Áustria, por 3 a 1. A Hungria iria para a final, para cumprir a profecia dos oráculos esportivos: tornar-se a campeã mundial de 1954.

A decisão

Ao pisar em campo para enfrentar a Alemanha, a Hungria tinha aumentado sua longa série invicta para 32 jogos. Além disso, nos quatro jogos já disputados durante a Copa, havia marcado 25 gols e sofrido sete. E sem contar com Puskás, seu melhor jogador, nos duríssimos jogos contra Brasil e Uruguai. Dos onze húngaros que entraram em campo, sete nunca haviam perdido um jogo com a Seleção. A única voz dissonante sobre o favoritismo dos húngaros era a de Jules Rimet. Recordando o que tinha visto no Maracanã em 1950, ele desconversava: "Não sei... a Copa do Mundo é cheia de surpresas".

Fritz Walter, o melhor jogador da Alemanha, agradeceu o tempo nublado e úmido e a temperatura na casa dos 20 °C graus. Em sua juventude, Walter havia contraído malária, e a partir daí seu rendimento em campo decaía em dias de muito sol e calor. Pelo lado húngaro, o tornozelo de Puskás não estava totalmente curado. Mas quem resistiria ao fascínio de ser campeão do mundo? E Puskás convenceu o dirigente Gusztáv Sebes e o técnico Gyula Mándi de que tinha condições para aguentar o repuxo.

A Hungria, como sempre, não desperdiçou a primeira chance que criou. Como para demonstrar que seu tornozelo es-

> Após a eliminação do Brasil, **as rádios brasileiras abandonaram as transmissões de jogos completos** (pouca gente estava interessada em ouvir), preferindo apresentar apenas *flashes* durante sua programação. A Rádio Globo do Rio de Janeiro foi a única a transmitir na íntegra a final para o Brasil, na voz do locutor Luiz Mendes.

tava curado, o próprio Puskás abriu o marcador, aos 6 minutos. Apenas dois minutos depois, uma falha desastrosa da defesa alemã propiciou o segundo gol aos húngaros, marcado por Czibor. Em apenas oito minutos, a Hungria já vencia por 2 a 0, e confirmava as previsões de que ganharia com tranquilidade.

Para sorte da Alemanha, dois minutos depois a defesa húngara também errou. Aos 10 minutos, Rahn, deslocado pela esquerda, chutou forte e torto para o meio da área. Lóránt tentou cortar, mas errou o carrinho, apenas amortecendo a bola, que sobrou mansinha na risca da pequena área para Morlock, de carrinho, desviar a bola para o canto direito.

A Alemanha não estava morta, e empatou aos 18 minutos. Fritz Walter cobrou dois escanteios seguidos da esquerda e, no segundo, Hans Schäfer saltou com Grosics na pequena área, com o braço estendido para impedir que o goleiro chegasse na bola. Atrás dos dois, Rahn emendou de primeira, sem muito ângulo. A bola passou num espaço mínimo entre Lóránt e Buzánski, colocados sobre a linha do gol, e entrou.

No intervalo, o técnico alemão Sepp Herberger soltou outra de suas frases inspiradas ("agora, cada milímetro será importante") e decidiu usar a tática da paciência: recuar seu meio de campo e ficar esperando a chance de um contra-ataque. Por isso, na primeira meia hora do segundo tempo, praticamente só a Hungria atacou. Por três vezes os húnga-

A FINAL

ALEMANHA 3   HUNGRIA 2

4 de julho de 1954 • Domingo
Estádio Wankdorf • Berna • 17h00

Gols no 1ºT • 1 × 0 Puskás 6′,
2 × 0 Czibor 8′, 2 × 1 Morlock 10′, 2 × 2 Rahn 18′
Gol no 2ºT • 3 × 2 Rahn 39′

ALEMANHA • ①Turek, ⑦Posipal, ⑩Liebrich, ③Kohlmeyer, ⑥Eckel, ⑧Mai, ⑮Ottmar Walter, ⑯Fritz Walter, ⑫Rahn, ⑬Morlock, ⑳Schäfer.
Técnico Sepp Herberger

HUNGRIA • ①Grosics, ②Buzánski, ③Lóránt, ④Lantos, ⑤Bozsik, ⑥Zakariás, ⑦Tóth, ⑧Kocsis, ⑨Hidegkuti, ⑩Puskás, ⑪Czibor. **Técnico** Gyula Mándi

PÚBLICO • 60.000

Juiz: William Ling (Inglaterra)
Auxiliares: Orlandini (Itália) e Griffiths (Gales)

ros acertaram as traves alemãs. Tudo levava a crer que a Alemanha não iria conseguir suportar aquela pressão até o final do jogo. Mas, aos 39 minutos, a chance de um contra-ataque, tão aguardada por Herberger, finalmente surgiu.

Schäfer ganhou uma dividida com Bozsik no meio do campo, correu pela esquerda e cruzou para a área da Hungria, onde estavam quatro jogadores – os húngaros Lantos e Zakariás e os alemães Morlock e Ottmar Walter. Saltando com Morlock, Zakariás cabeceou sem muita força para fora da área e a bola sobrou limpa para Rahn, que vinha de trás, sozinho, pela meia-direita. Rahn teve tempo para controlar a bola, cortar Lantos para o meio, entrar na área e desferir um chute rasteiro de pé esquerdo, no cantinho direito de Grosics, que chegou um palmo atrasado na bola. Por um momento, a plateia pareceu não acreditar no que acabara de ver. Até mesmo o emocionado locutor Hebert Zimmermann, da Rádio

OS 11 CAMPEÕES DE 1954

① Anton "Toni" **Turek**, goleiro do Fortuna Düsseldorf, 35 anos (18/1/1919 – 11/5/1984)

⑦ Josef "Jupp" **Posipal**, zagueiro do Hamburgo sv, 27 anos (20/6/1927 – 21/2/1997)

③ Werner **Kohlmeyer**, zagueiro do Kaiserslautern, 30 anos (19/4/1924 – 26/3/1974)

⑥ Horst **Eckel**, lateral-direito do Kaiserslautern, 22 anos (8/2/1932)

⑧ **Karl Mai**, lateral-esquerdo do sv Greuther Fürth, 26 anos (27/7/1928 – 15/3/1993)

⑩ Werner **Liebrich**, volante do Kaiserslautern, 27 anos (18/1/1927 – 20/3/1995)

⑯ Friedrich "**Fritz**" **Walter**, meia do Kaiserslautern, 24 anos (30/10/1920 – 17/6/2002)

⑮ **Ottmar Walter**, atacante do Kaiserslautern, 30 anos (6/3/1924)

⑫ Helmut **Rahn**, atacante do Rot Weiss Essen, 25 anos (16/8/1929 – 20/8/2003)

⑬ Maximilian "Max" **Morlock**, atacante do 1.FC Nürnberg, 29 anos (11/5/1925 – 10/9/1994)

⑳ Hans **Schäfer**, ponteiro-direito do 1.FC Köln, 26 anos (19/10/1927)

Ⓣ Joseph "**Sepp**" **Herberger**, técnico, 57 anos (28/3/1897 – 28/4/1977)

por Max Gehringer

Saarbrücken, disse: "3 a 2 para a Hungria!", para logo em seguida se desculpar pela falha. Aos 47 minutos, o juiz Ling apitou pela última vez. Derrotando a invencível máquina húngara, a Alemanha era campeã mundial.

O jornalista austríaco de origem tcheca Willi Meisl – irmão de Hugo Meisl, o criador do "Wunderteam" da Áustria dos anos 1930 – classificou a vitória alemã como "um erro jurídico dos céus". Uma avaliação sintética e precisa seria feita pelo jornalista José Amádio, da revista O Cruzeiro: "A Hungria merecia ganhar a Copa, mas a Alemanha ganhou o jogo. E o jogo valia a Copa". Cinco minutos depois, debaixo de uma garoa fininha, num tablado armado no centro do campo, Jules Rimet entregou a Taça da Copa para Fritz Walter. Uma banda executou o hino nacional alemão, enquanto os jogadores da Alemanha faziam algo incomum para os rígidos padrões germânicos de comportamento social: ouviram o hino de mãos dadas.

OS OUTROS 11 CAMPEÕES

㉑ Heinz **Kubsch**, goleiro do FK Pirmasens, 35 anos
㉒ Heinz **Kwiatkowski**, goleiro do Borussia Dortmund, 28 anos
② Fritz **Laband**, zagueiro do Hamburger SV, 28 anos
④ Hans **Bauer**, zagueiro do Bayern Münich, 27 anos
⑤ Herbert **Erhardt**, zagueiro do SV Fürth, 24 anos
⑨ Paul **Mebus**, médio do FC Köln, 34 anos
⑪ Karl-Heinz **Metzner**, médio do KSV Hessen Kassel, 31 anos
⑭ Bernhardt **Klodt**, atacante do Schalke 04, 27 anos
⑰ Richard **Herrmann**, atacante do Frankfurt SV, 31 anos
⑱ Ulrich **Biesinger**, atacante do BC Augsburg, 20 anos
⑲ Alfred **Pfaff**, atacante do Eintracht Frankfurt, 28 anos

1958

*A Taça do
Mundo é nossa*

Garantida dez anos antes

Com dez anos de antecedência – no Congresso da Fifa de 1948, em Londres – a Suécia já havia sido apontada como sede da Copa de 1958. A confirmação oficial aconteceu no Congresso da Fifa no Hotel Quitandinha, no Rio de Janeiro, em 23 de junho de 1950.

Surge Pelé

Tudo aconteceu muito rápido. Em 1953, Waldemar de Brito, jogador do Brasil na Copa de 1938, era o técnico do Bauru Atlético Clube, o BAC, do interior paulista. Em setembro daquele ano, o BAC publicou um anúncio no *Diário de Bauru* convidando meninos entre 8 e 16 anos para participar de uma peneira. Waldemar selecionou 25 dos cerca de cem que se apresentaram, entre eles o menino Dico, que iria completar 13 anos no mês seguinte. Escalado no juvenil, apesar de ter idade e estatura para o infantil, Dico se sagrou bicampeão da Liga Bauruense em 1954-55. Apesar disso, em 1956 o BAC decidiu encerrar suas atividades no futebol e se tornar apenas um clube de lazer. Dico se dedicou então a jogar futebol de salão, mas Waldemar de Brito resolveu levá-lo para treinar no Santos, o então campeão paulista (seria bi em 1956).

Em julho de 1956, Dico foi aprovado e se mudou de Bauru para Santos. Após ser brevemente apelidado de Gasolina pelos veteranos, estreou na equipe principal já com o apelido de Pelé, em 7 de setembro de 1956, aos 15 anos e 10 meses de idade, num amistoso contra o Corinthians de Santo André-SP. Aos 22 minutos do segundo tempo, apenas seis minutos após ter substituído Del Vecchio, Pelé marcou seu primeiro gol "adulto". Em abril de 1957, assinou seu primeiro contrato profissional.

Em junho de 1957, no Maracanã, um torneio caça-níqueis foi promovido por Vasco e Flamengo. Participaram o Dínamo Zagreb, da Iugoslávia, o Belenenses, de Portugal, e o São Paulo. Só que o time principal do Vasco estava excursionando pela Europa (ficaram no

por Max Gehringer

1958

Brasil apenas os zagueiros Bellini e Paulinho, servindo à Seleção). Para se reforçar, o Vasco apelou para o Santos, que mandou ao Rio Urubatão, Álvaro, Jair, Pepe e Pelé. O Maracanã ficou quase às moscas na maioria dos jogos, mas Sylvio Pirillo, o novo técnico da Seleção, estava lá. E viu algum futuro naquele garoto de 16 anos.

Um mês depois, no dia 7 de julho, Pelé pisava de novo no Maracanã, dessa vez para sentar no banco da Seleção, vestindo a camisa reserva, número 13. O Brasil perdeu da Argentina por 2 a 1, mas Pelé entrou no segundo tempo e fez o gol brasileiro – tornando-se, aos 16 anos e 9 meses, o jogador mais jovem a marcar um gol pela Seleção principal. No segundo jogo contra os argentinos, no Pacaembu, o Brasil ganhou por 2 a 0. E Pelé fez outro gol, assegurando sua presença em futuras convocações.

A nova CBD

Em 14 de janeiro de 1958, João Havelange, advogado carioca de 41 anos ligado ao Fluminense, foi eleito presidente da CBD, vencendo facilmente a oposição liderada por Carlito Rocha, do Botafogo, por 185 votos contra dezenove. Dono de um nome aristocrático, Jean-Marie Faustin Godefroid Havelange havia defendido o Brasil em duas Olimpíadas: em

A SUÉCIA

» A região onde hoje fica a Suécia já era habitada havia 5 mil anos. Mas data do ano 100 d.C. a primeira menção escrita aos reinos de Gotha (de onde veio o termo "gótico") e de Svea, hoje a parte central do território sueco. Somente em 1521 o território sueco foi definitivamente consolidado pelo rei Gustavo I Vasa (e, por isso, daí em diante, os reis suecos passaram a adotar "Gustavo" como primeiro ou segundo nome).

» O nome oficial do país é Reino da Suécia – *Konungariket Sverige* – e sua área é de 500 mil km² (um pouco menor que o estado de Minas Gerais, que tem 586 mil km²). No período em que a Copa foi disputada, a transição da primavera para o verão, a temperatura varia entre 18 e 22 °C, e o sol se põe por volta das 21 horas, o que permitiu "jogos noturnos" sem necessidade de iluminação artificial. Em 1958, a Suécia tinha 7 milhões de habitantes, dos quais 1 milhão vivia na capital, Estocolmo, ou em seus arredores. O fuso horário entre Brasil e Suécia era de quatro horas e as transmissões das rádios brasileiras começavam ao meio-dia no horário do Brasil.

1936, como atleta de natação, e em 1952, no polo aquático. No futebol, tivera uma efêmera passagem pelo juvenil do Fluminense, em 1931, atuando como médio-esquerdo.

Para vice em sua chapa, Havelange convidou um amigo de longa data, Paulo Machado de Carvalho, que então já havia acumulado os títulos de presidente da Federação Paulista de Futebol, patrono do São Paulo e dono da Rádio e TV Record.

Aos 57 anos, Paulo Machado de Carvalho era mais conhecido como "Doutor Paulo". Ao

O BRASIL EM 1958

» Chegávamos aos 65 milhões de habitantes. Mais da metade da população (53%) tinha menos de 20 anos de idade, e apenas 2,6% tinham mais de 65 anos.

» A inflação anual de 1958 foi de 12,4%. O salário mínimo valia 3.800 cruzeiros. O dólar começou o ano cotado a 90,80 cruzeiros e terminou a 140,80.

» Apenas um em cada duzentos lares possuía aparelho de TV, o que gerou a moda do "televizinho", com famílias inteiras se instalando diariamente, entre 19 e 22 horas, nas salas dos vizinhos mais privilegiados.

» Uma marca registrada – "Bobbi" – de um estojo que permitia às mulheres fazer a ondulação permanente dos cabelos em suas próprias casas acabaria se tornando um nome genérico – os "bobes" das décadas seguintes.

» As músicas mais tocadas nas rádios em 1958 foram "Cabecinha no ombro", com Alcides Gerardi; "Sereno", com Paulo Molin; e "Ouça", com Maysa.

A famosa "Chega de saudade", marco inaugural da bossa nova, cantada por João Gilberto e composta por Tom Jobim e Vinicius de Moraes, arrebatou os críticos, mas ficou apenas com o 34º lugar nas paradas do ano.

» Pela primeira vez, o concurso de Miss Brasil aconteceu no Maracanãzinho, com a vitória de Adalgisa Colombo, de 18 anos, candidata do Rio de Janeiro, a Capital Federal. Adalgisa seria a segunda colocada no concurso de Miss Universo, disputado em Long Beach, Califórnia, perdendo o título para a colombiana Luz Marina Zuluaga.

» No dia 3 de janeiro, começava a produção do Volkswagen 1200 (mais tarde apelidado de Fusca), em São Bernardo do Campo (SP). Em 14 de junho, foram lançadas as sandálias Havaianas, da São Paulo Alpargatas.

» Em 14 de dezembro, um avião Constellation, da Panair do Brasil, pegou fogo no ar e caiu a 45 km do Aeroporto de Manaus. Morreram todos os cinquenta passageiros e tripulantes, na maior tragédia aérea brasileira até então.

contrário de Havelange – sumamente refinado e rigidamente formal no trato com qualquer pessoa –, o Dr. Paulo era uma figura exuberante. Ria muito, gostava de apertar a bochecha dos atletas e estava sempre disposto a distribuir conselhos. Nilton Santos diria mais tarde que o Dr. Paulo foi o primeiro dirigente a tratar jogador de futebol como gente.

Ao assumir a presidência da CBD, em 14 de março de 1958, Havelange anunciou que o Dr. Paulo seria o responsável pela participação do Brasil na Copa, enquanto ele, Havelange, ficaria no Rio, tocando o dia a dia da CBD. E cumpriu mesmo a promessa: Havelange não viajou para a Suécia e acompanhou os jogos do Brasil pelo rádio, em seu apartamento no Leblon, mantendo contato diário com o Dr. Paulo por telefone. Pela primeira vez em Copas, a Seleção teria um chefe que sabia chefiar, e a CBD um presidente capaz de se comportar presidencialmente.

O plano

A primeira providência do Dr. Paulo foi encomendar um detalhadíssimo plano de preparação para a Copa, elaborado por três jornalistas da TV Record: Paulo Planet Buarque, Flávio Iazzetti e Ary Silva. Ao mesmo tempo, foi constituída a Comissão Técnica, com o "pessoal da casa" da CBD. O supervisor seria Carlos Nascimento, do Bangu. O médico seria o dr. Hilton Gosling, também do Bangu. E Paulo Amaral, do Botafogo, o preparador físico. Até aí, nada muito diferente de tantas outras comissões.

Foi quando o Dr. Paulo resolveu inovar. Primeiro, trouxe para a Seleção um psicólogo, João Carvalhaes, 40 anos, paulista de Santa Rita do Passa Quatro, que desde 1947 trabalhava na companhia de ônibus de São Paulo, a CMTC. O "professor" Carvalhaes – que ainda não fizera jus ao título de doutor – era o encarregado de aplicar testes psicotécnicos aos candidatos a motorista, para evitar que o volante de um ônibus caísse nas mãos de algum paranoico. Em 1954, a Federação Paulista de Futebol havia contratado Carvalhaes para aplicar esses testes aos aspirantes a árbitros. Em 1956, o São Paulo se interessara pelos testes de Carvalhaes e, coincidência ou não, o time foi campeão paulista em 1957. E já que todo mundo, inclusive quem não entendia nada de psicologia, achava que o problema do jogador brasileiro era psicológico, o professor Carvalhaes levou para a Seleção suas folhas de testes, cheias de círculos e de quadradinhos.

A segunda adição inesperada seria a de um dentista, Mario Trigo de Loureiro. Por motivos incertos, nenhuma Seleção, até então, se incomodara muito com os focos infecciosos que grassavam nas bocas dos jogadores. Os próprios atletas se preocupavam muito mais com os calos nos pés do que com um tratamento dentário preventivo. Com Carvalhaes e Trigo a bordo, restava apenas tomar a última e mais nevrálgica decisão: a escolha do técnico.

O técnico

A campanha para treinador tinha dois candidatos de peso: Fleitas Solich, tricampeão carioca pelo Flamengo, e Flávio Costa, que perdera a Copa de 1950, mas continuava com prestígio na CBD. Em fevereiro de 1958, o Dr. Paulo anunciou o vencedor: Vicente Ítalo Feola. Quem? Foi preciso lembrar que Feola havia sido bicampeão paulista pelo São Paulo em 1948-49 e auxiliar técnico do próprio Flávio Costa na Copa de 1950. A indicação de Feola provocou frêmitos de pavor no Rio, onde muitos jornalistas começaram a ter pesadelos com uma Seleção formada apenas por jogadores paulistas. Mas as intenções do Dr. Paulo e de Carlos Nascimento eram outras: eles apenas queriam um técnico capaz de se amoldar a um plano e de trabalhar em equipe. Duas coisas que provocavam urticária em Flávio Costa.

> Em 16 de outubro de 1956, morreu o criador da Copa do Mundo, o francês **Jules Rimet, presidente da Fifa durante 33 anos**, de 1921 a 1954.

A convocação

Na noite do dia 31 de março de 1958, depois de passar dois meses elaborando "O plano", a Comissão Técnica se reuniu com a cúpula da CBD na agência central do Banco Comercial, em São Paulo. No dia seguinte, foi divulgado o

por Max Gehringer

roteiro de treinamento da Seleção, dia a dia, da manhã da apresentação – 7 de abril – até o embarque para a Europa – 19 de maio. E também veio à luz a ansiosamente aguardada lista dos jogadores convocados para o período inicial de treinamentos.

Anunciados os 22 que iriam à Copa, a Seleção fez um jogo treino contra o Flamengo, no Maracanã (e o Flamengo ganhou por 1 a 0). Para não descontentar os paulistas, no dia 21 de maio foi a vez de o Corinthians servir de *sparring*, três dias antes da viagem à Suécia. O Brasil venceu por 5 a 0 – gols de Garrincha (2), Pepe (2) e Mazzola. O jogo terminaria na santa paz se o lateral corintiano Ari Clemente não tivesse entrado para rachar numa dividida que deixou Pelé rolando no chão, com a mão no joelho direito. No mesmo dia, Pelé foi examinado e o dr. Gosling diagnosticou: clinicamente, Pelé tinha poucas chances de jogar a Copa. No mínimo, estaria fora dos três primeiros jogos. A Comissão Técnica tinha então duas alternativas: correr o risco de levar Pelé ou substituí-lo por Almir, do Vasco. E, aparentemente por consenso, Feola, Nascimento, Gosling e Paulo Amaral tomaram a melhor decisão de suas vidas: Pelé, mesmo machucado, iria para a Suécia.

A viagem

No dia 24 de maio, às 17 horas, um avião DC-7C da Panair do Brasil levantou voo do Aeroporto do Galeão, no Rio, conduzindo a delegação brasileira. Após escalas no Recife, em Dacar e em Lisboa, o avião pousou em Roma às 19h30 do dia seguinte. Só o Dr. Paulo não viajou com a delegação. Ele tinha ido uma semana antes para cuidar dos preparativos. E, quando o avião desceu em Roma, lá estava ele, recebendo os jogadores no aeroporto e apertando suas bochechas. Após um dia de descanso no Hotel Universo, a Seleção seguiu de trem para Florença, onde, no dia 29 de maio, participaria da

> Contra a Fiorentina, Garrincha perdeu a posição, supostamente por sua "molecagem" em campo. **Com 24 anos de idade e cinco de carreira, Garrincha havia disputado apenas oito jogos oficiais pela Seleção.**

partida de despedida do ponteiro Julinho Botelho, da Fiorentina (vitória brasileira por 4 a 0). No dia seguinte, a Seleção embarcou num trem de Florença para Milão, para o último amistoso antes da Copa. Foi contra a Internazionale, no Estádio San Siro, no dia 1º de junho. O Brasil enfiou outros 4 a 0 na Inter. No dia 3 de junho, a Seleção seguiu de avião de Milão para Copenhague, na Dinamarca. E lá tomou outro avião para Gotemburgo, na Suécia. Às 11h30, os jogadores finalmente pisaram em solo sueco e foram direto para a concentração, no Turist Hotel da cidadezinha de Hindas. Cinco dias depois, o Brasil iria estrear na Copa. Com Pelé machucado e Garrincha na reserva.

OS ESTÁDIOS

ESTÁDIO	CIDADE	CAPACIDADE	INAUGURAÇÃO	JOGOS
Solna-Rasunda	Estocolmo	52.400	1937	8
Nya Ullevi	Gotemburgo	51.500	1958	7
Malmö FF	Malmoe	35.000	1958	4
Idrottsparken	Norrköping	30.100	1903	3
Olympia	Helsinborg	30.000	1898	2
Örjans Vall	Halmstad	22.000	1922	2
Tunavallen	Eskilstuna	22.000	1958	1
Ryavallen	Boras	21.300	1941	2
Eyravallen	Örebro	21.000	1923	1
Jernvallen	Sandviken	20.500	1938	2
Arosvallen	Västeras	20.000	1932	2
Rimnersvallen	Uddevalla	20.000	1921	1

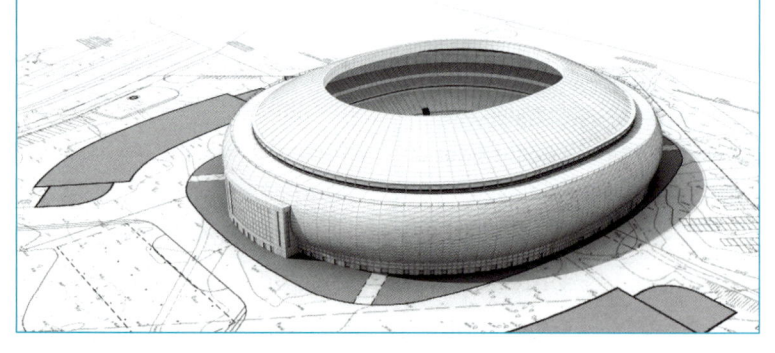

Sem cabeças de chave

Depois de cinco Copas com regulamentos confusos, a Fifa acertou na fórmula. As oitavas de final teriam quatro grupos, com quatro países cada um. De cada grupo, sairiam dois classificados para as quartas de final. Após muita discussão, o Comi-

por Max Gehringer

tê Organizador decidiu formar quatro blocos de quatro países, para que eles não caíssem no mesmo grupo. Havia o "Bloco Americano" (Brasil, Argentina, Paraguai e México), o "Bloco Socialista" (Rússia, Hungria, Tchecoslováquia e Iugoslávia), o "Bloco Britânico" (Inglaterra, Escócia, Irlanda do Norte e Gales) e o "Bloco Democrático Europeu" (Alemanha, Suécia, França e Áustria). Aí, bastou ir sorteando uma seleção de cada bloco para constituir os grupos. No sorteio realizado no dia 8 de fevereiro de 1958, no Djurgarden-Circus, em Estocolmo, três dos favoritos – Brasil, Inglaterra e União Soviética – ficaram no mesmo grupo, o 4. O destino escolheu a Áustria para completar aquele que na época foi chamado de "grupo de ferro".

Oitavas de final

Três surpresas ocorreram nas oitavas. No Grupo 1, a Argentina não só foi eliminada, como ainda perdeu para a Tchecoslováquia por 6 a 1, na maior goleada que os *hermanos* tomaram em Copas. E dois países pouco cotados conseguiram passar para as quartas de final: a Irlanda do Norte no Grupo 1 (eliminando os tchecos na prorrogação de um jogo extra) e Gales no Grupo 3 (também num jogo extra, os galeses bateram a Hungria por 2 a 1).

> Os principais jogos da Copa foram gravados em kinescópio (o **filme integral do jogo**) pela Sveriges Radio – que incluía a rede sueca de televisão. A TV Tupi do Rio adquiriu, **por 5 mil dólares**, os direitos exclusivos de exibição no Brasil. O "K" do nome kinescópio deve-se ao fato de que o sistema foi desenvolvido pela Eastman Kodak americana.

O jogo inaugural da Copa, Suécia 3 x 0 México, foi disputado pelo Grupo 3 (que tinha também Hungria e País de Gales). A Suécia fez 2 a 0 e Hungria e Gales empataram por 1 a 1. Na sequência, México e Gales também ficaram no 1 a 1, enquanto a Suécia garantia a classificação com duas vitórias e uma rodada de antecedência, ao fazer 2 a 1 na Hungria. Na última rodada, com o 0 a 0 entre Suécia e Gales e a goleada da Hungria sobre o México por 4 a 0, húngaros e galeses tiveram de disputar um jogo extra para decidir o segundo lugar do grupo. Deu Gales, 2 a 1, classificando-se para enfrentar o Brasil nas quartas de final.

Grupo 4
Brasil, Áustria, Inglaterra e União Soviética
Brasil 3 x 0 Áustria

Após um início hesitante, em que chegou a ser dominado pela Áustria (terceira colocada na Copa de 1954), o Brasil foi se aprumando e acabou conseguindo uma vitória convincente. O primeiro gol surgiu aos 37 minutos. Zagallo desceu pela esquerda e tocou para Mazzola, desmarcado próximo à meia-lua. O zagueiro Swoboda chegou tarde, e Mazzola chutou forte e rasteiro, no cantinho direito de Szanwald.

No segundo tempo, logo aos 6 minutos, o Brasil aumentou, com um gol incomum para a época. Os austríacos saíram jogando pela lateral direita. Do goleiro Szanwald, a bola foi para Hanappi, e daí para Halla. O lateral esticou um passe para o ponteiro Horak, mas Nilton Santos se antecipou, tomou posse da bola e avançou com ela por 15 m, enquanto Zagallo recuava para cobrir a descida do lateral. Na entrada da área, Nilton Santos tocou para Mazzola e recebeu de volta, às costas do lateral Halla, enquanto a defesa austríaca levantava os braços, pedindo impedimento. Do bico da pequena área, e com frieza de artilheiro, Nilton Santos levantou a bola por

OS JOGOS DO BRASIL

BRASIL 3	ÁUSTRIA 0
8 de junho de 1958 • Domingo	
Estádio Rimnersvallen • Uddevalla • 19h00	

Gol no 1ºT • 1 × 0 Mazzola 37′
Gols no 2ºT • 2 × 0 Nilton Santos 6′, 3 × 0 Mazzola 44′

BRASIL • ③Gilmar, ⑭De Sordi, ②Bellini, ⑮Orlando, ⑫Nilton Santos, ⑤Dino, ⑥Didi, ⑰Joel, ⑱Mazzola, ㉑Dida, ⑦Zagallo. **Técnico** Vicente Feola

ÁUSTRIA • ①Szanwald, ②Halla, ③Happel, ④Swoboda, ⑤Hanappi, ⑥Koller, ⑦Horak, ⑪Senekowitsch, ⑨Buzek, ⑩Alfred Körner, ⑬Schleger. **Técnicos** Josef Molzer e Josef Argauer

PÚBLICO ESTIMADO • 21.000

Juiz: Maurice Guigue (França)
Auxiliares: Dusch (Alemanha Ocidental) e Bronkhorst (Holanda)

sobre o goleiro Szanwald, que saía do gol. Naqueles tempos, laterais não faziam gols, e Nilton Santos sabia disso – nas entrevistas após o jogo, ele demorou até se lembrar do último que havia marcado.

E a Áustria ainda tomaria o terceiro gol, no penúltimo minuto de jogo. Didi, da linha intermediária do Brasil, fez um lançamento longo para Mazzola. Da entrada da área, Mazzola acertou um chute forte de pé direito, no ângulo esquerdo de Szanwald. Uma bela vitória, mas a diferença de três gols foi um pouco elástica – a rigor, o Brasil tivera três oportunidades para marcar, e aproveitara todas.

A partida contra a Inglaterra, também pelo Grupo 1, seria a primeira dos soviéticos em Copas do Mundo. Os soviéticos abriram 2 a 0, mas a Inglaterra ainda chegaria ao empate.

Brasil 0 x 0 Inglaterra

Com 1 minuto de jogo contra a Inglaterra, os brasileiros conseguiram o primeiro escanteio e continuaram atacando até o fim do primeiro tempo. Após o apito do juiz alemão Dusch, o Brasil foi para o vestiário e demorou 21 minutos para retornar ao campo (e pelo atraso receberia, no dia seguinte, uma admoestação formal do Comitê Organizador). Mas o ritmo brasileiro não se alterou. O jogo terminou com o Brasil no ataque e a imprensa presente considerou o empate – o primeiro 0 a 0 da história das Copas, após 116 jogos – "uma pena", porque a partida merecia, pelo menos, um gol. No outro jogo, a União Soviética fez 2 a 0 na Áustria.

BRASIL 0 INGLATERRA 0
11 de junho de 1958 • Quarta-feira Estádio Nya Ullevi • Gotemburgo • 19h00
BRASIL • ③Gilmar, ⑭De Sordi, ②Bellini, ⑮Orlando, ⑫Nilton Santos, ⑤Dino, ⑥Didi, ⑰Joel, ⑱Mazzola, ⑳Vavá, ⑦Zagallo. **TÉCNICO** Vicente Feola
INGLATERRA • ①McDonald, ②Howe, ③Banks, ④Clamp, ⑤Wright, ⑥Slater, ⑦Douglas, ⑧Robson, ⑨Kevan, ⑩Haynes, ㉑A'Court. **TÉCNICO** Walter Winterbottom
PÚBLICO • 40.985
JUIZ: Albert Dusch (Alemanha Ocidental) **AUXILIARES**: Zsolt (Hungria) e Loow (Suécia)

Brasil 2 x 0 União Soviética

Na véspera do jogo contra a União Soviética, já se sabia que Dino Sani, do São Paulo, daria lugar a Zito, do Santos. Dino saíra de campo após o empate contra a Inglaterra reclamando de dores na virilha, e o dr. Gosling não achou prudente liberá-lo para atuar contra os soviéticos. Dino era mais técnico, Zito tinha mais raça e um fôlego imenso. E Didi, um armador não muito afeito à marcação, teria em Zito um companheiro mais "pegador" a seu lado. Assim, a contusão de Dino, mais que um problema, acabaria sendo uma solução. Ela facilitaria a escalação de Garrincha.

Na sexta-feira, dois dias antes do jogo, também já era dada como certa a estreia de Pelé, que treinara (no gol e na linha) sem sentir a contusão que sofrera no Brasil. A surpresa foi a saída de Mazzola, que vinha jogando bem e já fizera dois gols na Copa. Mas, com Garrincha metendo bolas na pequena área, o Brasil precisava de um centroavante mais explosivo, e essa era a característica de Vavá.

Quando o jogo começou, a Seleção não precisou de mais de 180 *segundos* para mostrar que Feola acertara nas trocas como se tivesse acertado na loteria. A União Soviética deu a saída e a bola foi para Ilyin na esquerda. Mas De Sordi cortou e Didi tocou para Garrincha na ponta direita. Com 45 segundos de jogo, Garrincha passou por Kuznetsov como se o soviético não existisse, e carimbou a trave esquerda de Yashin. Um minuto depois, em nova jogada de Garrincha, Pelé acertou o travessão soviético. No lance seguinte, Vavá recebeu um lançamento de Didi entre dois zagueiros soviéticos. E, na corrida, da meia-lua, chutou forte no canto esquerdo, marcando o primeiro gol brasileiro. Os soviéticos estavam aparvalhados.

Durante todo o jogo, Garrincha divertiu a plateia fazendo o número quase circense que

> Depois do barraco aprontado por Mário Vianna em 1954 – **o juiz foi ao vestiário tomar satisfações com seu colega** inglês Arthur Ellis, após o jogo da derrota do Brasil para a Hungria por 4 a 2 –, a Fifa excluiu Vianna de seus quadros e decidiu que **nenhum brasileiro apitaria a Copa** de 1958.

por Max Gehringer

virou sua marca registrada: deixava a bola entre ele e Kuznetsov e ficava ameaçando a arrancada. Garrincha jogava o corpo para a direita e voltava à posição inicial, e Kuznetsov repetia o mesmo gesto. Uma vez, duas, três vezes, e a bola continuava parada entre os dois. Quando Kuznetsov se convencia de que daria para pegar a bola, esticava o pé e tomava o drible. Aos 10 minutos, já havia dois soviéticos na cobertura de Kuznetsov. Garrincha estava se divertindo e o tempo ia passando, o que era bom para o Brasil. Mas o segundo gol demoraria setenta minutos para sair.

Aos 31 minutos do segundo tempo, numa troca de passes entre Pelé e Vavá na área soviética, a bola sobrou entre Vavá e dois zagueiros. Conhecido por sua impetuosidade, Vavá esticou a perna esquerda, mesmo com a bola estando mais para o zagueiro Kesarev, e mandou uma estilingada no canto direito de Yashin. Em troca, Vavá recebeu um enorme corte na canela esquerda, causado pelas travas das chuteiras de Kesarev. Na comemoração do gol, seis jogadores se empilharam sobre Vavá, formando uma pirâmide até então desconhecida em campos europeus. O Brasil terminava na primeira colocação do grupo mais forte da Copa e, em um único jogo, achara seu time ideal.

No outro jogo do grupo, bastava à Inglaterra vencer a eliminada Áustria para se classificar. Mas o empate (2 a 2) obrigou a realização de um jogo extra entre soviéticos e ingleses, empatados em pontos no segundo lugar, ape-

---

BRASIL 2   UNIÃO SOVIÉTICA 0

15 de junho de 1958 • Domingo
Estádio Nya Ullevi • Gotemburgo • 19h00

GOL NO 1º T • 1 × 0 Vavá 3'
GOL NO 2º T • 2 × 0 Vavá 31'

BRASIL • ③Gilmar, ⑭De Sordi, ②Bellini, ⑮Orlando, ⑫Nilton Santos, ⑲Zito, ⑥Didi, ⑪Garrincha, ⑳Vavá, ⑩Pelé, ⑦Zagallo. TÉCNICO Vicente Feola

UNIÃO SOVIÉTICA • ①Yashin, ②Kesarev, ③Krizhevskiy, ④Kuznetsov, ⑤Voynov, ⑯Tsarev, ⑰Aleksandr. Ivanov, ⑧Valentin Ivanov, ⑨Simonian, ⑥Igor Netto, ⑪Ilyin. TÉCNICO Gavriil Kachalin

PÚBLICO • 50.928

JUIZ: Maurice Guigue (França)
AUXILIARES: Jörgensen (Dinamarca) e Nilssen (Noruega)

nas 48 horas depois de eles terem enfrentado Brasil e Áustria. No 10º jogo da Inglaterra em Copas do Mundo, deu União Soviética, 1 a 0. Os soviéticos estavam nas quartas de final e a Inglaterra fora eliminada da Copa.

Quartas de final

Como em 1954, a Alemanha largou vencendo a Iugoslávia, dessa vez por 1 a 0. Os suecos, donos da casa, passaram pela União Soviética (2 a 0). A França goleou a Irlanda do Norte (4 a 0), com mais dois gols do artilheiro Fontaine, autor de oito em quatro jogos até ali. Os franceses, aliás, só não fizeram mais três ou quatro gols porque preferiram se resguardar para a batalha das semifinais – que, tudo indicava, seria contra o Brasil.

Brasil 1 x 0 Gales

O técnico galês Jimmy Murphy tomou uma decisão válida, porém extremamente chata: segurar o 0 a 0 (até ali, Gales havia empatado três jogos e vencido um). E armou seu time com duas paredes de jogadores – quatro na risca da área, cinco na intermediária. Na frente, o solitário Webster teria a função de ficar incomodando Bellini e Orlando, embora o Brasil ainda não tivesse levado nenhum gol na Copa, e dificilmente o esforçado Webster conseguiria essa proeza.

Aos 26 minutos do segundo tempo, quando os brasileiros já começavam a dar sinais de nervosismo, Mazzola, da ponta direita, levantou a bola de puxeta para a risca da grande área. Na corrida, Didi tocou de cabeça para Pelé, dentro da área. De costas para o gol, e com o gigante Mel Charles colado nele, Pelé levantou a bola com o pé direito, fazendo-a passar à frente de Mel Charles na altura exata – muito alta para o zagueiro chutar, muito baixa para cabecear. Aí, Pelé girou o corpo e, já atrás de Mel Charles, chutou de pé direito no canto direito, uma fração de segundo antes que Williams chegasse, de sola, para a cobertura. A rapidez da jogada

> A Comissão Técnica do Brasil **se esqueceu de fornecer à Fifa os números das camisas dos jogadores**. Diz a lenda que o uruguaio Lorenzo Vilizio, que representou seu país no Congresso da Fifa em Estocolmo, **fez a numeração por conta própria**, e acabou destinando o 10 para Pelé.

pegou de surpresa o goleiro Kelsey, que não pulou na bola. Finalmente, o Brasil conseguia seu chorado golzinho – o primeiro de Pelé em Copas do Mundo.

Semifinais

O jogo entre Suécia e Alemanha, que decidiu um dos finalistas da Copa de 1958, só pendeu para o lado sueco, afinal vencedor por 3 a 1, graças a algumas controvertidas decisões do juiz húngaro István Zsolt. O empate sueco em 1 a 1, por exemplo, viria aos 33 minutos, num lance em que Liedholm controlou com o antebraço e, enquanto os alemães reclamavam, a bola chegou para Skoglund, pela esquerda, marcar. Os alemães reclamaram ainda de dois pênaltis a seu favor não assinalados no primeiro tempo. No segundo, aos 14 minutos, o alemão Juskowiak foi expulso. Só então a Suécia aproveitou sua superioridade numérica para marcar dois gols nos dez minutos finais.

QUARTAS DE FINAL

BRASIL 1   GALES 0

1º DO GRUPO 4 × 2º DO GRUPO 3

19 de junho de 1958 • Quinta-feira
Estádio Nya Ullevi • Gotemburgo • 19h00

GOL NO 2ºT • Pelé 20'

BRASIL • ③Gilmar, ⑭De Sordi, ②Bellini, ⑮Orlando, ⑫Nilton Santos, ⑨Zito, ⑥Didi, ⑪Garrincha, ⑱Mazzola, ⑩Pelé, ⑦Zagallo. **TÉCNICO** Vicente Feola

GALES • ①Kelsey, ②Williams, ⑤Mel Charles, ③Hopkins, ④Sullivan, ⑥Bowen, ⑦Medwin, ⑧Hewitt, ⑲Webster, ⑩Allchurch, ⑫Jones. **TÉCNICO** Jimmy Murphy

PÚBLICO • 25.923

JUIZ: Friedrich Seipelt (Áustria)
AUXILIARES: Dusch (Alemanha Ocidental) e Guigue (França)

Brasil 5 x 2 França

Com 35 segundos jogados, Pelé entrou na área pela esquerda e chutou sobre o gol de Abbes. Na reposição da bola, Jonquet errou um passe fácil, entregando nos pés de Garrincha, na entrada da grande área. Jonquet conseguiu se recuperar com um carrinho, mas a bola espirrou para Zito, que lançou pelo alto para Vavá. Entrando na corrida pelo meio, Vavá matou no peito e fulminou Abbes com um chute violento de peito de pé. Apenas 1 minuto e 15 segundos tinham se passado, e o Brasil saía na frente no marcador.

O empate viria aos 8 minutos, quando Kopa enfiou uma bola perfeita para Fontaine, que chegou na frente de Bellini, driblou Gilmar e concluiu no alto do gol. Era o primeiro gol que o Brasil tomava na Copa, depois de 369 minutos, mas ele não influiu no ânimo dos brasileiros.

Aos 34 minutos, um lance fortuito mudaria a cara do jogo. Vavá dividiu uma bola com Jonquet na intermediária francesa e pisou no tornozelo direito do francês, que saiu de campo carregado, com suspeita de fratura na perna direita. Imediatamente, o volante Jean Marcel foi jogar como zagueiro e o ponteiro Vincent recuou para recompor o meio-campo. Aos 39 minutos, Didi acertou um chute de quase 25 m da meia-direita e o goleiro Abbes só percebeu o perigo quando a bola já estava entrando em seu ângulo esquerdo. E o Brasil foi para o intervalo vencendo por 2 a 1.

No segundo tempo, o valente Jonquet ressurgiu na ponta esquerda, mas o máximo que conseguia fazer era tocar a bola para o companheiro mais próximo. Após a partida, uma radiografia constatou que Jonquet havia fraturado a fíbula, o osso mais fino da perna, paralelo à tíbia, que vai do joelho ao pé. Com um jogador a mais, e contra um adversário mal distribuído em campo, o Brasil passou a dominar totalmente as ações. Num espaço de

SEMIFINAIS

BRASIL 5 FRANÇA 2

24 de junho de 1958 • Terça-feira
Estádio Solna-Rasunda • Estocolmo • 19h00

GOLS NO 1ºT • 1 × 0 Vavá 1', 1 × 1 Fontaine 9', 2 × 1 Didi 39'
GOLS NO 2ºT • 3 × 1 Pelé 7', 4 × 1 Pelé 18', 5 × 1 Pelé 30', 5 × 2 Piantoni 38'

BRASIL • ③Gilmar, ⑭De Sordi, ②Bellini, ⑮Orlando, ⑫Nilton Santos, ⑲Zito, ⑥Didi, ⑪Garrincha, ⑳Vavá, ⑩Pelé, ⑦Zagallo. TÉCNICO Vicente Feola

FRANÇA • ①Abbes, ④Kaelbel, ⑩Jonquet, ⑤Lerond, ⑬Penverne, ⑫Marcel, ㉒Wisnieski, ⑳Piantoni, ⑰Fontaine, ⑱Kopa, ㉑Vincent.
TÉCNICO Albert Batteux

PÚBLICO • 27.100

JUIZ: Mervyn Griffiths (Gales)
AUXILIARES: Leafe (Inglaterra) e Wyssling (Suíça)

23 minutos, Pelé marcou três gols. Aos 7 minutos, Zito chutou da entrada da área e o bandeirinha Wyssling apontou o impedimento (existente) de Vavá pelo meio. Como a bola foi desviada pela zaga, o juiz deixou o lance seguir. Zagallo recolheu pela esquerda e cruzou na pequena área. O goleiro Abbes saltou e rebateu a bola nos pés de Pelé, que concluiu para as redes com um toquinho de pé direito.

Aos 18 minutos, Garrincha passou pela enésima vez por seu marcador (dessa vez, era Marcel) e tocou para Pelé na área. De primeira, Pelé desviou para Vavá, que levou uma solada federal de Penverne no momento do chute. A bola espirrou de volta para Pelé, que chutou de pé direito, à meia altura, no canto direito – 4 a 1. Aos 30 minutos, Didi, na intermediária francesa, viu Pelé entrando na corrida pelo meio e fez um passe perfeito. Pelé aparou a bola na coxa e acertou um lindo sem-pulo da entrada da área, bem no cantinho direito de Abbes –

5 a 1. Aos 38 minutos, Piantoni marcou um belo gol, enfiando a bola no meio das pernas de Zito e chutando rasteiro, da meia-lua, no canto esquerdo de Gilmar. Mas aí o jogo já estava decidido.

Na decisão do terceiro lugar, os franceses, mais interessados, enfiaram 6 a 3 na Alemanha e voltaram da Suécia com sua melhor colocação em Copas do Mundo até então. Quem se aproveitou foi o francês Fontaine, que marcou mais quatro gols e chegou ao total de treze, tornando-se não apenas o goleador da Copa de 1958, mas também o maior goleador em uma única Copa até hoje.

> As treze camisas azuis da marca Idrot que o Brasil usou na final contra a Suécia foram **compradas por 35 dólares**. Em setembro de 2004, **a camisa 10, vestida por Pelé, foi arrematada num leilão por 105.600 dólares**.

Brasil 5 x 2 Suécia

O Brasil entrou em campo com Djalma Santos no lugar do lateral-direito De Sordi, que sofrera um leve estiramento na coxa direita, contra a França, e manifestara ao médico Hilton Gosling sua preocupação de não aguentar os noventa minutos. A mudança traria ótimos resultados: por sua única atuação em 1958, Djalma Santos seria eleito o melhor lateral-direito da Copa.

A outra novidade foram as camisas azuis do Brasil. Na Copa, só a Suécia, além do Brasil, jogava de camisas amarelas. E um preceito internacional recomendava que o time da casa deveria usar seu segundo uniforme quando o visitante tivesse camisas semelhantes. Por isso, a Comissão Técnica do Brasil não se preocupou em levar para a Suécia um uniforme de outra cor. Mas o Comitê Organizador legislou que em Copas não há "o time da casa". Há, apenas, o "país sede". E decidiu fazer um sorteio na sexta-feira, dia 27, estranhamente sem a presença de dirigentes brasileiros e suecos. A sorte beneficiou a Suécia.

No sábado, véspera da decisão, o roupeiro Francisco de Assis, escoltado pelo tesoureiro Adolfo Marques Junior e pelo dentista Mario Trigo, foi encarregado de sair procurando camisas azuis nas lojas suecas. Na cidade de Boras, centro têxtil da Suécia, a 20 km de Hindas, Assis encontrou mais ou menos o que buscava: o azul das camisas disponíveis era um pouco mais escuro que o anil da bandeira. E as golas não eram brancas, como no uniforme brasileiro. Mas era o que havia. Durante a noite, Assis teria o trabalho de despregar das camisas amarelas os escudos da CBD e pregá-los nas azuis. Há também a história de que o Dr. Paulo Machado de Carvalho fez um emocionante discurso para os jogadores no vestiário, antes da partida, afirmando que o azul era a cor do manto de Nossa Senhora Aparecida, e que jogar de azul seria uma bênção.

No jogo, o capitão Bellini começou perdendo o cara ou coroa e o Brasil deu a saída. George Raynor, técnico da Suécia, havia declarado que torcia por duas coisas: uma boa

> A legião de jornalistas impedia que muitos fotógrafos pudessem registrar o momento em que o capitão brasileiro, Bellini, recebia a Taça. Um deles pediu para Bellini levantá-la para as fotos. **Bellini segurou a Taça com as duas mãos e ergueu-a sobre a cabeça**. Um gesto que, dali em diante, viraria uma **marca registrada de vitória**.

1958

por Max Gehringer

chuva para deixar o campo pesado e um gol logo no início. E suas preces foram atendidas. Na madrugada do domingo, chovera uma barbaridade. E aos 4 minutos, após uma sequência de sete passes que começou na lateral direita da Suécia e chegou até a meia-lua da área brasileira, Liedholm recebeu a bola de Simonsson, cortou primeiro Orlando e depois Bellini e chutou rasteiro, sem muita força, no canto direito de Gilmar. Suécia 1 a 0.

Aos 9 minutos, Garrincha recebeu de Zito no bico esquerdo da grande área sueca, tendo apenas Axbom pela frente. Garrincha deu um único toque na bola, correu mais que o sueco e cruzou rasteiro da linha de fundo. Pelé chegou um instante atrasado, Gustavsson raspou com o bico da chuteira na bola e, pelo meio, Vavá, de carrinho, completou para o gol.

O jogo ficou equilibrado até que, aos 32 minutos, novamente um passe de Djalma Santos caiu no pé de Garrincha na ponta direita, junto à linha lateral, com apenas Axbom a marcá-lo. Garrincha foi levando a bola e, já dentro da área, passou de novo por Axbom, e cruzou da linha de fundo. Vavá, num repeteco do primeiro gol, completou para as redes, fazendo 2 a 1. Ao final do primeiro tempo, o Brasil vencia o jogo com sobras.

O Brasil voltou com mais pressa ainda para o segundo tempo, e Pelé fez o terceiro gol logo aos 10 minutos. E foi o mais bonito do jogo: recebendo de Nilton Santos, Pelé deu

FINAL

BRASIL 5   SUÉCIA 2

29 de junho de 1958 • Domingo
Estádio Solna-Rasunda • Estocolmo • 15h00

Gols no 1ºT • 0 × 1 Liedholm 4', 1 × 1 Vavá 9', 2 × 1 Vavá 32'
Gols no 2ºT • 3 × 1 Pelé 10', 4 × 1 Zagallo 23', 4 × 2 Simonsson 35', 5 × 2 Pelé 45'

BRASIL • ③Gilmar, ④Djalma Santos, ②Bellini, ⑮Orlando, ⑫Nilton Santos, ⑲Zito, ⑥Didi, ⑪Garrincha, ⑳Vavá, ⑩Pelé, ⑦Zagallo.
Técnico Vicente Feola

SUÉCIA • ①Svensson, ②Bergmark, ③Axbom, ⑮Börjesson, ⑭Gustavsson, ⑥Parling, ⑦Hamrin, ⑧Gunnar Gren, ⑨Simonsson, ④Liedholm, ⑪Skoglund. Técnico George Raynor

PÚBLICO • 49.737

Juiz: Maurice Guigue (França)
Auxiliares: Dusch (Alemanha Ocidental) e Gardeazabal (Espanha)

um chapéu em Bergmark na meia-lua e atirou de pé direito, por sob o corpo de Svensson.

O quarto gol viria de maneira inesperada: aos 23 minutos, Zito arriscou um chute de fora da

OS 11 CAMPEÕES DE 1958

- ③ **Gilmar** (Gylmar dos Santos Neves), goleiro do Corinthians, 28 anos (22/8/1930)
- ④ **Djalma** dos **Santos**, lateral da Portuguesa, 29 anos (27/2/1929)
- ② Hideraldo Luiz **Bellini**, zagueiro do Vasco, 28 anos (7/6/1930)
- ⑮ **Orlando** Peçanha de Carvalho, zagueiro do Vasco, 22 anos (20/9/1935 – 10/2/2010)
- ⑫ **Nilton** dos Reis **Santos**, lateral do Botafogo, 33 anos (16/5/1925)
- ⑲ **Zito** (José Ely de Miranda), volante do Santos, 26 anos (8/8/1932)
- ⑪ **Garrincha** (Manoel Francisco dos Santos), ponteiro do Botafogo, 24 anos (28/10/1933 – 20/1/1983)
- ⑥ **Didi** (Waldir Pereira), armador do Botafogo, 28 anos (8/10/1929 – 12/5/2001)
- ⑳ **Vavá** (Edvaldo Izídio Neto), atacante do Palmeiras, 24 anos (12/10/1934 – 19/1/2002)
- ⑩ **Pelé** (Edson Arantes do Nascimento), atacante do Santos, 17 anos (23/10/1940)
- ⑦ Mário Jorge Lobo **Zagallo**, ponteiro do Botafogo, 27 anos (9/8/1931)
- Ⓣ **Vicente** Ítalo **Feola**, técnico, 49 anos (1/11/1909 – 6/11/1975)

OS OUTROS 11 CAMPEÕES

- ① Carlos José **Castilho**, goleiro do Fluminense, 31 anos (27/4/1927 – 2/2/1987)
- ⑭ Newton **De Sordi**, zagueiro do São Paulo, 27 anos (14/2/1931)
- ⑬ **Mauro** Ramos de Oliveira, zagueiro do São Paulo, 28 anos (30/8/1930 – 18/9/2002)
- ⑨ **Zózimo** Alves Calazans, zagueiro do Bangu, 26 anos (19/6/1932 – 17/7/1977)
- ⑯ **Oreco** (Waldemar Rodrigues Martins), lateral do Corinthians, 26 anos (13/6/1932 – 3/4/1985)
- ⑤ **Dino** Sani, armador do São Paulo, 26 anos (23/5/1932)
- ⑧ **Moacir** Claudino Pinto, armador do Flamengo, 22 anos (18/5/1936)
- ⑰ **Joel** Antônio Martins, atacante do Flamengo, 26 anos (23/11/1931 – 1/1/2003)
- ⑱ **Mazzola** (José João Altafini), atacante do Palmeiras, 20 anos (24/7/1938)
- ㉑ **Dida** (Edvaldo Alves de Santa Rosa), atacante do Flamengo, 24 anos (26/3/1934 – 17/9/2002)
- ㉒ **Pepe** (José Macia), atacante do Santos, 23 anos (25/2/1935)

por Max Gehringer

1958

área, e a bola espirrou para a esquerda. Dentro da área, Zagallo, um jogador franzino, conseguiu ganhar no pé de ferro contra o robusto Börjesson. Svensson saiu do gol e Zagallo, do bico da pequena área, cutucou de pé esquerdo por baixo do goleiro: 4 a 1.

A dez minutos do fim, Simonsson recebeu sozinho na entrada da área e fez o segundo gol sueco, com um chute rasteiro no canto esquerdo de Gilmar. No último minuto, um cruzamento de Zagallo encontrou Pelé correndo pelo meio da área. De cabeça, Pelé cobriu o goleiro Svensson, que se abraçou à trave direita para não cair, enquanto a bola descaía mansinha dentro do gol. Pelé ficou estendido no gramado e, enquanto era atendido, o juiz Guigue apitou o fim do jogo.

Em campo, os jogadores brasileiros davam a volta olímpica, carregando a bandeira sueca. Perfilados no centro de campo, os brasileiros ouviram a execução do Hino Nacional, com Zagallo, Gilmar e Pelé chorando desbragadamente. Em seguida, o rei Gustavo VI Adolfo desceu das tribunas para cumprimentar os jogadores. Sobre um tablado de madeira, o chefe do Comitê Organizador, o sueco Holger Bergérus, entregou a taça ao Dr. Paulo Machado de Carvalho, que a repassou ao capitão Bellini.

Uma hora depois, os brasileiros finalmente conseguiram chegar ao ônibus e deixar o estádio, sendo saudados por torcedores suecos em todo o trajeto até o moderno Centro Esportivo Bosön, de propriedade da Federação Sueca, onde a delegação ficara concentrada desde a véspera. À noite, aconteceu a festa da vitória, no Grand Hotel de Estocolmo, com tudo a que os jogadores tinham direito – incluindo algumas animadas valquírias que deram o ar da graça no recinto.

> **Com treze gols, o francês Fontaine foi o artilheiro mais disparado da história das Copas**, marcando mais gols que a soma dos segundos colocados – Pelé e Rahn (da Alemanha), que fizeram seis cada um. Nascido em Marrakesh em 18 de agosto de 1933, filho de mãe espanhola e pai francês, o marroquino Justo Fontaine teve o nome afrancesado para Juste quando se mudou para a França, e logo foi apelidado de Just.

1962

O voo solo do homem passarinho

Almanaque dos Mundiais

A Copa no fim do mundo

Quatro países se candidataram para sediar a Copa de 1962: Espanha, Alemanha Ocidental, Argentina e Chile. A Fifa decidiu que, após duas Copas seguidas na Europa, em 1954 e 1958, chegara novamente a vez das Américas. Assim, a mais forte candidata, a Espanha, foi descartada. E, por tabela, também a Alemanha. Sobraram então a Argentina – que tinha o apoio do Uruguai e vinha pleiteando a realização de uma Copa desde 1930 – e o Chile – que apresentara sua candidatura ainda em 1952, no Congresso da Fifa em Helsinque, por intermédio do diplomata Ernesto Alvear. Imediatamente, os delegados dos países europeus torceram o nariz para as pretensões chilenas, argumentando que o Chile era um país pobre e sem a necessária estrutura para promover uma Copa.

No 30º Congresso da Fifa, realizado em Lisboa, em 9 de junho de 1956, o dirigente argentino Raúl Colombo deixou claro que seu país poderia "promover a Copa amanhã", porque nada lhe faltava. Mas a candidatura do Chile tinha um defensor de peso: Carlos Dittborn Pinto, filho de diplomata chileno, nascido no Rio de Janeiro, que em 1956 havia sido eleito presidente da Confederação Sul-Americana de Futebol. No Congresso de Lisboa, Dittborn fez uma ardorosa defesa das possibilidades chilenas, e aí os 56 países-membros presentes foram convidados a votar. Surpreendentemente, o Chile conseguiu 32 votos – incluindo o do Brasil – e a Argentina apenas onze. Outros treze países se abstiveram de votar. Frustrados, mas impávidos, os argentinos já deixaram registrada sua pretensão de sediar a Copa de 1970 – que também perderiam para o México.

Catástrofe!

Quando Dittborn parecia estar começando a ganhar o respeito dos mais céticos, o Chile foi surpreendido por uma hecatombe: em 21 e 22 de maio de 1960, dois violentos terremotos atingiram o país. O segundo deles foi o mais forte já medido por aparelhos em toda a história. Registrou 8.3 pontos na escala Richter, com epicentro em Valdívia e Concepción, ao sul do Chile (a 750 km de Santiago), causando 5 mil mortes e deixando 25% da população chilena desabrigada. As ondas gigantes que se formaram no Oceano Pacífico chegaram até o Japão, onde 122 pessoas morreram. Três estádios potencialmente aproveitáveis para a Copa – em Concepción, Talca e Talcahuano – ficaram inutilizados e duas cidades já apontadas como sedes – Antofogasta e Valparaíso – desistiram. Mas aí o obstinado Dittborn passou a repetir a frase que havia proferido no Congresso de Lisboa, em 1956, e que logo seria reproduzida em cartazes por todo o território chileno: "Porque nada tenemos, lo haremos todo".

A Fifa, impressionada tanto com a frase quanto com a persistência de Dittborn, deu-lhe o necessário voto de confiança, além de uma ajuda de custo de 20 mil dólares. As cidades de Viña Del Mar (na região metropolitana de Valparaíso) e Arica se prontificaram a remodelar seus estádios, e foram nomeadas como sedes. E uma empresa mineradora privada americana – a Braden Copper Company – ofereceu-se para reformar o estádio de

O CHILE

» O Chile, cujo nome oficial é República do Chile, tem uma área de 757 mil km² (quase quatro vezes o tamanho do estado do Paraná, que tem 201 mil km²). Mas o território chileno é uma enorme linguiça, com 4.200 km na vertical e só 170 km na horizontal, uma configuração que cria contrastes interessantes. O Chile tem neve – na belíssima Cordilheira dos Andes –, mas tem também o deserto mais árido da Terra, o Atacama. O ponto mais extremo ao sul da América do Sul está localizado em terras chilenas: o cabo Horn, que fica a 800 km da Antártida. E uma célebre possessão chilena está a mais de 3.500 km do continente, no meio do Oceano Pacífico: a Ilha de Páscoa, com suas intrigantes estátuas gigantes, os *moais*, do povo Rapanui.

» Na época da Copa, o Chile tinha quase 8 milhões de habitantes, 25% dos quais viviam na capital, Santiago, e seus subúrbios. Na linguagem aimará, dos antigos nativos da região andina (e ainda hoje falada por 1,6 milhão de pessoas na Bolívia), a palavra "Chile" significa "onde o mundo acaba".

Almanaque dos Mundiais

> **O BRASIL EM 1962**
>
> » A inflação anual atingiu 51,4% (recorde histórico desde 1901). O salário mínimo valia 13.440 cruzeiros. No dia 13 de julho, pela Lei nº 4.090, foi instituído o 13º salário, cujo nome oficial era (e ainda é) "gratificação de Natal".
>
> » O censo oficial de 1960 indicava uma população de 70.967.185 habitantes. O Rio, desde 1960, quando a capital federal havia sido transferida para Brasília, era uma cidade-estado, o estado da Guanabara.
>
> » As músicas mais tocadas nas rádios: "O trovador de Toledo", com Gilda Lopes; "Prelúdio para ninar gente grande", com Luiz Vieira; e "Fica comigo esta noite", com Nelson Gonçalves.
>
> » Começava a venda no Brasil das pílulas anticoncepcionais (com oito anos de defasagem em relação aos países do Primeiro Mundo). Condenada pela Igreja Católica, a contracepção pela pílula teve pouca divulgação comercial.
>
> » As canetas esferográficas Bic, lançadas no Brasil em 1961, se tornam um enorme sucesso de vendas – mais de 3 milhões de unidades vendidas nos primeiros doze meses. Durante os primeiros cinco anos elas não puderam ser usadas para assinar cheques, que deveriam ser preenchidos com caneta-tinteiro.

Rancagua, que havia sido construído pela própria empresa em 1945.

Carlos Dittborn, entretanto, não veria o resultado final de sua grande obra. Ele morreu, vítima de um ataque cardíaco, aos 42 anos de idade, em 28 de abril de 1962, um mês antes do início da Copa. O estádio de Arica recebeu, em homenagem ao homem que nunca desistia, o nome de Estádio Carlos Dittborn.

A mesma Seleção

O treinador da Seleção Brasileira já era Aimoré Moreira. O técnico campeão de 1958, Vicente Feola, sofria de nefrite aguda e ainda padecia de crônicos problemas cardíacos. Mas, à exceção de Feola, a Comissão Técnica de 1962 continuava a mesma de 1958. O presidente da CBD, João Havelange, tinha decidido repetir, nos mínimos detalhes, o planejamento que dera tão certo quatro anos antes – incluindo a decisão de ele mesmo não ir pessoalmente à Copa. E Paulo Machado de Carvalho, o chefe da Comissão Técnica, levou a ordem ao pé da letra. Os jogadores também seriam os mesmos, na medida do possível.

por Max Gehringer

Em 17 de março de 1962, foram convocados 41 jogadores, dos quais dezessete seriam cortados. No dia 19 de maio, a Seleção fez o último treino no Brasil, no Estádio das Laranjeiras, no Rio. De Brasília, onde foi recepcionada pelo presidente da República, João Goulart, a Seleção rumou para Campinas (SP), de onde embarcaria para o Chile. Finalmente, às 19h30 do dia 20 de maio, levantou voo do Aeroporto de Viracopos com destino a Santiago o avião da Panair do Brasil (mesmo aparelho e mesmo piloto da Copa de 1958, o capitão Guilherme Bungner). Como Bungner cultivara um cavanhaque em 1958, ele foi convencido a recriá-lo em 1962.

Oitavas de final

Pela primeira vez em sete Copas, a Fifa repetiu uma fórmula de disputa. Como em 1958, o Mundial do Chile teria, nas oitavas de final, quatro grupos com quatro times, e os dois primeiros de cada grupo passariam para as quartas de final. Também como em 1958, a Copa de 1962 não teria cabeças de chave. O sorteio foi realizado em 18 de janeiro de 1962, no Hotel Carrera de Santiago, localizado bem diante do palácio presidencial de La Moneda. Primeiro, foi separado um bloco formado por quatro sul-americanos – Brasil, Chile, Argentina e Uruguai. Depois, foi formado o bloco teoricamente mais fraco – Colômbia, México, Bulgária e Suíça. E cada um deles foi sorteado junto com um sul-

OS ESTÁDIOS

ESTÁDIO	CIDADE	CAPACIDADE	INAUGURAÇÃO	JOGOS
Nacional	Santiago	65.000	1938	10
Sausalito	Viña del Mar	18.000	1929	8
Carlos Dittborn	Arica	13.000	1962	7
El Teniente	Rancagua	11.000	1945	7

-americano (para o Brasil, caiu o México). O restante – oito equipes que o Comitê considerou como tecnicamente equivalentes – foi então distribuído por sorteio entre os quatro grupos, com duas equipes por grupo. O critério fez com que dois ex-campeões mundiais – Itália e Alemanha – não só caíssem no mesmo grupo como também tivessem a companhia do dono da casa, o Chile. Caso dois países terminassem empatados, em primeiro ou segundo lugar de um grupo das oitavas, a decisão seria pelo *goal average*. Assim, a Fifa eliminava os fatídicos "jogos extras", que até 1958 drenaram as energias das seleções envolvidas.

Três fatos marcantes ocorreram durante as oitavas. No Grupo 1, União Soviética e Colômbia empataram em 4 a 4, num jogo para a antologia das Copas. Depois de levar três gols em três minutos no primeiro tempo, e de estar perdendo por 4 a 1 na metade do segundo tempo, a Colômbia reagiu e conseguiu empa-

> No final de 1960, **o Brasil tinha 735 estações de rádio AM** (e dez FMS, que só transmitiam programas "sérios", o que excluía o futebol). O radinho portátil era a grande sensação do início da década de 1960, comparável à febre do celular dos anos 1990 – todo jovem queria ter o seu.

tar, mesmo tendo de enfrentar o goleiro Yashin, o Aranha Negra. O terceiro tento colombiano, marcado por Coll, é o único gol olímpico da história das Copas. Apesar disso, a União Soviética venceu o grupo, e a Colômbia terminou em último lugar.

No Grupo 2, ocorreu um dos espetáculos mais deprimentes das Copas – o jogo Chile 2 x 0 Itália é lembrado mais pelos incidentes que pelo futebol. Expulsões, cenas de luta livre, a polícia intervindo. Aconteceu de tudo. No final, com nove jogadores em campo, a Itália, uma das favoritas ao título, foi batida por 2 a 0, saindo precocemente da Copa.

Grupo 3
Brasil, Tchecoslováquia, Espanha e México
Brasil 2 x 0 México

O Brasil jogou no Grupo 3, contra México, Tchecoslováquia e Espanha. E a estreia, diante dos mexicanos, não foi muito auspiciosa. No primeiro tempo o placar ficou em branco e, como a etapa final começou na mesma toada, as chances brasileiras passaram a depender de um eventual erro de marcação do México. E a boa sorte brindou o Brasil aos 12 minutos. O zagueiro José Villegas se atrapalhou em sua intermediária e perdeu a bola para, justamente, Pelé. Num pique rápido, Pelé conduziu a bola pela meia-direita e atraiu toda a marcação mexicana, enquanto, do outro lado, Zagallo entrava sozinho na área. Pelé levantou a bola na medida e Zagallo se atirou para marcar de cabeça.

Foi o primeiro momento de brilho da Seleção, e só haveria mais um, ainda mais brilhante. Aos 28 minutos, Pelé marcou o que era chamado, no Brasil, de "um gol de Pelé". Saindo da ponta direita, partiu na diagonal, enfileirou quatro mexicanos, entrou na área e chutou rasteiro no canto direito baixo de Carbajal. Em termos de aproveitamento, o Brasil foi excepcional – duas chances, dois gols. Pelé sairia de campo reclamando de uma pequena pontada na virilha, fato que não mereceu maior destaque. Afinal, Pelé nunca se machucara seriamente.

No outro jogo do grupo, a Tchecoslováquia derrubou a Espanha (1 a 0).

OS JOGOS DO BRASIL

BRASIL 2 MÉXICO 0

30 de maio de 1962 • Quarta-feira
Estádio Sausalito • Viña del Mar • 15h00

Gols no 2ºT • 1 × 0 Zagallo 11', 2 × 0 Pelé 28'

BRASIL • ①Gilmar, ②Djalma Santos, ③Mauro, ⑤Zózimo, ⑥Nilton Santos, ④Zito, ⑧Didi, ⑦Garrincha, ⑲Vavá, ⑩Pelé, ㉑Zagallo. **Técnico** Aimoré Moreira

MÉXICO • ①Carbajal, ②Del Muro, ③Sepúlveda, ④Villegas, ⑤Cárdenas, ⑥Nájera, ⑦Del Aguila, ⑧Reyes, ⑨Héctor Hernández, ⑲Jasso, ⑪Díaz. **Técnicos** Ignacio Trelles e Alejandro Scopelli

Público • 10.484

Juiz: Gottfried Dienst (Suíça)
Auxiliares: Steiner (Áustria) e Schwinte (França)

Brasil 0 x 0 Tchecoslováquia

Aos 27 minutos do primeiro tempo do segundo jogo do Brasil na Copa, contra a Tchecoslováquia, Didi se preparava para bater uma falta quando Pelé fez um sinal para o banco, apontando para a própria virilha. Após ser atendido fora de campo por três minutos,

Pelé retornou, caminhando com dificuldade, e plantou-se na ponta direita. Naquele momento, os locutores de rádio perceberam que a coisa era bem mais séria do que parecia. Pelé sofrera uma distensão.

Até o final do primeiro tempo, nada mais aconteceu. A torcida e os radialistas ficaram prestando mais atenção em Pelé – talvez esperando que ele milagrosamente se curasse e desse um de seus piques característicos – que no jogo. Com um jogador a mais, a Tchecoslováquia fechou todos os espaços e parou de atacar, convencida de que o empate seria um excelente negócio. E para o Brasil, pelas circunstâncias do jogo, também não deixou de ser.

No dia seguinte, o dr. Hilton Gosling atendeu a uma multidão de aflitos repórteres na concentração e deu oficialmente a má notícia: Pelé estava fora da Copa. De repente, o bi, que parecia tão óbvio, começou a ganhar os contornos de um ponto de interrogação.

No outro jogo do grupo, a Espanha, próximo adversário do Brasil, sofria para passar pelo México, com um gol de Peiró marcado no último minuto, mas mantinha suas chances de classificação. Quem ficou em situação confortável foi a Tchecoslováquia, que tinha 3 pontos ganhos e jogaria com os eliminados mexicanos na última rodada. No outro jogo, Espanha e Brasil iriam se enfrentar. O empate beneficiava o Brasil, que tinha 3 pontos ganhos, contra 2 dos espanhóis.

BRASIL 0   TCHECOSLOVÁQUIA 0

2 de junho de 1962 • Sábado
Estádio Sausalito • Viña del Mar • 15h00

BRASIL • ①Gilmar, ②Djalma Santos, ③Mauro, ⑤Zózimo, ⑥Nilton Santos, ④Zito, ⑧Didi, ⑦Garrincha, ⑲Vavá, ⑩Pelé, ㉑Zagallo.
TÉCNICO Aimoré Moreira

TCHECOSLOVÁQUIA • ①Schrojf, ②Lála, ③Popluhár, ④Novák; ⑤Pluskal, ⑥Masopust; ⑦Stibrányi, ⑧Scherer, ⑩Adamec, ⑲Kvasnák, ⑪Jelínek.
TÉCNICO Rudolf Vytlacil

PÚBLICO • 14.903

JUIZ: Pierre Schwinte (França)
AUXILIARES Dienst (Suíça) e Massaro (Chile)

Brasil 2 x 1 Espanha

No lugar de Pelé, entrou Amarildo, 22 anos, do Botafogo. Para frustração de Didi, o argentino-

por Max Gehringer **19 62**

-espanhol Di Stéfano não jogou. Segundo se dizia, Didi tinha Di Stéfano atravessado na garganta desde que ele o boicotara no Real Madrid, na temporada 1959-60 (ou, pelo menos, essa era a história contada por Guiomar Batista Pereira, esposa de Didi e sua porta-voz, já que Didi não era muito dado a declarações). Mas o húngaro-espanhol Ferenc "Pancho" Puskás jogou.

A Espanha conseguiu um gol quase por acaso. Aos 35 minutos, Adelardo Rodríguez recebeu de Peiró, arriscou um chute rasteiro de 20 m e acertou o canto direito de Gilmar, bem junto à trave. Foi o primeiro gol que o Brasil tomou na Copa, e ele desnorteou a Seleção durante alguns minutos. A derrota estava tirando o Brasil da Copa. Por isso, no segundo tempo, o Brasil foi para o tudo ou nada. Mas, antes que o Brasil empatasse, aconteceria um lance que poderia ter mudado a história do jogo (e da Copa).

Aos 21 minutos, o juiz chileno Sergio Bustamante deixou de marcar um pênalti indiscutível cometido por Nilton Santos sobre Enrique Collar. Depois de derrubar o ponteiro claramente dentro da área, Nilton levantou os braços e deu dois passos à frente, posicionando-se sobre a linha lateral da área. E o juiz Bustamante – para desespero dos espanhóis – apontou apenas a falta. Puskás cobrou a falta e Peiró acertou uma plástica bicicleta (em espanhol, *tijereta*) no ângulo esquerdo de Gilmar, mas Bustamante havia anulado o lance antes da conclusão, apontando um empurrão de Peiró sobre Zito.

Os dois sustos seguidos – o do pênalti não marcado e o do quase gol de Peiró – acordaram

---

BRASIL 2   ESPANHA 1

6 de junho de 1962 • Quarta-feira
Estádio Sausalito • Viña del Mar • 15h00

GOL NO 1ºT • 0 × 1 Adelardo 35'
GOLS NO 2ºT • 1 × 1 Amarildo 27', 2 × 1 Amarildo 41'

BRASIL • ①Gilmar, ②Djalma Santos, ③Mauro, ⑤Zózimo, ⑥Nilton Santos, ④Zito, ⑧Didi, ⑦Garrincha, ⑲Vavá, ⑳Amarildo, ㉑Zagallo. TÉCNICO Aimoré Moreira

ESPANHA • ①Araquistáin, ⑰Rodrí, ⑦Echeberría, ⑩Gracia, ㉒Vergés, ⑬Pachín, ④Collar, ⑫Peiró, ⑭Puskás, ⑱Adelardo, ⑨Gento. TÉCNICO Helenio Herrera

PÚBLICO • 18.715

JUIZ: Sergio Bustamante (Chile)
AUXILIARES: Marino (Uruguai) e Sundheim (Colômbia)

de vez o Brasil, que aumentou ainda mais a pressão. O gol finalmente saiu aos 27 minutos. Zito passou para Vavá, que tocou de primeira para Zagallo, pela ponta esquerda. Zagallo levou a bola à linha de fundo e cruzou para a pequena área. O goleiro Araquistáin tentou a defesa com os pés, mas Amarildo chegou um instante antes e mandou no canto direito. Como o empate eliminava a Espanha, o desespero mudou de lado. E os espanhóis foram à frente, deixando um precioso espaço para o Brasil manobrar. Aos 40 minutos, Garrincha executou, pela primeira vez na Copa, a sua jogada característica. Após praticamente tomar a bola dos pés de Didi, Garrincha escapou da marcação de Gracia e Collar pela direita, foi à linha de fundo e cruzou certinho na cabeça de Amarildo, que desempatou o jogo. O Brasil estava classificado e a Espanha eliminada.

Com a derrota da Espanha para o Brasil na véspera, o jogo entre México e Tchecoslováquia perdeu a importância. Os tchecos já estavam classificados e os mexicanos eliminados. Mesmo assim, tornou-se uma partida histórica: após 32 anos de tentativas, finalmente veio a primeira vitória mexicana em Copas do Mundo, por 3 a 1.

No Grupo 4, novamente a Argentina caiu nas oitavas. Em seu último jogo, precisando da vitória contra a Hungria (que escalou uma equipe mista, porque já era a campeã do grupo), a Argentina não conseguiu sair do 0 a 0. No dia seguinte, a delegação argentina foi em peso ao estádio de Rancágua para torcer pela Bulgária contra a Inglaterra (uma vitória búlgara classificaria os argentinos). Precisando apenas do empate para passar às quartas de final, a Inglaterra nem se preocupou em atacar e segurou o placar em branco sem problemas. Nos últimos cinco minutos, boa parte da torcida (5.700 espectadores) já tinha ido embora e apenas se ouvia nas arquibancadas os inúteis gritos dos argentinos tentando incentivar a Bulgária.

> Um mês antes da Copa de 1962, **Jackson do Pandeiro lançou num disco 78 rpm** o quase profético "Frevo do bi", de autoria de Brás Marques e Diógenes Bezerra: "Vocês vão ver como é / Didi, Garrincha e Pelé / Dando seu baile de bola…"

por Max Gehringer

O fator Garrincha

Hoje, quem ouve a história da Copa de 1962 fica com a impressão de que Garrincha reluziu do primeiro ao último minuto. Não foi bem assim. Nos três jogos das oitavas, Garrincha esteve abaixo de seu potencial. Contra o México, ele encontrou dificuldades para superar o lateral Villegas, e foi criticado pelo individualismo. Contra a Tchecoslováquia, nos momentos em que passou para o meio, no lugar de Pelé, Garrincha não teve um bom desempenho, tanto que no segundo tempo foi substituído nessa função por Zagallo. E, contra a Espanha, Garrincha só mereceu elogios nos últimos quinze minutos. De seus pés, saiu a jogada do segundo gol brasileiro – e esse seria seu único momento realmente brilhante em 270 minutos.

O que se passou na cabeça de Garrincha entre os dias 7 e 10 de junho é um mistério, mas a pista mais citada envolve a cantora carioca Elza Soares, então com 25 anos. Elza fazia uma temporada em Santiago e visitou a concentração brasileira na véspera do jogo contra a Espanha. Garrincha e Elza vinham ensaiando um romance já fazia quase um ano, e decidiram engatá-lo de vez. A união com Elza, que certamente provocaria um escândalo federal por ele ser casado e pai de sete filhas (a mais nova com 6 meses de idade), pode ter despertado em Garrincha uma súbita vontade de se superar também em campo. Nos dois jogos seguintes do Brasil, o homem passarinho faria dois preciosos voos solo, que deixariam o mundo de queixo caído.

Quartas de final

Como campeã do Grupo 1, a União Soviética garantira o direito de continuar em sua cidade

> Em 1960, **o Chile ainda não tinha as condições técnicas para a gravação das partidas em videoteipe**. Atendendo a um pedido da Fifa, o multimilionário mexicano Emílio Azcárraga, dono do Telesistema (e, mais tarde, do próprio Estádio Azteca), despachou do México e instalou os equipamentos necessários. Para a América do Sul era um progresso enorme. Para a Europa, nem tanto: muitos países europeus já tinham visto pela TV, ao vivo, as Copas de 1954 e 1958. A Copa de 1962 seria a última a não ser transmitida ao vivo para a Europa.

sede, Arica. O Chile, vice do Grupo 2, que jogara suas três partidas em Santiago, teve de se deslocar 2 mil km até o norte do país. O estádio tinha capacidade máxima oficial de 13 mil pessoas, ou 20% da população da cidade. Enquanto isso, o resto do Chile acompanharia o jogo pela TV, antevendo que o maior obstáculo para uma vitória chilena seria o goleiro soviético Lev Yashin.

> Um cozinheiro, **membro não oficial da delegação do Brasil**, foi contratado lá mesmo nos Andes – o *chef* chileno Adolfo Matamala.

Mas aquela não seria a tarde de Yashin, que falharia feio nos dois lances, ambos no primeiro tempo, que decidiriam a partida. Aos 11 minutos, Leonel Sánchez sofreu e cobrou uma falta na lateral da área, pela esquerda. Yashin esperava um cruzamento, e por isso nem pediu barreira nem foi na bola, que acabou entrando. Os soviéticos empataram aos 27 minutos, com Chislenko, mas, no minuto seguinte, Rojas chutou rasteiro, da intermediária, e Yashin pulou atrasado: Chile 2 a 1. Bravamente, o Chile se aguentou, coalhando sua área com jogadores, e garantiu uma classificação histórica para as semifinais.

Se os iugoslavos acreditassem em destino, nem teriam entrado em campo para enfrentar os alemães – nas duas Copas anteriores, a Alemanha havia eliminado a Iugoslávia nas quartas de final. Em 1954, os alemães venceram por 2 a 0, e em 1958 por 1 a 0. Em 1962, a Alemanha chegava invicta às quartas de final, enquanto a Iugoslávia já havia sofrido uma derrota, para a União Soviética. Mas a história não se repetiu: dessa vez, deu Iugoslávia, 1 a 0.

Brasil 3 x 1 Inglaterra

Na primeira meia hora do jogo entre Brasil e Inglaterra, a única cena digna de nota foi a invasão de campo por um cachorrinho preto, lá pelos 15 minutos. O inesperado invasor ciscou pela intermediária, driblou Garrincha e só foi capturado pelo destemido avante inglês Jimmy Greaves, que se pôs de quatro encarando o luluzinho e produziu a cena mais divertida da Copa. Outro vira-lata entraria em campo cinco minutos depois, mas sairia por conta

por Max Gehringer

19 62

própria, após alguns "xô!" dos jogadores ("*shoo!*", no caso dos ingleses).

De repente, Garrincha resolveu chamar para si toda a responsabilidade. Jogando de meia, de ponta e de centroavante, Garrincha criaria os três gols brasileiros e destruiria a Inglaterra. No primeiro, aos 31 minutos do primeiro tempo, Zagallo cobrou um escanteio da esquerda (o quinto a favor do Brasil). Na primeira trave, Garrincha, com seu 1,69 m, saltou com Norman – 12 cm mais alto que o brasileiro – e acertou uma cabeçada perfeita no canto direito de Springett. Cinco minutos depois, a Inglaterra empatou com Hitchens, por pura desatenção da defesa brasileira.

No segundo tempo, o Brasil voltou bem melhor. Aos 8 minutos, o juiz Schwinte marcou uma falta na meia-direita, a cinco passos da linha da grande área. Até o presidente Jango, que não entendia muito de futebol, sabia que a posição era perfeita para Didi. Realmente, Didi se preparou para bater, mas Garrincha correu antes e chutou com força. A bola atravessou a barreira, bateu no pé de Springett e subiu. Ligado, Vavá chegou antes dos zagueiros e, de cabeça, mandou para as redes. Aos 14 minutos, Garrincha recebeu de Amarildo, a 5 m da área da Inglaterra. Após dar dois toquinhos na bola, Garrincha levantou a cabeça e viu Springett adiantado. E chutou dali mesmo, colocado, por cobertura, no ângulo esquerdo. Possivelmente, o gol mais bonito da Copa. No mesmo dia e horá-

---

QUARTAS DE FINAL

BRASIL 3   INGLATERRA 1

1º DO GRUPO 3 × 2º DO GRUPO 4

10 de junho de 1962 • Domingo
Estádio Sausalito • Viña del Mar • 15h00

GOLS NO 1ºT • 1 × 0 Garrincha 31', 1 × 1 Hitchens 36'
GOLS NO 2ºT • 2 × 1 Vavá 8', 3 × 1 Garrincha 14'

BRASIL • ①Gilmar, ②Djalma Santos, ③Mauro, ⑤Zózimo, ⑥Nilton Santos, ④Zito, ⑧Didi, ⑦Garrincha, ⑲Vavá, ⑳Amarildo, ㉑Zagallo.
TÉCNICO Aimoré Moreira

INGLATERRA • ①Springett, ②Armfield, ③Wilson, ⑯Bobby Moore, ⑮Norman, ⑥Flowers, ⑰Douglas, ⑧Greaves, ⑨Hitchens, ⑩Haynes, ⑪Bobby Charlton.
TÉCNICO Walter Winterbottom

PÚBLICO • 17.736

JUIZ: Pierre Schwinte (França)
AUXILIARES: Dienst (Suíça) e Bustamante (Chile)

rio em que o Brasil despachava a Inglaterra, a Tchecoslováquia fazia o mesmo com a Hungria. Foi 1 a 0, gol de Masopust. Com seu futebol burocrático, a Tchecoslováquia também chegava às semifinais.

Semifinais

Para desencanto dos chilenos, a tabela colocou o Brasil no caminho da seleção andina. "A final que todos gostariam de ver", como um jornal de Santiago apelidou o jogo, iria acontecer antes da hora. A outra partida, entre Iugoslávia e Tchecoslováquia, parecia nem ter importância, tamanha a falta de destaque que mereceu das imprensas chilena e brasileira. Por isso, ocorreu uma viradinha de mesa. O jogo Brasil x Chile, previsto na tabela para Viña del Mar, foi transferido para Santiago. Iugoslavos e tchecos, que deveriam jogar em Santiago, foram para Viña del Mar. A torcida chilena proporcionou a maior renda da Copa (309.132 dólares). Num estádio com capacidade para 65 mil pessoas, quase 9 mil a mais conseguiram se acomodar de alguma forma.

A mudança do local do jogo beneficiava o Chile, mas, após a vitória contra a Inglaterra, a cotação do Brasil nas casas de apostas londrinas já havia novamente disparado. O juiz peruano Arturo Yamazaki bem que tentou colaborar com a festa chilena, anulando um gol de Vavá no primeiro tempo, marcando um pênalti controvertido para o Chile no segundo tempo e tomando várias outras decisões discutíveis. Mas isso já era esperado e o Brasil conseguiu manter a compostura, embora o jogo não tenha sido tão fácil quanto os 4 a 2 parecem indicar.

Aos 9 minutos, um cruzamento de Zagallo rebateu em Amarildo e em Vavá e sobrou para Garrincha, pela meia-direita. Na corrida, de fora da área, Garrincha desferiu um balaço de pé esquerdo (seu pé "errado"), que passou zunindo pela cabeleira de Rodríguez e foi morrer no ângulo esquerdo do goleiro Escuti.

> No fim de maio, a temperatura começou a cair no Chile, prenunciando a **chegada do inverno**. O frio contribuiria para uma das lembranças mais vívidas da Seleção na Copa do Chile: os **jogadores brasileiros atuando com camisas de mangas compridas**.

por Max Gehringer

Aos 33 minutos, num escanteio batido da esquerda por Zagallo, Escuti não saiu de baixo das traves e Garrincha, saltando no meio da defesa chilena, cabeceou e fez 2 a 0. Aos 42 minutos o Chile diminuiu, numa belíssima cobrança de falta de Toro. No segundo tempo, logo aos 3 minutos, Garrincha cobrou um escanteio da direita e Vavá cabeceou. Sem muita convicção, Escuti deu um tapa na bola, mandando-a para seu canto alto esquerdo. Aí, de repente, Arturo Yamazaki brindou os chilenos com um pênalti – uma bola que tocou involuntariamente na mão de Zózimo, num lance sem perigo na lateral da área. Leonel Sánchez agradeceu a gentileza e diminuiu para 3 a 2, chutando rasteiro no canto esquerdo de Gilmar.

O jogo ficou nervoso, e Garrincha ganhou a antipatia do público ao executar sua cômica rotina de "faz que vai, mas não vai", movendo o corpo sem tocar a bola e forçando seus marcadores – Rojas, Rodríguez e, eventualmente, Contreras – a acompanhar seus movimentos. O balé, que provocava risos no Brasil, foi visto como tentativa de humilhação pelos torcedores chilenos, que passaram a assoviar. Aos 31 minutos, a torcida chilena se mantinha em pé, aguardando o iminente gol de empate, quando Zito recuperou a bola para o Brasil. Após uma rápida troca de passes, Zagallo cruzou para a área chilena, o goleiro Escuti ficou estático e Vavá subiu no meio de dois zagueiros. Meio de testa, meio

SEMIFINAIS

BRASIL 4   CHILE 2

13 de junho de 1962 • Quarta-feira
Estádio Nacional de Santiago • 15h00

Gols no 1ºT • 1 × 0 Garrincha 9',
2 × 0 Garrincha 32', 2 × 1 Toro 42'
Gols no 2ºT • 3 × 1 Vavá 2',
3 × 2 Leonel Sánchez (pênalti) 17', 4 × 2 Vavá 33'

BRASIL • ①Gilmar, ②Djalma Santos, ③Mauro, ⑤Zózimo, ⑥Nilton Santos, ④Zito, ⑧Didi, ⑦Garrincha, ⑲Vavá, ⑳Amarildo, ㉑Zagallo. **Técnico** Aimoré Moreira

CHILE • ①Escuti, ②Eyzaguirre, ③Raúl Sánchez, ⑮Rodríguez, ⑤Contreras, ⑥Rojas, ⑦Ramírez, ⑧Toro, ⑨Landa, ㉑Tobar, ⑪Leonel Sánchez. **Técnico** Fernando Riera

Público • 73.856

Juiz: Arturo Yamazaki (Peru)
Auxiliares: Ventre (Argentina) e Marino (Uruguai)

de nariz, Vavá conseguiu mandar a bola para as redes, para desconsolo do estádio. E todo mundo voltou a se sentar.

> No jogo Iugoslávia 3 x 1 Uruguai, **aos 3 minutos** do segundo tempo, o iugoslavo Jerkovic marcou um **gol histórico, o de número 600 das Copas**.

Quando a torcida chilena já estava conformada e tudo caminhava para um final tranquilo, Honorino Landa fez uma falta feia em Zito, aos 35 minutos. E ainda ofendeu o juiz Yamazaki, que, com o coração partido, expulsou o chileno de campo. Três minutos depois, junto à lateral, na linha de meio de campo, Garrincha passou por Eladio Rojas, mas perdeu a bola na sequência do lance. Segundo ele mesmo, Garrincha resolveu dar "um pontapezinho de amizade" nos fundilhos de Rojas, que caíra com o drible e estava se levantando. Pressionado pelos chilenos, o juiz Yamazaki foi consultar o bandeirinha uruguaio Esteban Marino, que, *muy amigo*, confirmou ter visto a agressão. E Garrincha foi expulso. Na pista lateral do campo, Garrincha ainda levaria uma pedrada, vinda das arquibancadas, e passaria a noite com a cabeça enfaixada. O Brasil iria para a final, mas começava a viver uma grande agonia: será que o Comitê Disciplinar da Copa iria suspender Garrincha?

Na outra semifinal, a Tchecoslováquia fez 3 a 1 na Iugoslávia. Como a TV transmitiu Brasil x Chile ao vivo para todo o país, a partida entre tchecos e iugoslavos, disputada no mesmo horário em Viña del Mar, teve o menor público da Copa. Naquela mesma noite, as duas delegações tomaram um avião para Santiago. Lá, os tchecos iriam enfrentar o Brasil na final. E a Iugoslávia decidiria o terceiro lugar com o Chile. Se os iugoslavos encaravam aquele último compromisso como mera obrigação, para os chilenos aquele seria o jogo de

> No jogo México 3 x 1 Tchecoslováquia, Masopust marcou, com apenas 17 segundos de bola rolando, aquele que seria o **gol mais rápido** da história das Copas até 2002, quando o turco Hakan Sükür **marcou aos 11 segundos** contra a Coreia do Sul.

suas vidas, afinal vencido por 1 a 0, com um gol de Rojas marcado 25 segundos depois do último minuto.

A final

Brasil 3 x 1 Tchecoslováquia

Na mesma sessão de julgamentos que suspendeu o chileno Landa, realizada no dia 14, quinta-feira, a três dias da grande decisão, o Comitê Disciplinar analisou também o caso de Garrincha. O relatório do juiz peruano Yamazaki era curto e grosso: ele não tinha visto o pontapé de Garrincha em Rojas. Alertado pelos jogadores do Chile, escreveu Yamazaki, ele apenas consultara o bandeirinha uruguaio Esteban Marino, e este, *sí señor*, confirmara o fato.

O depoimento pessoal de Esteban Marino seria indispensável para a decisão do Comitê Disciplinar – já que bandeirinhas não escreviam relatórios –, mas ninguém encontrou o uruguaio. Ele havia deixado o Chile no dia anterior, provavelmente com destino a Montevidéu, mas seu paradeiro era incerto. Assim, por falta de provas, Garrincha foi apenas advertido e liberado para jogar. Tempos depois, surgiram comentários de que a súbita viagem de Esteban Marino havia sido "patrocinada" pela CBD, com a proverbial intermediação de seu colega João Etzel Filho, juiz brasileiro na Copa e dono de uma vasta folha corrida de acusações – nenhuma oficialmente comprovada – de fabricar resultados de partidas no Campeonato Paulista.

FINAL

BRASIL 3   TCHECOSLOVÁQUIA 1

17 de junho de 1962 • Domingo
Estádio Nacional de Santiago • 15h00

Gols no 1ºT • 0 × 1 Masopust 15', 1 × 1 Amarildo 17'
Gols no 2ºT • 2 × 1 Zito 24', 3 × 1 Vavá 33'

BRASIL • ①Gilmar, ②Djalma Santos, ③Mauro, ⑤Zózimo, ⑥Nilton Santos, ④Zito, ⑧Didi, ⑦Garrincha, ⑲Vavá, ⑳Amarildo, ㉑Zagallo. **Técnico** Aimoré Moreira

TCHECOSLOVÁQUIA • ①Schrojf, ⑫Tichý, ③Popluhár, ④Novák, ⑤Pluskal, ⑥Masopust, ⑰Pospíchal, ⑧Scherer, ⑱Kadraba, ⑲Kvasnák, ⑪Jelínek. **Técnico** Rudolf Vytlacil

PÚBLICO • 68.679

Juiz: Nikolay Latyshev (União Soviética)
Auxiliares: Davidson (Escócia) e Horn (Holanda)

Pelo regulamento da Copa, se a final terminasse empatada, haveria uma prorrogação (dois tempos de quinze minutos). Se o empate persistisse, uma nova partida seria disputada na quinta-feira, dia 21. Como fizera no jogo contra o Chile, o Brasil permaneceu na concentração de Quilpué e só viajou para Santiago no dia da final, de trem. A composição – saudada na estação por uma pequena multidão – deixou Viña del Mar às 9h30 e chegou à capital pouco depois do meio-dia, com o almoço sendo servido a bordo. Da estação ferroviária, a delegação seguiu num ônibus especial até o Estádio Nacional.

Garrincha, a grande esperança brasileira (e nota 10 nos dois jogos anteriores), entrou em campo com 38 graus de febre e teria uma atuação discreta. Mauro ganhou na moedinha e os tchecos deram a saída. Aos 15 minutos, inesperadamente, surgiu o primeiro gol, marcado por Masopust, o único craque do diligente time da Tchecoslováquia (no fim do ano, ele receberia a Bola de Ouro, como melhor jogador europeu de 1962). O que poderia ter sido o começo de um grande sofrimento brasileiro não durou nem dois minutos – aos 17 minutos, o Brasil empatou. Pela esquerda, Zagallo cobrou um lateral para Amarildo.

Na linha lateral da grande área, Amarildo enganou Kvasnák com uma rápida virada de corpo e foi à linha de fundo, acompanhado por Tichý e Pluskal. Mesmo sem muito ângulo, Amarildo chutou direto para o gol e deu sorte. Schrojf estava no meio da pequena área, esperando um cruzamento, e a bola entrou entre ele e a trave. Uma falha incrível do melhor goleiro da Copa.

No segundo tempo, já aos 24 minutos, Zózimo desarmou Kadraba na intermediária brasileira. Zito ficou com a bola, correu por 20 m e lançou Amarildo pela meia-esquerda. Quase junto à linha de fundo, Amarildo fez que ia chutar para o gol, mas travou a bola e deixou Popluhár sentado no chão. Schrojf, gato escaldado, desta vez preferiu ficar bem junto à trave. Ao lado do goleiro, estava Novák, fechando o

> Na história das Copas, o Brasil de 1962 foi o campeão que utilizou **menos jogadores em um mundial**: doze (só Amarildo entrou no lugar de Pelé).

ângulo de chute para o canto oposto. Amarildo levantou a bola por cima dos dois, para o meio da pequena área. A 1 m da linha do gol, Zito surgiu do nada e tocou de cabeça para as redes.

OS BICAMPEÕES EM 1962

① **Gilmar** (Gylmar dos Santos Neves), goleiro do Santos, 32 anos (22/8/1930)
② **Djalma** dos **Santos**, lateral do Palmeiras, 33 anos (27/2/1929)
③ **Mauro** Ramos de Oliveira, zagueiro do Santos, 32 anos (30/8/1930 – 18/9/2002)
⑤ **Zózimo** Alves Calazans, zagueiro do Bangu, 30 anos (19/6/1932 – 17/7/1977)
⑥ **Nilton** dos Reis **Santos**, lateral do Botafogo, 37 anos (16/5/1925)
④ **Zito** (José Ely de Miranda), volante do Santos, 30 anos (8/8/1932)
⑦ **Garrincha** (Manoel Francisco dos Santos), ponteiro do Botafogo, 28 anos (28/10/1933 – 20/1/1983)
⑧ **Didi** (Waldir Pereira), armador do Botafogo, 32 anos (8/10/1929 – 12/5/2001)
⑲ **Vavá** (Edvaldo Izídio Neto), atacante do Palmeiras, 28 anos (12/10/1934 – 19/1/2002)
⑳ **Amarildo** Tavares da Silveira, atacante do Botafogo, 22 anos (29/7/1940)
㉑ Mário Jorge Lobo **Zagallo**, ponteiro do Botafogo, 31 anos (9/8/1931)
Ⓣ **Aimoré Moreira**, técnico, 50 anos (26/4/1912 – 26/7/1998)
㉒ Carlos José **Castilho**, goleiro do Fluminense, 35 anos (27/4/1927 – 2/2/1987)
⑫ **Jair Marinho** de Oliveira, zagueiro do Fluminense, 26 anos (17/7/1936)
⑬ Hideraldo Luiz **Bellini**, zagueiro do São Paulo, 32 anos (7/6/1930)
⑭ **Jurandir** de Freitas, zagueiro do São Paulo, 21 anos (12/11/1940 – 6/3/1996)
⑮ **Altair** Gomes Figueiredo, zagueiro do Fluminense, 24 anos (22/1/1938)
⑯ **Zequinha** (José Ferreira Franco), volante do Palmeiras, 27 anos (18/11/1934 – 26/7/2009)
⑰ **Mengálvio** Pedro Figueiró, armador do Santos, 22 anos (17/12/1939)
⑱ **Jair da Costa**, atacante da Portuguesa de Desportos, 22 anos (9/7/1940)
⑨ **Coutinho** (Antônio Wilson Honório), atacante do Santos, 19 anos (11/6/1943)
⑩ **Pelé** (Edson Arantes do Nascimento), atacante do Santos, 21 anos (23/10/1940)
⑪ **Pepe** (José Macia), atacante do Santos, 23 anos (25/2/1935)

Aos 33 minutos, a sorte sorriu de novo para o Brasil. Popluhár desarmou Garrincha, mandando a bola pela linha lateral. O próprio Garrincha cobrou o arremesso para Djalma Santos, que vinha chegando sem pressa. Combatido por Jelínek, Djalma arriscou um levantamento alto para a área tcheca. Parecia uma bola fácil para o goleiro Schrojf, que saiu tranquilamente do gol para defender, protegido por Propluhár. Mas o goleiro tcheco foi atrapalhado pelo sol – apesar de jogar de boné –, errou o passo e inesperadamente soltou a bola. Na hora certa e no lugar certo, Vavá concluiu de pé direito para o gol vazio. Às 17h25, o capitão Mauro, repetindo o gesto de Bellini em 1958, ergueu a Taça do Mundo que lhe fora entregue por Stanley Rous no meio do campo. O Brasil de Garrincha era bicampeão do mundo, invicto.

"O artilheiro"

Durante 31 anos, as estatísticas registraram que a Copa de 1962 teve seis artilheiros, todos com quatro gols: Vavá e Garrincha do Brasil, Leonel Sánchez do Chile, Albert da Hungria, Valentin Ivanov da União Soviética e Jerkovic da Iugoslávia. Em 1993, numa revisão baseada no filme do jogo Iugoslávia x Colômbia, a Fifa reconheceu que o terceiro gol iugoslavo, anotado na súmula para Galic, tinha sido marcado por Jerkovic. Assim, Drazan Jerkovic, 26 anos, 1,86 m, croata nascido na cidade de Sibenik em 6 de agosto de 1936, tornou-se o artilheiro isolado da Copa, com cinco gols.

Mané

Amarildo, que ganhava o equivalente a três salários mínimos no Botafogo, recebeu um súbito reajuste de 250%. Garrincha, supervalorizado após a Copa, tinha uma proposta para se transferir para a Juventus de Turim. Se a transação se concretizasse, Garrincha receberia perto de 30 milhões de cruzeiros de luvas (75 mil dólares). Aos 28 anos, seria sua grande oportunidade para fazer um definitivo e seguro pé-de-meia. Mas as negociações com o Botafogo não chegaram a bom termo, e Garrincha permaneceu no Brasil. Amarildo é que iria para o Milan em 1962. O prestígio mundial de Garrincha era tanto que seu reserva na

Seleção, Jair da Costa, 22 anos, da Portuguesa de Desportos, foi imediatamente contratado pela Inter de Milão. Apenas e tão somente por sua credencial de "o substituto de Garrincha". Tanto Amarildo quanto Jair da Costa ganhariam muito mais dinheiro nos primeiros quatro anos na Itália do que Garrincha em seus vinte anos de carreira.

As lições

Apesar de o Brasil não ter participado da pancadaria, a Copa do Chile ficou marcada pela violência. Seis jogadores foram expulsos durante o torneio, recorde até então (na soma das seis Copas anteriores, 11 jogadores tinham sido expulsos). Era o prenúncio da chegada do "futebol-força", que prevaleceria na Copa de 1966. A imprensa brasileira percebeu os ventos da mudança e, já em 1962, os jornais começaram a martelar na palavra "renovação". Dos bicampeões de 1962, três haviam feito, contra a Tchecoslováquia, a sua última partida pela Seleção: Didi, Nilton Santos e Zózimo. E apenas Pelé e Amarildo, ambos com 22 anos, pareciam ter condições de disputar mais uma Copa. O terceiro jogador mais jovem da Seleção de 1962, Vavá, já estava com 28 anos. Mesmo assim, ninguém parecia duvidar que, com Pelé e mais dez, a Seleção conquistaria seu terceiro caneco em 1966.

:

1966

*A única Copa que
foi decidida por
um bandeirinha*

Almanaque dos Mundiais

A Copa para inglês ver

No 32º Congresso da Fifa, realizado em Roma, em 22 de agosto de 1960, a Inglaterra foi escolhida para sede da sétima Copa do Mundo. Com um inglês – Arthur Drewry – na presidência da Fifa e vários outros ocupando cargos-chave, a escolha parecia meio óbvia. Mesmo assim, Alemanha e Espanha também se candidataram. A Espanha, percebendo que suas chances eram nulas, desistiu antes da votação. Mas a Alemanha foi até o fim, e perdeu por um placar mais apertado que os ingleses esperavam – 34 votos a 27.

As oitavas de final

Como na Copa de 1962, foram formados quatro grupos de quatro seleções, com o campeão e o vice de cada grupo passando para as quartas de final. O sorteio para a composição dos grupos foi feito no Royal Garden Hotel de Londres, em 6 de janeiro de 1966, com transmissão direta pela TV para a Europa. Houve duas preocupações iniciais: evitar que Inglaterra e Brasil caíssem no mesmo grupo e permitir que os quatro países sul-americanos ficassem em grupos diferentes. Depois, os demais países foram sendo sorteados nos quatro grupos. Funcionou bem, porque nenhum grupo ficou forte demais ou muito fraco: Inglaterra, Uruguai, México e França (Grupo 1); Alemanha Ocidental, Argentina, Espanha e Suíça (Grupo 2); Portugal, Hungria, Brasil e Bulgária (Grupo 3) e União Soviética, Coreia do Norte, Itália e Chile (Grupo 4). Na abertura da Copa, Inglaterra e Uruguai disputaram uma das partidas mais modorrentas da história. Para o Uruguai, o 0 a 0 não deixou de ser um ótimo resultado. Para o resto do mundo, nem tanto: essa era a primeira Copa da história que começava sem gols.

O tri no papo

Nunca, como em 1966, os brasileiros tiveram tanta certeza da vitória em uma Copa. Então bicampeão mundial e com Pelé no auge da

por Max Gehringer

forma física e técnica aos 25 anos, o Brasil parecia invencível. Mas já havia ocorrido um episódio que seria determinante para o sucesso – ou o fracasso – do Brasil na Copa: a redução dos poderes que Paulo Machado de Carvalho, 65 anos, o "Dr. Paulo", tivera sobre a Seleção nos oito anos anteriores. Já a partir de 1965, com muitos dirigentes querendo tirar uma casquinha do esperado tri, de repente o Dr. Paulo começou a parecer um entrave.

No início de fevereiro, João Havelange declarou que o "Plano-66" do Dr. Paulo deveria ser aprovado pela direção da CBD antes de ser colocado em prática. Nada mais lógico, mas diferente do que acontecera em 1958 e 1962, quando Havelange dera carta branca ao Dr. Paulo. Um dos pontos de discussão era o técnico: o Dr. Paulo queria Vicente Feola como técnico nos jogos e Aimoré Moreira como técnico de campo, responsável pelos treinos táticos. Já Havelange queria apenas um técnico, Vicente Feola. No dia 8 de fevereiro, a diretoria da CBD indicou Feola como técnico e eliminou Aimoré da parada, ao nomear o preparador físico Paulo Amaral como técnico de

A INGLATERRA

» O Império Britânico foi maior que qualquer outro que o mundo tenha conhecido. Os britânicos foram os primeiros a ter possessões territoriais em todos os continentes: Américas, Ásia, África, Europa e Oceania. Essa supremacia durou do século XVIII até a metade do século XX. Nada mau para um conjunto de ilhas com 245 mil km^2 de área (menor que o Piauí, que tem 252 mil km^2). A Inglaterra (em inglês, *England*, Terra dos Anglos) sempre foi a joia da coroa britânica e o centro do poder, embora só tivesse metade da área (130 mil km^2).

» Se não fosse pelos ingleses, não haveria Copas do Mundo, porque o futebol não existiria. Quase um século antes, em 10 de novembro de 1863, alguns cavalheiros haviam se reunido na Freemasons Tavern de Londres para criar as (então) catorze regras básicas que separariam o jogo em que eram utilizados principalmente os pés – o *football* – do jogo que privilegiava o uso das mãos – o *rugby*. Os ingleses também criaram os campeonatos por pontos corridos e o sistema de copas (mata-mata), inspirado nos tempos medievais, quando cavaleiros portando lanças e escudos se enfrentavam em disputas diretas, até que só sobrasse um – o *campionis*, "campeão", por ser o último em pé no *campus*, o terreno de disputa.

campo. O Dr. Paulo, que não participara da reunião, recebeu a notícia e disse que iria pensar se continuava ou desistia. E, verbalmente, por meio da imprensa, passou a falar em renunciar. No dia 1º de março, João Havelange pediu licença por tempo indeterminado da presidência da CBD, abrindo caminho para qualquer composição que possibilitasse a volta do Dr. Paulo. O vice Silvio Pacheco assumiu, e no dia seguinte o Dr. Paulo reafirmou que não tinha nada contra ninguém e que iria à Inglaterra, mas como turista. Cinco dias depois, Havelange voltaria a se sentar na cadeira presidencial. Ainda se dispôs a ir à Inglaterra chefiando a Seleção. Para os supersticiosos, não era um bom sinal (nas conquistas de 1958 e 1962, Havelange havia permanecido no Brasil).

A convocação

Em 28 de março de 1966, para atender a todas as "sugestões" de dirigentes de clubes, foram relacionados 45 jogadores para o início dos treinamentos. O número ainda subiria para 47, com a chegada de Amarildo e Jair da Costa, que estavam jogando na Itália (ambos só se apresentariam em maio, após o término do Campeonato Italiano – Amarildo no dia 10 e Jair da Costa no dia 19). Apesar de enorme, a lista deixaria de fora alguns notáveis talentos – como Rivelino, 20 anos.

A INGLATERRA EM 1966

» Tinha 47 milhões de habitantes, metade da população do Brasil. A diferença de fuso horário era de três horas. No Brasil, a bola rolava a partir das 16h30.

» Três anos antes, saindo da cidade portuária de Liverpool, uma banda de rock formada por quatro jovens entre 20 e 23 anos, os Beatles, havia iniciado uma revolução musical e de costumes que se espalhou por todo o planeta.

» Londres, que havia ficado à sombra de Paris em termos de moda, voltara aos holofotes em 1965, quando uma estilista de 31 anos, Mary Quant, lançou a minissaia (tecnicamente, uma saia cuja barra ficava 15 cm acima dos joelhos). Toda a moda se revolucionou e ganhou o nome de "psicodélica", gerando roupas com uma formidável mistura de cores e de texturas. Londres, então, se tornou a delirante "Swinging London".

por Max Gehringer

1966

Ao contrário de 1958 e 1962, quando os jogadores foram colocados em ambientes tranquilos, a vistosa Seleção de 1966 precisava ser exibida. Assim, além de treinar em oito cidades diferentes do Brasil – Lambari, Caxambu, Três Rios, Teresópolis, Niterói, Amparo, Campinas e Serra Negra –, a Comissão Técnica decidiu concluir os treinamentos num *tour* europeu de duas semanas. A convocação de Garrincha foi uma aposta pessoal de João Havelange. Garrincha tinha ficado três anos fora da Seleção, de julho de 1962 a junho de 1965, por problemas pessoais ou de contusão. Mas, no início de 1966, a CBD e a Federação Paulista de Futebol armaram um esquema visando recuperá-lo para a Copa. Em fevereiro, Garrincha veio para o Corinthians, que comprou seu passe do Botafogo por 250 milhões de cruzeiros (112 mil dólares), e chegou beirando os 79 quilos, oito acima do ideal. Até 27 de março, Garrincha faria sete jogos pelo Corinthians. Nem de longe lembrou o grande jogador das Copas de 1958 e 1962, mas, mesmo assim, foi para a Inglaterra. No dia 7 de julho, a delegação se-

O BRASIL EM 1966

» A inflação anual foi de 38,2%. Em 1º de março, o salário mínimo foi reajustado em 27%, passando para 84.000 cruzeiros.

» A Jovem Guarda dominava as paradas. As músicas mais tocadas nas rádios foram "Quero que vá tudo pro inferno", com Roberto Carlos, "Meu bem", com Ronnie Von, e "A volta", com os Vips.

» Na manhã de 25 de julho, uma bomba explodiu no Aeroporto dos Guararapes, no Recife. O alvo era o candidato a presidente da República, general Arthur da Costa e Silva. Mas o avião que o conduzia estava parado em João Pessoa, devido a uma pane. No atentado – primeiro ato terrorista da história do país –, duas pessoas morreram e doze ficaram feridas.

» Em setembro, a TV Record de São Paulo promoveu o II Festival da Música Popular Brasileira, vencido por "A banda", de Chico Buarque de Hollanda. Mas Chico se recusou a receber o prêmio sozinho e o júri repartiu o primeiro lugar entre a terna "A banda" e a agressiva "Disparada", de Geraldo Vandré e Théo de Barros, cantada por Jair Rodrigues.

» Em 3 de outubro de 1966, dia de seu 64º aniversário, o general Costa e Silva foi eleito o segundo presidente da ditadura militar, com os votos de todos os 294 deputados e senadores.

guiu de avião de Malmoe, na Suécia, para Manchester, na Inglaterra. E, lá, tomou um trem para Liverpool. A concentração do Brasil ficava em Lymm, a 38 km de Liverpool. O campo de treino mais próximo – o do Wanderers – ficava a 30 km de distância.

A SELEÇÃO BRASILEIRA

① **Gilmar** (Gylmar dos Santos Neves), goleiro do Santos, 36 anos (22/8/1930)
⑫ **Manga** (Hailton Corrêa de Arruda), goleiro do Botafogo, 29 anos (26/4/1937)
② **Djalma** dos **Santos**, lateral do Palmeiras, 37 anos (27/2/1929)
③ José Maria **Fidélis** dos Santos, lateral do Bangu, 22 anos (13/3/1944)
④ Hideraldo Luiz **Bellini**, zagueiro do São Paulo, 36 anos (7/6/1930)
⑤ Hércules **Brito** Ruas, zagueiro do Vasco, 27 anos (9/8/1939)
⑥ **Altair** Gomes de Figueiredo, zagueiro do Fluminense, 28 anos (22/1/1938)
⑦ **Orlando** Peçanha de Carvalho, zagueiro do Santos, 30 anos (20/9/1935 – 10/2/2010)
⑧ **Paulo Henrique** Souza de Oliveira, lateral do Flamengo, 23 anos (5/1/1943)
⑨ **Rildo** da Costa Menezes, lateral do Botafogo, 24 anos (23/1/1942)
⑬ **Denilson** Custódio Machado, volante do Fluminense, 23 anos (28/3/1943)
⑭ Antônio **Lima** dos Santos, curinga do Santos, 24 anos (18/1/1942)
⑮ **Zito** (José Ely Miranda), volante do Santos, 34 anos (8/8/1932)
⑪ **Gérson** de Oliveira Nunes, armador do Botafogo, 25 anos (11/1/1941)
⑯ **Garrincha** (Manoel Francisco dos Santos), ponteiro-direito do Corinthians, 32 anos (28/10/1933 – 20/1/1983)
⑰ **Jairzinho** (Jair Ventura Filho), atacante do Botafogo, 21 anos (25/12/1944)
⑱ **Alcindo** Martha de Freitas, atacante do Grêmio, 21 anos (31/3/1945)
⑲ Walter Machado da **Silva**, atacante do Flamengo, 26 anos (2/1/1940)
⑩ **Pelé** (Edson Arantes do Nascimento), atacante do Santos, 25 anos (23/10/1940)
⑳ **Tostão** (Eduardo Gonçalves de Andrade), atacante do Cruzeiro, 19 anos (25/1/1947)
㉑ **Paraná** (Ademir de Barros), ponteiro-esquerdo do São Paulo, 24 anos (21/3/1942)
㉒ **Edu** (Jonas Eduardo Américo), ponteiro-esquerdo do Santos, 17 anos (6/8/1949)

Grupo 3
Brasil, Portugal, Hungria e Bulgária
Brasil 2 x 0 Bulgária

Foi uma boa estreia, levando em conta o resultado, mas abaixo do que a torcida brasileira esperava. Em treze minutos, a defesa búlgara fez quatro faltas, sendo três delas sobre Pelé. Na terceira, cometida por Yakimov, a dois passos da grande área, o próprio Pelé mandou um tijolo rasante que entrou no canto direito baixo de Naydenov.

O segundo gol brasileiro, na 17ª falta cometida pelos búlgaros, aos 18 minutos do segundo tempo, foi marcado por Garrincha – um disparo da meia-direita, com o lado de fora do pé direito, que fez uma curva incrível e entrou no ângulo esquerdo. Mas Garrincha, uma das esperanças do povo, que torcia para que ele reencontrasse seu futebol, praticamente nada fez além daquele

OS ESTÁDIOS

O público da Copa de 1966 foi de 1.463.033 pessoas (média de 45.720 por jogo). Foram utilizados oito estádios, quatro deles construídos ainda no século XIX e outros três na primeira década do século XX. Wembley, o mais novo, já tinha 43 anos e originalmente foi chamado de Empire Stadium, por ter sido construído para uma feira, a Grande Exibição do Império Britânico de 1923.

ESTÁDIO	CIDADE	CAPACIDADE	INAUGURAÇÃO	JOGOS
Wembley	Londres	100.000	1923	9
Goodison Park	Liverpool	60.000	1892	5
Villa Park	Birmingham	43.000	1897	3
Hillsborough	Sheffield	40.000	1899	4
White City	Londres	40.000	1908	1
Roker Park	Sunderland	32.000	1898	4
Old Trafford	Manchester	32.000	1910	3
Ayresome Park	Middlesbrough	25.000	1903	3

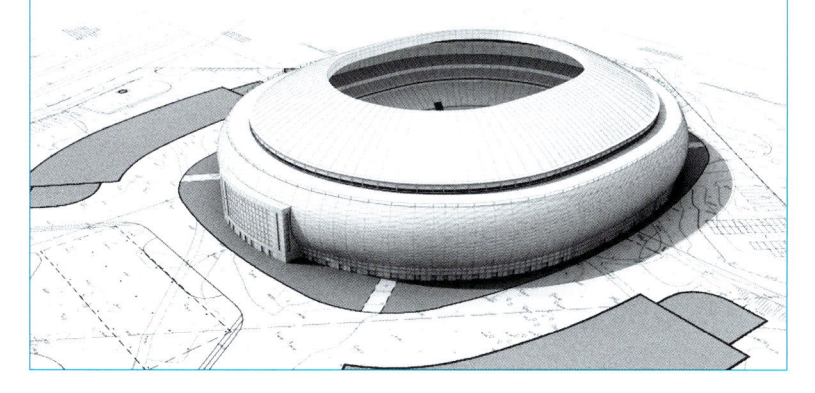

gol. Pelé havia marcado o primeiro gol da Copa de 1966 e se tornava, também, o primeiro jogador a marcar gols em três Copas diferentes. E, finalmente, embora naquele momento ninguém desconfiasse, Pelé e Garrincha haviam atuado pela última vez juntos. Nos oito anos e quarenta jogos, oficiais ou não, em que os dois estiveram lado a lado na Seleção, o Brasil nunca perdeu – foram 35 vitórias e cinco empates.

OS JOGOS DO BRASIL

BRASIL 2   BULGÁRIA 0

12 de julho de 1966 • Terça-feira
Estádio Goodison Park • Liverpool • 19h30

GOL NO 1ºT • 1 × 0 Pelé 14'
GOL NO 2ºT • 2 × 0 Garrincha 18'

BRASIL • ①Gilmar, ②Djalma Santos, ④Bellini, ⑥Altair, ⑧Paulo Henrique, ⑬Denilson, ⑭Lima, ⑯Garrincha, ⑱Alcindo, ⑩Pelé, ⑰Jairzinho.
TÉCNICO Vicente Feola

BULGÁRIA • ①Naydenov, ②Shalamanov, ⑤Penev, ③Kutsov, ⑧Kitov, ⑥Zhechev, ④Gaganelov, ⑦Dermendzhiev, ⑪Kolev, ⑬Yakimov, ⑨Asparuhov.
TÉCNICO Rudolf Vytlacil

PÚBLICO • 47.308

JUIZ: Kurt Tschenscher (Alemanha Ocidental)
AUXILIARES: McCabe (Inglaterra) e Taylor (Inglaterra)

Brasil 1 x 3 Hungria

Dois dias antes do segundo jogo do Brasil, contra a Hungria, Pelé foi o assunto de uma longa discussão na reunião da Comissão Técnica. Portugal havia acabado de vencer a Hungria, e Pelé estava com o joelho dolorido e levemente inchado. Como se supunha que Portugal não fosse lá essas maravilhas, a conclusão era que a Hungria não iria opor muita resistência ao Brasil. Então, Carlos Nascimento, Vicente Feola e Paulo Amaral (os três haviam visto o jogo entre Portugal e Hungria) tomaram uma decisão compreensível, porém temerária – a de poupar Pelé contra os húngaros.

Sob um céu carregado, o jogo começou a mil por hora. Aos 2 minutos, o arisco ponteiro húngaro Ferenc Bene recebeu de Albert, entre Altair e Paulo Henrique. Com dois dribles secos, Bene deixou Altair sentado e disparou até a pequena área. E ainda cortou Bellini, que chegava para a cobertura, com outro drible curto, antes de chutar no canto esquerdo de Gilmar. Um golaço, desses que o Brasil estava acostumado a marcar – mas não a levar.

por Max Gehringer

1966

Aos 14 minutos, Rákosi tocou a bola com a mão, a 35 m do gol húngaro. Lima cobrou a falta com um chute rasteiro, na direção de um bolo de jogadores na grande área. Mátrai espirrou o taco e Tostão, com um incrível chute de primeira, de pé esquerdo, acertou o ângulo esquerdo de Gelei, empatando o jogo.

No segundo tempo, aos 9 minutos, num rápido contra-ataque, Albert recebeu quase no círculo central e tocou de primeira para Bene, junto à linha lateral, que levantou a bola na área para Farkas, que vinha na corrida, pegar um desses sem-pulo que só se acertam uma vez na vida. Gilmar nem se mexeu, e a bola entrou rasante em seu canto esquerdo. O gol desorientou o Brasil.

Aos 24 minutos, novamente Albert recebeu em sua intermediária, passou entre Lima e Gérson sem ser incomodado, chegou até perto da área brasileira e tocou para Bene, pela direita. Já dentro da área, Bene escapou de um carrinho de Altair e foi calçado, por trás, por Paulo Henrique. Um pênalti tão claro que os brasileiros nem esboçaram reclamação. O capitão húngaro Mészöly bateu com irritante tranquilidade, colocando a bola rasteira, junto à trave direita, deixando Gilmar estático no centro do gol. Hungria 3 a 1. E a Seleção Brasileira finalmente saiu de campo derrotada, após doze anos e treze jogos invictos em Copas – a última derrota havia sido também para a Hungria, por 4 a 2, em 1954 (Djalma Santos participou dos dois jogos).

HUNGRIA 3   BRASIL 1

15 de julho de 1966 • Sexta-feira
Estádio Goodison Park • Liverpool • 19h30

GOLS NO 1ºT • 1 × 0 Bene 2', 1 × 1 Tostão 14'
GOLS NO 2ºT • 2 × 1 Farkas 9', 3 × 1 Mészöly (pênalti) 19'

BRASIL • ①Gilmar, ②Djalma Santos, ④Bellini, ⑥Altair, ⑧Paulo Henrique, ⑭Lima, ⑪Gérson, ⑯Garrincha, ⑱Alcindo, ⑳Tostão, ⑰Jairzinho.
TÉCNICO Vicente Feola

HUNGRIA • ㉑Gelei, ②Káposzta, ③Mátrai, ⑤Mészöly, ④Szepesi, ⑥Sipos, ⑬Mathesz, ⑪Rákosi, ⑦Bene, ⑨Albert, ⑩Farkas. TÉCNICO Lajos Baróti

PÚBLICO • 51.387

JUIZ: Kenneth Dagnall (Inglaterra)
AUXILIARES: Howley (Inglaterra) e Yamazaki (Peru)

Brasil 1 x 3 Portugal

A única boa notícia é que Pelé estaria em campo. Aos 15 minutos, com Portugal já dominando as ações, Manga saiu para cortar um cruzamento de Eusébio da esquerda. Mas deu apenas uma deixadinha de vôlei na bola, colocando-a exatamente na cabeça de Simões, bem à sua frente. Sem muito esforço, Simões só testou para o gol, fazendo 1 a 0 para Portugal.

Onze minutos depois, novo cruzamento, dessa vez de Jaime Graça. Pelo alto, Torres ganhou a disputa com Brito e cabeceou para a pequena área. Manga não saiu do gol e Eusébio, também de cabeça, subindo mais que Orlando, fez 2 a 0.

Com apenas 26 minutos jogados, o Brasil já se encontrava numa situação crítica: agora, precisava de cinco gols para continuar na Copa, desde que Portugal não marcasse mais nenhum. Cinco minutos depois, as tênues esperanças brasileiras viraram fumaça. Aos 29 minutos, o zagueiro Morais tirou Pelé do jogo, com duas violentas entradas no mesmo lance. O juiz McCabe, britanicamente, caminhou alguns passos e apontou o local da falta. Mario Américo e o dr. Hilton Gosling entravam desesperados no gramado e carregavam Pelé para fora, enquanto Morais se colocava em uma posição contrita – mãos às costas e cabeça baixa – esperando por uma reprimenda torrencial do juiz, mas Sua Senhoria fez apenas um paternal gesto com as mãos. No vestiário, Pelé passaria por uma punção no joelho e só voltaria aos 4 minutos do segundo tempo, com a perna direita enfaixada. Passaria toda a etapa final capengando na ponta esquerda, já que na época ainda não eram permitidas as substituições.

No segundo tempo, poucos jogadores brasileiros ainda se animavam a continuar tentando mudar o panorama e um deles era o lateral-esquerdo Rildo, do Botafogo. Aos 28 minutos, Rildo subiu novamente ao ataque,

> Naquele mesmo ano, o bandeirinha Tofik **Bakhramov,** que decidiu a Copa de 1966 em favor da Inglaterra, teve **uma estátua inaugurada em sua homenagem**, em Baku, no Azerbaijão, em frente ao Estádio Nacional, que também ganhou seu nome.

por Max Gehringer

1966

entrou na área e chutou cruzado no canto esquerdo baixo de José Pereira. Um belo gol, mas que veio tarde demais. A cinco minutos do fim do jogo, Eusébio entrou pela ponta direita e mandou um balaço entre Manga e a trave esquerda, fechando a vitória portuguesa em 3 a 1.

Para os mais fervorosos, porém, ainda restava um fiozinho de esperança. Uma vitória da Bulgária sobre a Hungria. Aí, Brasil, Hungria e Bulgária ficariam com uma vitória e duas derrotas. Mas a Bulgária precisava vencer por 3 a 0. Pelo critério do *goal average*, esse placar – e só esse – eliminaria a Hungria e classificaria o Brasil. Dois outros resultados igualariam o *goal average* e levariam a decisão da segunda vaga para um sorteio – 2 a 0 ou 4 a 1 para a Bulgária. No primeiro caso, a vaga seria sorteada entre Brasil e Hungria. No segundo, entre Brasil e Bulgária. É verdade que os búlgaros ainda não haviam feito um só gol na Copa. Também era verdade que, na Copa de 1962, a Hungria tinha enfiado 6 a 1 na Bulgária. Mas não custava torcer, e acender as velas...

Aos 14 minutos, o búlgaro Asparuhov fez 1 a 0, e os corações começaram a bater mais forte no Brasil. As ilusões, no entanto, se desfizeram ainda no primeiro tempo, quando, em apenas dois minutos, a Hungria virou para 2 a 1, resultado que tirava o Brasil da Copa, qualquer que fosse o resultado final da partida. Nos últimos 45 minutos, a Hungria ainda aumentou para 3 a 1. A essa altura, todo mundo já tinha desligado o rádio no Brasil.

PORTUGAL 3   BRASIL 1

19 de julho de 1966 • Terça-feira
Estádio Goodison Park • Liverpool • 19h30

GOLS NO 1ºT • 1 × 0 Simões 15', 2 × 0 Eusébio 26'
GOLS NO 2ºT • 2 × 1 Rildo 28', 3 × 1 Eusébio 40'

PORTUGAL • ③José Pereira, ⑳Baptista, ⑰Morais, ④Vicente, ⑨Hilário, ⑯Jaime Graça, ⑩Coluna, ⑫José Augusto, ⑬Eusébio, ⑱Torres, ⑪Simões.
TÉCNICO Oto Glória

BRASIL • ⑫Manga, ③Fidélis, ⑤Brito, ⑦Orlando, ⑨Rildo, ⑬Denilson, ⑭Lima, ⑰Jairzinho, ⑲Silva, ⑩Pelé, ㉑Paraná. TÉCNICO Vicente Feola

PÚBLICO • 58.479

JUIZ: George McCabe (Inglaterra)
AUXILIARES: Callaghan (Gales) e Dagnall (Inglaterra)

A Copa sem o Brasil

Como o Brasil, a Itália foi também surpreendentemente eliminada na primeira fase da Copa, na derrota por 1 a 0 para a Coreia do Norte, considerada uma das maiores zebras de todos os tempos. Dos quatro jogos das quartas de final, dois eram de altíssimo risco: Inglaterra x Argentina e Alemanha x Uruguai. Demonstrando, no mínimo, falta de sensibilidade – e com uma dúzia de bons juízes para escolher –, o Comitê escalou logo um juiz inglês para apitar o jogo da Alemanha e um juiz alemão para apitar o jogo da Inglaterra.

Aos 33 anos, o árbitro alemão Kreitlein já havia advertido três argentinos – Solari, Rattín e Artime, este por uma falta normal, já que Artime não era chegado a violência. O capitão Rattín, então, resolveu azucrinar o juiz, correndo a seu lado e falando sem parar, sem aparente desrespeito e num tom normal de voz – mas em castelhano. Kreitlein, que não entendia o que Rattín estava dizendo, aguentou a provocação por dois minutos, com o rosto impassível. Aí, de repente, o juiz parou, apitou e apontou para o vestiário. Rattín então fez o gesto de "tempo" em basquetebol, mostrando sua braçadeira de capitão e pedindo um intérprete. Mas, como Kreitlein escreveria depois em seu relatório, nesse momento ele já havia expulsado Rattín.

Rattín se recusou a deixar o campo e os jogadores argentinos cercaram o juiz, enquanto os ingleses se afastavam. O juiz solicitou a presença em campo dos policiais ingleses e o jogo ficou parado por nove minutos, até que Rattín resolveu sair, caminhando lentamente pela lateral do campo. Na bandeirinha de escanteio, adornada com a flâmula da Inglaterra, Rattín diminuiu o passo e tocou a flâmula. O gesto deixou os torcedores indignados, porque a cena aconteceu diante da tribuna de honra em que a rainha Elizabeth II assistia ao jogo.

> Foi a **primeira e única Copa sem jogos aos domingos**. Nas Ilhas Britânicas, por motivos religiosos, não se praticavam esportes nesse dia e a proibição havia sido oficializada pela Federação Inglesa em 1949. Somente em 1973 é que os campeonatos britânicos adotariam o lema universal "Domingo é dia de futebol".

por Max Gehringer

A Inglaterra só conseguiu marcar um gol – legal – a treze minutos do fim do jogo, com Hurst cabeceando um cruzamento de Peters. Foi, talvez, o único momento de futebol pelo qual aquele jogo é lembrado. Quando o juiz apitou o final da partida, e os jogadores mais serenos resolveram se cumprimentar e trocar as camisas, o técnico inglês Ramsey saiu em disparada para dentro do gramado e impediu Cohen de dar sua camisa a Perfumo, chegando a puxá-la das mãos do argentino. Ainda na noite do jogo, em entrevista à tv da bbc, o técnico Ramsey declarou: "Nós viemos para jogar futebol, e não para agir como animais".

No mesmo dia e na mesma hora do pega entre Inglaterra e Argentina, aconteceu o segundo capítulo da novela juízes x sul-americanos. Aos 6 minutos, escanteio para o Uruguai, contra a Alemanha. Pérez bateu, Tilkowski saiu e não pegou nada, e Rocha cabeceou para o gol. Sobre a linha, Schnellinger desviou a bola com a mão (ou a bola desviou na mão de Schnellinger) e saiu por cima do travessão. O bandeirinha árabe Aly Kandil imediatamente ergueu a bandeira e a manteve levantada. E o juiz inglês Finney, sem pestanejar, esticou o dedo e apontou – escanteio. Para os uruguaios, era uma clara demonstração de que havia, mesmo, uma conspiração em andamento.

Cinco minutos depois, os nervos do Uruguai foram de vez para o vinagre. Held chutou para o gol, mas a bola desviou em Haller no meio do caminho e enganou o goleiro Mazurkiewicz. Com um gol sem querer, a Alemanha saía na frente. Era demais. Além de conspiração, azar! No segundo tempo, aos 4 minutos, o capitão uruguaio Troche deu um misto de pontapé e joelhada em Emmerich. O atento bandeirinha Aly Kandil sinalizou, e dessa vez o juiz Finney deu toda a atenção à marcação de seu auxiliar. Troche foi expulso e os uruguaios ficaram ainda mais irritados.

> **Os hinos foram tocados apenas na abertura** (Inglaterra x Uruguai) **e na final** (Inglaterra x Alemanha Ocidental). A execução do hino de países com os quais a Inglaterra não mantinha relações diplomáticas, como a Coreia do Norte, seria proibida por lei.

Aos 9 minutos, Héctor Silva deu um carrinho homicida em Haller e também foi mandado para o chuveiro. Com nove jogadores, o Uruguai não tinha como resistir. Aos 25 minutos, Beckenbauer recebeu de Haller, entrou sozinho, driblou Mazurkiewicz e tocou para o gol vazio. Seeler, aos 31 minutos, marcou o terceiro gol. Aos 39 minutos, Haller, com imensa facilidade, driblou Manicera e Mazurkiewicz e anotou o quarto.

A grande virada
No jogo Portugal 5 x 3 Coreia do Norte, também pelas quartas de final, aconteceu a segunda maior virada da história das Copas (a primeira foi a da Áustria sobre a Suíça, em 1954 – os austríacos saíram perdendo por 3 a 0 e marcaram sete gols, com o jogo terminando 7 a 5). Foi também a consagração de Eusébio, autor dos quatro primeiros gols portugueses.

Apesar da simpatia da torcida pelos coreanos, ninguém esperava que eles pudessem produzir outra grande surpresa na Copa, como a vitória sobre a Itália. Mas logo aos 38 segundos a Coreia do Norte fazia 1 a 0. Aos 20 minutos, outro gol saiu – do lado coreano. A torcida ainda comemorava quando Yang Seung Kook acertou uma bomba no ângulo esquerdo de José Pereira: 3 a 0. Em 25 minutos, a Coreia tinha marcado mais gols em Portugal do que Brasil, Hungria e Bulgária haviam conseguido em 270 minutos.

Ao tomar o terceiro gol, os portugueses finalmente acordaram para a realidade. Aos 27 minutos, Eusébio diminuiu para 3 a 1. Aos 42 minutos, Torres foi derrubado na área. Pênalti, que Eusébio cobrou e converteu. E Portugal foi para o intervalo perdendo por um gol de diferença, mas com o moral nas nuvens. Aos 12 minutos do segundo tempo, Eusébio empatou. Dois minutos depois, Eusébio sofreu um pênalti ridículo, e ele mesmo, embora ainda manquitolando, cobrou com força no canto direito. Era seu quarto gol num espaço

> A torcida soviética na Inglaterra só era maior que a da Coreia do Norte. **O governo soviético concedera autorização para apenas duzentos** camaradas-torcedores viajarem. Entre eles, a esposa do goleiro Yashin, Valentina.

por Max Gehringer

de 32 minutos. Aos 40 minutos, Torres cabeceou para José Augusto, que, também de cabeça, completou o marcador. Apesar da heroica virada portuguesa, a eliminada Coreia do Norte é que saiu de campo aplaudida, de pé, pelos 20 mil torcedores presentes. No outro jogo das quartas de final, a União Soviética fez 2 a 1 na Hungria e classificou-se para enfrentar a Alemanha Ocidental.

As semifinais

Em Portugal, semifinais atendem pelo nome de "meias finais". Às vésperas das ditas cujas, a Seleção Portuguesa já havia angariado o devido respeito. Na outra partida, a Alemanha enfrentava a União Soviética.

No jogo contra a União Soviética, o alemão Haller abriu o placar, aos 43 minutos. No último minuto do primeiro tempo, Chislenko, que estava mancando na ponta esquerda após levar duas entradas maldosas de Schnellinger e Held, aproveitou para dar um pontapé em Held. O juiz Lo Bello estava a 3 m do lance, e Chislenko foi expulso. No segundo tempo, aos 22 minutos, Beckenbauer fez Alemanha 2 a 0. Aos 43 minutos, Porkuyan fez o gol de honra soviético. Mas já era tarde demais. A Alemanha foi para a final.

A GRANDE VIRADA

PORTUGAL 5 × COREIA DO NORTE 3

1º DO GRUPO 3 × 2º DO GRUPO 4

23 de julho de 1966 • Sábado
Estádio Goodison Park • Liverpool • 15h00

GOLS NO 1ºT • 0 × 1 Pak Seung Zin 1',
2 × 0 Li Dong Woon 22', 3 × 0 Yang Seung Kook 25',
1 × 3 Eusébio 27', 2 × 3 Eusébio (pênalti) 42'
GOLS NO 2ºT • 3 × 3 Eusébio 12',
4 × 3 Eusébio (pênalti) 14', 5 × 3 José Augusto 40'

PORTUGAL • ③José Pereira, ⑳Baptista, ⑰Morais, ④Vicente, ⑨Hilário, ⑯Jaime Graça, ⑩Coluna, ⑫José Augusto, ⑬Eusébio, ⑱Torres, ⑪Simões.
TÉCNICO Oto Glória

COREIA DO NORTE • ①Li Chan Myung, ⑭Ha Jung Won, ⑤Lim Zoong Sun, ⑬Oh Yoon Kyung, ③Shin Yung Kyoo, ⑥Im Seung Hwi, ⑪Han Bong Zin, ⑦Pak Doo Ik, ⑧Pak Seung Zin, ⑯Li Dong Woon, ⑮Yang Sung Kook. TÉCNICO Myung Re Hyun

PÚBLICO • 37.286

JUIZ: Menachem Ashkenazi (Israel)
AUXILIARES: Galba (Tchecoslováquia) e Schwinte (França)

Almanaque dos Mundiais

De acordo com a tabela original da Copa, distribuída antes de o torneio começar, Portugal e Inglaterra deveriam ter feito a outra semifinal em Liverpool, no Estádio Goodison Park. O que seria ótimo para Portugal, que já conhecia bem o campo (ali, os portugueses haviam vencido Brasil e Coreia do Norte). Mas, levando em consideração "o melhor interesse dos torcedores", o Comitê Organizador decidiu que o jogo seria transferido para o Estádio de Wembley, em Londres. O que era ruim para Portugal (a Inglaterra havia disputado os seus quatro jogos anteriores em Wembley). Evidentemente, os portugueses nem foram consultados sobre a mudança.

Os ingleses tiveram a sorte de aproveitar a primeira oportunidade que criaram, aos 30 minutos, com Bobby Charlton. Na etapa final, aos 34 minutos, o mesmo Charlton ampliou. Aos 37 minutos, Eusébio, de pênalti, fez seu oitavo gol na Copa – e o primeiro que a Inglaterra tomava. Os ingleses ganharam o direito de ir à final. E os portugueses perderam a chance de suas vidas de ganhar uma Copa do Mundo.

Na decisão do terceiro lugar, contra a União Soviética, Portugal conseguiu um pênalti ao 13 minutos, que Eusébio bateu e anotou seu nono *golo*, tornando-se também o jogador que mais fez gols de pênalti numa só Copa – quatro (o holandês Rensenbrink igualaria o feito em 1978).

O gol de empate soviético, aos 43 minutos, só saiu porque o goleiro José Pereira falhou, largando uma bola fácil na pequena área. Malofeev, Banishevskiy e José Carlos chegaram praticamente ao mesmo tempo e Banishevskiy enfiou o pé. O chute saiu torto, mas a bola bateu no joelho de Malofeev e entrou. O representante ficou em dúvida quanto ao autor do gol e o juiz inglês Dagnall apontou para Banishevskiy. Posteriormente, o chefe da delegação soviética solicitou a correção e o gol foi concedido a Malofeev. No segundo tempo, quando tudo indicava

> No jogo Itália 2 x 0 Chile, pela primeira fase, ambas as comissões técnicas haviam numerado seus **jogadores por ordem alfabética**. No caso do Chile, isso fez com que o atacante Pedro Araya, do Universidad, se tornasse o **primeiro não goleiro a vestir a camisa 1** em uma Copa.

por Max Gehringer

que o jogo iria para a prorrogação, aos 44 minutos, o centroavante Torres marcou o gol da vitória portuguesa por 2 a 1.

A final

Na final da Copa do Mundo de 1966, entre Inglaterra e Alemanha, a rainha Elizabeth II estava em Wembley, e o primeiro-ministro Harold Wilson também. Na quinta-feira, circularam rumores de que o brasileiro Armando Marques estava cotado para ser um dos bandeirinhas da final. Mas era só boato. Uma pena, porque, se tivesse atuado, Armandinho poderia ter mudado a história da Copa de 1966. A Inglaterra venceria na prorrogação, com um gol inexistente e outro irregular. E, nos dois lances, o bandeirinha soviético Tofik Bakhramov teve participação decisiva.

Logo aos 12 minutos, num erro de Wilson, que devolveu mal de cabeça uma bola cruzada por Held para a área inglesa, Haller dominou e atirou rasteiro no canto direito de Banks, abrindo o marcador para a Alemanha. A Inglaterra foi à frente e aos 18 minutos Bobby Moore foi derrubado por Overath, na intermediária alemã. Rapidamente, o próprio Moore bateu a falta, colocando a bola na cabeça de Hurst, que empatou o jogo.

No segundo tempo, aos 33 minutos, Ball cobrou escanteio da direita e a bola sobrou para Hurst, fora da área, pela meia-esquerda. Hurst chutou sem muita força, mas, no meio do caminho, o zagueiro Höttges cortou mal. A bola subiu e, quando desceu, Martin Peters pegou de sem-pulo, da risca da pequena área, e fez 2 a 1 para a Inglaterra.

Aos 44 minutos, quando a torcida inglesa já entoava seus tradicionais cânticos de vitória, o juiz suíço Dienst marcou uma falta discutível contra a Inglaterra. Pela meia-esquerda, Held ia dominar uma bola que vinha pelo alto, quando

> Os ônibus que transportaram as delegações na Inglaterra não eram iguais. Após a eliminação do Brasil, **os norte-coreanos "herdaram" o ônibus brasileiro**, chapa GPW 4430, ainda com a expressão "Brazilian Football Team" pintada na lateral. Definitivamente, um ônibus azarado.

Jack Charlton subiu para cabecear e tocou as costas do alemão com o peito, sem usar as mãos. Held se desequilibrou e o juiz apitou, mas mostrou ao inconformado inglês Nobby Stiles o gesto de "apoiar", que não tinha acontecido. Talvez para compensar, o juiz economizou na contagem dos passos da barreira – apenas sete – e o muro inglês se posicionou no sexto.

Emmerich cobrou assim mesmo, com um tiro forte. A bola atravessou a barreira muito próxima e sobrou para Held, que foi à linha de fundo e chutou. Num golpe de sorte, a bola desviou nas costas de Schnellinger, na pequena área, e caprichosamente passou entre os pés de Wilson e Seeler. Atrás deles, o zagueiro Weber, quase de carrinho, tocou no canto esquerdo. Apenas a 35 segundos do final, a Alemanha conseguia o empate, para delírio de sua torcida. Pela segunda vez, uma Copa seria decidida na prorrogação (a primeira foi em 1934).

O gol polêmico

Se a prorrogação também terminasse empatada, haveria um novo jogo dois dias depois, na segunda-feira, 1º de agosto. Na improvável hipótese de esse jogo também não ter um vencedor após 120 minutos, o campeão seria decidido por sorteio. As disputas por pênaltis só começariam na Copa de 1982.

O lance decisivo do jogo (e da Copa) aconteceria aos 12 minutos. Allan Ball cruzou da ponta direita. Dentro da área alemã, Hurst aparou a bola, girou o corpo e chutou de pé direito. A bola bateu no travessão, tocou no chão, subiu e voltou a descer na pequena área. O alemão Höttges, de cabeça, mandou-a por cima do gol.

Alguns jogadores ingleses levantaram os braços e o juiz suíço Dienst ficou na dúvida. E decidiu consultar o bandeirinha Bakhramov. Quando Dienst se aproximou dele, Bakhramov deu três passos para dentro do campo e fez um gesto com a mão, mostrando que a bola tinha batido dentro do gol. E Dienst

> Apesar das irregularidades em dois gols no jogo decisivo de 1966, o inglês Geoff Hurst é, oficialmente, o **único jogador a ter feito três gols em uma final de Copa do Mundo**.

por Max Gehringer

apontou para o meio do campo. Kennet Wolstenholmes, locutor da BBC, exclamou, entre eufórico e surpreso: "It's a goal!".

A melhor cena filmada do lance, feita com uma câmera no alto do estádio, praticamente na direção da linha de fundo, mostra que a bola nem sequer chegou a tocar na risca do gol – ela quicou claramente dentro do campo. Não existe uma única foto que mostre a bola dentro do gol, mas existem dezenas que a mostram fora. A mais reveladora foi batida de trás do gol, exatamente no momento crítico. Em primeiro plano, a bola aparece tocando o solo, cerca de 10 cm dentro do campo. Ao fundo está Bakhramov, com o tronco ligeiramente inclinado, mas na direção da marca do pênalti – um local que não permitia a visão perfeita do lance.

Aos 15 minutos do segundo tempo da prorrogação, Jack Charlton dominou a bola no peito, na área inglesa. O locutor inglês exclamou: "Acabou, eu acho", mas o juiz Dienst fez sinal para o jogo continuar e Jack Charlton deu um chute alto na direção de Hurst, sozinho na intermediária alemã. Três torcedores, igualmente imaginando que o jogo terminara, haviam invadido o gramado pelo lado oposto, também dentro do meio-campo alemão. E correram na direção do meio do campo, passando bem em frente ao bandeirinha tcheco Galba, que pareceu não se importar com os penetras.

A FINAL

INGLATERRA 4   ALEMANHA OCIDENTAL 2

2 A 2 NO TEMPO NORMAL

30 de julho de 1966 • Sábado
Estádio de Wembley • Londres • 15h00

GOLS NO 1ºT • 0 × 1 Haller 12', 1 × 1 Hurst 18'
GOLS NO 2ºT • 2 × 1 Peters 33', 2 × 2 Weber 44'
GOL NO 1ºT DA PRORROGAÇÃO • 3 × 2 Hurst 12'
GOL NO 2ºT DA PRORROGAÇÃO • 4 × 2 Hurst 14'

INGLATERRA • ①Banks, ②Cohen, ⑤Jack Charlton, ⑥Bobby Moore, ③Wilson, ④Stiles, ⑨Bobby Charlton, ⑦Ball, ⑩Hurst, ㉑Hunt, ⑯Peters.
TÉCNICO Alf Ramsey

ALEMANHA • ①Tilkowski, ②Höttges, ⑤Schulz, ⑥Weber, ③Schnellinger, ④Beckenbauer, ⑧Haller, ⑫Overath, ⑨Seeler, ⑩Held, ⑪Emmerich.
TÉCNICO Helmut Schön

PÚBLICO • 96.920

JUIZ: Gottfried Dienst (Suíça)
AUXILIARES: Galba (Tchecoslováquia) e Bakhramov (União Soviética)

Almanaque dos Mundiais

Hurst partiu para dentro da área alemã. No instante em que Hurst armava o chute, o locutor Wolstenholmes avisou: "Há pessoas no campo. Elas pensam que o jogo acabou".

OS 11 CAMPEÕES DE 1966

① Gordon **Banks**, goleiro do Leicester City, 28 anos (30/12/1937)
② George **Cohen**, lateral-direito do Fulham, 26 anos (22/10/1939)
⑤ John **"Jack" Charlton**, zagueiro de área do Leeds United, 31 anos (8/5/1935)
⑥ Robert **"Bobby"** Frederick Chelsea **Moore**, quarto-zagueiro do West Ham, 25 anos (12/4/1941 – 24/2/1993)
③ Ramon "Ray" **Wilson**, lateral-esquerdo do Everton, 31 anos (17/12/1934)
④ Norbert "Nobby" Peter **Stiles**, volante do Manchester United, 24 anos (18/5/1942)
⑨ Robert **"Bobby" Charlton**, armador do Manchester United, 28 anos (11/10/1937)
⑦ Alan **Ball**, ponteiro-direito do Blackpool, 20 anos (12/05/1945 – 5/4/2007)
㉑ Roger **Hunt**, meia-atacante do Liverpool, 28 anos (20/7/1938)
⑩ Geoff **Hurst**, centroavante do West Ham, 24 anos (8/12/1941)
⑯ Martin **Peters**, ponteiro-esquerdo do West Ham, 22 anos (8/11/1943) .
Ⓣ Alfred Ernest **"Alf" Ramsey**, técnico, 46 anos (22/1/1920 – 30/4/1999)

OS OUTROS 11 CAMPEÕES

⑫ Ronald "Ron" **Springett**, goleiro do Sheffield Wednesday, 31 anos
⑬ Peter **Bonetti**, goleiro do Chelsea, 24 anos
⑭ James **Armfield**, zagueiro do Blackpool, 30 anos
⑮ Gerry **Byrne**, zagueiro do Liverpool, 27 anos
⑰ Ronald "Ron" **Flowers**, meio-campo do Wolverhampton Wanderers
⑱ Norman **Hunter**, meio-campo do Leeds United, 22 anos
⑳ Ian **Callaghan**, meio-campo do Liverpool, 24 anos
㉒ George **Eastham**, meio-campo do Arsenal, 29 anos
⑧ James Peter "Jimmy" **Greaves**, atacante do Tottenham Hotspur, 24 anos
⑪ John **Connelly**, atacante do Manchester United, 28 anos
⑲ Terry **Paine**, atacante do Southampton, 27 anos

Hurst chutou no ângulo direito de Tilkowski, e o locutor foi rápido: "Agora, acabou". No mesmo momento, os torcedores estavam quase no bico esquerdo da grande área alemã, a 10 m da linha lateral. O juiz Dienst confirmou o quarto gol inglês e o bandeirinha Galba fez de conta que não era com ele. Ainda com a bola no fundo das redes alemãs, o juiz apitou o fim do jogo, deixando boa parte do estádio com a impressão de que a partida tinha terminado 3 a 2.

Pela cartilha de regras do futebol, o quarto gol inglês foi ilegal (Lei nº 5: "O juiz deve parar o jogo quando houver interferência externa de qualquer espécie".). Pelas normas do mais elementar bom-senso, o terceiro gol – inexistente – não poderia ter sido validado. Evidentemente, todos os jornais britânicos do dia seguinte escreveram que, interpretações à parte, a Inglaterra tinha sido melhor e merecera ganhar a Copa.

A volta para casa

Após a derrota para Portugal, que selou a desclassificação do Brasil da Copa, no dia 19 de julho, os brasileiros ficaram mais quatro dias na Inglaterra. No dia 22, sexta-feira, a delegação deixou a concentração de Lymm e foi de ônibus para Londres, onde à noite a Fifa ofereceu – no Hotel Lancaster – um jantar para jogadores e dirigentes dos países eliminados da Copa. Em seguida, a delegação brasileira se hospedou no Hotel Crystal Palace e na noite do dia seguinte, sábado, embarcaria de volta para o Brasil. A chegada ao Rio, inicialmente prevista para as 9 horas da manhã do domingo, dia 24, foi reprogramada para as 11 da noite, mas a Comissão Técnica temia que, qualquer que fosse o horário, certamente haveria um hostil comitê de recepção aguardando o desembarque. Porém, por problemas técnicos, ou por estratégia, o voo especial da Varig que trazia a Seleção decolou de Londres com quase cinco horas de atraso. E, após as escalas em Lisboa e Dacar, chegou ao Rio de Janeiro às 3h30 da madrugada da segunda-feira, dia 25. Foi o retorno mais melancólico de uma Seleção Brasileira após uma Copa – não mais que vinte gatos pingados se animaram a passar a noite em claro para vaiar a delegação.

1970

Na mais perfeita campanha da história das Copas, o Brasil venceu todos os doze jogos que disputou

Arriba Mejico!

Em 8 de outubro de 1964, o 34º Congresso da Fifa se reuniu no Metropolitan Hotel de Tóquio. Dos 126 países filiados, 95 iriam escolher – em votação aberta – o país sede da Copa de 1970. Argentina e México eram os dois concorrentes e a Argentina parecia ser a favorita, porque desde a década de 1940 vinha tentando emplacar a realização de uma Copa. Mais uma vez, porém, os argentinos foram preteridos e o México acabou levando.

A favor do México, pesaram a sua participação em todas as fases finais de Copas, exceto a de 1938, e as condições oferecidas para a realização do torneio. Contra, havia apenas um argumento: a falta de oxigênio nos 2.240 m de altitude da Cidade do México, que poderia provocar desmaios e outros males súbitos nos jogadores. Os especialistas, então, explicaram que a altitude funciona *a favor* do esporte, e não contra, tanto que o México já havia sido designado como sede dos Jogos Olímpicos de 1968. Com o ar mais rarefeito, os atletas correm e saltam mais. E a bola, devido ao menor atrito, ganha mais velocidade. Só havia um inconveniente: os jogadores teriam de chegar ao México com, pelo menos, vinte dias de antecedência para a necessária adaptação orgânica. Mas isso não era um grande problema em 1970.

E aí, com 56 votos – contra 32 para a Argentina e sete abstenções –, o México ganhou o direito de sediar a 9ª Copa do Mundo. Um dos países influentes que votaram contra foi a Inglaterra e, durante a Copa, a torcida mexicana não esqueceria essa desfeita.

De todos os países que tinham o futebol como paixão nacional, o México era um dos menos afortunados em termos de prestígio mundial. Um dos motivos era a falta de concorrência – nas Américas Central e do Norte, os mexicanos nunca tiveram adversários de respeito. Assim, a Copa de 1970 seria a grande oportunidade para o México mostrar ao mundo que, dentro de campo, poderia ser mais que um coadjuvante.

por Max Gehringer

Já fora do campo, o México não tinha problemas. O Comitê Organizador da Copa seria presidido por Guillermo Cañedo, presidente da Federação Mexicana de Futebol, e contaria com a participação do suíço Hans Bangerter, então secretário-geral da Uefa. Mas a presença dominante seria a do milionário Emilio Azcárraga Milmo, 40 anos, dono de um clube (o América), principal executivo do Telesistema, o conglomerado de telecomunicações de sua família, e cabeça do consórcio que havia construído o Estádio Azteca, na Cidade do México.

De Saldanha a Zagallo

No dia 4 de fevereiro de 1969, numa atitude surpreendente, Antonio do Passo, diretor de futebol da CBD, anunciou que o novo técnico seria um dos jornalistas mais ácidos em suas críticas à Seleção – João Saldanha, do jornal *Última Hora*, do Rio. Gaúcho de Alegrete, radicado no Rio desde os catorze anos de idade, Saldanha só tinha tido uma experiência como técnico – dirigira seu time do coração, o Botafogo, entre 1957 e 1959. Mas, na Seleção, co-

O MÉXICO

» O território onde atualmente está o México tem uma longa história. Há 10 mil anos, seus primitivos habitantes começaram a cultivar o milho – ainda hoje o alimento nacional do país, principalmente na forma de *tortillas*. Várias civilizações surgiram através dos tempos, sendo Olmec e Maia as primeiras de que se tem conhecimento. Mais tarde, povos guerreiros vindos do deserto, ao norte, dominaram a maior parte da região. Um desses povos tinha o nome de Mexica. No início do século XIX, o naturalista alemão Alexander von Humboldt propôs, para simplificar as coisas, que os inúmeros povos que viveram no vasto território fossem agrupados sob a denominação genérica de "Aztec" (da região em Aztlán).

» Após a descoberta da América, os conquistadores espanhóis pulverizaram as culturas nativas. De 1521 a 1810, a região – incluindo o Caribe – foi chamada de "Nova Espanha". Mesmo após sua independência, em 1821, o México continuou a ser depredado. Alguns dos atuais estados americanos – Texas, Novo México, Califórnia – pertenciam, total ou parcialmente, aos mexicanos.

» Em 1970, a população do México era de 48 milhões, dos quais quase 7 milhões viviam na capital e outros 2 milhões em seus subúrbios.

meçou surpreendendo, ao anunciar os convocados apenas dois dias após assumir. E, fiel a seu estilo, afirmou que o Brasil passaria a ter "onze feras em campo". Quando o Brasil derrotou o Paraguai por 1 a 0 e se classificou para ir ao México, invicto, com seis vitórias, Saldanha já contava uma legião de admiradores. Entre esses, porém, não estavam os militares.

No dia 3 de setembro de 1969, a Seleção fez um amistoso contra o Atlético, no Mineirão, perdendo por 2 a 1. O centroavante Dario fez o gol da vitória. Era a primeira derrota da Seleção sob o comando de Saldanha e o fato provocaria uma saborosa história. Dois meses depois, alguém teria soprado para Saldanha que o presidente recém-empossado, o general Emilio Garrastazu Médici, como brasileiro e torcedor, gostaria de ver Dario na Seleção – embora, em público, Médici jamais tenha dito isso. E Saldanha, fiel a seu estilo direto e irônico, teria esquecido o "torcedor" da frase e mandado a resposta para o presidente mesmo: "Ele escala o ministério, e eu escalo a Seleção".

Saldanha perderia o cargo, meses depois, não por qualquer manobra escusa dos militares, mas por conta de seu próprio tempera-

> **O BRASIL EM 1970**
>
> » O censo divulgado em 21 de setembro de 1970 apontou uma população de 92.237.570 habitantes. Pela primeira vez, a população urbana ultrapassava a rural – 56% dos brasileiros já viviam em cidades. São Paulo era a maior cidade do país, com 5,9 milhões de moradores. A cidade do Rio de Janeiro (então, o estado da Guanabara) era a segunda, com 4,7 milhões.
>
> » A inflação anual em 1970 foi de 19,3%. O salário mínimo valia 156 cruzeiros novos em janeiro e 187,20 de maio a dezembro. O dólar começou o ano cotado a 4,35 cruzeiros novos e terminou a 4,95 cruzeiros (o nome da moeda foi trocado em março).
>
> » As músicas mais executadas nas rádios foram "Foi um rio que passou em minha vida", com Paulinho da Viola; "Jesus Cristo", com Roberto Carlos; "Madalena", com Elis Regina; "Eu te amo meu Brasil", com Os Incríveis. Em março, "Apesar de você", de Chico Buarque de Hollanda, havia sido liberada pela censura e fez muito sucesso durante onze dias. Foi quando os censores perceberam a quem se referia o "você" do título: à própria censura. A música foi proibida e os discos foram recolhidos das lojas.

por Max Gehringer

mento. No início de 1970 Saldanha começou a dar sinais de que estava perdendo a estabilidade emocional. Primeiro, sustentou um bate-boca por meio da imprensa com o técnico Zezé Moreira. Em seguida, voltou suas baterias contra os cartolas da CBD. Na primeira quinzena de março, o caldeirão ferveu de vez. De revólver em punho, Saldanha invadiu a concentração do Flamengo à procura do técnico rubro-negro Dorival Knipel, o Yustrich, que chamara Saldanha de "covarde". O incidente acabou dando em nada, mas, dois dias depois, Saldanha tentou sair no braço com um jornalista de Porto Alegre que o incomodara com suas perguntas. Em 4 de março, o Brasil perdeu da Argentina por 2 a 0 no Estádio Beira-Rio. Uma vitória contra a mesma Argentina (por 2 a 1, quatro dias depois, no Maracanã) provocou mais críticas do que elogios. Apesar disso, Saldanha se mostrava pro-

penso a barrar Pelé na Seleção, presumivelmente porque Pelé não obedecia a suas recomendações táticas. No dia 11 de março, o próprio ministro da Educação, o coronel Jarbas Passarinho, convocou Saldanha para uma reunião em Brasília. Naquela mesma noite Passarinho ligou para João Havelange e instou o presidente da CBD a colocar um ponto final na crise da Seleção. Na segunda-feira, dia 16 de março, numa jogada política, Antonio do Passo pediu demissão do cargo de chefe da Comissão Técnica. No dia seguinte Havelange anunciou que, com a saída de

OS ESTÁDIOS

ESTÁDIO	CIDADE	CAPACIDADE	CONSTRUÇÃO	JOGOS
Azteca	Cidade do México	114.600	1966	10
Jalisco	Guadalajara	57.000	1960	8
Cuauhtémoc	Puebla	25.000	1968	3
León	León	20.000	1967	7
Luís Gutiérrez Dosal	Toluca	15.000	1954	4

Antonio do Passo, toda a Comissão estava dissolvida. Na verdade, a dissolução vitimaria apenas o técnico Saldanha e o supervisor Adolfo Milman, o Russo. Os demais membros continuaram circulando pela CBD. Saldanha sacou outra de suas frases de efeito ("não sou sorvete para ser dissolvido"), mas o afastamento era definitivo.

Na terça-feira, dia 17, João Havelange teve uma reunião com Oto Glória, técnico que conquistara com Portugal o 3º lugar na Copa de 1966. Havelange perguntou se Oto Glória aceitaria assumir a Seleção e Oto ficou de pensar e responder. Ao mesmo tempo, a mando de Havelange, Antonio do Passo – que deixara a Comissão Técnica, mas continuava como diretor de futebol da CBD – ligou para Dino Sani. Apanhado de surpresa, Dino pegou uma ponte aérea para o Rio, reuniu-se com Antonio do Passo e recusou o convite, por não sentir muita firmeza nas intenções do dirigente. Por seu lado, Antonio do Passo também não fez o mínimo esforço para convencer Dino a mudar de ideia. Isso porque Antonio do Passo já tinha seu próprio candidato engatilhado para a vaga – Mário Jorge Lobo Zagallo, 38 anos, técnico bicampeão carioca pelo Botafogo em 1967-68. Duas horas após se despedir de Dino, Antonio do Passo e o médico Admildo Chirol se reuniram com Zagallo num lugar insólito: o carro do treinador, um Opala, estacionado na Praia Vermelha. Após uma conversa que durou vinte minutos, Zagallo aceitou o convite para dirigir a Seleção e recebeu a bênção do ministro e coronel Jarbas Passarinho.

A voz das arquibancadas

Havia a evidente suspeita de que Zagallo pretendia escalar o ataque de seu ex-time, o Botafogo – Rogério, Gérson, Roberto, Jairzinho e Paulo César –, com a eventual adição de Pelé ou Tostão. Mas essa alternativa não tinha apoio popular. Uma pesquisa da revista *Placar*, com torcedores de todo o Brasil, mostrou que 77% dos entrevistados queriam Rivelino no time (comparativamente, Gérson teve 54% de aprovação). No ataque, Pelé e Tostão também tinham grande preferência, e Tostão até mais que Pelé – 84% e 73%. Para evitar que a

por Max Gehringer

Seleção fosse vaiada em seu jogo de despedida, em 29 de abril, contra a Áustria, no Maracanã, Zagallo se dispôs a testar a formação "sugerida" pelas pesquisas – a chamada "Seleção do Povo". Só não abriu mão de Rogério na ponta direita, mas o substituiu por Jairzinho no segundo tempo. O Brasil, sem jogar bem, ganhou por 1 a 0 – gol de Rivelino.

Via Embratel

Estima-se que 700 milhões de espectadores em todo o mundo tenham visto a Copa ao vivo pela TV. E, finalmente, os brasileiros estavam incluídos nesse rol, captando as imagens "via Embratel". Estatal criada em 1965, a Embratel foi oficialmente inaugurada em 28 de fevereiro de 1969, com a transmissão de uma bênção do papa Paulo VI diretamente de Roma. Na Copa, a Embratel retransmitiu os sinais da rede Intelsat (formada nos Estados Unidos em 1964), mas nem todos os brasileiros puderam ver a Copa pela TV. Os sinais só foram captados em uma centena de cidades do Sul e do Sudeste, e em Brasília, Recife e Salvador. Além dos seis jogos do Brasil, apenas mais três partidas foram transmitidas ao vivo. As demais foram vistas em videoteipe, às onze horas da noite. Três empresas – Souza Cruz, Gillette e Esso – se cotizaram para pagar 4,5 milhões de cruzeiros novos (aproximadamente 1 milhão de dólares) para patrocinar o grande evento televisivo.

O Telesistema, do México, detentor dos direitos mundiais de transmissão, assinara um contrato de exclusividade com a TV Tupi de São Paulo, mas a gritaria das demais emissoras fez com que o governo, por meio do Ministério das Comunicações (que controlava a Embratel), decidisse intervir. Em janeiro de 1970, o contrato foi renegociado em nome de um *pool* de três redes brasileiras de TV – Tupi, Globo e Bandeirantes – ao preço de 650 mil dólares.

> Rivelino foi registrado com L duplo (Rivellino), mas passou a carreira inteira atuando com um L só. Já **Zagallo, durante quarenta anos, desde 1950, apareceu nas escalações e nos noticiários como Zagalo, com um L só**. A sofisticação das letras dobradas, no início dos anos 1990, recuperou a grafia original de seu sobrenome.

Porém, nos estádios mexicanos só haveria uma cabine de som disponível para o Brasil, o que forçou ao revezamento de locutores e comentaristas – cada uma das redes transmitiria trinta minutos de cada partida. Seis locutores repartiriam os microfones: os cariocas Oduvaldo Cozzi e José Lino, os paulistas Walter Abraão, Fernando Solera e Geraldo José de Almeida, e o mineiro Fernando Sasso. Todos eram bons, mas Geraldo José de Almeida, 51 anos, se tornaria a "voz da Copa", com seu inesquecível grito de gol: "Olha lá, olha lá, olha lá, no placar!". Os comentaristas seriam João Saldanha, Rui Porto, Geraldo Bretas, Leônidas da Silva e Francisco de Assis.

As bolas

A Adidas fabricou, especialmente para a Copa, as bolas "Telstar", de 32 gomos pentagonais – metade deles preta, metade branca. As bolas utilizadas até a Copa de 1966 eram de cor marrom, com dezesseis gomos. A palavra "Telstar" era na época sinônimo de "avanço científico". Foi o nome do primeiro satélite de comunicações, lançado pelos Estados Unidos em julho de 1962.

Os cartões

A adoção de cartões amarelos e vermelhos pelos juízes começou na Copa de 1970. O triste episódio do desentendimento entre o jogador argentino Antonio Rattín e o juiz alemão Kreitlein, na Copa de 1966, foi um dos fatores que convenceram a Fifa a procurar uma maneira mais prática de um juiz advertir um jogador se ambos não falassem o mesmo idioma. O ex-árbitro inglês Kenneth Aston, então responsável pela Comissão de Arbitragem da Fifa, sugeriu o amarelo e o vermelho, "inspirado" pelas cores dos semáforos urbanos.

> O Uruguai disputou a Copa sem o lateral-direito Pablo Forlán, 23 anos, titular da seleção desde 1967. Em abril de 1970, **o São Paulo ofereceu ao Nacional 80 mil dólares pelo passe de Forlán**, mas com a condição de que o jogador se apresentasse imediatamente. Como receberia cerca de 30 mil dólares na negociação, **Forlán concordou com a transação que o tirou da Copa**.

por Max Gehringer

As cores foram aceitas de imediato, mas a forma demorou um pouco mais. Em fevereiro de 1970, o Comitê de Arbitragem distribuiu comunicado mencionando "discos circulares", e não cartões retangulares. O formato que hoje parece óbvio só seria definido um mês antes da Copa. O mesmo comunicado dizia que, caso o juiz falasse a mesma língua de uma das equipes, mas não da outra (por exemplo, um juiz espanhol apitando Argentina x Alemanha), deveria se manter calado durante todo o jogo.

De qualquer forma, os temores da Fifa quanto à violência se mostraram infundados. O cartão vermelho não precisou ser mostrado nenhuma vez na Copa e o amarelo seria exibido apenas 45 vezes, em 32 jogos.

Sorteio e primeira fase

No dia 10 de janeiro de 1970, sábado, no Hotel Maria Isabel, na Cidade do México, foi realizado o sorteio para a divisão dos grupos das oitavas, numa cerimônia transmitida ao vivo pela tv para a Europa e a América do Norte. Mónica, esposa de Guillermo Cañedo, o presidente do Comitê Organizador, foi encarregada de sortear as papeletas.

Os dois cabeças de chave pré-designados foram o México no Grupo 1 (sede na Cidade do México) e a Inglaterra no Grupo 3 (sede em Guadalajara, por escolha dos próprios ingleses, exercendo um direito que lhes era concedido pelo regulamento). O Brasil, por sua tradição, seria o cabeça de chave seguinte e já havia demonstrado interesse em ficar no Grupo 2, com sede em Puebla e Toluca. Os mexicanos, porém, não concordaram – nas quartas de final haveria o cruzamento dos Grupos 2 e 3, com o consequente risco de um confronto prematuro entre México e Brasil. Logo, o Brasil teria de encabeçar o Grupo 4, mas a cbd já havia manifestado que não queria ficar em León, uma cidade distante da capital e de baixa altitude, o que prejudicaria toda a programação de adaptação orgânica dos jogadores que a cbd havia traçado. Como o outro grupo que não cruzaria com o México nas quartas seria o 3 (o da Inglaterra), o Comitê decidiu que o Brasil seria incluído nele.

O sistema de disputa das oitavas seria idêntico ao da Copa da Inglaterra: quatro grupos com quatro equipes, com todos jogando contra todos dentro de cada grupo e os dois primeiros passando para as quartas de final. Em caso de empate, decisão pelo saldo de gols. Se o saldo fosse o mesmo, uma novidade: levaria vantagem o país que tivesse marcado mais gols. Além da adoção dos cartões amarelos e vermelhos e da possibilidade de substituições, haveria apenas outra mudança, mal recebida pela maioria dos jogadores, independentemente do país – o horário. Vários jogos, segundo o costume mexicano, começariam ao meio-dia em ponto.

A União Soviética em alfabeto cirílico: Кавазашвили - Логофет - Шестернёв - Капличный - Ловчев - Серебряников (Пузач) - Асатиани - Мунтян - Нодия (Хмельницкий) - Бышовец Еврюжихин. Técnico Гавриил Качалин

Brasil 4 x 1 Tchecoslováquia

Às 19 horas de Brasília, foi registrado o recorde de audiência em um evento esportivo na TV brasileira: todos os canais transmitiam a mesma imagem. A numeração das camisas do Brasil revelava que o lateral Marco Antônio, inscrito com o número 6, havia perdido a posição para Everaldo – segundo os rumores, por excesso de individualismo. Até então, o Brasil havia enfrentado os tchecos dez vezes (quatro vitórias, quatro empates e duas derrotas). Apesar dos dois vice-campeonatos mundiais conquistados (em 1934 e em 1962), o futebol era o terceiro esporte da Tchecoslováquia – antes vinham o hóquei sobre o gelo e o atletismo (o maior ídolo esportivo do país ainda era o corredor Emil Zátopek, herói das Olimpíadas de 1948 e 1952).

O Brasil deu a saída, com Tostão rolando para Pelé, e oito jogadores brasileiros tocaram na bola em 22 segundos, do meio de campo até a área tcheca, até que o zagueiro Migas a mandasse para a lateral. Aos 7 minutos, Rivelino cruzou rasteiro da esquerda e Pelé, na pequena área e com o gol aberto, mandou por cima do travessão. O Brasil começava bem e dominava o jogo, mas, aos 12 minutos, veio a surpresa. Brito, com a bola dominada, errou

por Max Gehringer

um passe simples para Clodoaldo, entregando nos pés de Petrás. O tcheco avançou, passou por Brito e chutou no ângulo direito de Félix, fazendo 1 a 0. Na comemoração, Petrás se ajoelhou na lateral do campo e fez uma versão do sinal da cruz, gesto que seria imitado por Jairzinho nos jogos seguintes do Brasil.

Aos 22 minutos, por pouco os tchecos não fazem 2 a 0. Ao sair jogando, Carlos Alberto repetiu o erro de Brito, entregando a bola nos pés de Kuna. A bola sobrou para Frantisek Veselý, que já dentro da área cortou Brito e chutou por cima do gol. Sentindo o mau momento brasileiro, a torcida de Guadalajara começou a gritar "Brasil, Brasil". Funcionou, e o empate veio aos 24 minutos. Migas fez falta sobre Pelé na meia-lua tcheca e o goleiro Ivo Viktor armou uma barreira com sete jogadores. Mas Jairzinho se posicionou na extremidade dela, sem ser incomodado pelos tchecos. Rivelino – que receberia dos mexicanos o apelido de Patada Atômica – bateu com força, à meia altura. Jairzinho saiu da frente e a bola passou exatamente onde ele estava, entrando no canto direito de Viktor, que tocou na bola, mas não conseguiu defender.

Aos 29 minutos, Gérson se tornou o primeiro jogador brasileiro a levar um cartão amarelo em uma Copa, depois de perder uma dividida no meio de campo e agarrar Frantisek Veselý. O Brasil foi melhorando aos poucos, e aos 42 minutos o mundo testemunhou um

JOGOS DO BRASIL

BRASIL 4   TCHECOSLOVÁQUIA 1

3 de junho de 1970 • Quarta-feira
Estádio Jalisco • Guadalajara • 16h00

Gols no 1ºT • 0 × 1 Petrás 12', 1 × 1 Rivelino 24'
Gols no 2ºT • 2 × 1 Pelé 15',
3 × 1 Jairzinho 19', 4 × 1 Jairzinho 38'

BRASIL • ①Félix, ④Carlos Alberto, ②Brito, ③Piazza (⑮Fontana 44' 2ºT), ⑯Everaldo, ⑤Clodoaldo, ⑧Gérson, (⑱Paulo César 29' 2ºT), ⑪Rivelino; ⑦Jairzinho, ⑨Tostão, ⑩Pelé.
Técnico Mário Jorge Lobo Zagallo

TCHECOSLOVÁQUIA • ①Viktor, ②Dobiás, ③Migas, ⑤Horváth, ④Hagara; ⑯Hrdlicka (⑥Kvasnák, no intervalo), ⑨Kuna, ⑱Frantisek Veselý (⑦Bohumil Veselý 30' 2ºT), ⑧Petrás, ⑩Adamec, ⑪Jokl.
Técnico Josef Marko

PÚBLICO • 52.890

Juiz: Ramón Barreto (Uruguai)
Auxiliares: Yamazaki (Peru) e Klein (Israel)

instante mágico. Pelé recebeu a bola no círculo central, ainda no campo brasileiro, e inesperadamente chutou direto para o gol tcheco. O goleiro Viktor estava tranquilo, observando o jogo à altura da marca do pênalti, quando percebeu que a bola vinha na direção de seu gol. O chute de Pelé percorreu 55 m – o campo do Estádio Jalisco tinha 105 m de comprimento – e a bola passou a meio metro da trave esquerda, para alívio de Viktor.

No segundo tempo, a partida continuou equilibrada, mas o Brasil mostrou muito mais competência nas finalizações. Aos 15 minutos, Gérson fez um lançamento de 35 m para Pelé, que matou no peito ante o espanto de Horváth, que ficou imobilizado. Com calma, pela meia-direita, Pelé trocou de pé e colocou no canto direito de Viktor. Aos 18 minutos, Kvasnák perdeu um gol incrível, chutando por cima, da risca da pequena área, com o gol vazio. Mas, no minuto seguinte, outro lançamento de Gérson achou Jairzinho entrando sozinho pela meia-direita, enquanto a defesa tcheca pedia impedimento. Jair correu para a área, deu um chapéu em Viktor e fez o terceiro gol. Aos 26 minutos, o juiz Ramón Barreto amarelou. Tostão deslocou Horváth na área tcheca e Barreto deixou o lance correr. Na sequência, Dobiás deu um rapa em Tostão, num pênalti claro, mas o juiz preferiu marcar a falta de Tostão no início do lance.

Aos 29 minutos, com uma fisgada na coxa direita, Gérson foi substituído por Paulo César e saiu chorando de campo.

O quarto gol, aos 38 minutos, foi o mais bonito do jogo. Jairzinho recebeu de Pelé na intermediária tcheca e decidiu encarar a concorrência. Primeiro escapou de um carrinho, depois passou por Hagara, por Horváth, por Hagara novamente, e chutou rasteiro e cruzado no canto direito. O jogo estava liquidado. Apesar de, oficialmente, Piazza ter sido substituído por Fontana aos 44 minutos, a substituição não chegou a ocorrer na prática. Sentindo uma dorzinha muscular, Piazza pediria para sair e Fontana se postou na lateral do

> Se os ingleses não estavam fazendo sucesso no México, em seu próprio país a história era outra. Antes da Copa, **o disco *Back Home*, gravado em coro pelos jogadores**, chegou ao primeiro lugar das paradas.

por Max Gehringer

campo, pronto para entrar após assinar a súmula. Mas não conseguiu. Nos últimos sessenta segundos, a bola não parou de rolar, e o juiz Ramón Barreto apitou o fim do jogo.

Apesar dos belos gols brasileiros, os tchecos finalizaram mais – 21 vezes, contra dezessete do Brasil. O que fez a diferença foi a eficiência: das sete bolas que foram à direção do gol tcheco, quatro entraram. Mas a defesa brasileira não esteve à altura do ataque – os tchecos cometeram oito faltas e os brasileiros catorze. Porém, os 45 minutos finais de bom futebol, do meio-campo para a frente, foram suficientes para aumentar o otimismo da galera. Antes do jogo, uma pesquisa revelou que 60% dos brasileiros "tinham certeza" de que o Brasil seria campeão do mundo. Um dia depois da vitória sobre os tchecos, eles já eram 82%.

Brasil 1 x 0 Inglaterra

Esse foi o oitavo encontro oficial entre Brasil e Inglaterra. O saldo era inteiramente favorável aos brasileiros – quatro vitórias, dois empates e uma única derrota, em 1956. Antes do jogo, com sua peculiar modéstia, o técnico Alf Ramsey declarou: "Temos um time mais forte do que em 1966. Estaremos no Estádio Azteca no dia 21 de junho" (o dia da final).

Gérson, machucado, não pôde jogar. Rivelino foi para a meia de armação e Paulo César entrou na ponta esquerda. Antes do jogo, havia uma grande preocupação: o ponto forte dos ingleses – os cruzamentos sobre a área – acentuava o ponto fraco do Brasil – a deficiência de Félix para sair do gol. Por isso, a Seleção jogou com cautela no primeiro tempo, o que permitiu que os ingleses tivessem o domínio territorial – 21 ataques, contra catorze do Brasil. Porém, onze dos ataques ingleses terminaram em centros inócuos sobre a área brasileira. O primeiro deles, entretanto, quase mata a torcida brasileira de susto. Aos 15 segundos, Mullery levantou da ponta direita na direção do gol. Félix, adiantado, pulou, e não alcançou a bola, que saiu rente à trave direita.

> Luigi Riva se tornaria o **maior artilheiro da história da *Azzurra***, marcando 35 gols em 42 jogos. Em 2005, o Cagliari, já novamente um time mediano, homenageou Riva aposentando a camisa que ele usava, a 11.

Almanaque dos Mundiais

Aos 11 minutos, aconteceu um lance histórico. Jairzinho foi à linha de fundo e cruzou na cabeça de Pelé. Era gol certo. Pelé testou para baixo e a bola foi no cantinho direito, mas Banks voou e deu um golpe de caratê na bola, mandando-a por cima do travessão. Tradicionalmente, essa é considerada a melhor defesa de todas as Copas. Aos 26 minutos, Lee entrou de peixinho, no único dos onze cruzamentos ingleses que a defesa do Brasil não conseguiu cortar – e Félix fez uma incrível defesa no canto esquerdo. No rebote, meio na imprudência, meio na maldade, Lee chutou a bola e o pescoço de Félix. Carlos Alberto tomou as dores do goleiro e, três minutos depois, deu uma solada escancarada em Lee, sendo agraciado com um cartão amarelo. Mas, dali em diante, Lee sumiu em campo – e seria substituído por Bell aos 19 minutos do segundo tempo.

Na etapa final, o Brasil teve o domínio da partida por quinze minutos, durante os quais os ingleses não deram um único ataque. Aos 8 minutos, Banks fez outra grande defesa, ao desviar para escanteio um tiro rasteiro de Paulo César da meia-esquerda. Aos 11 minutos, Rivelino conseguiu achar uma boa posição de chute – de frente para o gol, quase na risca da grande área. Banks, no lugar certo, espalmou para o alto. Aos 14 minutos, saiu o gol – talvez o mais bonito da Copa – num lance que por pouco não acontece. Tostão viu que Roberto já estava na beira do campo, pronto para substituí-lo. Sabendo que aquela seria sua última participação no jogo, Tostão resolveu arriscar um chute de

---

BRASIL 1   INGLATERRA 0

7 de junho de 1970 • Domingo
Estádio Jalisco • Guadalajara • 12h00

Gol no 2ºT • Jairzinho 14'

Brasil • ①Félix, ④Carlos Alberto, ②Brito, ③Piazza, ⑯Everaldo, ⑤Clodoaldo, ⑪Rivelino, ⑱Paulo César, ⑦Jairzinho, ⑨Tostão (⑬Roberto 23' 2ºT), ⑩Pelé.
Técnico Mário Jorge Lobo Zagallo

Inglaterra • ①Banks, ⑭Wright, ⑤Labone, ⑥Moore, ③Cooper, ④Mullery, ⑨Bobby Charlton (㉒Astle 19' 2ºT), ⑧Ball, ⑪Peters, ⑦Lee (⑲Bell 19' 2ºT), ⑩Hurst.
Técnico Alf Ramsey

Público • 57.108

Juiz: Abraham Klein (Israel)
Auxiliares: Machin (França) e Yamazaki (Peru)

por Max Gehringer

fora da área, que espirrou no zagueiro Labone. Tostão não desistiu, recuperou a bola na intermediária inglesa, tocou para Paulo César e recebeu de volta, próximo ao bico direito da grande área. Num espaço ínfimo, Tostão enfiou a bola por entre as pernas de Bobby Moore, driblou Wright, que caiu sentado, e cruzou. Pelé matou a bola na marca do pênalti, atraiu a atenção de três ingleses e tocou de lado para Jairzinho, pela meia-direita. Banks saiu do gol e Jairzinho mandou uma tijolada no ângulo direito. Após o gol, Tostão ainda ficou mais nove minutos em campo, e aí Roberto entrou.

Parecia que a Inglaterra estava cansada, mas após o gol os ingleses partiram resolutos para o ataque e o Brasil recuou. Aos 19 minutos, Bobby Charlton foi substituído por Astle. Isso significava que a Inglaterra abdicaria do toque de bola e se concentraria nos chuveirinhos. E dois deles foram assustadores. No primeiro, aos 21 minutos, Everaldo espanou uma rebatida na entrada da área, pegando na orelha da bola. E ela sobrou limpinha na marca do pênalti para Astle, que chutou para fora, a um palmo da trave esquerda. No segundo, aos 26 minutos, Carlos Alberto rebateu de cabeça, Ball ficou com a sobra e chutou no travessão. No total, o Brasil deu catorze ataques no segundo tempo – sendo apenas seis após o gol – contra trinta da Inglaterra – 27 depois do gol, numa média de quase um por minuto. Desses, dezenove foram cruzamentos, que fizeram o zagueiro Brito deixar o campo com a testa doendo de tanto rebater bolas altas. Mas, em finalizações na direção certa, o Brasil ganhou – dezenove a quinze no jogo, onze a oito no segundo tempo.

As estatísticas mostraram também a importância de um jogador que pouco apareceu para a torcida – Clodoaldo, que fez 23 de-

> A primeira transmissão de uma partida em **cores pela TV só aconteceria mais de dois anos após a Copa**, em 19 de fevereiro de 1972, no empate sem gols entre Caxias e Grêmio. O evento era parte da programação da 40ª Festa da Uva de Caxias e as imagens coloridas, geradas pela TV Difusora de Porto Alegre, então associada à Rede Record, foram captadas também em São Paulo, Rio e Brasília.

sarmes, cometeu apenas três faltas, deu 37 passes certos e três errados. A atuação quase perfeita de Clodoaldo esgotou Bobby Charlton, o criador de jogadas do time inglês. Foi uma grande vitória, mas foram, também, trinta minutos de muita apreensão. Em entrevista à ESPN, 25 anos depois, Pelé confessaria: "O Brasil deu uma sorte danada naquele jogo".

Brasil 3 x 2 Romênia
Além de não poder contar com Gérson, o Brasil ficou também sem Rivelino. Piazza foi para o meio de campo e Fontana, do Cruzeiro, entrou na quarta zaga, repetindo a dupla que durante anos formara com Brito, no Vasco. Intranquilo, Fontana tirou a defesa do sério com suas seguidas reclamações, e sua má atuação iria tirá-lo até do banco – a partir do jogo contra o Peru, Joel Camargo seria o zagueiro reserva. Como consequência dos desacertos da defesa, o goleiro Félix titubeou seguidamente nas saídas do gol. O resultado foi que a Romênia achou as brechas que tchecos e ingleses não conseguiram encontrar.

Mas, antes que as falhas se tornassem patentes, o Brasil aproveitou o excessivo respeito demonstrado pelos romenos e conseguiu abrir 2 a 0. Aos 20 minutos, Pelé bateu uma falta a um passo da meia-lua, no canto em que estava Adamache, e o goleirão ficou congelado, só olhando a bola entrar. Dois minutos de-

BRASIL 3   ROMÊNIA 2
10 de junho de 1970 • Quarta-feira
Estádio Jalisco • Guadalajara • 16h00
GOLS NO 1ºT • 1 × 0 Pelé 20', 2 × 0 Jairzinho 22', 2 × 1 Dumitrache 33'
GOLS NO 2ºT • 3 × 1 Pelé 21', 3 × 2 Dembrovschi 38'
BRASIL • ①Félix, ④Carlos Alberto, ②Brito, ⑮Fontana, ⑯Everaldo (⑥Marco Antônio 11' no intervalo), ⑤Clodoaldo (⑲Edu 29' 2ºT), ③Piazza, ⑱Paulo César, ⑦Jairzinho, ⑨Tostão, ⑩Pelé. **TÉCNICO** Mário Jorge Lobo Zagallo
ROMÊNIA • ㉑Adamache (①Raducanu 28' 1ºT), ②Satmareanu, ⑤Dinu, ③Lupescu, ④Mocanu, ⑮Dumitru, ⑯Neagu, ⑩Nunweiller, ⑦Dembrovschi, ⑨Dumitrache (⑰Tataru 27' 2ºT), ⑪Lucescu. **TÉCNICO** Angelo Niculescu
PÚBLICO • 50.805
JUIZ: Ferdinand Marschall (Áustria) AUXILIARES: Barreto (Uruguai) e Loraux (Bélgica)

por Max Gehringer

pois, Jairzinho marcou o segundo, numa jogada de Paulo César, que driblou Satmareanu e cruzou rasteiro na pequena área. Parecia que o Brasil ia enfiar um rosário de gols, mas a partir daí a situação começou a mudar. Aos 33 minutos, a defesa brasileira bateu cabeça e Dumitrache, entre Brito, Fontana e Carlos Alberto, esticou o pé e chutou por baixo de Félix, diminuindo para a Romênia.

No intervalo Zagallo trocou Everaldo por Marco Antônio, que apoiava melhor. Aos 21 minutos, após um esperto e acrobático toque de calcanhar de Tostão, Pelé empurrou no canto direito e fez 3 a 1. Aos 38 minutos, Satmareanu cruzou da direita para a pequena área, Félix saiu mal do gol e Dembrovschi, de cabeça, meio sem querer, marcou o segundo gol romeno.

O jogo terminou com vinte chutes a gol do Brasil e catorze da Romênia. Por isso, a torcida, que esperava um massacre e uma goleada, ficou meio frustrada. Mas o importante é que o Brasil ganhara seus três jogos e estava embalando. A preocupação continuava sendo com a defesa do Brasil, inferior ao ataque. Os jornalistas internacionais que cobriam o Grupo 3 concordavam: ao fim das oitavas, eles votaram na "seleção do grupo". A defesa: Banks, Dobiás, Dinu, Moore e Cooper. Os brasileiros só apareciam do meio-campo para a frente.

Quartas de final

Brasil 4 x 2 Peru

No jogo mais agradável de ver em toda a Copa, Brasil e Peru entraram em campo sem a preocupação de se defender. Antes do jogo, a torcida brasileira estava apreensiva: nos três jogos das oitavas, o ataque brasileiro chutara 56 bolas nos gols adversários, mas a defesa havia permitido que os adversários chutassem cinquenta no gol do Brasil. Contra o Peru, nossa defesa voltaria a falhar. Mas, felizmente, a do Peru falhou mais.

Gérson e Rivelino voltaram ao meio-campo do Brasil e Marco Antônio (o jogador mais jovem da Copa, com 19 anos e 4 meses) foi mantido na lateral esquerda. No Peru, Didi tentou fortalecer o lado direito de sua zaga, fazendo entrar Campos e Fernández. Mas o primeiro gol do Brasil seria um presente de Campos. Aos 11 minutos do primeiro tempo, ele tentou matar a bola no peito, mas a ofereceu a Tostão, que rolou curtinho para Rivelino chegar na corrida e chutar rasteiro no canto esquerdo de Rubiños. Quatro minutos depois, Rubiños engoliria um frangaço. Tostão bateu um escanteio curto para Rivelino e recebeu de volta dentro da área. A 1 m da linha de fundo, Tostão chutou sem muita força para o gol. Rubiños pulou na bola, mas ela passou entre seus braços e a trave. A compensação veio aos 28 minutos, quando o ponteiro Gallardo driblou Carlos Alberto e chutou sem ângulo. Félix, um passo adiantado, permitiu que a bola entrasse entre ele e a trave direita.

No segundo tempo, o jogo continuou aberto e Tostão fez o terceiro aos 7 minutos, tocando para as redes de dentro da pequena área, após um chute de Pelé desviar em Chumpitaz e enganar Rubiños. Gérson, ainda fora de ritmo, saiu de campo aos 22 minutos. Dois minutos depois, numa jogada confusa dentro da área brasileira, a bola bateu nas costas de Marco Antônio, que estava sentado, e sobrou para Cubillas chutar por baixo do corpo de Félix. E, finalmente, aos 31 minutos, o gol mais bonito da tarde: Rivelino lançou Jairzinho, que escapou livre, passou pelo go-

---

BRASIL 4   PERU 2

1º DO GRUPO 3 × 2º DO GRUPO 4

14 de junho de 1970 • Domingo
Estádio Jalisco • Guadalajara • 12h00

GOLS NO 1ºT • 1 × 0 Rivelino 11', 2 × 0 Tostão 15', 2 × 1 Gallardo 28'
GOLS NO 2ºT • 3 × 1 Tostão 7', 3 × 2 Cubillas 24', 4 × 2 Jairzinho 31'

BRASIL • ①Félix, ④Carlos Alberto, ②Brito, ③Piazza, ⑥Marco Antônio; ⑤Clodoaldo, ⑧Gérson (⑱Paulo César 22' 2ºT), ⑪Rivelino; ⑦Jairzinho (⑬Roberto 35' 2ºT), ⑨Tostão, ⑩Pelé.
TÉCNICO Mário Jorge Lobo Zagallo

PERU • ①Rubiños, ②Campos, ⑭Fernández, ④Chumpitaz, ⑤Fuentes; ⑥Mifflin, ⑧Baylón (⑳Sotil 9' 2ºT), ⑩Cubillas; ⑦Challe, ⑨"Perico" Léon (⑲Reyes 16' 2ºT), ⑪Gallardo.
TÉCNICO Valdir Pereira (Didi)

PÚBLICO • 54.230

JUIZ: Vital Loraux (Bélgica)
AUXILIARES: Marschall (Áustria) e Emsberger (Hungria)

leiro e tocou para o gol. Era o quinto gol de Jairzinho em quatro jogos.

Se tivessem aproveitado todas as oportunidades que criaram, Brasil e Peru teriam feito um jogo de dez gols. As duas equipes deixaram o campo sob aplausos, e Gérson e Tostão saíram consagrados. Gérson jogou 77 minutos e conseguiu a proeza de fazer 51 passes, errando apenas um. E Tostão teve sua real importância devidamente reconhecida. Mesmo jogando sem bola e abrindo espaços, ele ainda era capaz de marcar gols.

Semifinais

Casualmente ou não, as semifinais reuniriam quatro países que haviam vencido sete das oito Copas anteriores: Brasil, Itália e Uruguai tinham dois títulos cada um, e a Alemanha um.

No momento em que ficou definido que Brasil e Uruguai se enfrentariam na primeira semifinal, um fantasma surgiu das trevas da história: a derrota na Copa de 1950. E todos os jornais brasileiros saíram caçando os jogadores que, vinte anos antes, haviam sucumbido perante os uruguaios por 2 a 1, na tragédia de 16 de julho. O autor do segundo gol uruguaio, Ghiggia – que, em 1970, vivia do faturamento de sua mulher, proprietária de um salão de cabeleireira –, contou pela milionésima vez como calara o Maracanã. E o goleiro Barbosa, em contraponto, era novamente convidado a reviver seu drama pessoal e explicar como a bola havia passado entre ele e a trave. Além disso, o técnico uruguaio de 1950, Juan López, era o assistente do treinador Juan Hohberg em 1970.

Assim, mais que um passaporte para a final, uma vitória sobre o Uruguai em 1970 representaria um acerto de contas com o passado. No Uruguai, os jornais estampavam seu otimismo com uma manchete numérica: "Uruguay 30 – 50 – 70". Os uruguaios só reclamaram da tabela, e com razão. A partida estava programada para o Estádio Azteca, mas, na manhã da segunda-feira, dia 15, o Comitê Organizador decidiu transferi-la para Guadalajara (evidentemente, por influência da CBD). A mudança beneficiava muito o Brasil, que continuaria "em casa", enquanto os uruguaios, após ter jogado em Puebla, em Toluca e na Cidade do México, tiveram de viajar os 725 km até Guadalajara.

Brasil 3 x 1 Uruguai

Esse foi o 46º jogo oficial entre Brasil e Uruguai. Nos vinte anos anteriores, no período entre as Copas de 1950 e 1970, haviam sido disputados catorze jogos, com sete vitórias do Brasil, três do Uruguai e quatro empates. O retrospecto favorecia o Brasil, mas o "fantasma de 50" foi revivido não só pelos uruguaios, como também pela imprensa brasileira. O ponteiro-direito Ghiggia, autor do fatídico gol na final, foi levado ao México como uma espécie de amuleto. Das tribunas do Estádio Jalisco, Ghiggia viu uma repetição de 1950, só que às avessas. Perdendo por 1 a 0, dessa vez foi o Brasil que virou para 2 a 1. E, para completar, ainda colocou uma cereja no bolo, fazendo o terceiro gol no final da partida. Uma vingança completa.

Mas, antes disso, a torcida sofreu. E muito. O Brasil deu a saída e o Uruguai se plantou na defesa, só indo esporadicamente ao ataque. Numa dessas ocasiões, aos 18 minutos, Brito errou um passe de 3 m para Carlos Alberto, entregando a bola nos pés de Morales, que lançou Cubilla pela direita. Ao tentar controlar a bola, Cubilla tocou-a com a coxa e ela correu demais, na direção da linha de fundo. Sem muita alternativa, já que Piazza vinha em seu encalço, Cubilla decidiu concluir para o gol. Mas seu chute, meio de canela, saiu fraquinho. Parecia um lance fácil, só que Félix, junto à trave esquerda, titubeou. A bola passou mansinha por ele, pererecou e entrou no canto direito.

BRASIL 3   URUGUAI 1

17 de junho de 1970 • Quarta-feira
Estádio Jalisco • Guadalajara • 16h00

GOLS NO 1ºT • 0 × 1 Cubilla 18', 1 × 1 Clodoaldo 45'
GOLS NO 2ºT • 2 × 1 Jairzinho 31', 3 × 1 Rivelino 44'

BRASIL • ①Félix, ④Carlos Alberto, ②Brito, ③Piazza, ⑯Everaldo; ⑤Clodoaldo, ⑧Gérson, ⑪Rivelino; ⑦Jairzinho, ⑨Tostão, ⑩Pelé.
TÉCNICO Mário Jorge Lobo Zagallo

URUGUAI • ①Mazurkiewicz, ④Ubiña, ②Ancheta, ③Matosas, ⑥Mujica; ③Montero Castillo, ⑳Cortes, ⑩Maneiro (⑨Espárrago 29' 2ºT); ⑦Cubilla, ⑮Fontes, ⑪Morales. TÉCNICO Juan Hohberg

PÚBLICO • 51.260

JUIZ: José Ortiz de Mendibil (Espanha)
AUXILIARES: Marschall (Áustria) e Bakhramov (União Soviética)

por Max Gehringer

Era tudo o que o Brasil não queria: sair atrás no marcador. Imediatamente, o Uruguai se agrupou em sua própria intermediária e passou o resto do primeiro tempo apenas se defendendo. O tempo passava e nada acontecia. Até que, aos 45 minutos, numa jogada surpreendente, Clodoaldo tocou na esquerda para Tostão e se adiantou, enquanto Gérson ficava na cobertura. Como Clodoaldo não tinha um marcador fixo, a defesa uruguaia não o acompanhou e Tostão devolveu a bola com perfeição. Já dentro da área, Clodoaldo chutou de pé direito no canto esquerdo de Mazurkiewicz, empatando o jogo. Esse gol fundamental seria o único de Clodoaldo com a camisa da Seleção, em 39 jogos.

O segundo tempo foi igual ao primeiro. O Uruguai catimbou, segurou a bola, retardou o jogo, e o Brasil não encontrava espaços. Mas, pelo menos, jogava com paciência. Aos 16 minutos, Pelé foi derrubado por Ancheta na risca da área. Os locutores brasileiros gritaram "pênalti!", mas o juiz marcou a falta fora da área. Aos 21 minutos, Mazurkiewicz bateu um tiro de meta e Pelé, da intermediária, emendou de primeira. No susto, Mazurkiewicz conseguiu agarrar. Aos 29 minutos, o técnico Hohberg criou coragem e trocou Maneiro por Espárrago, o herói do jogo contra a União Soviética. Não deu certo: sem Maneiro, o meio-campo uruguaio abriu uma pequena fresta. E, aos 31 minutos, o Brasil entrou por ela. Pelé, no círculo central, tocou de lado para Tostão. Tostão enfiou um passe longo para Jairzinho, que saiu correndo junto com Matosas. Matosas ficou em dúvida se derrubava Jair ou se tentava alcançar a bola, e os dois entraram na área. Mazurkiewicz saiu do gol e Jairzinho tocou de leve, rasteirinho, no canto direito. A bola entrou rente à trave e o Brasil virou o jogo.

> O lateral-direito mexicano José Vantolrá, 27 anos, do Toluca, era filho de Martín Vantolrá, que disputou a Copa de 1934 pela Espanha. É o **único caso de pai e filho que atuaram em Copas por países diferentes**. O lateral-esquerdo Mario Pérez Jr., 20 anos, do América, era homônimo do pai, que disputou a Copa de 1950 pelo México. E Raúl Cárdenas, o técnico mexicano, enfrentou o Brasil na Copa de 1962 (era o lateral-esquerdo e marcou Garrincha).

Daí em diante, foi a vez de o Uruguai se desesperar. Os uruguaios batiam, o Brasil também, e Pelé aproveitou um lançamento longo pela ponta esquerda para dar uma cotovelada no nariz de Fontes, no exato momento em que o uruguaio lhe aplicava um carrinho por trás. O juiz marcou falta para o Brasil e Fontes saiu cambaleando. Aos 36 minutos, Zagallo entrou em campo sem autorização e foi expulso pelo juiz. Logo em seguida, num lance que poderia ter tido consequências inimagináveis se a bola entrasse, Félix operou uma defesa milagrosa, numa cabeçada à queima-roupa de Cubilla.

O nó na garganta persistiu até os 44 minutos, quando o Brasil armou um contra-ataque e pegou a defesa uruguaia aberta. Pelé conduziu a bola pela meia-esquerda e rolou para Rivelino vir de trás e acertar o canto esquerdo de Mazurkiewicz. Com a vitória por 3 a 1, o Brasil estava na final. Mas, antes de o juiz encerrar o jogo, Pelé ainda brindou a torcida com uma pequena obra-prima. Num lançamento de Tostão, Mazurkiewicz saiu do gol e Pelé, sem tocar na bola, deu o drible da vaca, tirando o goleiro do lance. Mas o chute final de Pelé foi para fora, rente à trave direita. Pelos anos seguintes, esse seria considerado "o gol mais bonito que Pelé não marcou".

A final

Brasil 4 x 1 Itália

Além de todas as emoções que cercam uma final, essa teria um forte ingrediente extra. O vencedor levaria definitivamente para casa a Taça Jules Rimet, direito dado a quem a conquistasse três vezes. Depois de quarenta anos de disputas, em que 231 partidas haviam sido jogadas e 846 gols marcados, Brasil e Itália entravam em campo. E, noventa minutos depois, um deles entraria para a história. Ou não. Segundo o regulamento, se houvesse empate no jogo e na prorrogação, uma nova partida seria disputada no dia 23, terça-feira.

As filas começaram a se formar em frente ao Estádio Azteca já durante a madrugada, sob uma chuva fina e persistente que caiu até as dez da manhã. Às 7h15, os portões foram abertos e uma hora depois as arquibancadas já estavam lotadas. No mundo inteiro, cerca

por Max Gehringer

1970

de 700 milhões de espectadores assistiram ao jogo pela TV, repetindo a audiência registrada um ano antes, quando o americano Neil Armstrong pisou na Lua. O preço do ingresso para a final era o equivalente a 12,80 dólares, mas, na véspera do jogo, os cambistas já revendiam ingressos a 75 dólares. Na porta do estádio, o preço subiu para 200 dólares.

BRASIL 4   ITÁLIA 1

21 de junho de 1970 • Domingo
Estádio Azteca • Cidade do México • 12h00

GOLS NO 1ºT • 1 × 0 Pelé 18', 1 × 1 Boninsegna 37'
GOLS NO 2ºT • 2 × 1 Gérson 21', 3 × 1 Jairzinho 24', 4 × 1 Carlos Alberto 42'

BRASIL • ①Félix, ④Carlos Alberto, ②Brito, ③Piazza, ⑯Everaldo; ⑤Clodoaldo, ⑧Gérson, ⑪Rivelino; ⑦Jairzinho, ⑨Tostão, ⑩Pelé.
TÉCNICO Mário Jorge Lobo Zagallo

ITÁLIA • ①Albertosi, ②Burgnich, ⑤Cera, ⑧Rosato, ③Facchetti; ⑩Bertini (⑱Juliano 30' 2ºT), ⑮Mazzola, ⑯De Sisti; ⑬Domenghini, ⑳Boninsegna (⑭Rivera 39' 2ºT), ⑪Riva. TÉCNICO Ferruccio Valcareggi

PÚBLICO • 107.412

JUIZ: Rudolf Glockner (Alemanha Oriental)
AUXILIARES: Scheurer (Suíça) e Coerezza (Argentina)

Em 1970, o mundo inteiro sabia que o Brasil tinha mais time que a Itália. Mas também se sabia que, em Copas do Mundo, favoritismo é uma coisa e certeza é outra. Pelos microfones, os locutores recomendavam cautela, mas nem todo mundo estava ouvindo. Com os jogadores ainda nos vestiários, no Rio os integrantes da Escola de Samba Estação Primeira de Mangueira já vestiam suas fantasias para o grande desfile da vitória, dali a duas horas. E não era só aqui. Na Inglaterra, ao meio-dia do sábado, véspera do jogo, as bolsas de apostas de Londres tinham parado de aceitar apostas no Brasil – a cotação brasileira chegara a 1 por 1. E, duas horas antes do jogo, o presidente Garrastazu Médici declarou que seu palpite era uma vitória brasileira por 4 a 1. Essa simples frase, devidamente e exaustivamente explorada por sua assessoria após a partida, lhe renderia mais ibope junto ao povo do que a construção da rodovia Transamazônica.

"Torcida organizada", no México, tem o nome de "porra". E os brasileiros iriam lá deixar passar uma oportunidade dessas? Uma enorme faixa surgiu no Estádio Azteca: "La

Almanaque dos Mundiais

Porra Brasileña Saluda La Porra Mexicana". Pequena curiosidade: Félix entrou de luvas, na primeira vez que um goleiro brasileiro usou luvas em Copas. A Itália deu a saída e teve as duas melhores chances dos primeiros quinze minutos. Com um minuto e meio de jogo, Riva acertou um petardo da meia-lua, que Félix desviou para escanteio. Aos 12 minutos, Riva entrou com liberdade pela meia-esquerda, mas chutou nas mãos de Félix. O Brasil encontrava dificuldades para entrar na defesa italiana, que usava um rígido sistema de marcação individual. Tanto que, ao ouvir o apito inicial do juiz Glockner, Facchetti saíra correndo para grudar em Jairzinho. Seria o grande duelo individual da partida: o técnico Valcareggi se convencera de que, com Jairzinho bem marcado, o Brasil perderia sua principal opção de ataque. Restava, é claro, marcar Pelé.

Aos 18 minutos, Tostão cobrou um lateral para Rivelino, que levantou a bola para a área. Lá estavam Burgnich, Pelé e Albertosi – que não saiu do gol. Pelé, 1,74 m de altura, subiu 30 cm mais que Burgnich e testou para o canto esquerdo baixo de Albertosi. Era o 100º gol brasileiro em Copas do Mundo.

A partir do gol, o Brasil teve quase vinte minutos de claro domínio do jogo. Estava tão fácil que Clodoaldo resolveu brincar e cometeu seu único erro na Copa. Ao tentar um passe de letra para Everaldo, na intermediária brasileira, Clodoaldo entregou a bola para Boninsegna, que partiu para a área. Brito veio espumando para a cobertura e Félix saiu do gol, mas Boninsegna desviou a bola dos dois. Da meia-lua, e com o gol livre, Boninsegna só tocou para as redes, empatando o jogo.

O Brasil sentiu o golpe e a partida voltou a ficar equilibrada. Aos 45 minutos, o juiz Glockner apitou o fim do primeiro tempo no exato momento em que Pelé, de frente para o

> Há algumas **controvérsias sobre os cartões mostrados no México**. Boa parte dos juízes, em vez de chamar o jogador de lado e levantar o cartão para que a TV captasse claramente quem tinha sido advertido, simplesmente **anotava o número do punido no verso do cartão**. Por isso, mesmo os registros atuais da Fifa são pouco esclarecedores.

gol, dominava a bola dentro da área italiana. Foi o suficiente para que muitos comentaristas, no intervalo, denunciassem um complô armado pela Fifa para impedir que a Copa, inventada pelos europeus, ficasse para sempre na América do Sul.

O segundo tempo começou igual ao primeiro: a Itália se resguardando e o Brasil no ataque. O grande susto – e o último do jogo – viria aos 19 minutos. Domenghini chutou da ponta direita e a bola desviou em Everaldo, pegando Félix no contrapé. Mansinha, a bola saiu rente à trave esquerda, roçando a rede pelo lado de fora. Dois minutos depois, Jairzinho se deslocou para a ponta esquerda e o obediente Facchetti foi junto. Jairzinho carregou para o meio, Facchetti cortou, e a bola caiu nos pés de Gérson. Com um toque curto, Gérson limpou a jogada e chutou de esquerda, cruzado, no canto esquerdo de Albertosi: Brasil 2 a 1. Descontrolada, a Itália tomou o terceiro gol quatro minutos depois. Gérson fez outro levantamento centimétrico para Pelé, que escorou de cabeça para Jairzinho, entrando pelo meio e acompanhado por sua sombra, Facchetti. Jairzinho tocou de coxa na bola, mas o desvio foi suficiente para deixar Albertosi vendido no lance. Facchetti segurou o braço de Jairzinho, que esticou o pé, mas não conseguiu dar o último toque. Como os santos estavam do lado do Brasil, a bola entrou no canto direito: 3 a 1.

Faltavam ainda vinte minutos, mas os italianos já estavam mortos, em função do esforço que haviam feito três dias antes, na incrível prorrogação que disputaram com a Alemanha. Após o empate de 1 a 1 no tempo normal, Itália e Alemanha fizeram cinco gols em trinta minutos e a Itália venceu por 4 a 3, na melhor prorrogação da história das Copas. Do início do jogo até os trinta minutos do segundo tempo, a Itália havia cometido dezessete faltas – média de uma a cada quatro minutos. Nos quinze minutos finais, faria só mais uma. Aos trinta minutos, Juliano entrou no lugar de Bertini, que já não se aguentava em pé. Aos 39 minutos, Rivera substituiu Boninsegna. Mas quem marcou foi o Brasil. Aos 41 minutos, na intermediária do Brasil, Clodoaldo driblou em rápida sequência Rivera, Domenghini, De Sisti e Juliano. E aí tocou para Rivelino, que esticou para Jairzinho, na ponta esquerda. Como sempre acompanhado pelo obediente Facchetti, Jairzinho carregou para o meio e tocou para Pelé. Na meia-lua, Tostão indicou a chegada de Carlos Alberto e Pelé rolou a bola de leve para a direita. Carlos Alber-

OS TRICAMPEÕES EM 1970

① **Félix** Mielli Venerando, goleiro do Fluminense, 32 anos (24/12/1937)
④ **Carlos Alberto** Torres, lateral do Santos, 26 anos (17/7/1944)
② Hércules **Brito** Ruas, zagueiro do Flamengo, 31 anos (9/8/1939)
③ Wilson **Piazza** da Silva, volante do Cruzeiro, 27 anos (25/2/1943)
⑯ **Everaldo** Marques da Silva, lateral do Grêmio, 26 anos (11/9/1944 – 27/10/1974)
⑤ **Clodoaldo** Tavares de Santana, volante do Santos, 20 anos (26/9/1949)
⑦ **Jairzinho** (Jair Ventura Filho), atacante do Botafogo, 25 anos (25/12/1944)
⑧ **Gérson** de Oliveira Nunes, armador do São Paulo, 29 anos (11/1/1941)
⑨ **Tostão** (Eduardo Gonçalves de Andrade), atacante do Cruzeiro, 23 anos (25/1/1947)
⑩ **Pelé** (Edson Arantes do Nascimento), atacante do Santos, 29 anos (23/10/1940)
⑪ Roberto **Rivelino**, armador do Corinthians, 24 anos (1/1/1946
Ⓣ Mário Jorge Lobo **Zagallo**, técnico, 39 anos (9/8/1931)
⑫ **Ado** (Eduardo Roberto Stinghen), goleiro do Corinthians, 25 anos (31/3/1945)
㉒ Emerson **Leão**, goleiro do Palmeiras, 21 anos (11/7/1949)
㉑ **Zé Maria** (José Maria Rodrigues Alves), zagueiro da Portuguesa de Desportos, 21 anos (18/5/1949)
⑭ José Guilherme **Baldocchi**, zagueiro do Palmeiras, 24 anos (14/3/1946)
⑮ José de Anchieta **Fontana**, zagueiro do Cruzeiro, 29 anos (31/12/1940 – 10/9/1980)
⑰ **Joel Camargo**, zagueiro do Santos, 23 anos (18/9/1946)
⑥ **Marco Antônio** Feliciano, zagueiro do Fluminense, 19 anos (6/2/1951). O mais jovem dos 22
⑬ **Roberto** Lopes Miranda, atacante do Botafogo, 26 anos (31/7/1944)
⑱ **Paulo César** Lima, atacante do Botafogo, 21 anos (16/6/1949)
⑲ **Edu** (Jonas Eduardo Américo), atacante do Santos, 20 anos (6/8/1949)
⑳ **Dario** José dos Santos, atacante do Atlético Mineiro, 24 anos (4/3/1946)

to, de primeira, chutou rasteiro no canto direito de Albertosi: Brasil 4 a 1. A locução de Joseval Peixoto, pela rede brasileira de rádio, foi um primor de arroubo cívico-retórico:

"O placar transborda! O placar de 4 a 1 sobe às nuvens do Estádio Azteca, esparrama-se pela América Central, deita-se correndo pela verde Amazonas para chegar ao solo brasileiro. Borbulhante alegria, meu Brasil florido, meu Brasil colorido!".

O placar poderia ter chegado a 5 a 1, se o juiz Glockner tivesse marcado um pênalti de Juliano sobre Rivelino, aos 44 minutos – um toque por trás no tornozelo quando Rivelino entrava sozinho na área e se preparava para concluir. Em cima dos 45 minutos, Boninsegna deu o último tiro a gol da partida, um disparo sem direção que foi parar nas arquibancadas atrás do gol de Félix. Após esperar durante trinta segundos que a bola fosse devolvida, o juiz Glockner solicitou uma nova, ao mesmo tempo que a bola do jogo era recuperada. Nesse momento, um torcedor brasileiro invadiu o campo por trás da meta brasileira e foi perseguido por toda a linha lateral do campo, até ser finalmente contido próximo à área italiana. Quando finalmente Félix cobrou o tiro de meta, o juiz concedeu apenas mais dez segundos e apitou pela última vez – o Brasil era tricampeão.

Uma horda de entusiasmados torcedores imediatamente tomou conta do gramado e, em instantes, Tostão foi estripado de todo o seu uniforme, deixando o campo só de sunga. O único que não participou dos abraços foi Rivelino, que caiu desacordado alguns segundos após o fim da partida e foi carregado para o vestiário. O zagueiro italiano Roberto Rosato se engalfinhou com alguns torcedores e praticamente arrancou a camisa 10 de Pelé para levá-la como lembrança. Ou como investimento: em 2002, ela seria vendida em um leilão por 158 mil dólares. A camisa 10 que Pelé usou no primeiro tempo (e que pertencia à coleção particular do técnico Zagallo) foi leiloada em novembro de 2007 e arrematada por 55 mil libras (105 mil dólares).

Seguido pelo cordão de jogadores e dirigentes, o capitão Carlos Alberto foi às tribunas do Estádio Azteca receber a Taça. Ali estavam

Stanley Rous, presidente da Fifa, Guillermo Cañedo, presidente do Comitê Organizador, João Havelange, presidente da CBD, e o milionário Emilio Azcárraga Milmo, que não tinha função oficial, mas era o incontestável dono da festa. Carlos Alberto recebeu a Taça Jules Rimet das mãos do presidente do México, Gustavo Díaz Ordaz, beijou-a e levantou-a para que o mundo a visse pela última vez em público, já que ela não seria mais colocada em disputa. Cada jogador do Brasil recebeu da Fifa uma medalha de ouro e Tostão presenteou a sua ao médico Roberto Abdala Moura, em reconhecimento à operação bem-sucedida que lhe permitira disputar a Copa. Os tricampeões que conservaram as suas poderiam vendê-las, nos dias de hoje, por um valor entre 8 e 10 mil dólares, no mercado de leilões.

O retorno

A Seleção do tri voltaria a se reunir apenas mais uma vez. Em 30 de setembro de 1970, no Maracanã, ela venceu o México por 2 a 1, gols de Tostão e Jairzinho, no "Jogo da gratidão". Na semana seguinte, em 4 de outubro, o Brasil ganhou do Chile em Santiago por 5 a 1, mas novos jogadores já estavam incorporados à equipe. Somente um ano depois o Brasil entraria novamente em campo: em julho de 1971, foram disputados cinco amistosos, com resultados abaixo do esperado – um empate com a Áustria (1 a 1) no Morumbi, e quatro jogos no Maracanã: uma vitória sobre a Tchecoslováquia (1 a 0), dois empates com Iugoslávia (2 a 2) e Hungria (0 a 0) e uma vitória sobre o Paraguai (1 a 0).

O adeus

Pelé participou de dois desses jogos, os seus últimos com a camisa da Seleção. Em 14 de julho de 1971, ele marcaria seu derradeiro gol pelo Brasil, contra a Áustria, no Morumbi. No dia 18 de julho, Pelé se despediu, sem marcar gols, contra a Iugoslávia, no Maracanã – sob os gritos de "Fica! Fica!" da torcida carioca. Após catorze anos e uma semana de serviços prestados à Seleção, a saída de Pelé encerrava um longo e brilhante capítulo: na geração de Pelé, o Brasil disputou quatro Copas do Mundo e venceu três (Pelé é o único jogador tricampeão da história). Antes dele, o Brasil havia disputado cinco Copas, sem ganhar nenhuma. Depois de Pelé, o Brasil passaria outras cinco Copas em branco. Somente 23 anos após Pelé se despedir, o Brasil voltaria a conquistar outra Copa do Mundo, em 1994.

A Taça fundida
Numa segunda-feira, 19 de dezembro de 1983, Sérgio Pereyra Alves, o Sérgio Peralta, representante do Atlético Mineiro junto à CBD, colocou em execução um plano maquiavélico que havia bolado: roubar, derreter e fundir a Taça Jules Rimet. Como brasileiro, Sérgio sabia do valor simbólico do troféu. Como bandido, nem se incomodou com isso. Às 21 horas, seus comparsas, o ex-policial Francisco Rivera, vulgo Chico Barbudo, e o decorador José Luiz Vieira da Silva, o Luiz Bigode, entraram na sede da CBD, na rua da Alfândega, no Rio. Os dois renderam o vigia João Batista Maia e subiram até a sala da presidência, no nono andar. Ali, a Taça ficava numa vitrine de parede, cuja parte frontal era um vidro à prova de bala. Com o auxílio de um pé de cabra, o vidro foi arrancado e quatro troféus foram colocados num saco, entre eles a Jules Rimet. Foi fácil demais e o tempo total gasto no assalto não passou de quarenta minutos.

Somente duas horas depois o vigia Maia desceu para a rua e pediu socorro. O receptador do roubo, Juan Carlos Hernández, um argentino radicado no Rio desde 1973, quebrou a Taça em pedaços para poder depois derretê-la, num processo que levou sete horas. No dia 28 de janeiro de 1984, os ladrões seriam apresentados ao público pela polícia. Pela lei, o valor sentimental da Jules Rimet não tinha influência na sentença e os larápios foram condenados apenas pelo furto material – a nove anos de prisão (Hernández, "o derretedor", só pegou três anos). Mesmo assim, entre desaparecimentos e apelações, nenhum deles cumpriu a pena integral. No ano seguinte, a Fifa mandou fazer uma réplica da Taça, com os mesmos 1.800 gramas de ouro do troféu original, e a presenteou ao Brasil. É essa réplica que hoje está na sede da CBF.

1974

A Holanda surpreendeu o mundo – mas não a seus vizinhos

Almanaque dos Mundiais

A Copa na Alemanha

Em 1904, a Alemanha foi o primeiro país a aderir à recém-constituída Fifa. E inúmeros dirigentes do futebol alemão tiveram papel preponderante durante os anos de consolidação da entidade. Com certeza, a Alemanha teria promovido uma Copa muito antes de 1974 (quase certamente, a de 1942), mas a eclosão da Segunda Guerra Mundial em 1939 – e a consequente eliminação da Alemanha dos quadros da Fifa, de 1945 até 1950 – permitiu que três outros países europeus (Suíça, Suécia e Inglaterra) furassem a fila.

Assim, apenas em 8 de outubro de 1964, no 34º Congresso da Fifa, em Tóquio, a Alemanha apresentou sua candidatura para sediar a Copa de 1974. Mas a Espanha também resolveu concorrer, e a decisão ficou por conta do 35º Congresso da Fifa, em Londres, em 6 de julho de 1966. Num acordo de cavalheiros, a Espanha retirou sua inscrição antes da votação, recebendo em troca a prioridade para sediar a Copa de 1982. E a Alemanha, por aclamação, levou a de 1974. Hermann Neuberger, dirigente da Fifa e da Bundesliga, a Federação Alemã de futebol, foi nomeado presidente do Comitê Organizador. Em 1970, ele iria para o México como chefe da delegação de seu país, mas seu principal trabalho foi acompanhar os detalhes operacionais de uma Copa.

A nova Taça

Como o Brasil havia conquistado em definitivo a Taça Jules Rimet, a Fifa providenciou um novo troféu, feito de ouro 18 quilates e com base de malaquita (cristal decorativo de cor verde). A nova taça foi criada em 1971 pelo escultor italiano Silvio Gazzaniga, 50 anos, diretor artístico do Stabilimento Artistico Bertoni, de Milão. O projeto de Gazzaniga competiu com outros 52, vindos de todo o mundo, num concurso promovido pela Fifa, e foi declarado vencedor em 5 de abril de 1971.

por Max Gehringer

1974

O novo troféu pesava cinco quilos e tinha 36 cm de altura (1,2 quilo mais pesado e 1 cm mais alto que a Jules Rimet). Seu custo final foi de 100 mil francos suíços (cerca de 38,5 mil dólares da época). O troféu mostra dois atletas – que dão a impressão de estar vestindo camisolões, um de costas para o outro – levantando o globo terrestre sobre suas cabeças. Na base, em letras em alto-relevo, está gravado o nome "Copa do Mundo Fifa", nos três idiomas oficiais da entidade – francês, inglês e espanhol. Diferentemente da Jules Rimet – que foi criada para ser concedida em definitivo ao país que vencesse três Copas –, a nova Copa do Mundo somente teria posse transitória. O campeão de uma edição ficaria com ela por quatro anos e a devolveria na Copa seguinte, recebendo uma réplica para ornamentar sua sala de troféus.

Os convocados

Em 22 de fevereiro de 1974, foi divulgada a lista dos 22 que iniciariam os treinamentos para a Copa. A surpresa não estava nos nomes, mas no congestionamento de convocados para o

A ALEMANHA

» A Alemanha é um país com muitos nomes. Os alemães a chamam de Deutschland. Os povos de língua inglesa, de Germany. Os de língua espanhola, de Alemania. Os suecos, os noruegueses e os dinamarqueses chamam a Alemanha de Tyskland, os poloneses de Niemcy, os tchecos de Nemecko e os finlandeses de Saksa. Tudo depende do momento em que cada povo europeu travou contato com os primitivos habitantes da região onde hoje fica a Alemanha.

» O nome Deutschland começou a ser usado no século VIII, a partir de tentativas para unificar um território ocupado por diversas tribos independentes. No idioma germânico, *diustic land* significava "a terra do povo". Porém, como as fronteiras alemãs nunca seriam claramente demarcadas durante vinte séculos, disputas territoriais foram comuns na História e duas delas deflagrariam as Grandes Guerras Mundiais do século XX. O território alemão tem 357 mil km², a mesma área do estado de Mato Grosso do Sul. Mas, na época da Copa, tinha 249 mil km², já que a Alemanha Oriental era então um país separado. Em 1974, a população da Alemanha Ocidental era de 61 milhões de habitantes.

meio de campo. Eram oito volantes ou armadores (Clodoaldo, Piazza, Rivelino, Carbone, Ademir da Guia, Carpegiani, Dirceu e Paulo César) e apenas quatro atacantes (Jairzinho, Leivinha, Enéas e Mirandinha). E, para surpresa geral, nenhum ponta de verdade, já que Jairzinho jogara pela última vez na ponta direita em 1970. Depois de 180 minutos de treinos, nos quais apenas um gol foi marcado, Zagallo acordou e resolveu chamar de volta os ponteiros Valdomiro, do Internacional, e Edu, do Santos. E também aproveitou para convocar César, centroavante do Palmeiras.

Oitavas de final

Brasil 0 x 0 Iugoslávia

Esse foi o jogo que inaugurou oficialmente a décima Copa do Mundo. A cerimônia de abertura, que custou 750 mil marcos (313 mil dólares), começou às 15 horas. Dois mil estudantes vestidos de branco fizeram exibições de ginástica e formaram, no centro do campo, o símbolo da Copa. Em seguida, veio o desfile de abertura. Cada país foi representado por um grupo folclórico em trajes típicos, que ia saindo de dezesseis enormes iglus colocados dentro do campo. As mulatas brasileiras, dançarinas de um espetáculo chamado Ballet Tropical, que estava sendo apresentado na Europa, desfilaram pelo estádio em clima de Carnaval (bastante cor, pouca roupa e muito rebolado) e foram as mais aplaudidas pela torcida.

Em seguida, entraram em campo Pelé, carregando a Taça Jules Rimet, e o alemão Uwe Seeler, apresentando o novo troféu, a Copa

---

O BRASIL EM 1974

» A inflação anual foi de 34,5%. Em 1º de janeiro, o salário mínimo valia 312 cruzeiros. Em 31 de dezembro, 376,80 cruzeiros. O dólar começou o ano cotado a 6,22 cruzeiros e terminou a 7,43. O ano de 1974 teve música para todos os gostos. Raul Seixas lançou "Gîta"; Roberto Carlos fez sucesso com "O portão"; Odair José com "Cadê você?" e Martinho da Vila com "Disritmia". Mas uma música brasileira cantada em inglês tornou-se um fenômeno mundial – "Feelings", composta e interpretada pelo paulistano Morris Albert (Maurício Alberto Kaiserman, 23 anos). Em 1974, a melosa canção vendeu mais de 3 milhões de cópias só nos Estados Unidos.

por Max Gehringer

Fifa. Nos paletós dos craques, luzia o logotipo da Pepsi-Cola, que pagou 400 mil dólares por essa honra ao Comitê Organizador. Já debaixo de uma chuva fininha, o inglês Stanley Rous, ainda presidente da Fifa, leu o discurso de abertura e não mencionou o nome de João Havelange. Por todos os lados, podia-se notar o mais completo aparato de segurança montado para um evento esportivo: minicâmeras, cães farejadores e perto de 4 mil policiais fardados. As más lembranças do atentado palestino contra os atletas de Israel, dois anos antes, nas Olimpíadas de Munique, ainda estavam bem vivas na memória dos alemães. Quando o Brasil entrou em campo, um torcedor brasileiro soltou fogos nas arquibancadas. Em menos de dois minutos foi identificado e detido pela polícia.

Os alemães haviam declinado da tradição de fazer a primeira partida da Copa, direito concedido pela Fifa ao país organizador. E cederam essa honra ao campeão que defendia seu título, o Brasil. A iniciativa alemã seria repetida em todas as Copas seguintes, mas era também uma esperteza. Historicamente, o primeiro jogo de uma Copa é nervoso, porque os jogadores atuam sob a forte tensão da estreia. Em 1966 e 1970, os jogos de abertura fo-

OS ESTÁDIOS

ESTÁDIO	CIDADE	CAPACIDADE	JOGOS
Olympiastadion	Berlim	85.000	3
Olympiastadion	Munique	76.000	5
Neckarstadion	Stuttgart	72.200	4
Parkstadion	Gelsenkirchen	70.100	5
Rheinstadion	Düsseldorf	69.600	5
Waldstadion	Frankfurt	62.200	5
Volksparstadion	Hamburgo	60.600	3
Niedersachsenstadion	Hannover	60.400	4
Westfalenstadion	Dortmund	53.600	4

Almanaque dos Mundiais

ram chatos e amarrados e terminaram em 0 a 0. A mesma coisa aconteceria em 1974.

Pelo fuso horário, o jogo começou às 14 horas de Brasília. Era uma quinta-feira, mas era feriado nacional, dia de Corpus Christi. No Rio de Janeiro, temendo uma possível falta de quórum de fiéis, o cardeal arcebispo dom Eugênio Sales decidiu adiar por duas horas a tra-

A SELEÇÃO

① Emerson **Leão**, goleiro do Palmeiras, 24 anos (11/7/1949)
⑫ **Renato** Cunha Valle, goleiro do Flamengo, 29 anos (5/12/1944)
㉒ **Valdir Peres** Arruda, goleiro do São Paulo, 23 anos (2/2/1951)
④ **Zé Maria** (José Maria Rodrigues Alves), lateral do Corinthians, 25 anos (18/5/1949)
⑥ **Marinho Chagas** (Francisco das Chagas Marinho), lateral do Botafogo, 21 anos (8/2/1953)
⑭ **Nelinho** (Manoel Rezende de Mattos Cabral), lateral do Cruzeiro, 24 anos (26/7/1950)
⑯ **Marco Antonio** Feliciano, lateral do Fluminense, 23 anos (6/2/1951)
② **Luís** Edmundo **Pereira**, zagueiro do Palmeiras, 24 anos (21/6/1949)
③ **Marinho Peres** (Mario Peres Ulibarri), zagueiro do Santos, 27 anos (19/3/1947)
⑤ **Wilson** da Silva **Piazza**, volante do Cruzeiro, 31 anos (25/2/1943)
⑮ **Alfredo** Mostarda Filho, zagueiro do Palmeiras, 27 anos (18/10/1946)
⑩ Roberto **Rivelino**, armador do Corinthians, 28 anos (1/1/1946)
⑪ **Paulo César** Lima, armador do Flamengo, 24 anos (16/6/1949)
⑰ Paulo César **Carpegiani**, volante do Internacional, 25 anos (17/2/1949)
⑱ **Ademir da Guia**, armador do Palmeiras, 32 anos (3/4/1942)
㉑ **Dirceu** José Guimarães, ponta armador do Botafogo, 22 anos (15/6/1952 – 15/9/1995)
⑦ **Jairzinho** (Jair Ventura Filho), atacante do Botafogo, 29 anos (25/12/1944)
⑧ **Leivinha** (João Leiva Campos Filho), atacante do Palmeiras, 24 anos (11/19/1949)
⑨ **César** Augusto da Silva Lemos, atacante do Palmeiras, 29 anos (17/5/1945)
⑬ **Valdomiro** Vaz Franco, ponta-direita do Internacional, 28 anos (17/2/1946)
⑲ **Mirandinha** (Sebastião Miranda da Silva), atacante do São Paulo, 22 anos (26/2/1952)
⑳ **Edu** (Jonas Eduardo Américo), ponta-esquerda do Santos, 24 anos (6/8/1949)

por Max Gehringer

1974

dicional procissão anual, que saía às 15 horas da Igreja da Candelária. No Brasil inteiro havia otimismo em relação à estreia da Seleção, porque a Iugoslávia não era vista como uma grande ameaça. Em seus dois últimos amistosos antes da Copa, em 17 de abril e 29 de maio, os iugoslavos haviam sido batidos por União Soviética e Hungria, dois países que nem estariam na Alemanha. Às 17 horas, horário de Frankfurt, debaixo de chuva, Leivinha tocou a bola para Rivelino. Rivelino girou o corpo e recuou para Piazza, quase na entrada da área brasileira. E a torcida brasileira ficou perplexa. Era a primeira vez que o Brasil começava uma Copa jogando para trás.

E não foi só a primeira impressão. O Brasil atuou mesmo na defesa, com os dois laterais fixos e Piazza preso na cabeça da área. O ponteiro-esquerdo Paulo César já recuava naturalmente, mas o ponteiro-direito Valdomiro, atacante nato, foi intimado a recuar também. Sua missão era dar o primeiro combate ao veloz ponteiro iugoslavo, Djazic, já que Zé Maria, melhor marcador que Nelinho, não pôde ser escalado por estar machucado. Sobravam Leivinha e Jairzinho na frente. Mas, nos escanteios a favor da Iugoslávia, Leivinha, o melhor cabeceador da Seleção, voltava para a área brasileira. E apenas Jairzinho permanecia no ataque, vigiado por dois becões iugoslavos.

O Brasil criou uma oportunidade de gol, aos 29 minutos do primeiro tempo, com Jairzinho chutando para fora na saída do goleiro Maric. A Iugoslávia criou quatro, e em duas de-

JOGOS DO BRASIL

BRASIL 0   IUGOSLÁVIA 0

13 de junho de 1974 • Quinta-feira
Waldstadion • Frankfurt • 17h00

BRASIL • ①Leão, ⑭Nelinho, ②Luís Pereira, ③Marinho Peres, ⑥Marinho Chagas, ⑤Piazza, ⑩Rivelino, ⑪Paulo César, ⑬Valdomiro, ⑦Jairzinho, ⑧Leivinha.
TÉCNICO Mário Jorge Lobo Zagallo

IUGOSLÁVIA • ①Maric, ②Buljan, ⑤Katalinski, ⑥Bogicevic, ③Hadziabdic, ④Muzinic, ⑧Oblak, ⑩Acimovic, ⑦Petkovic, ⑨Surjak, ⑪Dzajic.
TÉCNICO Milan Miljanic

PÚBLICO ESTIMADO • 62.000

JUIZ: Rudolf Scheurer (Suíça)
AUXILIARES: Loraux (Bélgica) e Pestarino (Argentina)

CARTÕES AMARELOS • 1ºT Oblak 18' | 2ºT Acimovic 4'

las o Brasil escapou por muito pouco. Na primeira, aos 23 minutos do segundo tempo, Acimovic driblou Piazza e chutou rasteiro da entrada da pequena área. No reflexo, Leão defendeu com o pé. Na segunda, três minutos depois, Oblak, sozinho na pequena área, cabeceou na trave direita. O momento mais emblemático da preocupação defensiva aconteceu aos 26 minutos do segundo tempo. Numa falta a favor da Iugoslávia, pela ponta esquerda, todos os onze jogadores brasileiros estavam dentro da área para marcar cinco iugoslavos. Após o jogo, Zagallo se declarou satisfeito com o resultado: "Tinha de ser assim. Não podemos correr riscos contra os europeus".

Um ano antes, em 16 de junho de 1973, o Brasil havia vencido a Alemanha Ocidental por 1 a 0, em Berlim, num jogo amistoso. Quando um repórter perguntou ao técnico alemão Helmut Schön o que ele achara da Seleção Brasileira, Schön respondeu com uma só palavra: "Medrosa". Schön, um homem diplomático e que nunca criticava adversários, não queria ofender ninguém. Só queria explicar, mas sua resposta foi entendida como mágoa de perdedor. Após o jogo contra a Iugoslávia, a revista *Placar* elevou a opinião de Schön ao cubo, definindo a atuação da Seleção como "covarde" e "terrível". Já Wilson Piazza disse para *O Globo*: "Fomos esmagados no segundo tempo. Isso não pode se repetir".

> O técnico do Zaire, Blagoje Vidinic, 40 anos, ex-goleiro da Seleção da Iugoslávia, tornou-se o **primeiro treinador a dirigir países diferentes em fases finais** de Copas (em 1970, havia sido o técnico do Marrocos).

Brasil 0 x 0 Escócia

Três dias antes do jogo, já estava claro que os brasileiros haviam ficado impressionados com exibição da Holanda contra o Uruguai (vitória holandesa por 2 a 0, mas que poderia ter chegado a meia dúzia). Luís Pereira, por intermédio de *O Globo*, sugeriu que Zagallo considerasse montar "um sistema igual ao da Holanda". Mas Zagallo fez apenas uma modificação na equipe para a partida contra a Escócia. Escalou Mirandinha no ataque, sacando Valdomiro. Parecia uma tentativa de tornar a equipe mais ofensiva, mas essa impressão se desfez em menos de quinze minutos. Após um começo promissor do Brasil – Leivinha acertou o travessão, aos 8 minutos –, a Seleção foi recuando aos poucos. O catimbeiro volante escocês Bremner grudou em Rivelino, impedindo os lançamentos longos. Sem essa opção, o Brasil mostrava lentidão para sair jogando, fazendo com que os atacantes ficassem muito isolados e sempre bem vigiados pela defesa escocesa.

Novamente, o goleiro Leão e os zagueiros Luís Pereira e Marinho Peres é que tiveram de segurar a barra, saltando com os especialistas Lorimer e Jordan nos incontáveis cruzamentos para a área brasileira. Mesmo assim, a melhor chance do jogo foi escocesa. Aos 16 minutos do segundo tempo, num rebote de Leão, a bola caiu nos pés de Bremner, dentro da pequena área. Com o gol aberto à sua frente, Bremner emendou de primeira, para fora, rente à trave direita. Preocupado, Zagallo trocou o atacante Leivinha por um apoiador, Carpegiani, numa clara indicação de que o empate sem gols seria bem-vindo. Fora isso, o jogo surpreendeu pelo número absurdo de faltas – 57 no total, sendo 29 cometidas pelo Brasil e 28 pela Escócia.

Zagallo, mais uma vez, se declarou satisfeito com o resultado. Porque, segundo ele, o futebol havia mudado e não havia mais espaço para grandes exibições como aquelas de 1970 no México. Para o jornal *Última Hora*, a tática da Seleção tinha outro nome: "Covardia". Para os torcedores brasileiros, havia algo

---

BRASIL 0   ESCÓCIA 0

18 de junho de 1974 • Terça-feira
Waldstadion • Frankfurt • 19h30

BRASIL • ①Leão, ⑭Nelinho, ②Luís Pereira, ③Marinho Peres, ⑥Marinho Chagas, ⑤Piazza, ⑩Rivelino, ⑪Paulo César, ⑦Jairzinho, ⑧Leivinha (⑰Carpegiani 20' 2ºT), ⑲Mirandinha. **TÉCNICO** Mário Jorge Lobo Zagallo

ESCÓCIA • ①Harvey, ②Jardine, ⑭Buchan, ⑤Holton, ③McGrain, ④Bremner, ⑧Dalglish, ⑩Hay, ⑳Morgan, ⑪Lorimer, ⑨Jordan. **TÉCNICO** William Ormond

PÚBLICO ESTIMADO • 62.000

JUIZ: Arie Van Gemert (Holanda)
AUXILIARES: Palotai (Hungria) e Linemayr (Áustria)

CARTÕES AMARELOS • 1ºT Marinho Peres 28', Rivelino 35' | 2ºT Marinho Chagas 37'

de muito insólito no ar. Esse tinha sido o 41º jogo do Brasil na história das Copas. E, pela primeira vez, a Seleção passara dois jogos seguidos sem marcar gol.

O empate deixou o grupo indefinido e tudo seria resolvido quatro dias depois. No mesmo horário, a Iugoslávia enfrentaria a Escócia e o Brasil pegaria o Zaire. Iugoslávia e Escócia tinham 3 pontos ganhos e o Brasil tinha 2. O Zaire, sem nenhum ponto, já estava eliminado. Se o Brasil ganhasse do Zaire, e se houvesse um vencedor no jogo entre iugoslavos e escoceses, o Brasil estaria classificado em segundo lugar. Se Iugoslávia e Escócia empatassem e o Brasil vencesse, os três times terminariam com 4 pontos e a decisão seria pelo saldo de gols. Nesse quesito, a Iugoslávia levava uma vantagem imbatível, já que havia feito nove gols no Zaire. O Brasil tinha zero de saldo (ainda não marcara nem sofrera nenhum gol) e a Escócia tinha saldo de dois gols. Assim, para garantir a classificação, o Brasil precisava vencer o Zaire por três gols de diferença.

Brasil 3 x 0 Zaire

Após a indigna goleada de 9 a 0 para a Iugoslávia, o ministro de Esportes do Zaire, Sampasa Milombe, cortou a diária de cinquenta dólares dos jogadores e fechou a concentração para os repórteres, isolando os jogadores. Mas, dessa vez, o Zaire não se recusou a entrar em campo, porque a sombra do ditador Mobutu pairava sobre o destino da equipe.

Dentro de campo, o Brasil teve o clima a seu favor – dia sem chuva, campo seco, temperatura de 17 °C graus – e conseguiu exatamente o resultado de que precisava: 3 a 0. Mas

> Pela primeira e única vez na história **um jogador atuou com uma camisa diferente das usadas por seus companheiros de time**. Foi Johann Cruijff. Antes da Copa, a Adidas fechou contrato de patrocínio com oito seleções, incluída a Holanda. Como a Fifa não permitia propagandas explícitas em uniformes, a Adidas encontrou uma solução criativa: colocou sua marca característica (as três listras) nas camisas e nos calções dos jogadores. Mas **Cruijff não aceitou o patrocínio. Por isso, sua camisa e seu calção tinham apenas duas listras**.

a duras penas, porque os jogadores do Zaire se empenharam de corpo e alma para cumprir o que Mobutu determinara – não levar mais que três gols. Aos 3 minutos, o Brasil teve uma amostra da determinação do Zaire, quando o goleiro Kazadi deu dois mergulhos camicases nos pés de Valdomiro e Rivelino. E, nos minutos seguintes, os zagueiros se preocuparam em não deixar o Brasil jogar, matando todas as jogadas com chutões ou faltas.

O Brasil tinha total domínio das ações e aos 12 minutos Jairzinho marcou o primeiro gol, depois de uma subida de Luís Pereira ao ataque. Dentro da grande área, pela meia-direita, o zagueiro Mukombo tentou uma bicicleta e sua chuteira passou zunindo pela orelha de Luís Pereira. A bola sobrou para Jairzinho, que chutou cruzado no canto direito. Naquele momento, parecia que os três gols de que o Brasil necessitava não demorariam muito para sair. Mas o gol inicial, em vez de tranquilizar a equipe, teve o efeito contrário: o Brasil se afobou. Segundo Zagallo, "os jogadores sentiram a responsabilidade e ficaram nervosos".

Mesmo com um ataque mais ofensivo – Edu começou jogando na ponta esquerda – e com Rivelino atuando bem avançado, o Brasil parava na valente defesa do Zaire. Se a troca de passes não estava funcionando, os cruzamentos para a área do Zaire também deixaram de ser uma solução – Leivinha se machu-

BRASIL 3   ZAIRE 0

22 de junho de 1974 • Sábado
Parkstadion • Gelsenkirchen • 16h00

Gols no 1ºT • 1 × 0 Jairzinho 12'
Gols no 2ºT 2 • 0 Rivelino 21', 3 × 0 Valdomiro 34'

BRASIL • ①Leão, ⑭Nelinho, ②Luís Pereira, ③Marinho Peres, ⑥Marinho Chagas, ⑤Piazza (⑲Mirandinha 15' 2ºT), ⑩Rivelino, ⑪Paulo César, ⑦Jairzinho, ⑧Leivinha (⑬Valdomiro 12' 1ºT), ⑳Edu. **Técnico** Mário Jorge Lobo Zagallo

ZAIRE • ①Kazadi, ②Mwepu, ③Mukombo, ⑤Lobilo, ④Bwanga, ⑦Tshimabu (⑨Kembo 35' 2ºT), ⑧Mana, ⑩Kidumu (⑥Kilasu 17' 2ºT), ㉑Kakoko, ⑳Ntumba, ⑬Ndaye, ⑭Mayanga. **Técnico** Blagoje Vidinic

PÚBLICO ESTIMADO • 36.200

Juiz: Nicolae Raimea (Romênia)
Auxiliares: Angonese (Itália) e Ohmsen (Alemanha Ocidental)

CARTÕES AMARELOS • 2ºT Mirandinha 32', Mwepu 40'

cou aos 12 minutos do primeiro tempo (foi substituído por Valdomiro) e o Brasil perdeu sua melhor opção de jogo aéreo. Mesmo tendo mais de 60% de posse de bola na primeira etapa, o Brasil foi para os vestiários vencendo apenas por 1 a 0.

Aos 15 minutos do segundo tempo, Zagallo trocou o volante Piazza (praticamente sem função em campo) pelo centroavante Mirandinha. Um minuto depois de entrar, Mirandinha mostrou o frágil estado de nervos da Seleção – chutou o peito e o ombro do goleiro Kazadi, que estava no chão após ter segurado a bola. Aos 21 minutos, depois de muita insistência, Rivelino conseguiu acertar uma pedrada da entrada da área no ângulo direito de Kazadi, fazendo 2 a 0. E aí o Brasil ficou dependendo de só mais um golzinho. Ele finalmente viria, onze minutos antes do fim do jogo, num frango incrível do goleiro do Zaire. Junto à trave esquerda, Kazadi deixou passar sob seu corpo uma bola sem perigo, chutada por Valdomiro da ponta direita.

Aos 37 minutos, Bwanga derrubou Mirandinha a dois passos da meia-lua e os jogadores do Zaire entraram em desespero: a "cota" determinada pelo ditador Mobutu já estava esgotada e o Zaire não poderia, de jeito nenhum, levar o quarto gol. Enquanto o juiz romeno Raimea tentava organizar a barreira e um conselho de notáveis cobradores de faltas – Rivelino, Valdomiro, Marinho Chagas e Nelinho – discutia quem ia bater, o zagueiro Mwepu Ilunga sofreu um súbito ataque de pânico. Assim que o juiz apitou, Mwepu saiu da barreira, disparou em direção à bola e a mandou de bico para o meio de campo. Mwepu levou um cartão amarelo e, um minuto depois, para felicidade geral da nação zairense, Valdomiro cobrou a falta na barreira.

Nos derradeiros cinco minutos, nada mais aconteceu – o Brasil ficou tocando a bola no

> Os jogadores holandeses perceberam que haviam se transformado nas estrelas da Copa. E isso, evidentemente, tinha um preço. Seguindo o exemplo do capitão Cruijff, a partir das semifinais **os holandeses começaram a cobrar por entrevistas "exclusivas"**. Havia até uma tabela informal: cem dólares para jornais, 150 para rádios e 400 para televisões.

meio do campo e o Zaire se agrupou na defesa, esperando pelo apito final do juiz. Na bacia das almas, o Brasil passava para as semifinais como o segundo colocado do Grupo 2. Após o jogo, Zagallo prometeu: "Daqui para a frente, tudo vai ser diferente". E a delegação seguiu aliviada para Hohenberg, lugarejo a 9 km de Hannover, a cidade onde o Brasil faria seus três jogos seguintes.

Os "leopardos indomáveis" do Zaire se despediram da Copa com a pior campanha entre os dezesseis participantes das oitavas: três derrotas, nenhum gol a favor e catorze contra. Por um lado, tiveram a distinção de ter sido a primeira nação da África Negra a participar de uma Copa. Por outro lado, foram abandonados no retorno ao Zaire. Não havia ninguém para receber a delegação no aeroporto de Kinshasa, os prêmios prometidos antes da Copa nunca foram pagos e a maioria nunca mais seria convocada para a Seleção.

Quartas de final
Ao contrário das Copas anteriores, em que as quartas de final e as semifinais eram decididas pelo sistema de mata-mata, na Copa de 1974 foram formados dois grupos de quatro países cada um. Dentro de cada grupo, todos jogariam entre si e os dois campeões disputariam a final, enquanto os dois vices disputariam o terceiro lugar. Em caso de empate na primeira ou na segunda colocação, a decisão seria pelo saldo de gols.

Essa mudança de critério aumentou o número de partidas (no sistema mata-mata, seis jogos resolviam as quartas e as semifinais; no sistema de grupos de 1974, seriam doze jogos). Como consequência, o campeão de 1974 teria de disputar sete partidas para chegar ao título, uma a mais do que os campeões das Copas anteriores.

No Grupo A, Brasil, Holanda, Argentina e Alemanha Oriental se enfrentariam, já o Grupo B seria formado por Alemanha Ocidental, Polônia, Suécia e Iugoslávia.

A Alemanha Ocidental usou e abusou do regulamento. Na primeira fase, a seleção, reconhecidamente mais forte do que a de seus irmãos orientais, foi derrotada por 1 a 0, escapando do grupo de Brasil e Holanda.

Brasil 1 x 0 Alemanha Oriental

Depois da vitória sobre seus vizinhos ocidentais, a Alemanha Oriental havia adquirido um repentino status de "possível grande surpresa da Copa". Soube-se, então, que os alemães orientais estavam invictos havia dezesseis jogos e muito raramente tomavam mais de um gol por partida. Por isso, ao fim dos noventa minutos, o técnico Zagallo, vermelho de emoção, declarou que a Seleção havia dado "uma primorosa demonstração da qualidade técnica de nosso futebol".

Passada a natural euforia do momento, todos concordaram que a Seleção tinha, na verdade, demonstrado muita disposição para superar suas deficiências, algo que faltara nos jogos anteriores. Contribuiu bastante para isso a entrada de três jogadores que tinham fama de guerreiros: Zé Maria, Carpegiani e Dirceu. Principalmente pelos esforços dos dois últimos, a Seleção se movimentou mais, procurou espaços e brigou pela bola contra uma equipe vigorosa, que tinha o melhor preparo físico da Copa. Essa briga seria refletida até nos cartões: o Brasil levou três amarelos, contra dois para os alemães.

Apesar de tudo isso, oportunidades de gol, mesmo, não aconteceram. Durante o primeiro tempo, o jogo se resumiu a uma incessante briga pela bola entre as duas intermediárias, mas raramente uma das equipes conseguia concluir contra a meta adversária. O único gol do jogo, como seria de suspeitar,

BRASIL 1 ALEMANHA ORIENTAL 0
26 de junho de 1974 • Quarta-feira Niedersachsenstadion • Hannover • 19h30
GOL NO 2ºT • Rivelino 15'
BRASIL • ①Leão, ④Zé Maria, ②Luís Pereira, ③Marinho Peres, ⑥Marinho Chagas, ⑰Carpegiani, ⑩Rivelino, ⑪Paulo César, ⑬Valdomiro, ⑦Jairzinho, ㉑Dirceu. TÉCNICO Mário Jorge Lobo Zagallo
ALEMANHA ORIENTAL • ①Croy, ②Kurbjuweit, ③Bransch, ④Weise, ⑫Wätzlich, ⑱Kische, ⑰Hamann (⑯Irmscher, no intervalo), ⑪Streich, ⑭Sparwasser, ⑳Hoffmann, ⑬Lauck (⑧Löwe 20' 2ºT). TÉCNICO Georg Buschner
PÚBLICO • 58.463
JUIZ: John Thomas (Gales) AUXILIARES: Babacan (Turquia) e Boskovic (Austrália)
CARTÕES AMARELOS • 1ºT Hamann 12', Jairzinho 28', Carpegiani 29' | 2ºT Dirceu 30', Streich 39'

por Max Gehringer

surgiu de uma falta cometida sobre Jairzinho, quase na meia-lua, aos 15 minutos do segundo tempo. Enquanto Rivelino se preparava para a cobrança, Jairzinho se intrometeu na barreira de seis jogadores, entre Wätzlich e Kische, com os dois alemães não dando maior atenção ao detalhe e até permitindo que Jairzinho se "acomodasse" entre eles. Rivelino bateu com violência, à meia altura, exatamente onde Jairzinho estava. Jair se abaixou e a bola passou raspando em sua vistosa cabeleira, entrando entre o centro do gol e o canto esquerdo do goleiro Croy, que ficou sem reação. Seguiram-se mais trinta minutos de combate e nenhuma chance de gol. A ansiedade ficava patente nas seguidas cenas em que a TV mostrava o técnico Zagallo, a partir dos 40 segundos do segundo tempo, fazendo sinais para os jogadores de quantos minutos ainda faltavam. Após o jogo, o técnico alemão Buschner declarou que o Brasil não era mais um time maravilhoso, mas jogara melhor do que nos três primeiros jogos e merecera a vitória.

Brasil 2 x 1 Argentina

Uma cena rara em jogos do Brasil em Copas do Mundo: o estádio de Hannover ficou com 40% de seus lugares vazios. Enquanto o Brasil repetia os mesmos onze jogadores que haviam vencido a Alemanha Oriental, a Argentina trazia para campo, mais uma vez, uma equipe reformulada. Não apenas nos nomes, mas também na tática. Sem poder contar com o zagueiro central Perfumo, o técnico Cap simplesmente não colocou ninguém no lugar dele e armou um meio de campo com cinco jogadores. Na teoria, fazia sentido: jogando contra uma equipe sul-americana, o importante era manter a posse de bola. A Argentina já havia conseguido vencer várias vezes o Brasil com esse jogo de paciência.

> Quando um zagueiro é muito violento, ele costuma ser chamado de "açougueiro". Mas, **pela primeira e única vez na história, o ataque brasileiro teve de enfrentar um de carne e osso**. O lateral-esquerdo alemão, Siegmar Wätzlich, 26 anos, do Dynamo Dresden, era açougueiro por profissão.

O problema é que, na prática, os dois atacantes argentinos, Ayala e Kempes, ficaram tão isolados que a defesa brasileira se deu ao luxo de atacar. Aos 32 minutos, numa descida de Luís Pereira, Paulo César rolou para Rivelino, que chutou rasteiro, de fora da área, no canto direito de Carnevali, fazendo 1 a 0. Tudo parecia ir bem, mas três minutos depois a Argentina – que não havia criado uma única chance de gol até então – conseguiu o empate. O juiz marcou uma falta de Marinho Peres sobre Balbuena, a cinco passos da área brasileira. Brindisi cobrou por cima da barreira de sete jogadores, bem no meio do gol, onde estava Leão. Era o tipo de lance que Leão resolvia com uma só mão no Palmeiras, mas a bola acabou passando por ele, batendo no travessão e caindo meio metro após a linha. Depois de três jogos e meio, e 395 minutos, esse era o primeiro gol que o Brasil sofria na Copa.

O Brasil tinha sido melhor no primeiro tempo e voltou para a etapa final melhor ainda. Logo aos 3 minutos, Jairzinho teve o pé enganchado por Bargas na área Argentina. Um juiz sul-americano provavelmente marcaria o pênalti, mas Vital Loreaux era europeu e mandou o jogo seguir. Na continuidade do lance, Zé Maria trombou com Babington na intermediária da Argentina, num lance em que um juiz sul-americano certamente marcaria a falta. Mas Vital Loreaux era europeu e considerou o lance normal. Zé Maria disparou com a bola até a linha de fundo e cruzou

---

BRASIL 2 ARGENTINA 1

30 de junho de 1974 • Domingo
Niedersachsenstadion • Hannover • 16h00

GOLS NO 1ºT • 1 × 0 Rivelino 32', 1 × 1 Brindisi 35'
GOL NO 2ºT • 2 × 1 Jairzinho 4'

BRASIL • ①Leão, ④Zé Maria, ②Luís Pereira, ③Marinho Peres, ⑥Marinho Chagas, ⑰Carpegiani, ⑩Rivelino, ⑪Paulo César, ⑬Valdomiro, ⑦Jairzinho, ㉑Dirceu.
TÉCNICO Mário Jorge Lobo Zagallo

ARGENTINA • ①Carnevali, ⑨Glariá, ⑤Bargas, ⑯Sa (⑦Carrascosa, no intervalo), ④Balbuena, ⑰Squeo, ⑩Heredia, ⑥Brindisi, ③Babington, ②Ayala, ⑧Kempes (⑪Houseman, no intervalo). **TÉCNICO** Vladislao Cap

PÚBLICO ESTIMADO • 38.000

JUIZ: Vital Loreaux (Bélgica)
AUXILIARES: Ndiaye (Senegal) e Taylor (Inglaterra)

CARTÃO AMARELO • 2ºT Houseman 12'

por Max Gehringer

1974

na cabeça de Jairzinho, que testou no meio do gol e fez 2 a 1. Faltavam ainda 41 minutos para o jogo acabar, e a Holanda tinha um saldo de gols enorme. Mas o Brasil, cautelosamente, preferiu recuar e segurar o resultado, em vez de partir para cima dos argentinos. No fim, foi uma vitória clara, a mais fácil do Brasil na Copa, mas o resultado obrigava o Brasil a vencer a Holanda no último jogo.

> Entre os jogadores campeões de 1974, Overath detém um **recorde**: Ele disputou **dezenove partidas consecutivas em três Copas**: seis em 1966, seis em 1970 e sete em 1974.

Holanda 2 x 0 Brasil

Em suas memórias, Cruijff confessou que a Holanda estava tensa e receosa nos vestiários antes do jogo. Segundo Cruijff, por pior que o Brasil estivesse jogando na Copa, aquela ainda era a Seleção tricampeã do mundo e poderia aprontar alguma para cima da Laranja Mecânica.

Por tudo o que o futebol revolucionário da Holanda representou para a Copa de 1974 – e para o próprio futebol mundial, nos anos seguintes – e pelo jogo feio e defensivo que o Brasil adotou na Copa, a partida entre Brasil e Holanda acabou ficando mal registrada na memória coletiva. A Holanda não deu um baile no Brasil, como havia dado no Uruguai e na Argentina, embora o começo do jogo tenha sido pouco alvissareiro. Após dar a saída, a Holanda trocou dez passes em 25 segundos, até Rivelino fazer a primeira falta do jogo, ao derrubar Neeskens com uma rasteira na intermediária brasileira.

A rigor, a Holanda teve uma claríssima chance de gol no primeiro tempo. Aos 7 minutos, num cruzamento de Jansen da linha de fundo, Zé Maria espirrou o taco e a bola sobrou limpa para Cruijff. A 1 m da pequena área e de frente para o gol, Cruijff chutou forte no canto esquerdo, mas Leão pulou e conseguiu desviar para escanteio, numa defesa digna de qualquer antologia das Copas.

Daí até o final do primeiro tempo, três outras oportunidades de gol surgiriam. E elas seriam todas brasileiras. Aos 13 minutos, Marinho Peres fez um lançamento longo da intermediária brasileira para a entrada da área holandesa. Jairzinho desviou de cabeça para Valdomiro, que tocou por cima de Haan e entrou na área. O goleiro Jongbloed saiu estabanado e errou a bola, mas Valdomiro caiu, tentando cavar o pênalti, e a defesa holandesa aliviou o perigo. Aos 24 minutos, a zaga da Holanda avançou para forçar o impedimento do ataque brasileiro e a bola sobrou nos pés de Paulo César, em posição legal. Dentro da grande área, e com apenas o goleiro Jongbloed à sua frente, Paulo César chutou afobadamente para fora, a um palmo da trave esquerda.

Mas, àquela altura, o jogo já estava começando a descambar para a violência, atribuída mais à tensão com que Brasil e Holanda entraram em campo do que à vocação das duas equipes para briga. Desde o começo da Copa, a Holanda era um time artístico quando tinha a posse da bola, mas que entrava firme quando não tinha. Essas entradas, não raramente carrinhos por trás, começaram a enervar o já estressado time brasileiro. Aos 30 minutos, Suurbier pegou Zé Maria de jeito e foi empurrado por vários jogadores brasileiros. O mais veemente foi Luís Pereira, que acabou levando um cartão amarelo, enquanto Suurbier escapava ileso.

> Jogador de convicções políticas firmes e opiniões polêmicas, **Breitner se recusou a jogar na Copa de 1978**, em protesto contra o regime ditatorial da Argentina.

Contrariando sua natureza, o Brasil também começou a pegar pesado. Das divididas, as duas equipes logo passaram aos pontapés e aos empurrões fora do lance de bola. Aos 39 minutos, Zé Maria levou o segundo cartão brasileiro, quando se desequilibrou na jogada e foi obrigado a agarrar as pernas de Cruijff. No minuto seguinte, Rivelino deu uma cotovelada em Neeskens na meia-lua brasileira, fora do lance de bola. Com Neeskens caído, o Brasil foi rapidamente para o ataque. Rivelino fez um lançamento de 40 m para Valdomiro, que cruzou para a área. Paulo César chutou, a bola bateu em Rijsbergen e sobrou para Jairzinho, de frente para o gol. Mas Jair demorou uma fração de segundo a mais e seu chute saiu prensado por Rijsbergen, rente à trave esquerda, para fora.

por Max Gehringer

Aos 44 minutos, Marinho Peres tomou o terceiro cartão, por uma obstrução em Jansen, e o juiz Tschenscher resolveu encerrar o primeiro tempo. Chance por chance, o Brasil poderia ter ido para os vestiários vencendo por 3 a 1.

Uma das críticas feitas à Comissão de Arbitragem em 1974 foi a escalação de um juiz alemão, Kurt Tschenscher, às vésperas de completar 46 anos, para apitar Brasil x Holanda, jogo que decidiria o adversário da própria Alemanha na final. Um erro primário que já havia sido cometido na Copa de 1966 e que tinha gerado grandes confusões nos jogos Alemanha x Uruguai (apitado por um inglês) e Inglaterra x Argentina (apitado por um alemão). Em 1974, mesmo a imprensa europeia não deixou de notar a diferença nos critérios de Herr Tschenscher no primeiro tempo. Embora as duas equipes merecessem ser advertidas pela violência, só os brasileiros levaram cartões amarelos. Foram três em 45 minutos, contra nenhum para a Holanda.

Na etapa final, o Brasil cometeu a primeira falta aos 15 segundos – uma carga de Valdomiro na área holandesa. O juiz marcaria mais quatro faltas nos quatro minutos seguintes e a Holanda aproveitou bem a última delas (uma solada inexistente de Jairzinho em Rijsbergen, perto do meio do campo). Enquanto os brasileiros reclamavam com o juiz, Van Hanegem bateu rapidamente a falta para Nees-

HOLANDA 2 BRASIL 0
3 de julho de 1974 • Quarta-feira Westfalenstadion • Dortmund • 19h30
GOLS NO 2ºT • 1 × 0 Neeskens 5', 2 × 0 Cruijff 20'
HOLANDA • ⑧Jongbloed, ⑳Suurbier, ⑰Rijsbergen, ⑫Krol, ②Haan, ⑬Neeskens (⑤Israel 40' 2ºT), ⑥Jansen, ⑭Cruijff, ③Van Hanegem, ⑯Rep, ⑮Rensenbrink (⑦de Jong 22' 2ºT). TÉCNICO Rinus Michels
BRASIL • ①Leão, ④Zé Maria, ②Luís Pereira, ③Marinho Peres, ⑥Marinho Chagas, ⑰Carpegiani, ⑩Rivelino, ⑪Paulo César (⑲Mirandinha 16' 2ºT), ⑬Valdomiro, ⑦Jairzinho, ㉑Dirceu. TÉCNICO Mário Jorge Lobo Zagallo
PÚBLICO ESTIMADO • 52.500
JUIZ: Kurt Tschenscher (Alemanha Ocidental) AUXILIARES: Suppiah (Cingapura) e Davidson (Escócia)
CARTÕES AMARELOS • 1ºT Luís Pereira 30', Zé Maria 38', Marinho Peres 44' | 2ºT Rep 14'
CARTÃO VERMELHO • 2ºT Luís Pereira aos 39'

kens, na intermediária brasileira. Neeskens tocou para Cruijff, aberto e isolado pela direita, e correu para a área. Cruijff enfiou a bola entre os dois Marinhos e Neeskens, perseguido por Luís Pereira, se atirou na bola. E, de bico, conseguiu encobrir Leão, que estava bem posicionado, a um passo da linha do gol, mas foi apanhado de surpresa. Aos 5 minutos, a Holanda saía na frente, num gol de muita sorte.

O Brasil poderia ter empatado aos 11 minutos, se não fosse por outra falha lamentável da arbitragem. A defesa da Holanda se adiantou para deixar o ataque brasileiro impedido e Rivelino levantou a bola para Luís Pereira, em posição legal – Suurbier, pela direita, demorou a reagir ao comando de Haan. Quando Luís Pereira disparou em direção ao gol, sem ninguém pela frente, o bandeirinha escocês Davidson marcou o impedimento, que o juiz confirmou. Na sequência do lance, Cruijff recebeu em impedimento, marcado pelo juiz, mas prosseguiu na jogada e chutou a bola para o gol. Como Cruijff era Cruijff, o juiz alemão nem pensou em mostrar o cartão amarelo para o maestro holandês.

Aos 16 minutos, Zagallo arriscou, tirando Paulo César e colocando Mirandinha em campo. Atabalhoadamente, o Brasil partiu com tudo para o ataque e a Holanda se retraiu. Mas, aos 20 minutos, Rensenbrink recebeu um passe de Krol, junto à lateral direita do Brasil, à altura do meio de campo. A impressão geral, de que Rensenbrink estava impedido, começou pela própria reação do jogador – Rensenbrink parou e olhou para o bandeirinha de Cingapura, do outro lado do campo. Mas o bandeirinha ficou na moita e Rensenbrink tocou para Krol, que correu 15 m e cruzou para Cruijff, entrando pelo meio da área. Com um acrobático toque de pé direito, Cruijff completou no canto esquerdo. Holanda 2 a 0.

> "Gerd" Müller é o maior artilheiro da história da Seleção Alemã, com uma média incrível: **68 gols em 62 jogos**. Foi campeão europeu em 1972 e mundial em 1974. **Durante 32 anos, Müller ficou sendo o jogador que mais havia marcado gols em Copas**: catorze (dez em 1970 e quatro em 1974). Em 2006, esse recorde foi superado por Ronaldo, que chegou aos quinze gols.

por Max Gehringer

O gol teve um efeito devastador nos nervos dos jogadores brasileiros. Precisando marcar três gols em 25 minutos, o Brasil esqueceu a bola e partiu para as cacetadas. Aos 26 minutos, Rivelino tentou pegar Cruijff – que se salvou porque pulou na hora certa –, mas acertou uma pisada em Jansen e escapou de levar uma de Neeskens. Para o juiz, entretanto, tudo isso resultou apenas na falta "normal" de Rivelino sobre Jansen. Aos 33 minutos, após Rivelino levar dois encontrões seguidos perto da área holandesa, Valdomiro bateu a falta e tirou tinta da trave esquerda de Jongbloed. Finalmente, aos 39 minutos, Luís Pereira deu uma violenta entrada em Neeskens, que tiraria o holandês do jogo – mas também tirou Luís Pereira, que foi expulso. Zagallo imediatamente mandou Wilson Piazza se aquecer para recompor a defesa, e Piazza ficou correndo e saltitando por quase cinco minutos. Aos 44 minutos, ao perceber que Zagallo se esquecera dele, Piazza voltou silenciosamente para o banco.

Ao final da partida, a torcida – 80% dela composta de holandeses – vaiou longamente o Brasil. Mais para descarregar a frustração de não ter visto o carrossel atropelar os brasileiros, como havia feito com uruguaios e argentinos. De qualquer maneira, para fins estatísticos, a Holanda se tornou a única seleção a derrotar as três potências do futebol sul-americano numa mesma Copa.

Disputa pelo terceiro lugar

Polônia 1 x 0 Brasil

Nos três dias que se passaram entre a derrota para a Holanda e a disputa do terceiro lugar, a delegação brasileira se transformou num balaio de gatos. A imprensa estava ávida por explicações e Zagallo repetia que, "dentro das circunstâncias", que ele não especificava quais tinham sido, chegar entre os quatro finalistas já era um mérito.

Alguns jogadores (como Piazza e Alfredo) mostravam-se tão desinteressados em participar do último jogo que a CBD teve de acenar com um "prêmio extra" de 5 mil dólares por uma eventual vitória contra a Polônia. Mesmo assim, a maioria dos jogadores brasileiros foi para o campo como se estivesse cumprindo uma penosa obrigação. O mais incrível, porém, foi a barração de Paulo César para a entrada de Ademir da Guia. É verdade que Paulo César vinha sendo acusado – pela imprensa e pelos companheiros – de falta de combatividade. Mas o técnico Zagallo nutria por seu futebol uma paixão desmedida, desde os tempos do Botafogo, em 1968. Porém, três horas antes do jogo contra a Polônia, Antonio do Passo, fazendo uso de seus poderes de chefe da Comissão Técnica, "desescalou" Paulo César. Oficialmente, o ponteiro foi dado como "contundido", embora não houvesse indícios claros da natureza dessa contusão.

Disputado num ritmo lento, o jogo teve poucos momentos de emoção – além do único gol, só uma cabeçada de Deyna rente ao travessão e dois chutes brasileiros na trave, um de Valdomiro e outro de Rivelino. Mas o momento mais circense aconteceu quando Mirandinha (que havia entrado aos 21 minutos do segundo tempo, no lugar de Ademir da Guia) saiu em disparada do meio de campo em direção ao gol da Polônia e foi agarrado por Kasperczac. Mesmo sendo firmemente seguro pela camisa, Mirandinha ainda percorreu incríveis 20 m até finalmente desabar no solo. O jornal alemão *Bild* chamou o lance de "a falta mais comprida da história das Copas".

Cinco minutos depois, Marinho Chagas foi para o ataque e errou um passe fácil na

POLÔNIA 1   BRASIL 0

6 de julho de 1974 • Sábado
Olympiastadion • Munique • 16h00

Gol no 2ºT • Lato 31'

POLÔNIA • ②Tomaszewski, ④Szymanowski, ⑥Gorgon, ⑩Musial, ⑨Zmuda, ⑬Kasperczak (⑪Cmikiewicz 29' 2ºT), ⑭Maszczic, ⑫Deyna, ⑯Lato, ⑰Szarmach (⑳Kapka 28' 2ºT), ⑱Gadocha.
Técnico Kazimierz Górski

BRASIL • ①Leão, ④Zé Maria, ⑮Alfredo, ③Marinho Peres, ⑥Marinho Chagas, ⑰Carpegiani, ⑩Rivelino, ⑱Ademir da Guia (⑲Mirandinha 21' 2ºT), ⑬Valdomiro, ⑦Jairzinho, ㉑Dirceu.
Técnico Mário Jorge Lobo Zagallo

PÚBLICO ESTIMADO • 74.100

Juiz: Aurelio Angonese (Itália)
Auxiliares: Namdar (Irã) e Ndiaye (Senegal)

CARTÕES AMARELOS • 1ºT Jairzinho 39' | 2ºT Kasperczak 27'

por Max Gehringer

ponta esquerda, a 10 m da área polonesa. Rapidamente, a bola foi parar nos pés de Lato, que disparou pela direita e tocou a bola na frente de Alfredo. O bandeirinha senegalês apontou impedimento – Gadocha, pelo meio, estava na banheira –, mas o juiz Angonese deixou a jogada seguir, porque Lato havia feito o passe para ele mesmo. Lato correu até dentro da área brasileira, ficou frente a frente com Leão e tocou rasteiro, no cantinho direito, fazendo 1 a 0. Dez minutos depois, Lato teria outra chance igualzinha, mas dessa vez Leão conseguiu defender com o pé. E a Polônia conquistou um merecido terceiro lugar.

Nos vestiários, depois do jogo, Leão ainda iria agredir Marinho Chagas por sua "inconsequência" de ir ao ataque. Uma atitude discutível, porque Marinho era o único jogador que não havia sido contaminado pelo defensivismo do técnico Zagallo. Para o livro dos recordes obscuros, o polonês Leslaw Cmikiewicz, 25 anos, do Legia de Varsóvia, se tornou o maior substituto da história das Copas (participou de seis dos sete jogos da Polônia, e em nenhum começou como titular).

A final

Alemanha Ocidental 2 x 1 Holanda

A tarde foi cheia de cerimônias. Primeiro, os dezesseis ônibus multicoloridos que transportaram as delegações durante a Copa desfilaram pela pista de atletismo do estádio. De todos eles, o ônibus brasileiro foi o que teve recepção mais fria, até com algumas vaias (da torcida da Holanda). Aí, uma banda canadense – Alberta All Girls – formada por mulheres de minissaia apresentou-se para a torcida (Montreal, no Canadá, seria a sede das Olimpíadas de 1976). Não poderia faltar também um conjunto folclórico alemão, esse menos aplaudido, porque era constituído só por homens de calças curtas e chapéus com peninhas. Um coro mirim de 1.500 componentes, o Fischerchöre, cantou para a plateia. Crianças jogaram rosas para a torcida. Finalmente, Stanley Rous foi ao gramado e leu o seu polido discurso de despedida como presidente da Fifa. Britanicamente, Rous não demonstrou nenhuma insatisfação por ter perdido a eleição para João Havelange, mas novamente não mencionou o brasileiro em seu discurso.

Nos bastidores, a Comissão Organizadora tinha encontrado um jeito de faturar mais uma pequena fortuna com propaganda. Antes da Copa, já haviam sido vendidos todos os espaços nos perímetros dos campos, junto aos alambrados. Para a final, foram adicionadas seis placas, três atrás de cada gol. Com 10 m de comprimento e 1 m de altura, elas foram vendidas pela bagatela de 800 mil dólares cada uma. Mesmo assim, as empresas que investiram não se arrependeram. A cada bola chutada contra o gol da Holanda no primeiro tempo, centenas de milhões de telespectadores no mundo inteiro leriam "Heineken" e "Alka Seltzer" por trás das redes.

Nas arquibancadas, havia apenas 5 mil torcedores holandeses, contra 70 mil alemães. Como os ingressos para a final tinham sido vendidos bem antes da Copa, os alemães acreditaram que sua seleção pelo menos disputaria o título. Mas, dos 30 mil holandeses que foram à Alemanha, menos de 20% mostraram igual otimismo. Sem ingressos, eles tiveram de assistir ao jogo pela TV.

Antes da partida, o técnico holandês Rinus Michels declarou: "A Holanda é formada por uma excelente geração de jogadores, mas que já chegou ao topo da carreira. Vai demorar muito para surgir outra seleção como esta". Portanto, a chance de vencer em 1974 seria provavelmente a última para jogadores como Cruijff (27 anos), Van Hanegem (30) e Jansen (27). Apenas Neeskens e Rep, ambos com 22 anos, pareciam figuras certas para a Copa na Argentina, dali a quatro anos.

A Holanda começou o jogo com volúpia. Ao vencer o cara ou coroa, o capitão Cruijff preferiu dar a saída, em vez de escolher o lado

> Embora as **decisões por pênaltis só tivessem começado na Copa de 1982, essa possibilidade estava prevista no regulamento de 1974**, como última opção possível. Nas decisões do terceiro lugar e do jogo final, o parágrafo 2 do artigo 5 ditava que, em caso de empate no jogo e na prorrogação, haveria novo jogo e nova prorrogação. Se o empate persistisse, a decisão seria por pênaltis.

do campo. Aí, a partir do apito inicial do juiz Taylor, os holandeses trocaram quinze passes, até Cruijff pegar a bola no círculo central, aos 45 segundos. Marcado por Vogts, que seria sua sombra durante toda a partida, Cruijff disparou pela intermediária alemã e, quando ia entrando na área, levou um carrinho de Hoeness. Sem que nenhum jogador alemão tivesse sequer tocado na bola – incluindo Hoeness, que só acertou Cruijff com seu mal calculado carrinho –, o juiz Taylor apitou pela segunda vez e apontou para a marca do pênalti. Entre o primeiro e o segundo apito do juiz, haviam se passado apenas 54 segundos. Na cobrança, Neeskens encheu o pé no meio do gol, à meia altura, fazendo 1 a 0 para a Holanda, enquanto Maier pulava no canto direito.

A Alemanha deu a saída e foi com tudo ao ataque. Aos 2 minutos, Suurbier deu um carrinho por trás em Hölzenbein, sendo longamente apupado pela torcida. Novamente, a Holanda estava mostrando que sabia jogar futebol, mas que não economizaria nas pancadas. Aos 2 minutos e 30 segundos, com oito holandeses e seis alemães na área da Holanda, Breitner chutou torto, para fora. Aos 4 minutos, Vogts levou um cartão amarelo após fazer duas faltas seguidas em Cruijff. Mas aí as emoções cessaram e os vinte minutos seguintes foram os mais chatos do jogo, com as duas equipes dando a impressão de estar com receio uma da outra. As defesas controlaram os ataques, os goleiros não tiveram trabalho e as intermináveis trocas de passes no meio de campo eram saudadas pela torcida com longas sequências de assovios, entremeados com breves coros de estímulo.

O marasmo durou até os 22 minutos, quando Müller recebeu na entrada da área holandesa e caiu, junto com Rijsbergen. A primeira impressão foi de pênalti, mas o juiz Taylor preferiu marcar a falta de Müller, que foi reclamar e tomou um empurrãozinho de Van Hanegem, desabando espalhafatosamente no solo. A encenação deu resultado e Van Hanegem foi brindado com um cartão amarelo. Mas a falta sobre Rijsbergen – um pisão de Müller em seu tornozelo – teria consequências mais sérias do que parecia a princípio. Daí em diante, o holandês passaria a manquitolar em campo.

Almanaque dos Mundiais

Aos 24 minutos, Overath recuperou uma bola na entrada da área alemã e fez um lançamento longo para Hölzenbein, na intermediária da Holanda, pela ponta esquerda. Hölzenbein foi conduzindo a bola em diagonal, entrou na área, passou por Rijsbergen e levou um carrinho de Jansen. O vídeo do lance mostra claramente que Jansen pegou o pé de Hölzenbein, sem tocar na bola. Mas também mostra que Hölzenbein começou a cair antes de ser tocado. Aos 25 minutos, Breitner cobrou rasteiro, sem muita força, no cantinho direito, e o goleiro Jongbloed nem se preocupou em saltar. 1 a 1.

> Interessante foi a **súbita ascensão do lateral carioca Nelinho. Em 1970, após passar pelos aspirantes do América-RJ, foi tentar a sorte em Portugal**. Fez dez jogos pelo Barreirense, teve uma distensão muscular e voltou ao Rio. Em 1971 Nelinho foi para a Venezuela, onde atuou pelo Deportivo Anzoategui. Não se adaptou, voltou ao Rio e ficou parado por três meses, até arrumar um lugar no Bonsucesso. Em 1972 disputou o Campeonato Brasileiro pelo Remo e **em 1973 foi contratado pelo Cruzeiro. Um ano depois, estava disputando um jogo de Copa do Mundo.**

Nas nove edições da Copa Jules Rimet, nenhum pênalti havia sido marcado numa final. Na primeira final da nova Copa Fifa, já tinham sido marcados dois, em menos de meia hora. Curiosamente, até esse momento as seleções da Alemanha e Holanda só haviam acertado um único chute, cada uma, na direção da meta adversária. Exatamente os dois pênaltis.

Estranho, também, era o "sumiço" de Cruijff, que não havia feito uma única jogada desde os 5 minutos. Seu feroz marcador, Berti Vogts, até se dava ao luxo de abandonar Cruijff e avançar ao ataque. Aos 29 minutos, Vogts tabelou com Grabowski, escapou de um carrinho de Suurbier, entrou livre na área e chutou forte no canto direito, na saída de Jongbloed. O goleiro fez a melhor defesa do primeiro tempo, mandando a bola para escanteio. Nos minutos seguintes, pela primeira vez na Copa, a Holanda deu a impressão de não saber o que fazer com a bola. Seus jogadores trocavam passes sem progredir, e a Alemanha tomou conta da partida.

Aos 35 minutos, Hoeness disparou pela direita, ganhou de Haan na corrida, foi à linha de fundo e cruzou na pequena área. A bola passou por Jongbloed, mas Rijsbergen conseguiu cortar antes da chegada de Müller. Aos 37 minutos, Grabowski foi aterrado por Van Hanegem a um passo da grande área, após correr com a bola desde o meio de campo, sem ser combatido. Beckenbauer cobrou a falta e Jongbloed teve de se esticar para mandar a escanteio. Aos 38 minutos, Vogts foi de novo ao ataque e dessa vez se deu mal – a bola acabou sobrando nos pés de Cruijff, que desceu pelo meio e tocou para Rep, entrando sozinho pela esquerda. Rep, afobadamente, chutou em cima de Maier, que saía do gol e fez sua única grande defesa no primeiro tempo. Aos 40 minutos, Neeskens tomou um cartão amarelo por derrubar Hölzenbein e pelo conjunto da obra – já era a sua quarta falta feia no primeiro tempo. Aos 41 minutos, a defesa da Holanda se adiantou em bloco para fazer a linha de impedimento e o bandeirinha mexicano Archundia foi na conversa. Bonhof recebeu em posição legal e ia correr sozinho para o gol, quando Archundia levantou a bandeira.

A Alemanha já estava merecendo o segundo gol e ele veio aos 43 minutos. Junto ao meio-campo, próximo à lateral, Grabowski lançou Bonhof. No bico esquerdo da grande área, Bonhof passou por Krol e cruzou na direção da marca do pênalti. Müller e Haan foram para a bola e Müller chegou antes, mas errou ao tentar o controle. Enquanto Haan tentava se aprumar, Müller reagiu rápido e vi-

---

ALEMANHA OCIDENTAL 2   HOLANDA 1

7 de julho de 1974 • Domingo
Olympiastadion • Munique • 16h00

GOLS NO 1º T • 0 × 1 Neeskens (pênalti) 1',
1 × 1 Breitner (pênalti) 25', 2 × 1 Müller 43'

ALEMANHA OCIDENTAL • ①Maier, ②Vogts, ⑤Beckenbauer, ④Schwarzenbeck, ③Breitner; ⑭Hoeness, ⑯Bonhof, ⑫Overath; ⑨Grabowski, ⑰Hölzenbein, ⑬Müller. **TÉCNICO** Helmut Schön

HOLANDA • ⑧Jongbloed, ⑳Suurbier, ⑰Rijsbergen (⑦De Jong 24' 2ºT), ⑫Krol, ②Haan, ⑬Neeskens, ⑥Jansen, ⑭Cruijff, ③Van Hanegem, ⑯Rep, ⑮Rensenbrink (⑩René van de Kerkhof, no intervalo). **TÉCNICO** Rinus Michels

PÚBLICO • 75.200

JUIZ: John Taylor (Inglaterra) | **AUXILIARES:** Barreto (Uruguai) e Archundia (México)

CARTÕES AMARELOS • 1ºT Vogts 4', Van Hanegem 22', Neeskens 40' e Cruijff (no intervalo)

rou de pé direito, por entre as pernas de Haan, que ainda tentou um carrinho. Próximo à trave esquerda, o goleiro Jongbloed ficou estático e a bola entrou no meio do gol. No quesito "beleza", esse foi um gol meio indigno de uma final de Copa do Mundo, mas o que conta é bola na rede. Um minuto depois, a Holanda conseguiu seu único escanteio no primeiro tempo (contra sete a favor dos alemães).

O juiz Taylor deu trinta segundos de desconto e apitou o final da primeira etapa quando a bola estava nos pés de Van Hanegem. O juiz pediu a bola e Van Hanegem a chutou com força, obrigando Taylor a dar um salto inútil para tentar alcançá-la. Sentindo sua autoridade ameaçada, Taylor caminhou na direção de Van Hanegem e Cruijff, próximo à cena, pensou rápido. Como Van Hanegem já tinha um cartão amarelo, Cruijff começou a reclamar para desviar a atenção do juiz. Mas exagerou na dose, falando mais do que devia. E Taylor, impávido, mostrou o cartão amarelo

OS 11 CAMPEÕES

① Josef "Sepp" **Maier**, goleiro do Bayern München, 30 anos (28/2/1944). Encerrou a carreira em 1979, aos 35 anos, após um grave acidente de carro

⑦ Hans Hubert "Berti" **Vogts**, lateral do Borussia Mönchengladbach, 27 anos (30/12/1946)

④ Hans-Georg "Katsche" **Schwarzenbeck**, zagueiro do Bayern München, 26 anos (3/4/1948)

⑤ Franz Anton **Beckenbauer**, líbero do Bayern München, 28 anos (11/9/1945). O melhor jogador da história do futebol alemão

③ Paul **Breitner**, lateral do Bayern München, 22 anos (5/9/1951)

⑫ Wolfgang **Overath**, armador do 1.FC Köln, 30 anos (29/9/1943)

⑯ Rainer **Bonhof**, armador do Borussia Mönchengladbach, 22 anos (29/3/1952). O mais jovem do time campeão

⑨ Jürgen **Grabowski**, atacante do Eintracht Frankfurt, 30 anos (7/7/1944)

⑭ Ulrich "Uli" **Hoeness**, atacante do Bayern München, 22 anos (5/1/1952)

⑰ Bernd "Holz" **Hölzenbein**, atacante do Eintracht Frankfurt, 28 anos (9/3/1946)

⑬ Gerhard "Gerd" **Müller**, atacante do Bayern München, 28 anos (3/11/1945)

Ⓣ **Helmut Schön**, técnico, 58 anos (15/9/1915 – 23/2/1996)

por Max Gehringer

para Cruijff, trinta segundos após o final do primeiro tempo.

Como era a primeira vez na Copa que a Holanda ficava atrás no marcador, a dúvida era se os holandeses teriam calma suficiente para buscar o empate. No intervalo, o técnico Michels trocou o apagado Rensenbrink por René van de Kerkhof, um atacante mais forte e mais trombador, revelando que a Holanda iria para cima dos alemães. Mas quem começou no ataque foi a Alemanha. Aos 2 minutos Suurbier cometeu a primeira falta da etapa final ao derrubar Overath junto à linha lateral. Trinta segundos depois, veio o primeiro escanteio a favor dos alemães. Na cobrança, Bonhof cabeceou sozinho e a bola saiu a meio metro da trave direita. Não era um bom começo para os holandeses, mas, a partir daí, eles iniciariam uma pressão que duraria quase todo o segundo tempo.

Aos 4 minutos, num escanteio cobrado por Rep da direita, Maier saiu mal e socou a bola na direção de seu próprio gol. Sobre a linha, Breitner salvou de cabeça. O jogo ficou mais aberto, com os espaços aparecendo e as duas equipes criando oportunidades. Aos 12 minutos, Grabowski passou por Krol e tocou para Müller, que dominou atrás da zaga e completou para as redes. Atendendo ao aceno do bandeirinha uruguaio Ramón Barreto, o juiz apontou impedimento de Müller, anulando o gol. Os alemães quase nem reclamaram, mas deveriam. A TV mostrou que a posição de Müller era legal. A partir dos 15 minutos, a Holanda deixou de lado as penetrações

OS OUTROS 11 CAMPEÕES

- ㉑ Norbert **Nigbur**, goleiro do Schalke 04, 26 anos
- ㉒ Wolfgang **Kleff**, goleiro do Borussia Mönchengladbach, 27 anos
- ⑥ Horst-Dieter **Höttges**, zagueiro do Werder Bremen, 30 anos
- ⑦ Herbert **Wimmer**, meio-campo do Borussia Mönchengladbach, 29 anos
- ⑧ Bernhard **Cullmann**, meio-campo do 1.FC Köln, 24 anos
- ⑩ Günther **Netzer**, meio-campo do Real Madrid, 29 anos
- ⑮ Heinz **Flohe**, meio-campo do 1.FC Köln, 26 anos
- ⑳ Helmut **Kremers**, meio-campo do Schalke 04, 25 anos
- ⑪ Josef "Jupp" **Heynckes**, atacante do Borussia Mönchengladbach, 29 anos
- ⑱ Dieter **Herzog**, atacante do Fortuna Düsseldorf, 28 anos
- ⑲ Hans-Josef **Kapelmann**, atacante do Bayern Münich, 24 anos

pelo meio e passou a usar a opção das bolas altas sobre a área alemã. Aos 24 minutos, Rijsbergen não aguentou mais – efeito da pisada que recebeu de Müller no primeiro tempo – e pediu para sair. Em seu lugar, entrou Theo de Jong, atacante do Feyenoord. O técnico Rinus Michels adiantou Haan e recuou Jansen, para ficar no mano a mano com Müller, e a Holanda foi para o abafa nos vinte minutos finais.

Aos 27 minutos, Maier fez a defesa do jogo. Pela ponta esquerda, René van de Kerkhof conseguiu evitar que uma bola perdida saísse pela lateral, quase junto à bandeira de escanteio, e fez um cruzamento longo para a área alemã. Entrando na corrida pela ponta direita, Neeskens acertou um sem-pulo de pé direito, quase da risca da pequena área. Junto à trave esquerda, Maier conseguiu espalmar para escanteio. Aos 32 minutos, a defesa alemã cochilou e Rep perdeu um gol feito. Suurbier cruzou da direita e Rep, sozinho na pequena área, tocou de pé direito. A bola foi para fora, raspando a trave direita.

Aos 30 minutos, Vogts cometeu sua quarta e última falta sobre Cruijff. E não teve mais trabalho, porque o grande astro da Copa foi lentamente se apagando nos quinze minutos finais, incapaz de escapar da marcação individual. Uma façanha de Vogts, considerando-se que as duas primeiras faltas foram feitas antes dos quatro minutos do primeiro tempo. A decisão de Cruijff na etapa final – cair para as beiradas do campo, para arrastar Vogts e abrir

> Em 1974, existiam dúvidas sobre os **benefícios ou malefícios físicos do sexo antes das partidas**. No caso do Brasil, a Comissão Técnica decidiu conceder "um dia por semana" para que os jogadores casados recebessem suas esposas na concentração (os solteiros teriam o dia livre). **Já a Holanda radicalizou: trouxe as esposas e as namoradas dos jogadores e liberou o sexo na concentração.** Os países socialistas, como a Polônia, preferiram dar pílulas tranquilizantes a seus jogadores para que eles pudessem dormir "sem preocupações estranhas ao futebol". Enquanto isso, **na França, o Movimento de Libertação Feminina propôs que todas as mulheres francesas fizessem uma greve de sexo nos três primeiros dias da Copa** para protestar contra "a sociedade dirigida pelo homem".

espaços para os companheiros – mostrou-se totalmente inócua. Aos 41 minutos, Beckenbauer deu um chutão para a ponta esquerda e a bola caiu certinha nos pés de Hölzenbein, que correu para a área, driblou Jensen e sofreu um pênalti muito mais claro do que aquele que o juiz Taylor havia marcado no primeiro tempo. Muito distante do lance, ou por achar que três penalidades seriam demais numa final, Taylor mandou o jogo correr. Aos 42 minutos, Neeskens chutou da entrada da área e a bola rasteira passou perto da trave direita, na derradeira oportunidade que a Holanda criaria.

Aos 43 minutos, Grabowski ainda encontrou um resto de fôlego para dar um pique de 40 m pela direita e conseguir o último escanteio alemão. E nada mais aconteceu. Às 17h47, e após conceder exatos treze segundos de descontos, o juiz Taylor apitou pela última vez. A Alemanha era campeã do mundo. Na partida, os alemães só perderam no número de faltas cometidas – catorze, contra 25 da Holanda. Em escanteios, houve empate – dez para cada lado –, mas a Holanda conseguiu nove na etapa final, contra três da Alemanha. Em finalizações certas, na direção do gol, os alemães ganharam por oito a sete, pênaltis incluídos.

Para a Holanda, restaram o vice-campeonato e a simpatia do mundo inteiro. Para o futebol, ficou a impressão de que uma grande revolução havia começado. Feita por uma equipe de jogadores sem posições fixas, capazes de atacar e de defender em bloco. Mas que, infelizmente, como a Hungria em 1954, havia falhado em seu maior teste. Na partida final, a rigor, a Holanda mostrou o poder de seu carrossel apenas nos quatro primeiros minutos de jogo.

O artilheiro
Grzegorz Lato, da Polônia, com sete gols, foi o artilheiro. Apesar da precoce calvície, Lato tinha 24 anos em 1974. Convocado para a seleção em 1971, Lato foi campeão olímpico em 1972. Depois do terceiro lugar em 1974, a Polônia se tornaria também vice-campeã nos Jogos Olímpicos de Montreal, em 1976. Em 1980, aos 30 anos, Lato foi autorizado pelo governo polonês a jogar no exterior. Atuou três

anos na Bélgica (no KSC Lokeren) e um no México (no Atlante, pelo qual foi campeão mexicano de 1983). Em 1984, fez sua 104ª e última partida pela Seleção Polonesa – pela qual marcou 45 gols, dois deles contra o Brasil em Copas. Em 1985, encerrou a carreira pelo Hamilton, de Toronto, no Canadá. Após parar, tornou-se funcionário do Ministério dos Esportes polonês e dirigente do Stal Mielec, o único clube em que atuou na Polônia.

:

1978

*A vitória
da ditadura*

Almanaque dos Mundiais

Até que enfim

Depois de passar mais de quarenta anos tentando, a Argentina finalmente ganhou o direito de sediar uma Copa do Mundo. O sinal havia sido dado no 34º Congresso da Fifa em 1964, simultâneo às Olimpíadas de Tóquio. A intenção foi ratificada em 6 de julho de 1966, em Londres, no 35º Congresso da Fifa, durante a Copa da Inglaterra. Na reunião do Comitê Executivo da Fifa em Zurique, em 7 de fevereiro de 1975, a decisão seria oficializada.

Na estratosfera

O orçamento inicial para a promoção da Copa, anunciado pelo general Actis antes de ser assassinado, seria de modestos 70 milhões de dólares. Mas, com a bênção da ditadura militar, esse valor seria inflado para 520 milhões de dólares, incluindo gastos em infraestrutura de aeroportos e rodovias. O custo total da Copa, algo em torno de 600 milhões de dólares, surpreendeu o mundo. Quatro anos depois, a Espanha investiria apenas 20% disso – 120 milhões de dólares – para promover a Copa de 1982. As despesas argentinas para tornar viável a Copa de 1978 nunca foram detalhadas pelos militares e ninguém sabe dizer, exatamente, onde tanto dinheiro foi gasto. Mas a consequência é conhecida: de 1976 para 1978, a dívida externa da Argentina dobrou de tamanho.

O novo mestre

Cláudio Coutinho, preparador físico da Seleção em 1970 e supervisor da Comissão Técnica em 1974, também decidira se transformar em técnico, seguindo o exemplo de Carlos Alberto Parreira e Admildo Chirol. Em 1975, Coutinho foi o supervisor da Seleção que representou o Brasil no Pan-Americano do México (Zizinho foi o técnico). No ano seguinte, essa mesma Seleção disputaria os Jogos Olímpicos de Montreal, no Canadá. Mas Osvaldo Brandão, o técnico, e seu auxiliar Zizinho se desentende-

por Max Gehringer

1978

ram, e a Seleção ficou sem técnico. Na emergência, Coutinho assumiu a função.

Os 40

Atendendo ao protocolo da Fifa, a CBD inscreveu mais dezoito jogadores, para eventuais substituições de última hora. Dois deles acabariam entrando na lista dos 22: Nelinho (no lugar de Zé Maria) e Roberto (no lugar de Nunes). Os outros dezesseis foram os goleiros Raul (Cruzeiro) e Wendell (Botafogo). Os zagueiros Orlando (Vasco), Luís Pereira (Atlético de Madri), Rondinelli (Flamengo), Wladimir (Corinthians) e Odirlei (Ponte Preta). Os meio-campistas Falcão (Internacional), Paulo César Carpegiani e Adílio (ambos do Flamengo). Os atacantes Tarciso (Grêmio), Marcelo (Atlético-MG), Enéas (Portuguesa), Romeu (Corinthians) e Éder (Grêmio). Para um técnico que falava na necessidade de "privilegiar jogadores diferenciados", Coutinho deixou fora dos quarenta um belo exemplo dessa diferenciação: Sócrates, 23 anos, do Botafogo de Ribeirão Preto-SP, artilheiro do Campeonato Paulista de 1976.

Oitavas de final

A fórmula seria a mesma adotada na Alemanha, em 1974. As oitavas de final teriam quatro grupos, com quatro equipes cada um. O campeão e o vice de cada grupo passariam para as semifinais. Em caso de empate, a decisão do primeiro e do segundo lugar seria pelo saldo de gols.

A ARGENTINA

» A Argentina tem uma área de 2.767 mil km², um terço da área do Brasil (que é de 8.514 mil km²). Em 1978, ano da Copa, a Argentina tinha 25 milhões de habitantes. Durante a Copa, a temperatura em Buenos Aires oscilou entre 6 e 14 °C.

» *Argentum* é prata em latim. Da palavra – e do metal – veio o nome da Argentina. Em 1853 foi promulgada a Constituição do país. Nos cinquenta anos entre 1880 e 1930, a Argentina foi um dos países mais ricos do mundo, com sua economia baseada na agricultura (principalmente o trigo) e na exportação de carne bovina. Nesse período, surgiram seus dois clubes de maior tradição. Em 1901, numa versão literal do nome do Rio da Prata para o inglês, foi fundado o River Plate. Em 1905, imigrantes italianos de La Boca, bairro que fica na embocadura do rio, fundaram o Boca Juniors.

Almanaque dos Mundiais

O BRASIL EM 1978

» A população estimada em 1978 era de 115 milhões de habitantes. A inflação anual foi de 40,8%. Em 1º de janeiro, o salário mínimo valia 1.106 cruzeiros. De maio a dezembro, 1.560 cruzeiros. O dólar começou o ano cotado a 12,34 cruzeiros e terminou a 20,92.

» Em 12 de maio, 1.600 metalúrgicos da Saab-Scania de São Bernardo do Campo-SP deram início à primeira greve de trabalhadores do Brasil em dez anos.

» Em 31 de dezembro, foi revogado o Ato Institucional nº 5 (AI-5), em vigor desde 1968 e símbolo da repressão.

» O filme mais visto em 1978 foi *A dama do lotação*, com Sônia Braga. Em 1974, Sônia também havia estrelado *Dona Flor e seus dois maridos*. Os dois filmes continuam sendo os maiores campeões de bilheteria do cinema nacional em todos os tempos, com uma plateia conjunta de quase 18 milhões de espectadores.

» As músicas brasileiras de maior sucesso comercial no ano foram "Outra vez" e "Força estranha", ambas com Roberto Carlos; "Sampa", com Caetano Velloso; e "Dancin' days", da novela homônima da TV Globo, com o sexteto As Frenéticas.

Brasil 1 x 1 Suécia

Sobre a Suécia, a torcida brasileira sabia duas coisas. A primeira é que toda e qualquer Seleção Sueca sempre tem um jogador chamado Andersson. E a segunda é que a Suécia era um velho freguês do Brasil em Copas. O Brasil tinha enfrentado a Suécia em três delas e vencido os três jogos por goleadas, marcando dezesseis gols e sofrendo cinco. Logo, o jogo de estreia em 1978 seria moleza, um treino antes de encarar a Espanha na segunda rodada.

Essa impressão de total supremacia brasileira perdurou durante quase todo o primeiro tempo. É verdade que o campo estava molhado (durante o jogo, caiu uma chuva fina) e a grama estava alta e meio solta. Mas Reinaldo teve duas chances de marcar, e nas duas o goleiro Hellström salvou com os pés. O Brasil tocava melhor a bola, mas a Suécia estava viva no jogo. Aos 29 minutos, Wendt cabeceou uma bola no travessão de Leão. Aos 38 minutos, Sjöberg entrou pelo meio da defesa brasileira, chegou na bola antes de Amaral e Edinho e tocou rasteiro no canto direito, fazendo

por Max Gehringer

1 a 0 para os suecos. Felizmente, o juiz galês Clive Thomas se esqueceu de olhar o relógio e o Brasil conseguiu empatar antes do intervalo. Aos 47 minutos, Reinaldo aparou um cruzamento de Cerezo na área sueca, livrou-se de Andersson e concluiu com calma para o gol.

O segundo tempo foi de penúria. O Brasil tinha o domínio do jogo, mas a segura defesa sueca impedia as finalizações. E o tempo foi passando. Aos 45 minutos, Nelinho foi cobrar um escanteio pela direita. Dessa vez, infelizmente, o juiz Clive Thomas estava olhando para o relógio. Nelinho bateu e o juiz apitou o fim do jogo aos 45 minutos e 7 segundos, enquanto a bola viajava para a área, e uma fração de segundo antes que Zico, junto à trave esquerda, tocasse de cabeça para as redes. Os brasileiros reclamaram, mas Clive Thomas confirmou sua decisão: o gol não tinha existido, porque o jogo já havia acabado.

Naturalmente, sobraram críticas de ambos os lados para Sua Senhoria. Do Brasil, pela pressa exagerada do juiz em terminar o jogo. E da Suécia, pelo desnecessário acréscimo no primeiro tempo, que permitiu ao Brasil fazer o gol de empate. Jornalistas britânicos cha-

OS ESTÁDIOS

ESTÁDIO	CIDADE	CAPACIDADE	CONSTRUÇÃO	JOGOS
Monumental de Nuñez	Buenos Aires	77.500	1938	9
José Amalfitani	Buenos Aires	49.540	1940	3
Olímpico Córdoba	Córdoba (713 km de B.A.)	45.000	1978	8
Rosário Central	Rosário (312 km de B.A.)	41.650	1978	6
Mendoza	Mendoza (1.100 km de B.A.)	36.000	1978	6
Mar del Plata	Mar del Plata (407 km de B.A.)	35.360	1978	6

maram a decisão de Clive Thomas de "justiça retributiva" – algo que no Brasil tem o nome de "lei da compensação". O Comitê de Arbitragem também não ficou nem um pouco satisfeito: Thomas só atuaria mais uma única vez na Copa – e como bandeirinha.

Após o jogo, na coletiva de imprensa, os repórteres brasileiros foram pedir explicações

OS CONVOCADOS

① Emerson **Leão**, goleiro do Palmeiras, 28 anos (11/7/1949)
⑫ **Carlos** Roberto Gallo, goleiro da Ponte Preta, 22 anos (4/3/1956)
㉒ **Valdir** de Arruda **Peres**, goleiro do São Paulo, 27 anos (2/2/1951)
② **Toninho** (Antonio Dias dos Santos), lateral do Flamengo, 29 anos (7/6/1948 – 8/12/1999)
③ José **Oscar** Bernardi, zagueiro da Ponte Preta, 24 anos (20/6/1954)
④ João Justino **Amaral** dos Santos, zagueiro do Corinthians, 23 anos (21/12/1954)
⑥ **Edinho** (Edino Nazareth Filho), zagueiro do Fluminense, 23 anos (5/6/1955)
⑬ **Nelinho** (Manoel Rezende de Mattos Cabral), lateral do Cruzeiro, 27 anos (26/7/1950)
⑭ **Abel** Carlos da Silva Braga, zagueiro do Vasco, 25 anos (1/9/1952)
⑮ José Fernando **Polozzi**, zagueiro da Ponta Preta, 22 anos (1/10/1955)
⑯ José **Rodrigues Neto**, lateral do Botafogo, 28 anos (6/12/1949)
⑤ **Toninho Cerezo** (Antonio Carlos Cerezo), volante do Atlético, 23 anos (21/4/1955)
⑩ Roberto **Rivelino**, meia do Fluminense, 32 anos (1/1/1946)
⑪ **Dirceu** José Guimarães, ponta armador do Vasco, 26 anos (15/6/1952 – 15/9/1995)
⑰ João **Batista** da Silva, volante do Internacional, 23 anos (8/3/1955)
㉑ **Chicão** (Francisco Jesuíno Avanzi), volante do São Paulo, 29 anos (30/1/1949 – 8/10/2008)
⑱ **Gil** (Gilberto Alves), ponta do Botafogo, 27 anos (24/12/1950)
⑧ **Zico** (Arthur Antunes Coimbra), meia do Flamengo, 25 anos (3/3/1953)
⑨ José **Reinaldo** de Lima, atacante do Atlético, 21 anos (11/1/1957)
⑲ **Jorge** Pinto **Mendonça**, meia do Palmeiras, 24 anos (6/6/1954 – 17/2/2006)
⑳ Carlos **Roberto** de Oliveira, atacante do Vasco, 24 anos (13/4/1954)
⑦ **Zé Sérgio** (José Sérgio Presti), ponta do São Paulo, 21 anos (8/3/1957)

por Max Gehringer

1978

a Cláudio Coutinho. Por que, aos 21 minutos do segundo tempo, num jogo que estava empatado em 1 a 1, contra um adversário mediano, Coutinho tinha substituído o ponteiro Gil pelo lateral Nelinho? Coutinho explicou: era a utilização prática do conceito de "verticalidade lateral". A soma das três coisas – o empate, a substituição e a explicação – deixaria a imprensa atônita e a torcida brasileira com a pulga atrás da orelha.

Brasil 0 x 0 Espanha

A vitória da Áustria sobre a Espanha de 1 a 0 não estava nos planos do Brasil (e talvez não estivesse nem nos planos da Áustria), mas ela aconteceu. Logo, a Comissão Técnica deduziu, o Brasil também teria de vencer a Espanha. Se não vencesse, o Grupo 3 ficaria embolado e as duas vagas poderiam ser eventualmente decididas pelo saldo de gols. Mas, quando o Brasil entrou em campo para enfrentar a Espanha, a torcida brasileira ficou petrificada. Coutinho havia mantido a "verticalidade lateral", escalando dois laterais direitos, Toninho e Nelinho, e nenhum ponteiro. Além disso, Rivelino, machucado, não jogaria. Dirceu entrou em seu lugar.

Na Espanha, o técnico Kubala também inventou quanto pôde. Trocou seis jogadores e, durante o jogo, fez entrar outros dois que não haviam jogado contra a Suécia. Assim, em apenas duas partidas, a Espanha utilizava dezenove jogadores. Era o típico sinal de que Kubala tinha perdido o rumo.

JOGOS DO BRASIL

BRASIL 1   SUÉCIA 1

3 de junho de 1978 • Sábado
Estádio de Mar Del Plata • 13h45

Gols no 1ºT • 0 × 1 Sjöberg 38', 1 × 1 Reinaldo 47'

BRASIL • ①Leão, ②Toninho, ③Oscar, ④Amaral, ⑥Edinho, ⑤Cerezo (⑪Dirceu 36' 2ºT), ⑰Batista, ⑧Zico, ⑩Rivelino, ⑱Gil (⑬Nelinho 21' 2ºT), ⑨Reinaldo. **Técnico** Cláudio Coutinho

SUÉCIA • ①Hellström, ②Borg, ③Andersson, ④Nordqvist, ⑤Erlandsson, ⑥Tapper, ⑦Linderoth, ⑧Bo Larsson, ⑨Lennart Larsson (㉒Edström 35' 2ºT), ⑩Sjöberg, ⑪Wendt. **Técnico** Abi Ericsson

PÚBLICO • 32.509

Juiz: Clive Thomas (Gales)
Auxiliares: Jarguz (Polônia) e Amdar (Irã)

CARTÕES AMARELOS • 2ºT Wendt 29', Oscar 42'

Almanaque dos Mundiais

O jogo – um decepcionante empate sem gols – é lembrado por três momentos. O primeiro foi quando o zagueiro Marcelino cabeceou uma bola em seu próprio travessão, quase marcando contra. O segundo momento foi um gol incrível que a Espanha perdeu, aos 30 minutos do segundo tempo. Num cruzamento para a área brasileira, Leão saiu mal do gol e Santillana, de cabeça, ajeitou para Cardeñosa, que vinha entrando livre pelo meio da área. Com o gol vazio à sua frente e com todo o tempo do mundo, Cardeñosa deu dois toques na bola, enquanto Amaral corria desesperado para a linha do gol. No terceiro toque, Cardeñosa colocou a bola, rasteira, exatamente onde Amaral estava. Os berros de desespero dos espanhóis seriam ouvidos até na Cordilheira dos Andes.

O terceiro e último momento inesquecível foi um episódio degradante. Aos 19 minutos do segundo tempo, Coutinho mandou Jorge Mendonça se aquecer. Sua entrada seria uma opção válida, porque o ataque brasileiro se mostrava improdutivo. Mas o tempo foi passando, passando, e Jorge Mendonça continuou se aquecendo. Após quase vinte minutos de aquecimento, e faltando seis minutos para o fim do jogo, Jorge Mendonça entrou em campo, no lugar de Zico. E, desmoralizado, praticamente nem tocou na bola.

A reação da torcida não se fez esperar. Após o jogo, em Mar Del Plata mesmo, torcedores brasileiros fizeram o enterro simbólico de um boneco que trazia escrito na camisa: "Coutinho – come e dorme". Mas Coutinho tinha uma explicação para a má exibição brasi-

---

BRASIL 0   ESPANHA 0

7 de junho de 1978 • Quarta-feira
Estádio de Mar Del Plata • 13h45

BRASIL • ①Leão, ②Toninho, ③Oscar, ④Amaral, ⑥Edinho, ⑤Cerezo, ⑪Dirceu, ⑰Batista, ⑬Nelinho (⑱Gil 25' 2ºT), ⑧Zico (⑲Jorge Mendonça 36' 2ºT), ⑨Reinaldo. **TÉCNICO** Cláudio Coutinho

ESPANHA • ⑬Miguel Angel, ⑯Olmo, ⑤Migueli (⑥Biosca 6' 2ºT), ⑰Marcelino, ③Uria (⑫Guzmán 34' 2ºT), ④Asensi, ⑪Cardeñosa, ㉑San José, ⑧Juanito, ⑩Santillana, ⑭Leal. **TÉCNICO** Ladislav Kubala

PÚBLICO • 34.771

JUIZ: Sergio Gonella (Itália)
AUXILIARES: Klein (Israel) e Ithurralde (Argentina)

CARTÃO AMARELO • 2ºT Leal 19'

por Max Gehringer

leira: o gramado do estádio. De fato, era como se a grama não tivesse sido plantada, mas apenas espalhada pelo campo, e as placas foram se soltando durante a partida. Segundo Coutinho, esse fator tinha impedido que as bolas chegassem aos atacantes brasileiros. Como em 1974, o Brasil começava a Copa com dois empates e muitos esclarecimentos inúteis.

> Oficialmente, **o Estádio Monumental de Nuñez chama Antonio Vespucio Liberti** (ex-presidente do River Plate, em quatro décadas diferentes), **embora esse nome nunca seja usado** nem na Argentina nem fora dela.

Brasil 1 x 0 Áustria

O Brasil precisava ganhar, e conseguiu. Um gol do estreante Roberto Dinamite no fim do primeiro tempo garantiu a passagem para as semifinais. Após o empate com a Espanha, o presidente da CBD, Heleno Nunes, havia instituído um estranho "Comitê de Apoio" ao técnico Coutinho. Como o próprio Heleno encabeçava o Comitê, ele pôde oficialmente dar os palpites que antes dava como "simples torcedor". Talvez por isso o técnico Coutinho escalou um trio de ataque como nos velhos tempos, bem ofensivo: Gil, Jorge Mendonça e Roberto. Zico ficou de fora – seu tornozelo o incomodava –, mas entrou no fim do jogo. Rivelino também não estava bem, e só voltaria a campo no último jogo do Brasil. Com as mudanças, o Brasil não apresentou um grande futebol, mas pelo menos mostrou coragem.

A Áustria não repetiu suas boas atuações anteriores, mas incomodou. No segundo tempo, Kreuz (aos 8 minutos) e Jara (aos 11 minutos) perderam duas belas chances para empatar. Logo depois, para garantir o resultado, Coutinho não titubeou em sacar o refinado Cerezo e fazer entrar em seu lugar o destemido Chicão. Quando, aos 35 minutos do segundo tempo, chegou ao banco brasileiro a notícia de que a Espanha fizera um gol na Suécia em Buenos Aires, o Brasil parou de atacar e recuou para segurar a vantagem. Aos 37 minutos, um susto: Kreuz chutou da risca da pequena área e Leão conseguiu defender. O empate, caso tivesse acontecido, teria deixado Espanha e Brasil em igualdade absoluta de condições (pontos, saldo e gols marcados). Nesse caso, a segunda vaga seria decidida num sorteio.

O salvador gol de Roberto – uma certeira virada de pé direito, que desviou no zagueiro Sara e entrou no ângulo direito de Koncilia – lhe daria um lugar no time titular. E Reinaldo, do Atlético Mineiro, foi para a reserva. Antes da Copa, Reinaldo, um centroavante com raro senso de colocação e um futebol fino e clássico, era apontado como o jogador que encantaria o mundo com suas exibições. Ele havia sido o artilheiro do Campeonato Brasileiro de 1977, com 28 gols (dez a mais que o vice Serginho, do São Paulo). O recorde perduraria durante vinte anos, até ser batido por Edmundo e Dimba. Com apenas 21 anos, Reinaldo era profissional desde os 16, e isso abreviou sua carreira: seus meniscos não resistiram. Operado antes da Copa, Reinaldo deveria brilhar, mas não brilhou.

Semifinais

Repetindo a fórmula de 1974, os oito classificados foram divididos em dois grupos. Dentro de cada grupo haveria um minitorneio, todos contra todos, por pontos corridos. Os dois campeões fariam a final e os dois vice-campeões disputariam o terceiro lugar.

Os grupos já haviam sido pré-divididos antes da Copa. No Grupo A estariam os vencedores dos Grupos 1 e 3 (Itália e Áustria) e os vices dos Grupos 2 e 4 (Alemanha e Holanda). A composição já garantia um time europeu na final. No Grupo B ficariam os vencedores dos

---

BRASIL 1   ÁUSTRIA 0

11 de junho de 1978 • Domingo
Estádio de Mar Del Plata • 13h45

GOL NO 1ºT • Roberto 40'

BRASIL • ①Leão, ②Toninho, ③Oscar, ④Amaral, ⑯Rodrigues Neto, ⑤Cerezo (㉑Chicão 26' 2ºT), ⑪Dirceu, ⑰Batista, ⑱Gil, ⑲Jorge Mendonça (⑧Zico 39' 2ºT), ⑳Roberto.
TÉCNICO Cláudio Coutinho

ÁUSTRIA • ①Koncilia, ②Sara, ③Obermayer, ④Breitenberger, ⑤Pezzey, ⑦Hickersberger (⑮Weber 16' 2ºT) ⑧Prohaska, ⑪Jara, ⑫Krieger (⑬Happich 39' 2ºT), ⑩Kreuz, ⑨Krankl.
TÉCNICO Helmut Senekowitsch

PÚBLICO • 35.221

JUIZ: Robert Wurtz (França)
AUXILIARES: Bouzo (Síria) e Tesfaye (Etiópia)

1978

por Max Gehringer

Grupos 2 e 4 (Peru e Polônia) e os vices dos Grupos 1 e 3 (Argentina e Brasil). Curiosamente, as quatro seleções mais badaladas antes da Copa (Alemanha, Holanda, Brasil e Argentina) terminaram na segunda colocação de seus grupos.

A grande sacanagem do Grupo B – Brasil, Argentina, Peru e Polônia – estava na tabela dos jogos. No Grupo A, as partidas foram programadas em horários simultâneos, para evitar que uma seleção entrasse em campo já sabendo do resultado que iria precisar. Assim, na última rodada, os jogos Alemanha x Áustria e Itália x Holanda foram ambos disputados às 13h45. Já no Grupo B, a tabela mostrava que a Argentina faria seus dois jogos, contra Polônia e Peru, à noite. E o Brasil jogaria nos mesmos dias, mas à tarde. Nas entrevistas que deram à imprensa, os dirigentes brasileiros até lamentaram o "absurdo privilégio" que beneficiava a Argentina, mas sem formalizar um protesto ou um apelo junto à Comissão Organizadora.

Brasil 3 x 0 Peru

O Peru vinha de uma brilhante campanha nas oitavas. O Brasil, ao contrário, não tinha entusiasmado ninguém. Mas nesse jogo os papéis se inverteriam. A única novidade no Brasil foi a entrada de Jorge Mendonça no lugar de Zico. Coutinho disse que pretendia fazer uma mudança no estilo de jogo da Seleção, mas Zico nunca engoliu essa explicação – afinal, Jorge Mendonça tinha características iguais às dele. De qualquer maneira,

---

BRASIL 3   PERU 0
14 de junho de 1978 • Quarta-feira
Estádio de Mendoza • 16h45

Gols no 1ºT • 1 × 0 Dirceu 15', 2 × 0 Dirceu 28'
Gol no 2ºT • 3 × 0 Zico (pênalti) 28'

BRASIL • ①Leão, ②Toninho, ③Oscar, ④Amaral, ⑯Rodrigues Neto, ⑤Cerezo (㉑Chicão 31' 2ºT), ⑪Dirceu, ⑰Batista, ⑱Gil (⑧Zico 25' 2ºT), ⑲Jorge Mendonça, ⑳Roberto. **Técnico** Cláudio Coutinho

PERU • ㉑Quiroga, ②Duarte, ③Manzo, ④Chumpitaz, ⑤Dias (⑭Navarro 11' 1ºT), ⑥Velásquez, ⑦Muñante, ⑧Cueto, ⑩Cubillas, ⑪Oblitas (⑨Rojas, no intervalo), ⑲La Rosa. **Técnico** Marcos Calderón

Público • 31.278

Juiz: Nicolae Rainea (Romênia)
Auxiliares: Dubach (Suíça) e Winsemann (Canadá)

Cartões amarelos • 2ºT Roberto 20', Velásquez 27'

a tentativa funcionou. O Brasil jogou com fluência e conseguiu um gol relativamente cedo, aos 15 minutos, quando Dirceu cobrou uma falta pela meia-direita e acertou o canto esquerdo de Quiroga. O Peru ainda não tinha se encontrado em campo quando, doze minutos depois, Quiroga entregou feio. Da intermediária peruana, pelo lado esquerdo, Dirceu chutou rasteiro e Quiroga demorou a saltar na bola, que cruzou toda a área e entrou no canto esquerdo.

No segundo tempo, o Brasil criou pelo menos três grandes oportunidades, enquanto o Peru se esforçava, mas sem produzir nada de prático. Aos 28 minutos, saiu o terceiro gol brasileiro. Zico (que havia entrado três minutos antes) cobrou um pênalti sofrido por Roberto. Logo em seguida, Coutinho sacou o energético Toninho Cerezo e colocou em campo o defensivo volante Chicão, para segurar o resultado. Com o time peruano desarvorado em campo e com quinze minutos de jogo ainda pela frente, o Brasil parou de atacar. Essa falta de coragem custaria caro dali a sete dias, quando o Grupo 2 acabaria sendo decidido no saldo de gols.

Brasil 0 x 0 Argentina

O Estádio de Rosário, como era esperado, ficou superlotado. Uma hora antes do início do jogo, os ingressos no câmbio negro estavam sendo vendidos a inacreditáveis quatrocentos dólares. Na Argentina, retornava o centroavante Luque, disposto a mostrar a valentia que vinha encantando seus patrícios. Já no

> Uma cadeia de cinemas de Buenos Aires, **a Gran Rex, conseguiu permissão para exibir ao vivo a estreia da Seleção Argentina na Copa em suas dezoito salas**. E em cores, já que o sinal vinha diretamente dos estúdios da Televisora Color. **Os cinemas lotaram e 3.200 argentinos pagaram o equivalente a sete dólares (três vezes o preço do ingresso de uma sessão normal, porém metade do preço do ingresso no estádio)** para torcer de uma maneira pouco usual – no escuro. Imediatamente, outras cadeias de cinema aderiram à ideia e até o histórico Ginásio Luna Park, em Buenos Aires, teve uma tela especialmente instalada. No jogo Argentina x Brasil, o preço dos ingressos nos cinemas chegaria a 36 dólares no câmbio negro.

por Max Gehringer

1978

primeiro minuto de jogo, Luque deu uma contovelada em seu marcador, Oscar. Se o objetivo era intimidar, Luque escolheu a vítima errada. Oscar, embora tivesse apenas 23 anos, já estava calejado pelas escaramuças da Ponte Preta nos ríspidos jogos no interior paulista. Imediatamente, Oscar bateu de volta e Luque saiu com o nariz sangrando. Nos 89 minutos seguintes, o valente centroavante preferiu não se arriscar muito nas bolas divididas.

BRASIL 0   ARGENTINA 0
18 de junho de 1978 • Domingo
Estádio de Rosário • 19h15

BRASIL • ①Leão, ②Toninho, ③Oscar, ④Amaral, ⑯Rodrigues Neto (⑥Edinho 34' 1ºT), ㉑Chicão, ⑪Dirceu, ⑰Batista, ⑱Gil (⑧Zico 22' 2ºT), ⑲Jorge Mendonça, ⑳Roberto. **TÉCNICO** Cláudio Coutinho

ARGENTINA • ⑤Fillol, ⑦Galván, ⑮Olguín, ⑲Passarella, ⑳Tarantini, ②Ardiles (㉒Villa, no intervalo), ⑥Gallego, ⑯Ortiz (①Alonso 16' 2ºT), ④Bertoni, ⑩Kempes, ⑭Luque. **TÉCNICO** Cesar Luis Menotti

PÚBLICO • 37.326

JUIZ: Karoly Palotai (Hungria) | **AUXILIARES:** Linemayr (Áustria) e Prokop (Alemanha Oriental)

CARTÕES AMARELOS • 1ºT Chicão 45' 2ºT Villa 3', Edinho 22', Zico 29'

O primeiro embate corporal do jogo mostrou que o Brasil não fugiria da briga, como a torcida argentina esperava e imaginava. Além disso, os velhos complexos estavam enterrados – já fazia oito anos que o Brasil não perdia da Argentina. A pressão da torcida, então, começou a influir nos nervos dos próprios argentinos e o resultado foi uma batalha campal que terminou com o maior número de faltas na Copa: 51.

Oportunidades cada time teve uma. O Brasil com Gil, que entrou sozinho pelo meio da área e bateu rasteiro no canto esquerdo. O goleiro Fillol, com muito reflexo, caiu no momento exato e segurou. E a Argentina com Bertoni chutando para fora, rente à trave, da risca da pequena área. De resto, as tentativas se limitaram a chutes de média e longa distância, mas nenhum deles acertou o alvo. A pequena diferença entre as duas equipes é que o Brasil foi emocionalmente mais brioso e taticamente mais medroso. Em momento algum Cláudio Coutinho deu a impressão de que pretendia vencer o jogo. Por seu lado, a Argentina arriscou mais, principalmente no segundo tempo, mas sem eficiência. Dessa maneira, a decisão ficaria para a última rodada. E, ao que tudo indicava, seria pelo saldo de gols.

Brasil 3 x 1 Polônia
A Polônia jogava pela chance de disputar o terceiro lugar e tentar repetir o feito da Copa de 1974. Já o Brasil jogava para ir à final. A Polônia tinha sete jogadores remanescentes da Copa da Alemanha. O Brasil, apenas três: Leão, Rivelino e Dirceu. Pode-se dizer que a Polônia entrou em campo para jogar por seu passado. E o Brasil, por seu futuro.

Logo aos 6 minutos, Zmuda deu uma entrada violenta em Zico. Um minuto depois, Zico teve de ser substituído por Jorge Mendonça. Aos 12 minutos, a defesa da Polônia cometeu sua quarta falta, pela meia-esquerda, a 3 m da área. Nelinho – que havia sido escalado por Coutinho na lateral esquerda – acertou um chute violento, em linha reta, no ângulo esquerdo de Kukla: Brasil 1 a 0. Era um bom começo, mas até o final do primeiro tempo o Brasil não criaria mais oportunidades. A Polônia também não ameaçava, mas, no último minuto, a bola ficou pingando na área brasileira e o persistente Lato conseguiu achar um jeito de mandá-la para as redes: 1 a 1. Para o *Livro das curiosidades*: Lato é o único jogador que marcou gols no Brasil em Copas diferentes (ele havia feito também o gol da vitória polonesa por 1 a 0 em 1974).

No segundo tempo, esperava-se que o Brasil partisse com tudo para o ataque, mas quem

BRASIL 3 POLÔNIA 1
21 de junho de 1978 • Quarta-feira Estádio de Mendoza • 16h45
GOLS NO 1ºT • 1 × 0 Nelinho 13', 1 × 1 Lato 45' GOLS NO 2ºT • 2 × 1 Roberto 12', 3 × 1 Roberto 18'
BRASIL • ①Leão, ②Toninho, ③Oscar, ④Amaral, ⑬Nelinho, ⑤Cerezo (⑨Rivelino 32' 2ºT), ⑪Dirceu, ⑰Batista, ⑱Gil, ⑧Zico (⑲Jorge Mendonça 7' 1ºT), ⑳Roberto. **TÉCNICO** Cláudio Coutinho
POLÔNIA • ㉑Kukla, ③Makulewicz, ④Szymanowski, ⑥Gorgón, ⑨Zmuda, ⑧Kasperczak (⑲Lubánski 20' 2ºT), ⑤Nawalka, ⑫Deyna, ⑯Lato, ⑰Szarmach, ⑱Boniek. **TÉCNICO** Jacek Gmoch
PÚBLICO • 39.586
JUIZ: Juan Cavanna (Chile) | **AUXILIARES:** Ivanov (União Soviética) e Archundia (México)
CARTÕES AMARELOS • 2ºT Jorge Mendonça 5', Cerezo 8'

por Max Gehringer

fez isso foi a Polônia – em dez minutos, os poloneses chegaram duas vezes com muito perigo ao gol brasileiro. E aí, de repente, o Brasil teve seis minutos iluminados. Aos 12 minutos, Jorge Mendonça acertou a trave e no rebote Roberto fez 2 a 1. Aos 18 minutos, um lance inacreditável. Jorge Mendonça chutou na trave. Na sequência do lance, a bola sobrou para Dirceu, que também mandou na trave. E voltou para Jorge Mendonça, que novamente acertou a trave. Na volta, Roberto fez 3 a 1.

Naquele momento, Cláudio Coutinho precisava tomar uma decisão vital. O Brasil vencia por dois gols de diferença, com 25 minutos de jogo pela frente. Dali a um par de horas, a Argentina enfrentaria o Peru. Se o Brasil fizesse mais dois gols na Polônia, a Argentina teria de vencer o Peru por 7 a 0 – uma responsabilidade que arrasaria psicologicamente qualquer equipe, antes mesmo de entrar em campo. Coutinho, entretanto, preferiu a cautela. Não mandou o time recuar, mas também não ordenou um ataque em massa. A única alteração foi a entrada de Rivelino, aos 32 minutos, no lugar de Cerezo, para tentar chutes de fora da área. E o jogo acabou mesmo em 3 a 1. Dessa forma, Cláudio Coutinho transferia a responsabilidade pela classificação brasileira à defesa do Peru.

Argentina 6 x 0 Peru

O Argentina tinha dois gols de saldo. O Brasil tinha cinco. Mas a Argentina precisava vencer o Peru por quatro gols de diferença, porque o segundo critério de desempate – gols marcados – beneficiava o Brasil: 6 contra 2. Para o Peru, já eliminado da final e sem chances de disputar o terceiro lugar, o jogo não valia nada, a não ser a honra.

Menotti escalou um time ofensivo e a Argentina saiu atacando, mas quem teve as duas primeiras grandes chances foi o Peru. Aos 12 minutos, Muñante acertou a trave de Fillol. Três minutos depois, Oblitas chutou e a bola novamente triscou a trave e foi para fora. Apesar dos sus-

> O Brasil, apesar de ser o único invicto de seu grupo nas oitavas de final, fez apenas dois gols – **a pior marca da história da Seleção nessa fase** desde que o sistema começara a ser adotado, em 1950.

tos, a Argentina continuou atacando e terminou o primeiro tempo vencendo por 2 a 0. Gols de Kempes e Tarantini. No intervalo, choveu uma barbaridade. O segundo tempo iniciou e em dez minutos Kempes e Luque já dobravam o marcador, placar que dava a classificação à Argentina. A seleção anfitriã ainda marcaria mais dois gols, aos 22 e 27 minutos. E, se insistisse, poderia ter marcado outros dois. O placar de 6 a 0 deixou os dirigentes brasileiros apopléticos. Em Mendoza, onde o Brasil havia jogado horas antes, Cláudio Coutinho e Carlos Alberto Cavalheiro convocaram a imprensa e denunciaram uma possível maracutaia entre peruanos e argentinos.

Mas, fora do Brasil, nenhum órgão de imprensa insinuou que o Peru pudesse ter participado de uma farsa para classificar a Argentina. Os principais jornais europeus apenas repercutiram as acusações dos dirigentes do Brasil, sem tomar partido. O único fato estranho (e bem documentado) foi a insólita visita do general Videla aos vestiários do Peru, minutos antes da partida, para desejar boa sorte aos jogadores peruanos. Se a visita foi para fazer pressão psicológica, ela funcionou: o zagueiro Chumpitaz declararia, anos depois, que Videla era *"un tipo que nos metía un poco de miedo"*.

Disputa pelo terceiro lugar

Brasil 2 x 1 Itália

Brasil e Itália entraram em campo sem muito ânimo. A Itália, porque havia sido a melhor equipe das oitavas e depois decepcionara. O Brasil, porque ainda se sentia prejudicado pelas manobras de bastidores que teriam impedido a Seleção de chegar à final. Por isso, o primeiro tempo foi disputado quase que por obrigação. O Brasil foi melhor que a Itália, mas pouco chutou a gol (Zoff só pegou na bola três vezes). Do outro lado, a Itália

> Oficialmente, Argentina 2 x 1 França, ainda nas oitavas de final da Copa, foi o jogo com o maior público da Copa (71.666 pagantes). Havia mais gente na decisão entre Argentina e Holanda, mas **a farta distribuição de convites gratuitos para autoridades militares e civis reduziu o número de pagantes do jogo final**.

aproveitou a primeira chance que teve. Aos 38 minutos, Rossi entrou pela direita, passou por Amaral e cruzou na cabeça de Causio, que fez 1 a 0. E por milagre a Itália não matou o jogo nos minutos finais do primeiro tempo: aos 41 minutos, Causio acertou o travessão de Leão. Aos 45 minutos, Rossi driblou Leão pela direita, mas concluiu na trave esquerda e a bola foi para fora.

No segundo tempo, Reinaldo voltou no lugar de Gil. E, aos 19 minutos, Rivelino substituiu Cerezo e só isso já fez o jogo entrar para a história: aquela seria a 92ª e última partida oficial de Rivelino pela Seleção. Nem bem Rivelino tinha pisado em campo, o lateral Nelinho brindou a torcida com um gol mágico. Da lateral direita, Nelinho chutou para a área. A primeira impressão era que a bola iria se perder pela lateral, do outro lado. Mas a bola fez uma curva hiperbólica e mudou repentinamente de direção. Quando Zoff percebeu o que estava acontecendo, já era tarde demais – o goleiro saltou, mas a bola entrou no canto direito, à meia altura.

O gol de Nelinho acendeu o Brasil. Oito minutos depois, Dirceu acertou outro chute de fora da área, no canto direito de Zoff, fazendo 2 a 1. No último minuto de jogo, Bettega teve a chance de se despedir da Copa com um gol. Mas sua cabeçada acertou o travessão e o Brasil terminou a Copa em terceiro lugar.

Após o jogo, Cláudio Coutinho declarou que o Brasil era o "campeão moral" da Copa (curiosa-

---

BRASIL 2   ITÁLIA 1

24 de junho de 1978 • Sábado
Estádio Monumental de Nuñez • 15h00

Gol no 1ºT • 0 × 1 Causio 38'
Gols no 2ºT • 1 × 1 Nelinho 19', 2 × 1 Dirceu 27'

BRASIL • ①Leão, ⑬Nelinho, ③Oscar, ④Amaral, ⑯Rodrigues Neto, ⑤Cerezo (⑩Rivelino 19' 2ºT), ⑪Dirceu, ⑰Batista, ⑱Gil (⑨Reinaldo, no intervalo), ⑲Jorge Mendonça, ⑳Roberto. **Técnico** Cláudio Coutinho

ITÁLIA • ①Zoff, ④Cuccureddu, ③Cabrini, ⑤Gentile, ⑧Scirea, ⑥Maldera, ⑨Antognoni (⑰Claudio Sala 34' 2ºT), ⑬Patrizio Sala, ⑯Causio, ⑱Bettega, ㉑Rossi. **Técnico** Enzo Bearzot

Público • 69.569

Juiz: Abraham Klein (Israel)
Auxiliares: Palotai (Hungria) e Archundia (México)

Cartões amarelos • 1ºT Nelinho 35', Batista 44' | 2ºT Gentile 28'

mente, os argentinos haviam usado essa mesma expressão 48 anos antes, quando perderam para o Uruguai na final da Copa de 1930. A declaração de Coutinho, porém, seria recebida ou com ironia ou com acusações de covardia tática nos três jogos das semifinais. Mas a verdade é que, numericamente, a campanha brasileira tinha sido digna. O Brasil foi o único invicto entre os dezesseis países da Copa (sete jogos, quatro vitórias e três empates). Com um pouquinho mais de ousadia, teria chegado à final.

Cláudio Coutinho ainda permaneceu à frente da Seleção por mais catorze meses. Mas um mau resultado na Copa América de 1979 – um empate com o Paraguai no Maracanã, por 2 a 2, que eliminou o Brasil do torneio – marcou o fim de sua carreira como técnico do Brasil. Em 1980, Telê Santana assumiria o cargo. No total, Coutinho dirigiu o Brasil em 31 jogos oficiais, conseguindo dezessete vitórias, onze empates e três derrotas. Em 27 de novembro de 1981, aos 42 anos de idade, Coutinho morreu afogado quando praticava pesca submarina, próximo às Ilhas Cagarras, em Angra dos Reis, no Rio de Janeiro.

A final

Argentina 3 x 1 Holanda

No dia 23, antevéspera do jogo, a pressão internacional das associações de direitos humanos surtiu efeito: o artista e ativista argentino Adolfo Pérez Esquivel, 46 anos (que ganharia o Prêmio Nobel da Paz em 1980), foi libertado da Unidad 9, a prisão da cidade de La Plata, onde estava encarcerado desde 1977.

O grande sonho dos 25 milhões de argentinos finalmente se concretizou. Após 120 minutos de jogo, a Argentina ganhava a "sua" Copa. Mas, de todas as equipes que foram campeãs mundiais na história, a Argentina foi também a que esteve mais próxima de perder o título: aos 45 minutos do segundo tempo, Rensenbrink acertou a trave de Fillol. Se aquela bola entrasse, a Holanda teria sido a campeã.

O primeiro lance memorável do jogo aconteceria aos 9 minutos. O holandês René van de Kerkhof vinha usando, desde o primeiro jogo da Holanda na Copa, uma atadura com gesso na mão direita. O juiz Sergio Gonella,

por Max Gehringer

atendendo a uma reclamação do capitão argentino Passarella, concordou que o curativo era "perigoso" e mandou o holandês retirá-lo. Aos 27 minutos, Kempes entrou driblando pelo meio da defesa da Holanda e tocou, meio de carrinho, na saída de Jongbloed, fazendo 1 a 0 para a Argentina. No finzinho do primeiro tempo, Neeskens teve a chance do empate, mas chutou em cima de Fillol.

No tempo final, a Argentina começou jogando mais recuada, tentando garantir a vitória cedo demais. Aos 14 minutos, o técnico Happel repetiu uma substituição que já tinha feito várias vezes antes: a entrada de Nanninga para tentar o gol nas bolas altas. Nos jogos anteriores, Nanninga nem tinha chegado perto de marcar. Mas finalmente conseguiu, e quando mais interessava. A sete minutos do fim da partida, Nanninga acertou uma testada num cruzamento da direita e empatou o jogo. Aquele era também o 100º gol da Copa de 1978. E, depois de Rensenbrink perder a chance de dar o título para a Holanda no último minuto, ao escorar uma falta na trave direita de Fillol, o jogo foi para a prorrogação.

O gol que praticamente deu a Copa para a Argentina foi marcado por Kempes, numa jogada pessoal, no penúltimo minuto do primeiro tempo da prorrogação. Levando novamente a bola pelo meio da defesa, Kempes

---

ARGENTINA 3   HOLANDA 1

25 de junho de 1978 • Domingo
Estádio Monumental de Nuñez • 15h00

Gol no 1ºT • 1 × 0 Kempes 38'
Gol no 2ºT • 1 × 1 Nanninga 37'
Gol no 1ºT da prorrogação • 2 × 1 Kempes 14'
Gol no 2ºT da prorrogação • 3 × 1 Bertoni 11'

ARGENTINA • ⑤Fillol, ⑦Galván, ⑮Olguín, ⑲Passarella, ⑳Tarantini, ②Ardiles (⑫Larrosa 21' 2ºT), ⑥Gallego, ⑯Ortiz (⑨Houseman 30' 2ºT), ④Bertoni, ⑩Kempes, ⑭Luque. Técnico Cesar Luis Menotti

HOLANDA • ⑧Jongbloed, ②Poortvliet, ⑤Krol, ㉒Brandts, ⑬Neeskens, ⑥Jansen (⑳Suurbier 28' 2ºT), ⑨Haan, ⑩René van de Kerkhof, ⑪Willy van de Kerkhof, ⑯Rep (⑱Nanninga 14' 2ºT), ⑫Rensenbrink. Técnico Ernst Happel

Público • 71.483

Juiz: Sergio Gonella (Itália) | Auxiliares: Baarreto (Uruguai) e Linemayr (Áustria)

Cartões amarelos • 1ºT Krol 15', Ardiles 40' | Na prorrogação 1ºT Larrosa 4', Poortvliet 6'

chutou na saída de Jongbloed. A bola bateu no goleiro, subiu e ia saindo pela linha de fundo. Mas Kempes reagiu antes que seus marcadores e mandou a bola – de sola – para

OS 13 CAMPEÕES

- ⑤ Ubaldo Matildo **Fillol**, goleiro do River Plate, 27 anos (21/7/1950)
- ⑦ Luís Adolfo **Galván**, lateral do Talleres de Córdoba, 30 anos (24/2/1948)
- ⑮ Jorge Mario **Olguín**, zagueiro do San Lorenzo de Almagro, 26 anos (17/5/1952)
- ⑲ Daniel Alberto **Passarella**, zagueiro do River Plate, 25 anos (25/5/1953)
- ⑳ Alberto Cesar **Tarantini**, lateral sem clube, 22 anos (3/12/1955). O mais jovem jogador da equipe
- ② Osvaldo César **Ardiles**, volante do Huracán, 25 anos (3/8/1952)
- ⑫ Omar Rubén **Larrosa**, volante do Independiente, 30 anos (18/11/1947)
- ⑥ Américo Rubén **Gallego**, armador do Newell's Old Boys, 23 anos (25/4/1955)
- ④ Ricardo Daniel **Bertoni**, ponta do Independiente, 23 anos (14/3/1955)
- ⑩ Mario Alberto **Kempes**, atacante do Valencia da Espanha, 23 anos, 1,82 m (15/7/1954)
- ⑭ Leopoldo Jacinto **Luque**, atacante do River Plate, 29 anos (3/5/1949)
- ⑯ Oscar Alberto **Ortiz**, ponteiro do River Plate, 25 anos (8/4/1953)
- ⑨ René Orlando **Houseman**, meio-campista do Huracán, 25 anos (19/7/1953)
- Ⓣ Cesar Luis **Menotti**, técnico, 39 anos (5/11/1938)

OS OUTROS 9 CAMPEÕES

- ③ Héctor Rodolfo **Baley**, goleiro do Huracán, 27 anos (16/11/1950)
- ⑬ Ricardo Antonio **La Volpe**, goleiro do San Lorenzo, 26 anos (6/2/1952). O terceiro goleiro, La Volpe, foi o técnico do México na Copa de 2006
- ⑪ Daniel Pedro **Killer**, zagueiro do Racing, 28 anos (21/12/1949)
- ⑱ Rubén Oscar **Pagnanini**, zagueiro do Independiente, 29 anos (31/1/1949)
- ⑰ Miguel Angel **Oviedo**, volante do Talleres de Córbda, 27 anos (12/10/1950)
- ㉑ José Daniel **Valencia**, meio-campista do Talleres de Córdoba, 22 anos 3/10/1955)
- ㉒ Ricardo Julio **Villa**, meio-campista do Racing, 26 anos (18/8/1952)
- ⑧ Rubén **Galván**, meio-campista do Independiente, 26 anos (7/4/1952)
- ① Norberto Osvaldo **Alonso**, atacante do River Plate, 25 anos (4/1/1953)

dentro do gol. Aos 11 minutos do segundo tempo, Kempes teve participação decisiva também no terceiro gol argentino, ao controlar a bola com o antebraço na área holandesa. O juiz não viu, e a bola sobrou para Bertoni, que girou o corpo e chutou rasteiro no meio do gol. Quatro minutos depois, a Argentina era campeã. Por sua parte, a Holanda conquistou um título que só ela tem: dois vice-campeonatos consecutivos.

O artilheiro

Nos 38 jogos de 1974, foram assinalados 102 gols, com média de 2,7 por jogo. Com seis gols, o artilheiro foi Mario Kempes, da Argentina. Curiosamente, essa foi a primeira vez, na história das Copas, que o artilheiro pertenceu à seleção campeã. Nas dez Copas anteriores, os goleadores máximos atuaram em equipes que ficaram com o segundo lugar (quatro vezes), o terceiro lugar (cinco vezes) e o quarto lugar (uma vez).

Novos rumos

O Brasil ficaria quase um ano sem entrar novamente em campo. Em maio de 1979, Cláudio Coutinho continuava como técnico e conseguiria três grandes goleadas: 6 a 0 no Paraguai, 5 a 1 no Uruguai e 5 a 0 no Ajax da Holanda. Nessas partidas, Coutinho escalaria um quarteto que faria fama na Copa de 1982 – Cerezo, Falcão, Sócrates e Zico. Mas a eliminação da Copa América pelo Paraguai, em outubro de 1979 (derrota por 2 a 1 em Assunção e empate de 2 a 2 no Maracanã), custaria a já desgastada cabeça de Cláudio Coutinho.

A partir de abril de 1980, um novo treinador assumiria a Seleção – o mineiro Telê Santana. Com Telê, o Brasil iria reviver seu mágico futebol de outras eras, enchendo os olhos dos torcedores com jogadas de efeito e muitos gols. Infelizmente, porém, a belíssima "era Telê" não traria um título mundial para o Brasil.

1982

*A arte perde
para a eficiência*

A Copa na Espanha

A primeira intenção da Espanha de promover uma Copa – a de 1974 – foi anunciada no 34º Congresso da Fifa, em 1964, em Tóquio. Em 6 de julho de 1966, no 35º Congresso, em Londres, em comum acordo com a Alemanha Ocidental, a Espanha abriu mão da Copa de 1974, recebendo em troca a de 1982. A formalização aconteceu em julho de 1976, na reunião do Comitê Executivo da Fifa em Montreal, paralelamente aos Jogos Olímpicos. Finalmente, em 30 de maio de 1978, em Buenos Aires, em seu 41º Congresso, a Fifa sacramentou a decisão de aumentar o número de países participantes na fase final. A partir da Copa da Espanha, eles seriam 24, e não mais dezesseis.

Esse incremento cumpria a principal promessa feita por João Havelange durante sua campanha para se eleger presidente da Fifa, em 1974: atender às reivindicações, por mais vagas, feitas principalmente pelos países da África, Ásia, Oceania e América Central. Esse contingente já representava 70% dos votos nas eleições da Fifa, mas havia sido ignorado pelo inglês Stanley Rous, antecessor de Havelange. Para Rous, uma Copa deveria reunir as melhores seleções do mundo, segundo o critério técnico. Já Havelange via o futebol como um negócio milionário, e a Copa do Mundo como sua melhor vitrine. Juntas, Ásia e África representavam um mercado de 2,5 bilhões de consumidores, mais da metade da população mundial na época. E o elitismo de Rous acabou sendo derrotado pelo mercantilismo de Havelange.

O personagem

Em 1982 os espanhóis decidiram inovar e escolheram um personagem que nada tinha a ver com futebol – uma laranja, o "Naranjito" (laranja é um dos principais produtos de exportação da Espanha). Naranjito foi criado por Jose Maria Martín Pacheco, 28 anos, e Dolores "Lola" Salto Zamora, 21 anos, publicitários de Sevilha.

por Max Gehringer

1982

O cartaz

Artistas do mundo inteiro foram convidados pelo Comitê Organizador para criar os cartazes da Copa. Cada cidade sede teria seu cartaz oficial, mas o principal seria uma obra do artista catalão Joan Miró y Ferraz, nascido em Barcelona em 20 de abril de 1893. Fiel a seu estilo de vanguarda, mesmo beirando os 90 anos, Miró criou um desenho intrigante e intrincado. Cada observador enxerga no cartaz uma coisa diferente e tira suas próprias conclusões.

O público

Quantas pessoas assistiram aos jogos da Copa? Exatamente, não se sabe. Milhares de ingressos foram devolvidos por agências de turismo, e muita gente que comprou ingresso por conta própria acabou desistindo de ir à Espanha. Segundo o Comitê Organizador, o número oficial de ingressos vendidos e não reembolsados foi de 1.856.277, o equivalente a 67% da capacidade dos estádios. Bem abaixo das expectativas dos organizadores, que projetaram uma ocupação de 80%.

No lucro

Oficialmente, a arrecadação das bilheterias chegou a 40 milhões de francos suíços (a moeda oficial da Fifa). Os direitos de TV ren-

---

A ESPANHA

» A região onde atualmente fica a Espanha foi colonizada por vários povos na Antiguidade. No século III a.C. foram os iberos, e por causa deles os romanos deram à região o nome de "Península Ibérica". De outro povo, os hispânicos, surgiu o nome Hispania, no século I. Por volta do ano 1200, vindos do norte europeu, chegaram os celtas – hoje, ainda lembrados no nome do clube da cidade de Vigo, o Celta. Os gregos, vindos de Cartago, fundaram a cidade de Cartagena. Os bárbaros da Gália (atual França) colonizaram a Galícia. A partir do século VIII, os muçulmanos dominaram a região durante quatrocentos anos – uma de suas cidades, Córdoba, era a maior da Europa, no século X. Com o descobrimento da América, em 1492, a Espanha espalharia seu idioma, o castelhano (do reino de Castela), pelas Américas Central e do Sul.

» A Espanha tem uma área de 506 mil km² (menor que a Bahia, que tem 567 mil km²). Na época da Copa, a Espanha tinha 37,7 milhões de habitantes.

Almanaque dos Mundiais

O BRASIL EM 1982

» A inflação anual foi de 99,7%. Em 1º de janeiro, o salário mínimo valia 11.928 cruzeiros. Em 31 de dezembro, 23.568. O dólar começou o ano cotado a 127,80 e terminou a 252,70 no câmbio oficial (e a 430 cruzeiros no câmbio negro).

» Em 1982, a população brasileira ultrapassou os 120 milhões. 48% tinham menos de 19 anos de idade, e 25% dos adultos ainda eram analfabetos. 67% dos brasileiros já residiam em áreas urbanas, um apreciável salto em relação aos 56% de 1970. Mas a distribuição de renda continuava ruim: os 5% mais ricos detinham 35% da renda total. As três maiores cidades eram São Paulo (8,5 milhões), Rio de Janeiro (5,1 milhões) e Belo Horizonte (1,8). Em áreas metropolitanas, que incluíam municípios vizinhos, São Paulo chegava a 12,6 milhões e o Rio de Janeiro a 9,1 milhões. Em janeiro, o ex-território de Rondônia foi promovido e se tornou o 23º estado brasileiro.

» As músicas brasileiras de maior sucesso em 1982: "Muito estranho (Cuida bem de mim)", com Dalto; "Banho de espuma", com Rita Lee e Roberto de Carvalho; "Festa no interior", com Gal Costa; e "Você não soube me amar", com o grupo Blitz (Evandro Mesquita, Fernanda Abreu e Márcia Bulcão).

deram 39 milhões e a receita de publicidade nos estádios 36 milhões. No fim, a Copa gerou um lucro de 63,9 milhões de francos, cerca de 37 milhões de dólares. A Federação Espanhola ficou com 25%, a Fifa com 10% e os 65% restantes foram rateados entre as federações dos 32 países participantes, proporcionalmente ao número de jogos disputados. Para a CBF, a fatia foi 2,3 milhões de dólares.

Telê

Para dirigir a primeira Seleção da CBF (a antiga CBD rebatizada com nova sigla), Giulite Coutinho convocou o mineiro Telê Santana da Silva, então com 49 anos (nasceu em Itabirito, em 26 de julho de 1931). Telê havia sido um aplicado e eficiente ponteiro-direito do Fluminense na década de 1950, mas nunca chegara a ser convocado para a Seleção. Em 1967, Telê iniciou a carreira de treinador, dirigindo os juvenis do Fluminense, e em 1969 foi promovido a técnico da equipe principal. De 1971 a 1976 dirigiu o Atlético Mineiro e de 1977 a 1978 o Grêmio. De 1978 a 1980, foi o treinador do Palmeiras (na época, o técnico da Seleção não era exclusivo).

por Max Gehringer

Telê havia começado a carreira com o pé direito. Foi campeão carioca com o Fluminense em 1969 e campeão mineiro com o Atlético em 1970. Em 1971, tornou-se o primeiro técnico campeão brasileiro, dirigindo o Atlético. Mas, a partir daí, começou a ganhar fama de pé-frio, por montar equipes que jogavam um futebol vistoso, mas não conquistavam campeonatos. Nos onze anos entre 1972 e 1980, Telê só ganhara um título regional: o Gaúcho de 1977, com o Grêmio.

OS ESTÁDIOS*

ESTÁDIO	CIDADE	CAPACIDADE	INAUGURAÇÃO	JOGOS
Camp Nou (FC Barcelona)	Barcelona	93.050	1957	5
Santiago Bernabéu (Real Madrid CF)	Madri	90.800	1947	4
Ramón Sánchez Pizjuán (Sevilla FC)	Sevilha	68.110	1958	2
Vicente Calderón (Club Atlético de Madrid)	Madri	65.965	1966	3
Balaídos (Real Club Celta)	Vigo	56.790	1928	3
Benito Villamarín (Real Betis Balompié)	Sevilha	52.500	1927	2
Nuevo (Elche CF)	Elche	52.500	1976	3
Luís Casanova (Valencia CF)	Valência	49.500	1923	3
San Mamés (CF Athletic)	Bilbao	46.223	1913	3
El Molinón (Real Sporting Gijón)	Gijón	45.153	1908	3
Sarriá (RDC Espanyol)	Barcelona	43.670	1952	3
La Romareda (Real Zaragoza)	Zaragoza	41.806	1957	3
José Rico Pérez (Hércules CF)	Alicante	35.886	1974	3
La Rosaleda (CD Málaga)	Málaga	34.411	1941	3
Riazor (Real Club Deportivo La Coruña)	La Coruña	34.190	1944	3
José Zorrilla (Real Valladolid CF)	Valladolid	29.990	1940	3
Carlos Tartiere (Real Oviedo)	Oviedo	28.241	1932	3

* Os estádios tiveram suas lotações reduzidas de 1982 para cá, com a eliminação dos locais em que os torcedores podiam assistir aos jogos em pé. Os dados de capacidade, acima, são os divulgados pelo Comitê Organizador da Copa, em 1982.

Almanaque dos Mundiais

Entre junho e dezembro de 1980, Telê dirigiu a Seleção em oito amistosos (seis vitórias, um empate e uma derrota – para a União Soviética, por 2 a 1, no Maracanã). Em janeiro de 1981, o Brasil disputou o Mundialito de Montevidéu, no Uruguai. Após empatar com a Ar-

OS 22 CONVOCADOS

① **Valdir** de Arruda **Peres**, goleiro do São Paulo, 31 anos (2/2/1951)

⑫ **Paulo Sérgio** de Oliveira Lima, goleiro do Botafogo, 28 anos (24/7/1954)

㉒ **Carlos** Roberto Gallo, goleiro da Ponte Preta, 26 anos (4/3/1956)

② José **Leandro** de Souza Ferreira, lateral do Flamengo, 23 anos (17/3/1959)

⑥ Leovegildo Lins Gama **Junior**, lateral do Flamengo, 28 anos (29/6/1954)

⑬ **Edevaldo** de Freitas, lateral do Internacional, 24 anos (28/1/1958)

⑰ **Pedrinho** (Pedro Luís Vicençote), lateral do Vasco, 24 anos (22/10/1957)

③ José **Oscar** Bernardi, zagueiro do São Paulo, 28 anos (20/6/1954)

④ **Luizinho** (Luiz Carlos Ferreira), zagueiro do Atlético Mineiro, 23 anos (22/10/1958)

⑭ **Juninho** (Alcides Fonseca Junior), zagueiro da Ponte Preta, 23 anos (29/8/1958)

⑯ **Edinho** (Edino Nazareth Filho), zagueiro do Fluminense, 27 anos (5/6/1955)

⑤ **Toninho Cerezo** (Antonio Carlos Cerezo), volante do Atlético Mineiro, 27 anos (21/4/1955)

⑦ **Paulo Isidoro** de Jesus, armador do Grêmio, 28 anos (3/8/1953)

⑮ Paulo Roberto **Falcão**, volante da Roma, 28 anos (16/10/1953)

⑱ João **Batista** da Silva, volante do Grêmio, 27 anos (8/3/1955)

㉑ **Dirceu** José Guimarães, ponta armador do Atlético de Madri, 30 anos (15/6/1952 – 15/9/1995)

⑧ **Sócrates** Brasileiro Sampaio de Souza Vieira de Oliveira, atacante do Corinthians, 28 anos (19/2/1954)

⑨ **Serginho** (Sérgio Bernardino), atacante do São Paulo, 28 anos (23/12/1953)

⑩ **Zico** (Arthur Antunes Coimbra), atacante do Flamengo, 29 anos (3/3/1953)

⑪ **Eder** Aleixo de Assis, atacante do Atlético Mineiro, 25 anos (25/5/1957)

⑲ Carlos **Renato** Frederico, atacante do São Paulo, 25 anos (21/2/1957)

⑳ **Careca** (Antonio de Oliveira Filho), atacante do Guarani, 21 anos (5/10/1960)*

⑳ Carlos **Roberto** de Oliveira, atacante do Vasco, 28 anos (13/4/1954)

* Cortado durante a preparação.

gentina (1 a 1) e sapecar uma histórica goleada de 4 a 1 na Alemanha, o Brasil disputou a final com o Uruguai. Como justificando a fama de Telê, o Brasil jogou melhor e abriu a contagem, mas perdeu por 2 a 1.

Em seguida, vieram as Eliminatórias para a Copa de 1982 e mais uma série de amistosos. Ao todo, foram dezenove jogos invictos, com quatro empates e quinze vitórias – sendo três delas memoráveis: 1 a 0 na Inglaterra em Londres, 3 a 1 na França em Paris e 2 a 1 na Alemanha em Stuttgart (jogo em que o goleiro Valdir Peres defendeu duas vezes o mesmo pênalti).

Nesses dezenove amistosos, o Brasil sofreu apenas dez gols e marcou 52. O consistente artilheiro Zico fez dezoito gols, e Sócrates outros sete. O único senão estava no comando do ataque. O titular – Reinaldo, do Atlético Mineiro – se machucou na excursão à Europa. Na volta, seus baleados joelhos o deixariam longe dos campos por um bom tempo, e Reinaldo não teria condições de ir à Copa. Telê testou vários centroavantes, mas nenhum deles conseguiu se entender com Sócrates e Zico com a mesma eficiência que Reinaldo vinha mostrando. Por fim, Telê se decidiu por Careca, do Guarani, e Serginho, do São Paulo.

Primeira fase

Foram formados seis grupos, com quatro países cada um. Os dois melhores de cada grupo passariam para a segunda fase, na qual os doze classificados seriam divididos em quatro grupos de três equipes.

O sorteio para a composição dos grupos foi realizado na noite do dia 16 de janeiro de 1982, no Palácio de Congresos y Exposiciones, em Madri. O mestre de cerimônia foi o suíço Josef Blatter, na época secretário-geral da Fifa. Foram nomeados seis cabeças de chave – os cinco campeões mundiais que estariam na Copa (Brasil, Alemanha Ocidental, Itália, Inglaterra e Argentina) e mais o país sede, a Espanha. O príncipe espanhol Felipe Juan Pablo Alfonso (que completaria 12 anos dali a quinze dias) acionou o primeiro dos globos giratórios da loteria oficial espanhola que iriam despejar as bolinhas com os nomes dos países. O processo, totalmente automatizado, deveria durar vinte minutos, mas durou mais que o dobro, 44 minutos, porque um dos globos emperrou. Nas Copas seguintes, a Fifa deixaria de lado a tecnologia, em favor do mais confiável sorteio por mãos humanas.

Após a cerimônia, o técnico da Espanha, José Emilio Santamaría, disse a frase que nenhum técnico deve dizer antes de uma Copa do Mundo: "Seremos os primeiros de nosso grupo". Na chave do Brasil, caíram um adversário complicado, a União Soviética, uma incógnita, a Escócia, e uma principiante sem expressão, a Nova Zelândia.

Na primeira fase, doze seleções seriam eliminadas e doze iriam para a segunda fase. Dentro de cada grupo, todos jogariam contra todos e os dois primeiros seguiriam adiante. Em caso de empate na primeira ou na segunda colocação, a decisão seria pelo saldo de gols. Se o saldo fosse igual, valeria o maior número de gols marcados. Em caso de empate nesses dois critérios, a Fifa faria um sorteio.

Brasil 2 x 1 União Soviética

Num calor de 30 °C às 9 horas da noite em Sevilha, Brasil e União Soviética fizeram um jogo muito agradável (para quem só estava assistindo) e muito sofrido (para quem torcia por uma das equipes). Qualquer das seleções podia ter vencido, mas o Brasil acabou sendo premiado por dois gols antológicos, e por um par de decisões camaradas do juiz espanhol.

O Brasil tinha jogadores mais virtuosos e mais experientes (idade média de 27 anos, contra 25 da União Soviética). Por isso, os primeiros vinte minutos foram de domínio brasileiro. O Brasil jogava fácil e o gol parecia iminente, mas uma falha do goleiro Valdir Peres mudaria a cara do jogo. Aos 33 minutos, Andryi Bal arriscou um inofensivo chute de 30 m e a bola foi na direção de Valdir Peres, que se enrolou e não segurou. Possivelmente, o maior frango que um goleiro brasileiro tomou em Copas.

Vencendo por 1 a 0, a União Soviética recuou e co-

> O Estádio Sarriá, em Barcelona, de triste lembrança para os brasileiros, foi desativado em 1997 e vendido para **pagar dívidas** do Club Espanyol, seu proprietário. **O estádio foi demolido e o local é hoje uma área residencial**.

meçou a jogar nos contra-ataques. E perdeu um par de oportunidades para aumentar a vantagem. O Brasil dominava, tocava a bola com arte e encantava a plateia, mas não encontrava brechas para chutar em gol. Além disso, o juiz espanhol Castillo ajudaria, e muito – Luizinho cometeu dois pênaltis claros que não foram marcados. Aos 18 minutos do primeiro tempo, segurou Shengelia na área. Aos 36 minutos do segundo tempo, cortou com a mão ao disputar uma bola com Blokhin.

Na primeira meia hora da etapa final, o Brasil mostrou vontade e coragem, enquanto os soviéticos se retraíam para segurar o resultado e ficavam trocando passes para esfriar o ímpeto brasileiro. O tempo ia se escoando, mas, felizmente, dois repentes de talento individual acabariam por decidir o jogo. Aos 30 minutos do segundo tempo, Sócrates recebeu pela meia-esquerda, cortou dois soviéticos para o meio e chutou de fora da área, no ângulo direito de Dasayev. Aos 42 minutos, Paulo Isidoro, da ponta direita, tocou para Falcão, na entrada da área. Espertamente, Falcão abriu as pernas e deixou a bola passar. Vindo de trás, pelo centro, Eder acertou um chute forte e venenoso no canto esquerdo, pegando Dasayev no contrapé. O oitavo arremate de Eder a gol decretou a primeira derrota soviética depois de 23 jogos invictos. Nos números, o Brasil tinha sido mais incisivo: 32 finalizações,

JOGOS DO BRASIL

BRASIL 2   UNIÃO SOVIÉTICA 1

14 de junho de 1982 • Segunda-feira
Estádio Ramón Sánchez Pizjuán • Sevilha • 21h00

Gol no 1ºT • 0 × 1 Bal 33'
Gols no 2ºT • 1 × 1 Sócrates 30', 2 × 1 Eder 42'

BRASIL • ①Valdir Peres, ②Leandro, ③Oscar, ④Luizinho, ⑥Junior, ⑮Falcão, ㉑Dirceu (⑦Paulo Isidoro, no intervalo), ⑧Sócrates, ⑩Zico, ⑨Serginho, ⑪Eder.
Técnico Telê Santana

UNIÃO SOVIÉTICA • ①Dasayev, ②Sulakvelidze, ③Chivadze, ⑥Demyanenko, ⑤Baltacha, ⑬Daraselia, ⑦Shengelia (⑮Andreyev 43' 2ºT), ⑧Bessonov, ⑨Gavrilov (⑱Susloparov 29' 2ºT), ⑫Bal, ⑪Blokhin.
Técnico Konstantin Beskov

PÚBLICO ESTIMADO • 50.000

Juiz: Augusto Castillo
Auxiliares: Sanchez e Carrion (todos da Espanha)

contra apenas sete dos soviéticos (sendo apenas uma na etapa final). Na entrevista coletiva após a partida, o técnico Telê Santana confessou, aliviado: "Sofri muito, mas este foi um dos maiores jogos que vi na minha vida".

Quanto ao juiz Castillo (que já havia sido vetado pela Argentina para o jogo de abertura contra a Bélgica), seus dois erros a favor do Brasil lhe custariam caro. Castillo, 36 anos e embalando na carreira de árbitro internacional, só voltaria a atuar na Copa uma única vez, mas como bandeirinha.

Brasil 4 x 1 Escócia

Toninho Cerezo, que não participara do jogo de estreia por estar suspenso pela Fifa (resultado de sua expulsão contra a Venezuela, pelas Eliminatórias), entrou no time. E Telê estreou seu "quadrado mágico": Cerezo, Falcão, Sócrates e Zico. O ex-titular Paulo Isidoro (inscrito com a camisa 7) tornou-se a primeira opção para substituições.

O estádio de Sevilha lotou, e quem foi não se arrependeu. O Brasil deu uma exibição de técnica e arte, principalmente no segundo tempo. Mas, antes, tomou o costumeiro susto. Aos 18 minutos, David Narey acertou um chute perfeito no ângulo esquerdo de Valdir Peres, fazendo 1 a 0 para a Escócia. O empate veio aos 33 minutos, com Zico cobrando uma falta próxima à meia-lua, no ângulo esquerdo do goleiro Rough, que nem

BRASIL 4	ESCÓCIA 1
18 de junho de 1982 • Sexta-feira	
Estádio Benito Villamarín • Sevilha • 21h00	
Gols no 1ºT • 0 × 1 Narey 18', 1 × 1 Zico 33'	
Gols no 2ºT • 2 × 1 Oscar 3', 3 × 1 Eder 19', 4 × 1 Falcão 43'	
BRASIL • ①Valdir Peres, ②Leandro, ③Oscar, ④Luizinho, ⑥Junior, ⑤Cerezo, ⑮Falcão, ⑧Sócrates, ⑩Zico, ⑨Serginho (⑦Paulo Isidoro 35' 2ºT), ⑪Eder. **Técnico** Telê Santana	
ESCÓCIA • ①Rough, ⑥Miller, ③Gray, ⑤Hansen, ⑦Strachan (⑧Dalglish 18' 2ºT), ⑭Narey, ④Souness, ⑯Hartford (⑬McLeish 23' 2ºT), ⑩Wark, ⑱Archibald, ⑪Robertson. **Técnico** Jock Stein	
Público • 47.379	
Juiz: Luís Siles (Costa Rica)	
Auxiliares: Prokop (Alemanha Oriental) e Cham Tan (Hong Kong)	

por Max Gehringer

1982

se deu ao trabalho de ir na bola. No entusiasmo, o reserva Edinho invadiu o campo para abraçar Zico, e foi advertido pelo juiz.

Na etapa final, aos 3 minutos, Junior bateu um escanteio da esquerda. O zagueiro Oscar subiu mais que os becões escoceses e marcou de cabeça, virando o placar. Aos 19 minutos, o gol mais bonito do jogo. Serginho abriu para Eder, na lateral da área, pela esquerda. Com um toque preciso, Eder encobriu o goleiro Rough, que vinha saindo do gol. Aos 43 minutos, uma deixadinha de Sócrates permitiu que Falcão acertasse um tiro rasteiro, de fora da área, que tocou no pé da trave direita antes de entrar.

O resultado de 4 a 1 foi tão cristalino que, após o jogo, grupos de brasileiros com pandeiros e de escoceses com gaitas de foles se reuniram para celebrar juntos. Até o técnico escocês Jock Stein se misturou ao coro de elogios: "O futebol do Brasil é uma festa". Já a imprensa mundial ressaltou o fato de que a equipe brasileira havia conseguido conciliar duas virtudes aparentemente contraditórias: o individualismo e jogo coletivo. E outro detalhe chamou a atenção: a boa pontaria nos chutes de média distância – dos seis gols brasileiros nos dois primeiros jogos, quatro haviam sido marcados de fora da área.

> O centroavante chileno Caszely considera o pênalti perdido contra a Áustria (derrota por 1 a 0) como **o pior momento de sua carreira**. Passados 25 anos, em 1997, num especial para a TV chilena, Caszely e o goleiro austríaco Koncilia se reencontraram no Estádio Nacional de Santiago. **O pênalti foi repetido e dessa vez Caszely acertou.** Brincando, mas nem tanto, Caszely correu para a câmera e gritou: "Por fim!".

Brasil 4 x 0 Nova Zelândia

Não que a Nova Zelândia fosse lá essas coisas. Mas a exibição irretocável do Brasil eliminou as poucas dúvidas que ainda restavam: nenhum dos outros 23 países da Copa estava no nível dos brasileiros. Imediatamente após o quarto gol do Brasil, a vinte minutos do fim do jogo, os técnicos da Nova Zelândia trocaram um atacante (Wynton Rufer) por um volante (Bryan Turner). A ordem era evitar uma goleada maior. Rufer, então com 19 anos e atuando pelo Miramar Rangers de Auckland (mas já contratado pelo FC Zürich da Suíça), seria eleito em 2001 "o futebolista do século da Oceania". Mas, no jogo contra o Brasil, quase ninguém notou a presença em campo dessa futura celebridade.

Zico marcou dois belos gols. O segundo deles, de voleio, num cruzamento de Leandro, foi o mais bonito do jogo. Falcão contribuiu com o seu e o centroavante Serginho, finalmente, conseguiu desencantar. Serginho, um artilheiro devastador no São Paulo, vinha sendo considerado "o ponto menos forte" do conjunto brasileiro. Mas os quatro gols foram meros detalhes num jogo plasticamente irrepreensível por parte do Brasil. Com três vitórias em três jogos, fazendo pouquíssimas faltas (ninguém levou cartão amarelo) e marcando gols com relativa facilidade (dez, em três jogos), o Brasil passava soberano para a segunda fase.

Segunda fase

Como mandava o regulamento, os doze classificados foram distribuídos nos quatro grupos da segunda fase, de acordo com as colocações obtidas em seus grupos na primeira fase. Dentro de cada grupo, cada país faria dois jogos e apenas o campeão iria para as semifinais. Em caso de empate no número de pontos, a decisão seria por saldo de gols, ou por gols a favor, em caso de igualdade no saldo. Os organizadores haviam elaborado toda a tabela, incluindo os campos dos jogos, bem antes do início da Copa. Mas as surpresas na primeira fase fizeram com que três potências – Brasil, Itália e Argentina – acabassem caindo no grupo que jogaria no acanhado Estádio Sarriá de Barcelona, que comportava 43 mil pessoas. A poucos quilômetros dali, o majestoso Estádio Camp Nou, para 93 mil pessoas, receberia Bélgica, União Soviética e Polônia. Como os dois estádios ficavam na mesma cidade, a lógica mandava que o Co-

> **Os dois goleiros reservas da União Soviética eram irmãos.** Victor Chanov, de 23 anos, jogava pelo Dínamo de Kiev. E Vyacheslav Chanov, de 30 anos, pelo Torpedo de Moscou. **Nenhum deles atuou na Copa.**

mitê Organizador simplesmente invertesse os campos. Mas, estranhamente, essa hipótese não chegou a ser considerada. Como resultado, o Estádio Sarriá ficaria lotado, enquanto o Camp Nou receberia menos da metade de sua capacidade.

BRASIL 4   NOVA ZELÂNDIA 0

23 de junho de 1982 • Quarta-feira
Estádio Benito Villamarín • Sevilha • 21h00

GOLS NO 1ºT • 1 × 0 Zico 28', 2 × 0 Zico 31'
GOLS NO 2ºT • 3 × 0 Falcão 19', 4 × 0 Serginho 25'

BRASIL • ①Valdir Peres, ②Leandro, ③Oscar (⑯Edinho 30' 2ºT), ④Luizinho, ⑥Junior, ⑤Cerezo, ⑮Falcão, ⑧Sócrates, ⑩Zico, ⑨Serginho (⑦Paulo Isidoro 30' 2ºT), ⑪Eder.
TÉCNICO Telê Santana

NOVA ZELÂNDIA • ㉒Van Hattum, ②Dods, ③Herbert, ⑭Elrick, ⑥Almond, ⑫MacKay, ⑰Boath, ⑬Cresswell (⑧Cole 32' 2ºT), ⑩Sumner, ⑦Rufer (④Turner 32' 2ºT), ⑨Wooddin.
TÉCNICOS John Adshead e Kevin Fallon

PÚBLICO ESTIMADO • 40.000

JUIZ: Damar Matovinovic (Iugoslávia)
AUXILIARES: Klein (Israel)
e Corver (Holanda)

Brasil 3 x 1 Argentina

Para poder jogar contra a Itália pelo empate no último jogo, o Brasil precisava vencer a Argentina por dois gols de diferença. Ou por um gol, desde que marcasse no mínimo três. A situação da Argentina era mais desesperadora: precisava vencer o Brasil por dois ou três gols, e depois ainda torcer para que o Brasil ganhasse da Itália por uma diferença mínima. Por isso, o técnico Menotti escalou três atacantes: Bertoni, Calderón e Kempes. E ainda mandou Maradona jogar avançado, deixando o meio de campo aos cuidados de Ardiles e Barbas.

Parecia que a ousadia iria funcionar: aos 2 minutos, Valdir Peres fez uma defesa difícil numa cabeçada de Barbas. Mas, a partir daí, o Brasil assumiu o controle do jogo. Sem sofrer uma marcação pesada, Cerezo, Falcão, Sócrates e Zico conseguiam evoluir trocando passes até a entrada da área argentina. Aos 12 minutos, o afobado Passarella fez uma falta desnecessária em Serginho, a 10 m da área. Na cobrança, Eder acertou um chute venenoso no travessão de Fillol. Zico aproveitou o rebote e só empurrou para o gol, de dentro da pequena área, abrindo o marcador. Até o final do primeiro tempo, o Brasil teve mais três chances de ampliar, com Falcão (duas vezes) e Zico. A Argentina não teve nenhuma.

No intervalo, Menotti trocou o apático Kempes por Ramón Díaz. A Argentina tentou pressionar, mas pouco criou. Apenas aos 18 minutos, num lance isolado, Maradona caiu na área, depois de levar um encontrão de Junior. Mas o juiz mexicano Vasquez não marcou o pênalti que os argentinos reclamaram. Aos 22 minutos, para aumentar o desespero argentino, o juiz e o bandeirinha colombiano Aristizabal interpretaram corretamente uma posição de impedimento passivo. Num lançamento de Zico, Sócrates estava impedido perto da linha da grande área. Mas Sócrates nem se moveu e Falcão, vindo de trás em posição legal, dominou a bola, foi até a linha de fundo e cruzou na cabeça de Serginho. Brasil 2 a 0.

A Argentina entregou os pontos. Aos 30 minutos, um passe preciso de Zico encontrou Junior entrando na área pela meia-esquerda. Com um toque maneiro, Junior desviou a bola de Fillol e fez o terceiro gol. Aos 38 minutos,

um carrinho criminoso de Passarella, por trás, tirou Zico de jogo. Mas, dessa vez, o juiz amenizou. Passarella já tinha um cartão amarelo e não levou o segundo. No minuto seguinte, porém, Maradona recebeu um tratamento dife-

BRASIL 3 ARGENTINA 1
2 de julho de 1982 • Sexta-feira Estádio Sarriá • Barcelona • 17h15
GOL NO 1ºT • 1 × 0 Zico 12' GOLS NO 2ºT • 2 × 0 Serginho 22', 3 × 0 Junior 30', 3 × 1 Díaz 44'
BRASIL • ①Valdir Peres, ②Leandro (⑬Edevaldo 37' 2ºT), ③Oscar, ④Luizinho, ⑥Junior, ⑤Cerezo, ⑮Falcão, ⑧Sócrates, ⑩Zico (⑱Batista 39' 2ºT), ⑨Serginho, ⑪Eder. TÉCNICO Telê Santana
ARGENTINA • ⑦Fillol, ⑧Galván, ⑭Olguín, ⑮Passarella, ⑱Tarantini, ③Barbas, ①Ardiles, ④Bertoni (⑰Santamaría 20' 2ºT), ⑩Maradona, ⑤Calderón, ⑪Kempes (⑥Díaz, no intervalo). TÉCNICO Cesar Luis Menotti.
PÚBLICO ESTIMADO • 40.000
JUIZ: Mario Vasquez (México) AUXILIARES: Castro (Chile) e Aristizabal (Colômbia)
CARTÕES AMARELOS • 1ºT Passarella 33' | 2ºT Valdir Peres 32', Falcão 39' CARTÃO VERMELHO • 2ºT Maradona 40'

rente. Batista, que havia entrado no lugar de Zico, dominou sua primeira bola e levou uma solada de Maradona na virilha direita. O juiz Vasquez, sem titubear, mostrou o cartão vermelho para Maradona.

Logo depois, a um minuto do final do jogo, a Argentina fez o seu gol, que àquela altura não alterava mais nada. Mas o lance poderia ter rendido uma valiosa lição ao Brasil. Numa saída de jogo displicente, pela direita da defesa brasileira, Batista bobeou e perdeu a bola, que foi parar nos pés de Ramón Díaz. E seu chute entrou no ângulo direito de Valdir Peres. Essa mesma desatenção seria repetida três dias depois, contra a Itália, com consequências bem mais graves.

Mas esse erro passou batido, porque o Brasil tinha dado mais uma exibição de gala, eliminando a Argentina e ganhando o direito de jogar pelo empate contra a Itália. Os argentinos disseram adeus ao sonho do bi mundial com uma campanha indigna de um campeão defendendo o título: três derrotas em cinco jogos. O capitão Passarella não digeriu bem o vexame e se recusou a trocar a camisa com Sócrates depois do jogo. Mas, tirando Passarella, ninguém mais, em sã consciência, duvidava que o Brasil iria para as semifinais. E ainda mais além. Ao final da primeira fase, numa enquete entre jornalistas do mundo inteiro para apontar o provável campeão, o Brasil recebera 51% dos votos e a Itália 4%.

> A Áustria conseguiu a segunda vaga do grupo nas Eliminatórias ao empatar com sua principal concorrente, a Bulgária, em Sófia, por 0 a 0. Mas, apenas um mês depois, **o presidente da Federação Austríaca, Karl Sekanina, decidiu demitir o técnico Karl Stotz**. Motivo alegado: "Divergência de opiniões". Um mês após se classificar para a Copa, **a Áustria convidou para o cargo o austríaco Ernst Happel**, que havia dirigido a Holanda na Copa de 1978 e era o técnico do Hamburger SV. Happel, porém, precisava ser liberado pela Bundesliga, a Federação Alemã, para aceitar o convite. Hermann Neuberger, presidente da Bundesliga, condicionou essa liberação ao sorteio das chaves para a fase final da Copa, marcado para 16 de janeiro de 1982. **Se Alemanha e Áustria caíssem na mesma chave, disse Neuberger, Happel não seria liberado**. E foi exatamente o que aconteceu. **Sem alternativas, Sekanina foi obrigado a promover o assistente de Stotz, Georg Schmidt, a técnico da Áustria**.

Itália 3 x 2 Brasil

A Itália chegou à Espanha carregando um inferno astral que já durava três anos. Em 1979, havia explodido o escândalo do Totonero ("loteria negra"), um esquema de manipulação de resultados no Campeonato Italiano. Em abril de 1980, Lazio e Milan foram rebaixados à série B, e vários dirigentes e jogadores foram presos. O goleiro Albertosi, vice-campeão mundial em 1970, foi banido do futebol. Paolo Rossi, atacante do Peruggia, foi suspenso por três anos por ter colaborado na "fabricação" de um empate de 2 a 2 entre Peruggia e Avellino, em 30 de dezembro de 1979. Supostamente, Paolo Rossi teria recebido 2 milhões de liras (uma ninharia, cerca de 10 mil dólares) por sua participação no esquema. Em maio de 1982, um mês antes da Copa, a Justiça italiana comutou a pena de Paolo Rossi. Imediatamente, ele foi convocado pelo técnico Enzo Bearzot, mesmo estando fora de forma e de ritmo.

Telê Santana saboreava seu 875º dia à frente da Seleção, com um retrospecto altamente elogiável. Foram 35 jogos, com 27 vitórias, seis empates e somente duas derrotas. O ataque havia marcado 88 gols e a defesa sofrido apenas 22. Antes da partida, tudo parecia estar a favor de Telê e do Brasil, mas aquela acabaria sendo a segunda-feira mais amarga da história do futebol brasileiro.

O Brasil conseguiu a proeza de fazer dois gols na granítica defesa italiana. Mas tomou três, em vacilos individuais. O atacante Paolo Rossi não marcava um gol pela Azzurra fazia três anos (o último havia sido em 13 de junho de 1979, na derrota da Itália por 4 a 1 para a Iugoslávia). Na primeira oportunidade que teve contra o Brasil, Rossi desencantou. Aos 5 minutos, Cabrini, observado a distância por Leandro, recebeu pela esquerda e levantou a bola na área brasileira. No momento do cruzamento, Rossi estava cinco passos fora da área, entre Luizinho e Junior. Enquanto a bola ia descaindo, Rossi correu na direção dela, sem ser acompanhado por Luizinho. Junior tentou fazer a cobertura, mas chegou 1 m atrás

> A Escócia tinha um **jogador chamado Brazil** (Alan Brazil, 23 anos, que atuava pelo Ipswish Town da Inglaterra).

de Rossi. Valdir Peres titubeou e demorou a sair do gol. Rossi, sozinho, quase do bico esquerdo da pequena área e sem precisar saltar, cabeceou no canto direito.

A resposta brasileira não demorou. Aos 10 minutos, Zico ganhou uma bola na entrada da área italiana e ficou de frente para o gol. Mas Serginho, vindo de trás, tomou a frente de Zico e chutou de pé direito, para fora, a 1 m da trave direita de Zoff. Dois minutos depois, veio o empate. Da linha do meio de campo, Sócrates fez um passe longo para Zico, na intermediária italiana. Zico conseguiu se desvencilhar de seu cão de guarda, Gentile, e tocou para Sócrates, que passava na corrida. Pela direita, sem muito ângulo, Sócrates chutou rasteiro entre Zoff e a trave esquerda. O gol de empate deu a impressão de que o Brasil iria tomar conta da partida, até porque, no minuto seguinte, o zagueiro Collovati, com distensão muscular, teve de ser substituído pelo jovem Bergomi, de 19 anos.

Mas uma nova falha atrapalharia tudo. Aos 25 minutos, numa saída de jogo pela direita da defesa brasileira, Leandro dominou no peito e entregou para Cerezo. A seu lado, pela esquerda, estavam Oscar, Luizinho e Falcão. Cerezo tocou a bola entre os três, mas quem reagiu mais rápido foi Paolo Rossi. Enquanto os brasileiros ficavam plantados no chão, Rossi dominou a bola, correu por 10 m e chutou alto, no meio do gol, na saída de Valdir Peres.

ITÁLIA 3 BRASIL 2
5 de julho de 1982 • Segunda-feira Estádio Sarriá • Barcelona • 17h15
GOLS NO 1ºT • 1 × 0 Rossi 5', 1 × 1 Sócrates 12', 2 × 1 Rossi 25' GOLS NO 2ºT • 2 × 2 Falcão 23', 3 × 2 Rossi 30'
ITÁLIA • ①Zoff, ⑥Gentile, ⑦Scirea, ⑤Collovati (③Bergomi 34' 1ºT), ④Cabrini, ⑨Antognoni, ⑬Oriali, ⑭Tardelli (⑪Marini 31' 2ºT), ⑯Conti, ⑲Graziani, ⑳Rossi. TÉCNICO Enzo Bearzot
BRASIL • ①Valdir Peres, ②Leandro, ③Oscar, ④Luizinho, ⑥Junior, ⑤Cerezo, ⑮Falcão, ⑧Sócrates, ⑩Zico, ⑨Serginho (⑦Paulo Isidoro 24' 2ºT), ⑪Eder. TÉCNICO Telê Santana
PÚBLICO ESTIMADO • 44.000
JUIZ: Abraham Klein (Israel) AUXILIARES: Dotchev (Bulgária) e Cham Tan (Hong Kong)
CARTÕES AMARELOS • 1ºT Gentile 13'	2ºT Oriali 33'

Os 45 minutos seguintes foram de pura agonia. O Brasil jogava bem, mas não conseguia furar a defesa italiana. E o jogo se resumiu aos muitos ataques brasileiros e a algumas tentativas da Itália de contra-atacar. Finalmente, aos 23 minutos do segundo tempo, Junior foi para o ataque e fez um passe longo para Falcão, livre pela meia-direita. Enquanto Cerezo corria para a linha de fundo, levando a marcação italiana, Falcão girou para o centro da área e desferiu um chute forte de esquerda, à meia altura, entre o meio do gol e a trave direita. Zoff saltou sem muita convicção e não conseguiu defender.

O empate, que dava a classificação ao Brasil, perdurou por apenas sete minutos. Numa bola fácil cruzada sobre a área brasileira, Luizinho recuou de cabeça para Valdir Peres, mas errou a direção. Quando Valdir segurou a bola, ela havia ultrapassado a linha de fundo. O desnecessário escanteio foi cobrado por Conti, aos 30 minutos. Na marca do pênalti, Luizinho e Sócrates subiram com Antognoni e Sócrates tocou fraco, de cabeça, na direção da meia-lua. Nesse momento, toda a defesa brasileira se adiantou, deixando Rossi e Graziani sozinhos na pequena área. Menos Junior, que permaneceu junto à trave esquerda, dando condição legal aos dois italianos. Da risca da grande área, marcado por Zico, Tardelli emendou de primeira, sem muita força. Mas a bola, caprichosamente, foi na direção de Rossi, que desviou de pé direito para o fundo das redes.

O Brasil foi inteiro à frente, abrindo espaços para os perigosos contra-ataques italianos. Aos 37 minutos, Rossi ficou sozinho diante de Valdir Peres, mas tocou para fora, rente à trave esquerda. Aos 42 minutos, atendendo à marcação do bandeirinha Cham Tan, de Hong Kong, que viu um impedimento inexistente no lance, o juiz Klein anulou um gol legal de Antognoni, após um passe de Oriali. Um minuto depois, o Brasil teria sua grande oportunidade de empatar. Eder cobrou uma falta da esquerda e Oscar, vindo de trás, cabe-

> A Nova Zelândia era a única equipe da Copa com **dois técnicos dividindo as decisões** (os ingleses Adshead e Fallon).

por Max Gehringer

ceou firme para o chão, no canto esquerdo. Mas Zoff fez a melhor defesa da Copa e conseguiu segurar, a centímetros da risca do gol. Zico e Sócrates imediatamente levantaram os braços, mostrando que a bola tinha ultrapassado a linha. Mas ela não entrou – por muito pouco. Se tivesse entrado, o Brasil se classificaria e o "Império Romano" certamente teria desabado, com todas as suas trombetas, sobre o juiz Klein e sobre a Fifa, pela anulação do gol de Antognoni.

Mas o mesmo Klein, para desespero do Brasil, concederia apenas um minuto e doze segundos de acréscimos, apitando o fim do jogo quando Zoff dava um chutão para a frente. Afora essa pressa do juiz, não houve sequer um único lance duvidoso contra o Brasil na partida, daqueles que permitem levantar dúvidas quanto à lisura da arbitragem. No dia seguinte, o *Jornal da Tarde*, de São Paulo, circularia com uma primeira página memorável. Uma foto batida por Reginaldo Manente mostrava um garoto carioca de 10 anos, José Carlos Rabello Jr., vestindo a camisa do Brasil e tentando conter o choro. A foto enchia praticamente a página inteira e, além dela, havia apenas a manchete "Barcelona, 5 de julho de 1982". Já o jornal *Tuttosport*, de Roma, foi às bancas com uma manchete criativa e dolorosa: "O Brasil somos nós!".

O choque pela derrota (e pela eliminação) foi tão grande que muita gente começou a ver coisas que não tinham acontecido no jogo. A principal queixa: o Brasil perdeu porque continuou atacando após empatar no segundo tempo, em vez de recuar e segurar o empate. Na verdade, assim que Falcão fez o segundo gol, o técnico Telê trocou o centroavante Serginho pelo volante Paulo Isidoro, para fechar o meio de campo. E, no lance em que a Itália fez 3 a 2, todos os onze jogadores brasileiros estavam dentro da área no momento em que Conti cobrou o escanteio. Na entrevista após a partida, Telê resumiu o que aconteceu: "Perdemos porque falhamos e porque a Itália

> Na semifinal entre Itália e Polônia (vitória italiana por 2 a 0), um dado curioso: **o técnico polonês, Piechniczek, era dois meses mais novo que o goleiro** da Azzurra, Dino Zoff.

soube aproveitar nossas falhas". Para Falcão, o Brasil não conseguiu controlar o ritmo de jogo porque precisou passar a maior parte do tempo correndo atrás do resultado. A Itália esteve na frente no marcador em 65 dos noventa minutos.

Os anos se passaram e aquela Seleção continuou a ser reverenciada, no mundo inteiro, como uma das mais notáveis que não venceram uma Copa. Mas o técnico Telê nem precisou esperar tanto. Ao entrar na sala de imprensa após o jogo, para conceder sua entrevista coletiva, Telê foi aplaudido de pé pelos quase duzentos jornalistas presentes. Incluindo os italianos.

A final

Itália 3 x 1 Alemanha Ocidental

No dia 15 de março, a Fifa havia divulgado a lista de juízes para a Copa. Arnaldo Cezar Coelho era o único representante do Brasil. Quatro meses depois, Arnaldo seria o primeiro árbitro não europeu a apitar uma final de Copa.

Com base nas três últimas partidas de cada equipe, a imprensa internacional dava um leve favoritismo à Itália. O técnico Bearzot, porém, preferiu a cautela: promoveu o retorno de Gentile à zaga, mas não sacou Bergomi. A posição não preenchida foi a do armador Antognoni, não recuperado de uma contusão sofrida contra a Polônia. Assim, a Itália entrava com uma linha de quatro zagueiros e mais um líbero (Scirea). No meio de campo, Oriali, Tardelli e Conti (este, o puxador de contra-ataques). Na frente, Rossi e Graziani. Mas Graziani só

> O cartola húngaro Gyorgy Szepesi, misto de dirigente e radialista, desafiou até os rígidos preceitos socialistas de seu país ao declarar: **"Pagar 10 milhões de dólares por um jogador de futebol é uma insanidade. Mas, por Maradona, eu também pagaria".** Maradona foi contratado pelo Barcelona em 4 de junho de 1982. Por um contrato de seis anos, embolsou 5 milhões de dólares na transação. Os dois clubes argentinos que detinham os direitos de seu passe receberam 7,9 milhões de dólares (o Argentinos Juniors ficou com 5,9 milhões e o Boca Juniors com 2 milhões).

por Max Gehringer

1982

resistiu por sete minutos. Seu ombro voltou a doer, e ele foi substituído por outro armador, Altobelli. Claramente, o técnico Bearzot queria se defender e apostava na estrela de seu único atacante, Paolo Rossi.

Na Alemanha, nenhuma novidade. Com três atacantes, Littbarski, Fischer e Rummenigge, o técnico Derwall demonstrava a vontade de jogar ofensivamente. Mas, na prática, isso não aconteceu. Nos primeiros 45 minutos, a Alemanha chutou apenas quatro vezes contra o gol de Zoff, e errou a pontaria em todas. A Itália também não mostrou muita disposição para invadir a área alemã, mas, numa das raras investidas, conseguiu um pênalti. Aos 26 minutos, num cruzamento da esquerda, Conti disparou na direção do bico esquerdo da pequena área, mas Briegel esticou o braço direito e impediu o italiano de chegar na bola. Conti desabou e Briegel nem se preocupou, porque os juízes europeus faziam vistas grossas para lances desse gênero. Arnaldo Cezar Coelho, que não era europeu, marcou o pênalti. Cabrini ajeitou e chutou forte, rasteiro, para fora, à esquerda de Schumacher. Em doze Copas, aquele era apenas o terceiro pênalti apitado numa final. E o primeiro (e, até hoje, o único) a ser desperdiçado.

Na etapa final, os primeiros dez minutos foram mornos e sem emoções. Foi quando

FINAL

ITÁLIA 3   ALEMANHA OCIDENTAL 1

11 de julho de 1982 • Domingo
Estádio Santiago Bernabéu • Madri • 20h00

Gols no 2ºT • 1 × 0 Rossi 12', 2 × 0 Tardelli 24', 3 × 0 Altobelli 36', 3 × 1 Breitner 38'

ITÁLIA • ①Zoff, ③Bergomi, ⑦Scirea, ⑥Gentile, ⑤Collovati, ④Cabrini, ⑬Oriali, ⑭Tardelli, ⑯Conti, ⑲Graziani (⑱Altobelli 7' 1ºT) (⑮Causio 44' 2ºT), ⑳Rossi. **Técnico** Enzo Bearzot

ALEMANHA OCIDENTAL • ①Schumacher, ②Briegel, ④Karlheinz Förster, ⑮Stielike, ⑤Bernd Förster, ⑳Kaltz, ⑥Dremmler (⑨Hrubesch 17' 2ºT), ③Breitner, ⑦Littbarski, ⑪Rummenigge (⑩Hansi Müller 25' 2ºT), ⑧Fischer. **Técnico** Jupp Derwall

PÚBLICO • 90.089

Juiz: Arnaldo Cezar Coelho (Brasil)
Auxiliares: Klein (Israel) e Christov (Tchecoslováquia)

CARTÕES AMARELOS • 1ºT Conti 31' | 2ºT Dremmler 16', Stielike e Oriali 28', Littbarski 43'

Rossi mostrou novamente seu notável senso de posicionamento. Aos 12 minutos, numa falta cobrada por Gentile, Rossi deu apenas dois passos para se antecipar a Karlheinz Förster. E, sem sair do chão, quase na risca da pequena área, cabeceou por baixo de Schumacher. Foi o sexto gol de Rossi na Copa, e o quinto que ele fazia com um único toque na bola.

Prevendo a dificuldade que iria ter dali em diante, o técnico Derwall trocou um volante, Dremmler, por um centroavante, Hrubesch. E tirou o exausto Rummenigge (que entregou a faixa de capitão para Manfred Kaltz) para a entrada de outro atacante, Hansi Müller. Não deu certo. Breitner, já com 30 anos, não tinha mais fôlego para sustentar o duelo com o superpovoado meio de campo italiano. A Itália começou a criar suas famosas e perigosas jogadas de contra-ataque, e duas delas resultariam em gols.

Aos 24 minutos, Tardelli fez 2 a 0, numa inesperada descida do líbero Scirea para o

OS 13 CAMPEÕES

① Dino **Zoff**, da Juventus de Turim, 40 anos (28/2/1942)
③ Giuseppe **Bergomi**, da Inter de Milão, 18 anos (22/12/1963). O mais jovem dos campeões
④ Antonio **Cabrini**, da Juventus de Turim, 24 anos (8/10/1957)
⑤ Fulvio **Collovati**, do Milan, 25 anos (9/5/1957)
⑥ Claudio **Gentile**, da Juventus de Turim, 28 anos (27/9/1953). Era filho de pais italianos e retornou à pátria na adolescência
⑦ Gaetano **Scirea**, da Juventus de Turim, 29 anos (25/5/1953 – 3/9/1989)
⑬ Gabriele **Oriali**, da Inter de Milão, 29 anos (25/11/1952)
⑭ Marco **Tardelli**, da Juventus de Turim, 27 anos (24/9/1954)
⑯ Bruno **Conti**, da Roma, 27 anos (13/3/1955)
⑲ Francesco **Graziani**, da Fiorentina, 29 anos (12/12/1952)
⑱ Alessandro **Altobelli**, da Inter de Milão, 28 anos (28/11/1955)
⑮ Franco **Causio**, da Udinese, 33 anos (1/2/1949)
⑳ Paolo **Rossi**, da Juventus de Turim, 25 anos (23/9/1956)
Ⓣ **Enzo Bearzot**, técnico, 54 anos (26/9/1927)

ataque. Foi Scirea quem, já dentro da área alemã, tocou para Altobelli, na meia-lua, acertar um chute forte no canto esquerdo de Schumacher. Aos 35 minutos, Briegel tentou cavar um pênalti, mas Arnaldo Cezar Celho não foi na conversa. Conti ficou com a bola, arrancou pela direita desde a intermediária italiana, percorreu 40 m sem ser combatido e tocou para Altobelli, já dentro da área alemã. O estabanado Schumacher saiu do gol, levou um drible curto e Altobelli concluiu no canto direito, fazendo 3 a 0. Um minuto depois, Breitner diminuiu, aproveitando a única rebatida malfeita pela defesa italiana durante toda a partida. Aos 44 minutos, Bearzot homenageou o veterano Franco Causio, 33 anos, que entrou em campo só para sentir o gostinho de ser campeão do mundo. Dois minutos depois, Arnaldo Cezar Coelho soprou o apito pela última vez. Após 44 longos anos, a Itália voltava a ser campeã do mundo.

Além do título, a Itália ganhou também outra disputa com a Alemanha. Os dois países eram bicampeões mundiais (a Itália em 1934-38 e a Alemanha em 1954 e 1974). Em 1982, ao conseguir seu tri, a Itália igualou-se ao Brasil. O rei Juan Carlos entregou o troféu ao goleiro Dino Zoff, o jogador mais velho a conquistar um título mundial. A seu lado, o presidente da República da Itália, Sandro Pertini, apesar de seus 86 anos de idade, vibrava como se fosse uma criança.

A Fifa demorou dois meses para escolher os melhores jogadores da Copa. No dia 6 de setembro, veio o anúncio oficial de que Paolo Rossi, por seu decisivo oportunismo, receberia a Bola de Ouro. Falcão ficou com a de Prata e Rummenigge com a de Bronze.

OS OUTROS 9 CAMPEÕES

- ⑫ Ivano **Bordon**, goleiro da Inter de Milão, 31 anos (13/4/1951)
- ㉒ Giovanni **Galli**, goleiro da Fiorentina, 24 anos (29/4/1958)
- ② Franco **Baresi**, do Milan, 22 anos (8/5/1960)
- ⑧ Pietro **Vierchowod**, da Fiorentina, 23 anos (6/4/1959)
- ⑨ Giancarlo **Antognoni**, da Fiorentina, 28 anos (1/4/1954)
- ⑩ Giuseppe **Dossena**, do Torino, 24 anos (2/5/1958)
- ⑪ Giampiero **Marini**, da Inter de Milão, 31 anos (5/2/1951)
- ⑰ Daniele **Massaro**, da Fiorentina, 21 anos (23/5/1961)
- ㉑ Franco **Selvaggi**, do Cagliari, 29 anos (15/5/1953)

O artilheiro

Foram marcados 146 gols em 52 jogos, média de 2,8 por jogo. Com seis gols vitais, Paolo Rossi foi apenas o segundo jogador do time campeão a ser também o artilheiro da Copa (o primeiro foi Mario Kempes, da Argentina, em 1978). Rossi é o único jogador a ter sido campeão, artilheiro e eleito como melhor jogador da Copa (Ronaldo poderia ter sido o segundo, em 2002, se a Fifa não fosse precipitada ao escolher o goleiro alemão Oliver Kahn, antes do jogo final).

1986

A Copa de Maradona

Almanaque dos Mundiais

A Copa colombiana

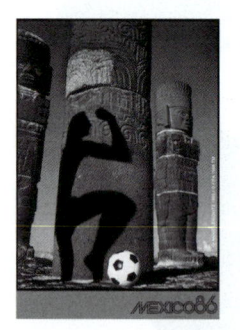

De 1930 até hoje, de todos os países oficialmente apontados para sediar Copas do Mundo, só um desistiu – a Colômbia. Ela havia sido escolhida como sede da Copa de 1986 no dia 11 de junho de 1974, no 39º Congresso da Fifa, em Frankfurt. Em 1971, ano em que já manifestara o seu desejo de promover a Copa de 1982, a Colômbia tinha uma economia razoavelmente estável. Mas, na segunda metade da década de 1970, a economia colombiana, como a de quase todos os países da América do Sul, começou a se deteriorar.

A lista da Fifa

Assim que a Copa de 1982 se encerrou, a Fifa enviou à Federação Colombiana uma lista detalhada de exigências – que abarcavam desde a construção de estradas e ferrovias até o congelamento dos preços dos hotéis durante os seis meses anteriores à Copa. O presidente colombiano, o advogado Belisario Betancur, taxou o documento de "insensível" e classificou as demandas como "extravagâncias". No dia 26 de outubro de 1982, num curto discurso transmitido por uma cadeia nacional de rádio e TV, Betancur comunicou formalmente que seu país renunciava ao direito de promover a Copa de 1986.

A Copa no Brasil?

A Fifa imediatamente marcou o local e a data para o anúncio da nova sede: a reunião do Comitê Executivo da entidade, que seria realizada em Estocolmo sete meses depois, em maio de 1983. Como a Fifa previa (ou já sabia), cinco países logo manifestaram sua vontade de promover a Copa – México, Estados Unidos, Canadá, Peru e Brasil. Pelo lado europeu, Inglaterra, Alemanha Ocidental e Holanda-Bélgica (em conjunto) também se apresentaram como possíveis candidatas. Como o sistema de rodízio previa que a Copa de 1986 seria realizada no continente americano, a Fifa comunicou aos europeus que, antes, seriam avaliadas as propostas do lado de cá.

por Max Gehringer

O presidente da CBF, Giulite Coutinho, saiu em busca do apoio dos vizinhos sul-americanos. Mas, apesar do incentivo inicial do governo federal, o Brasil vivia um péssimo momento econômico no final de 1982. Àquela altura, Peru e Canadá também já haviam desistido e sobraram apenas dois candidatos viáveis: Estados Unidos e México.

A Copa nos Estados Unidos?

Os Estados Unidos, por sua força econômica, pareciam ser o concorrente mais forte. A Liga Norte-Americana de Futebol (NASL, *North American Soccer League*) havia recrutado o ex-ministro Henry Kissinger – alemão de nascimento e fã declarado de futebol – para ser o responsável pela campanha. Kissinger imediatamente solicitou o auxílio de Pelé, que aceitou o convite.

Mas dois empecilhos se mostrariam insuperáveis para as pretensões norte-americanas. Para começar, há tempos a NASL e a Fifa viviam às turras. Para "dar mais dinamismo e interesse ao futebol", a NASL insistia em promover torneios alterando as sagradas regras

---

O BRASIL EM 1986

» A população ultrapassou os 130 milhões de habitantes em 1986 (era de 118,6 milhões segundo o censo de 1980).

» Em 1º de janeiro, um dólar estava cotado a 10.490 cruzeiros no câmbio oficial. Em 31 de dezembro, a 14,94 cruzados. O salário mínimo começou o ano valendo 600 mil cruzeiros e terminou em 804 cruzados.

» Oficializado o Horário de Verão, que vigorou de novembro de 1985 a fevereiro de 1986, e em todos os anos de lá para cá.

» As três músicas brasileiras mais tocadas nas rádios em 1986: "Demais", com Verônica Sabino; "Eduardo e Mônica", com Legião Urbana; e "Quando gira o mundo", com Fábio Jr.

» Aos 23 anos, a modelo e apresentadora gaúcha Maria das Graças Meneghel, a Xuxa, foi contratada pela TV Globo, que pagou uma fortuna para tirá-la da TV Manchete. Com seu bordão "Beijinho, beijinho, tchau, tchau", Xuxa passou a ter uma plateia cativa de 7 milhões de baixinhos todas as manhãs, apresentando o *Xou da Xuxa*.

» No limiar da Era da Tecnologia, o presidente Sarney pede que o cacique Raoni execute um ritual indígena (pajelança) para curar o naturalista Augusto Ruschi de cirrose. Ruschi morre pouco depois.

da International Board. O segundo empecilho era a própria sobrevivência da NASL. Ao contrário das federações nacionais dos demais países do mundo, a NASL, fundada em 1968, era uma espécie de "cooperativa de clubes" (como são, também, a NBA e a NFL, as ligas de basquete e futebol americano). Como em 1983 os clubes estavam mal das pernas, a NASL também não dispunha de recursos próprios para encarar a promoção de uma Copa. Por isso, a Fifa começou a pender para o lado mexicano.

A Copa no México
O México já dispunha dos estádios, dos recursos e da infraestrutura. E já havia comprovado sua competência quando promoveu a Copa de 1970. No dia 20 de maio de 1983, ao final da reunião de seu Comitê Executivo em Estocolmo, a Fifa formalizou a escolha do México. Uma decisão que, pouco mais tarde, se mostraria sábia – em 1985, a NASL foi à falência.

Tragédia!
No dia 19 de setembro de 1985, uma quinta-feira, um terremoto atingiu a Cidade do México. O abalo registrou 8.1 de magnitude na escala Richter (que vai até 9.0). Em pouco mais de 120 segundos, cerca de oitocentos prédios desabaram e, oficialmente, 4.541 pessoas morreram nos escombros ou nos hospitais. Mas estima-se que o número real de vítimas tenha sido três vezes maior.

Uma semana depois do terremoto, começaram os inevitáveis questionamentos sobre a Copa, principalmente na Europa. Haveria tempo e condições para o México se reerguer? Afinal, faltavam apenas nove meses para o jogo de abertura da Copa. Porém, por uma especial deferência dos deuses do futebol, o Estádio Azteca e os principais hotéis da capital não haviam sofrido nenhum dano.

De Evaristo a Telê
Em 1985, o técnico era o carioca Evaristo de Macedo

> A mascote da Copa foi uma pimenta verde, o jalapeño, com bigode e sombrero. O nome "Pique" derivou de "picante", o típico sabor da comida local. Mas quem se transformou, mesmo, no símbolo da Copa foi a atriz hispano-mexicana Mar Castro. Aos 25 anos, ela surgiu em um anúncio da cerveja Carta Blanca.

por Max Gehringer

Filho. Da Seleção que encantara o mundo três anos antes, restavam apenas dois titulares: Oscar e Eder. Seu último jogo, contra o Chile (derrota por 2 a 1, em Santiago), foi disputado em 21 de maio de 1985. Doze dias depois, o Brasil iria estrear nas Eliminatórias contra a Bolívia, em Santa Cruz de la Sierra. Evaristo insistia em disputar as Eliminatórias com uma Seleção formada apenas com jogadores que atuavam no Brasil, deixando de fora craques como Zico, Sócrates e Junior. Giulite Coutinho, presidente da CBF, discordou. E ligou para Telê Santana, que estava na Arábia Saudita.

Por telefone, Giulite Coutinho propôs que Telê rescindisse seu vantajoso contrato com o Al-Ahli e regressasse a jato para o Brasil. Telê aceitou a proposta, mas, mineiramente, conseguiu uma licença do Al-Ahli. E

Giulite dispensou Evaristo. Seria a primeira e única vez na história que um técnico derrotado numa Copa voltaria a dirigir a Seleção na Copa seguinte. Em 1985, Telê fez o que dele se

OS ESTÁDIOS

ESTÁDIO	CIDADE	CAPACIDADE	INAUGURAÇÃO	JOGOS
Azteca	Cidade do México	114.600	1966	9
Olímpico	Cidade do México	72.000	1952	4
Jalisco	Guadalajara	66.000	1960	6
Universitario	Monterrey	44.000	1967	5
Cuauhtémoc	Puebla	42.000	1968	5
La Corregidora	Querétaro	40.000	1985	4
León	Nou Camp	35.000	1967	4
Tecnológico	Monterrey	34.000	1950	3
Tres de Marzo	Zapopan	30.000	1971	3
Neza 86	Nezahualcóyotl	28.000	1981	3
Irapuato	Irapuato	27.000	1969	3
La Bombonera	Toluca	27.000	1954	3

Almanaque dos Mundiais

esperava. Conseguiu classificar a Seleção para a Copa, passando invicto por Paraguai e Bolívia.

Preparativos

Em fevereiro de 1986, Telê chamou 29 jogadores. No jogo de despedida, em 7 de maio de

A SELEÇÃO BRASILEIRA

① Carlos Roberto **Gallo**, goleiro do Corinthians, 30 anos (4/3/1956)
⑫ **Paulo Vitor** Barbosa de Carvalho, goleiro do Fluminense, 27 anos (7/6/1959)
㉒ Emerson **Leão**, goleiro do Palmeiras, 37 anos (11/7/1949)
② **Edson** Boaro, lateral do Corinthians, 27 anos (3/7/1959)
⑥ Leovegildo Lins Gama **Junior**, volante e lateral do Torino, da Itália, 32 anos (29/6/1954)
⑬ **Josimar** Higino Pereira, lateral do Botafogo, 24 anos (19/9/1961)
⑰ **Branco** (Cláudio Ibrahim Vaz Leal), lateral do Fluminense, 22 anos (4/4/1964)
③ José **Oscar** Bernardi, zagueiro do São Paulo, 32 anos (20/6/1954)
④ **Edinho** (Edino Nazareth Filho), zagueiro da Udinese, da Itália, 31 anos (5/6/1955)
⑭ **Julio César** Silva, zagueiro do Guarani, 23 anos (8/3/1963)
⑯ **Mauro** Geraldo **Galvão**, zagueiro do Internacional, 24 anos (19/12/1961)
⑤ Paulo Roberto **Falcão**, 32 anos, volante do São Paulo (16/10/1953)
⑮ **Alemão** (Ricardo Rogério de Brito), armador do Botafogo, 24 anos (22/11/1961)
⑲ **Elzo** Aloísio Coelho, volante do Atlético Mineiro, 25 anos (22/1/1961)
⑳ Paulo **Silas** do Prado Pereira, armador do São Paulo, 20 anos (27/8/1965)
㉑ **Valdo** Cândido Filho, armador do Grêmio, 22 anos (12/1/1964)
⑦ **Müller** (Luiz Antônio Correia da Costa), atacante do São Paulo, 20 anos (31/1/1966)
⑧ Walter **Casagrande** Junior, atacante do Corinthians, 23 anos (15/4/1963)
⑨ **Careca** (Antônio de Oliveira Filho), atacante do São Paulo, 25 anos (5/10/1960)
⑩ **Zico** (Arthur Antunes Coimbra), atacante do Flamengo, 33 anos (3/3/1953)
⑪ **Edivaldo** Martins da Fonseca, atacante do Atlético Mineiro, 24 anos (13/4/1962 – 13/1/1993)
⑱ **Sócrates** Brasileiro Sampaio de Souza Vieira de Oliveira, atacante do Flamengo, 32 anos (19/2/1954)
Ⓣ **Telê Santana** da Silva, técnico, 54 anos (26/7/1931 – 21/4/2006)

por Max Gehringer

1986, em Curitiba, o Brasil só conseguiu empatar com o Chile, por 1 a 1, graças a um gol de Casagrande aos 40 minutos do segundo tempo. Três semanas depois, a Seleção estrearia na Copa, sob fortes desconfianças de que a geração de 1982 havia perdido o brilho. Zico estava com 33 anos. Sócrates, Falcão e Junior com 32 e Toninho Cerezo com 31. Eder, o mais jovem da geração de 1982, estava com 29 anos e vivia uma fase de problemas pessoais, cortado por Telê por indisciplina em abril de 1986. Além disso, Zico e Cerezo estavam machucados e a nova geração de convocados, com raras exceções, não parecia estar à altura da anterior.

Disciplina rígida

Um talentoso ponteiro-direito havia surgido em 1983: Renato Gaúcho, do Grêmio. Aos 20 anos, Renato tinha feito os dois gols que deram ao Grêmio o título mundial interclubes daquele ano, na vitória de 2 a 1 sobre o Hamburger sv, da Alemanha. Imediatamente, Renato foi convocado para a Seleção e se tornou titular absoluto.

Mas, em fevereiro de 1986, Renato desrespeitou o horário marcado para a apresentação na concentração brasileira, aparecendo só de madrugada. Telê relevou, mas não esqueceu: três meses depois, Renato seria cortado da Seleção. O lateral Leandro, do Flamengo, que acompanhara Renato na noitada, foi perdoado. Porém, em solidariedade ao companheiro punido, Leandro decidiu abandonar a Seleção. No dia do embarque para o México, 8 de maio, o Boeing 707 fretado pela CBF levantou voo com um assento vazio. No lugar de Renato, foi inscrito Edivaldo, do Atlético Mineiro. E Leandro foi substituído por Josimar, do Botafogo, que se tornaria uma das agradáveis surpresas da Copa.

> A modelo sul-mato-grossense **Luiza Brunet**, 24 anos, foi eleita **"Madrinha da Seleção Brasileira"**, recebendo a aprovação de 22 dos 24 jogadores votantes.

Primeira fase

No dia 15 de dezembro de 1985, nos estúdios da Televisa, na Cidade do México, a Fifa armou um show que durou 23 minutos e o sorteio dos grupos foi transmitido para o mundo inteiro. Foram nomeados seis cabeças de chave, sendo cinco pela ordem de classificação na Copa de 1982: Itália, Alemanha Ocidental, Polônia, França e Brasil. O sexto foi o México. Novamente, o regulamento apresentava mudanças. Foram formados seis grupos com quatro países cada um. Os dois primeiros de cada grupo iriam para a segunda fase. A esses doze classificados se juntariam os quatro melhores terceiros colocados, segundo o critério técnico (pela ordem, pontos ganhos, saldo de gols e gols marcados).

O jogo de abertura, entre a Itália, então campeã mundial, e a Bulgária, pelo Grupo 1, aconteceu no mesmo dia em que havia sido inaugurada a Copa de 1970: 31 de maio. A diferença é que em 1970 o dia caiu num domingo e em 1986 num sábado. Terminou empatado (1 a 1), e, como a maioria das partidas inaugurais de Copas, também ficaria marcado pela falta de criatividade das duas equipes. Mas, pelo menos, teve dois gols, coisa que não acontecia desde 1962. No outro jogo do grupo, a Argentina estreou fazendo 3 a 1 na Coreia do Sul. Prenunciando o que iria acontecer no resto da Copa, os três gols argentinos saíram de passes diretos de Maradona.

Na segunda rodada, italianos e argentinos empataram por 1 a 1, em seu quarto encontro seguido em Copas. A Itália saiu na frente, mas aos 34 minutos Maradona escapou da marcação de Bagni, seu companheiro no Napoli, e empatou. Enquanto isso, embaixo de um temporal, Bulgária e Coreia do Sul ficavam no 1 a 1, para alegria tanto de argentinos quanto de italianos. Afinal, na última rodada, bastou a eles vencerem seus jogos para garantir as vagas do grupo. A Itália sofreu, mas conseguiu fazer 3 a 2 na Coreia do Sul. A Argentina fez 2 a 0 na Bulgária. O novo sistema de

> A TV Globo transmitiu a Copa sem exclusividade e sem o narrador de 1982, Luciano do Valle. Seu narrador titular na Copa de 1986 foi **Osmar Santos**, que trouxe para a telinha seus famosos bordões do rádio, como **"pimba na gorduchinha"** e **"tiruliruli-tirulirulá"**.

por Max Gehringer

classificação adotado na Copa, que dava aos quatro melhores terceiros colocados o direito de seguir adiante, iria permitir que a Bulgária (2 pontos ganhos, nenhuma vitória e saldo negativo de dois gols) também passasse para as oitavas.

No Grupo 2, o anfitrião México, do goleador Hugo Sánchez, estreou vencendo por 2 a 1 a Bélgica. O Paraguai fez 1 a 0 no Iraque do técnico brasileiro Evaristo de Macedo, gol de Romerito, ídolo do Fluminense. No jogo contra o Paraguai, o México saiu na frente, mas foi castigado a cinco minutos do fim da partida, quando novamente Romerito marcou de cabeça, empatando o jogo. A Bélgica, ao fazer 2 a 1 no Iraque, mantinha suas chances de classificação. Na última rodada, contra o Iraque, o México ganhou por 1 a 0, garantiu o primeiro lugar do grupo e o direito de continuar jogando no Estádio Azteca, da capital, a partir das oitavas de final. Bélgica e Paraguai iriam brigar pela segunda vaga. Com 3 pontos (contra 2 dos belgas), os paraguaios jogavam pelo empate, que acabou acontecendo: 2 a 2. Para a Bélgica, o resultado não era um desastre. Com 3 pontos em três jogos, os belgas também seguiriam em frente, como um dos quatro melhores terceiros colocados.

Pelo Grupo 3, a França precisou de 78 minutos para produzir um miserável golzinho sobre o estreante Canadá, marcado por Jean Pierre Papin. Aquele foi também o gol de número 1.200 das Copas. No outro jogo do grupo, a Hungria levou a maior goleada de sua tradicional história em Copas: 6 a 0 para a União Soviética. Na rodada seguinte, os soviéticos ficariam no empate (1 a 1) com os franceses, enquanto a Hungria superaria o Canadá (2 a 0).

Franceses e soviéticos acabaram confirmando suas vagas, com vitórias por 3 a 0 sobre a Hungria (no caso da França) e 2 a 0 sobre o Canadá (no caso da União Soviética).

> O cartaz oficial da Copa de 1986 foi o **primeiro a ter uma foto** – e não uma ilustração, como os doze anteriores. Uma sombra que parece estar chutando uma bola é projetada numa das quatro estátuas que estão no topo de uma pirâmide em Tula, a 60 km da Cidade do México.

Grupo 4
Brasil, Espanha, Irlanda do Norte e Argélia
Brasil 1 x 0 Espanha

O Brasil jogou a primeira fase no Grupo 4, contra Espanha, Irlanda do Norte e Argélia. A Seleção entrou em campo na estreia, diante da Espanha, com apenas dois remanescentes da campanha de quatro anos antes: Sócrates e Junior.

OS JOGOS DO BRASIL

BRASIL 1   ESPANHA 0

1º de junho de 1986 • Domingo
Estádio Jalisco • Guadalajara • 12h00

GOL NO 2ºT – Sócrates 17'

BRASIL • ①Carlos, ②Edson, ⑭Julio César, ④Edinho, ⑰Branco, ⑲Elzo, ⑥Junior (⑤Falcão 34' 2ºT), ⑮Alemão, ⑱Sócrates, ⑧Casagrande (⑦Müller 21' 2ºT), ⑨Careca. TÉCNICO Telê Santana

ESPANHA • ①Zubizarreta, ②Tomás, ③Camacho, ④Maceda, ⑧Goicoechea, ⑪Julio Alberto, ⑰Francisco (⑦Señor 38' 2ºT), ㉑Michel, ⑤Victor, ⑲Salinas, ⑨Butragueño. TÉCNICO Miguel Muñoz

PÚBLICO ESTIMADO • 65.000

JUIZ: Chris Bambridge (Austrália)
AUXILIARES: Socha (Estados Unidos) e Keizer (Holanda)

CARTÕES AMARELOS • 1ºT Julio Alberto 4' | 2ºT Branco 37'

No segundo tempo, aos 8 minutos, o médio Michel disparou um foguete de fora da área. A bola tocou no travessão de Carlos, caiu claramente dentro do gol e voltou para o campo de jogo. Mas o bandeirinha americano Socha ficou estático e o juiz australiano Bambridge mandou o jogo seguir. Aos 17 minutos, veio o gol que valeu. Junior se mandou para o ataque e tocou para Careca, que chutou no travessão de Zubizarreta. A bola bateu no chão, subiu e descaiu na frente do gol. Sócrates correu e, completamente sozinho, testou para as redes sem nenhum esforço. Com uma mãozona do juiz, o Brasil passava raspando por seu primeiro teste. No outro jogo do grupo, Irlanda do Norte e Argélia empataram (1 a 1).

Brasil 1 x 0 Argélia

Já no segundo tempo, uma inesperada falha argelina acabou decidindo a partida. Aos 21 minutos, Müller cruzou da linha de fundo. O goleiro Drid e o zagueiro Guendouz foram juntos para a bola, mas um ficou esperando o outro. Esperto, Careca veio de trás e concluiu para as redes. Com duas vitórias, mas sem convencer, o Brasil praticamente estava nas oitavas. Até porque no outro jogo do grupo a Espanha fez 2 a 1 na Irlanda do Norte.

Brasil 3 x 0 Irlanda do Norte
A substituição que daria um resultado acima do esperado foi a entrada de Josimar, 24 anos, na lateral direita, no lugar do lesionado Edson. Careca fez 1 a 0 aos 15 minutos, num cruzamento de Müller. Aos 41 minutos, o desinibido Josimar avançou com a bola, aproximou-se da área e acertou um tiro incrível no ângulo direito de Jennings, que não conseguiu reagir, dada a potência e precisão do chute. Um presente de grego para o goleiro norte-irlandês, que naquele mesmo dia celebrava seu 41º aniversário.

Aos 41 minutos, Zico (que entrara no lugar de Sócrates e estreava na Copa, mais ou menos recuperado de uma lesão no joelho) deu um passe de calcanhar para Careca, que só teve o trabalho de empurrar para as redes. O Brasil foi para as oitavas com três vitórias em três jogos, sem sofrer nenhum gol (a única defesa invicta da primeira fase). O segundo lugar ficou com a Espanha, que fez 3 a 0 na Argélia.

No Grupo 5, os tradicionais Alemanha Ocidental e Uruguai estrearam empatando (1 a 1), enquanto a Dinamarca fez 1 a 0 na Escócia. Mas brilhou mesmo na partida seguinte, ao golear o Uruguai por 6 a 1. Ao fim de dois jogos, a Dinamarca já tinha o melhor ataque da Copa e também o artilheiro – Elkjaer, com quatro gols. E os 6 a 1 foram o pior resultado do Uruguai em Copas do Mundo. Enquanto isso,

---

BRASIL 1   ARGÉLIA 0
6 de junho de 1986 • Sexta-feira
Estádio Jalisco • Guadalajara • 12h00

Gol no 2ºT • Careca 21'

BRASIL • ①Carlos, ②Edson (⑤Falcão 11' 1ºT), ④Julio César, ④Edinho, ⑰Branco, ⑲Elzo, ⑥Junior, ⑮Alemão, ⑱Sócrates, ⑧Casagrande (⑦Müller 15' 2ºT), ⑨Careca.
Técnico Telê Santana

ARGÉLIA • ①Drid, ②Guendouz, ⑳Megharia, ⑤Liegeon, ⑯Mansouri, ⑥Said, ⑩Belloumi (⑭Zidane 34' 2ºT), ⑱Banmabrouk, ⑦Assad (⑫Bensoula 23' 2ºT), ⑪Madjer, ⑨Menad.
Técnico Rabah Saadane

Público estimado • 48.000

Juiz: Romulo Molina (Guatemala)
Auxiliares: Quiniou (França) e Bazan (Uruguai)

a Alemanha Ocidental fazia 2 a 1, de virada, na Escócia. Com duas derrotas em dois jogos, os escoceses estavam praticamente se despedindo de mais uma Copa, e novamente na primeira fase. Na última rodada, o 0 a 0 diante da Escócia foi o suficiente para classificar o Uruguai às oitavas de final, mesmo sem nenhuma vitória, como um dos melhores terceiros colocados. E após a vitória dos dinamarqueses sobre os alemães por 2 a 0, a terceira em três jogos, ninguém mais tinha dúvidas – a Dinamarca de 1986 tinha tudo para ser a Holanda de 1974. Até a imprensa brasileira estava impressionada com a Seleção da Dinamarca, e deu a ela o apelido de Dinamáquina.

Na abertura do Grupo 6, a Polônia empatou por 0 a 0 com o Marrocos, do técnico brasileiro José Faria, que havia adotado a religião islâmica e mudado o nome para Mehdi-Faria. Portugal, de volta à Copa depois de vinte anos, estreou surpreendendo a Inglaterra com uma vitória por 1 a 0. Mas parou por aí. Já no jogo seguinte Portugal era derrotado pela Polônia (1 a 0), resultado que embolava o grupo, pois ingleses e marroquinos haviam empatado por 0 a 0.

Na última rodada, Portugal, que precisava apenas de um empate, despediu-se melancolicamente, com a derrota para o Marrocos, por 3 a 1, que garantiu pela primeira vez na história das Copas o primeiro lugar de um grupo a uma seleção africana. Em segundo

---

BRASIL 3   IRLANDA DO NORTE 0

12 de junho de 1986 • Quinta-feira
Estádio Jalisco • Guadalajara • 12h00

Gols no 1º T • 1 × 0 Careca 15', 2 × 0 Josimar 41'
Gol no 2º T • 3 × 0 Careca 43'

BRASIL • ①Carlos, ⑬Josimar, ⑭Julio César, ④Edinho, ⑰Branco, ⑲Elzo, ⑥Junior, ⑮Alemão, ⑱Sócrates (⑩Zico 23' 2º T), ⑦Müller (⑧Casagrande 28' 1º T), ⑨Careca. **Técnico** Telê Santana

IRLANDA DO NORTE • ①Jennings, ②Nicholl, ③Donaghy, ④O'Neill, ⑤McDonald, ⑥McCreery, ⑧McIlroy, ⑮Campbell (⑭Armstrong 26' 2º T), ⑪Stewart, ⑩Whiteside (⑲Hamilton 23' 2º T), ⑰Clarke. **Técnico** Billy Bigham

Público estimado • 51.000

Juiz: Sigfried Kirschen (Alemanha Oriental)
Auxiliares: Courtney (Inglaterra) e Traore (Mali)

Cartão amarelo • 1º T Donaghy 12'

lugar ficou a Inglaterra, que fez 3 a 0 (todos os gols marcados por Lineker, o futuro artilheiro da Copa) na Polônia, também classificada como um dos melhores terceiros colocados.

Oitavas de final

Coube ao México enfrentar a Bulgária. Os mexicanos conseguiram marcar dois gols, um em cada tempo, e foram para as quartas de final. O jogo entre Bélgica e União Soviética teve sete gols (quatro no tempo normal, mais três na prorrogação). Por duas vezes os soviéticos deram a impressão de ter a vitória garantida, ao fazer 1 a 0 e 2 a 1. Em ambas a Bélgica conseguiu empatar, e na segunda levou o jogo para a prorrogação. Ao final de uma épica batalha de 120 minutos, a Bélgica chegou a 4 a 3 (2 a 1 na prorrogação) e eliminou a favorita União Soviética.

O combalido Uruguai – que não vinha bem na Copa – ofereceu uma feroz resistência à favorita Argentina. O jogo acabou sendo decidido numa rápida troca de passes do ataque argentino, aos 42 minutos do primeiro tempo, concluída por Pedro Pasculli. No jogo contra a Itália, a França fez 2 a 0, com Platini e Stopyra. Depois se poupou, porque seu próximo adversário seria o Brasil.

Foi um castigo a derrota do Marrocos para a Alemanha Ocidental, por 1 a 0: a dois minutos do fim, Lothar Matthäus bateu uma falta, quase 20 m distante da linha da grande área. De alguma maneira, a bola rasteira passou pela barreira e entrou no canto esquerdo do goleiro Badou.

Confiando no faro do artilheiro Gary Lineker, o técnico inglês Bobby Robson ordenou que seus jogadores cruzassem todas as bolas que pudessem para a área paraguaia. Aos 32 minutos, aproveitando um desses cruzamentos, Lineker fez 1 a 0 para a Inglaterra. Nos sessenta minutos seguintes, a Inglaterra marcou mais duas vezes, com Beardsley e Lineker – que fez o gol número 1.300 das Copas.

> No jogo Escócia 0 x 0 Uruguai, o volante uruguaio José Batista sofreu a **expulsão mais rápida da história das Copas**. Com 53 segundos de jogo, o juiz francês Joël Quinou o colocou para fora, após dar um rapa no escocês Gordon Strachan.

Almanaque dos Mundiais

Até hoje, os jogadores dinamarqueses estão tentando encontrar uma boa explicação para o que aconteceu nos 5 a 1 sofridos diante da Espanha. Bastaram noventa minutos para os dinamarqueses deixarem a Copa, arrasados por uma estonteante goleada. O primeiro tempo terminou empatado (1 a 1) e o segundo foi o jogo de um time só, a Espanha. Butragueño – que em três jogos não havia feito nenhum gol – naquele dia marcou quatro.

Brasil 4 x 0 Polônia

Uma falta de Wójcicki sobre Careca, aos 30 minutos, resultou num pênalti muito contestado pelos poloneses. Ao cobrar, Sócrates não tomou distância. Ficou parado junto à bola e, de pé direito, mandou-a no canto alto direito de Mlynarczyk – que pulou no canto esquerdo.

Mas o melhor viria no segundo tempo. Aos 9 minutos, o lateral Josimar passou por dois zagueiros e entrou na área polonesa, pela direita. Quase sem ângulo, Josimar desferiu um foguete que passou pelo goleiro e entrou no ângulo, do outro lado. Aos 33 minutos, Careca dominou a bola na entrada da área e tocou de calcanhar para Edinho, que entrava na corrida. Edinho armou o chute e travou a bola, deixando o goleiro e o zagueiro Wójcicki estatelados no chão. Com o gol aberto, Edinho tocou no cantinho direito.

OITAVAS DE FINAL

BRASIL 4   POLÔNIA 0

16 de junho de 1986 • Segunda-feira
Estádio Jalisco • Guadalajara • 12h00

Gol no 1º T • 1 × 0 Sócrates (pênalti) 30'
Gols no 2º T • 2 × 0 Josimar 9',
3 × 0 Edinho 33', 4 × 0 Careca (pênalti) 37'

BRASIL • ①Carlos, ⑬Josimar, ⑭Julio César, ④Edinho, ⑰Branco, ⑲Elzo, ⑥Junior, ⑮Alemão, ⑱Sócrates (⑩Zico 25' 2ºT), ⑦Müller (⑳Silas 29' 2ºT), ⑨Careca.
Técnico Telê Santana

POLÔNIA • ①Mlynarczyk, ②Przybys (㉒Furtok 15' 2ºT), ⑤Wójcicki, ④Ostrowski, ⑩Majewski, ⑦Tarasiewicz, ⑨Karas, ⑳Boniek, ㉑Dziekanowski, ⑧Urban (③Zmuda 39' 2ºT), ⑪Smolarek. **Técnico** Antoni Piechniczek

PÚBLICO ESTIMADO • 45.000

Juiz: Volker Roth (Alemanha Ocidental)
Auxiliares: Ramirez (México) e Snoddy (Irlanda do Norte)

CARTÕES AMARELOS • 1ºT Dziekanowski 13', Boniek 30', Smolarek 32', Careca 36' | 2ºT Edinho 38'

por Max Gehringer

Pouco antes do gol de Edinho, Zico havia entrado no lugar de Sócrates. E, aos 40 minutos, Zico sofreria o segundo pênalti da partida, depois de driblar o goleiro Mlynarczyk e ser derrubado por ele. Careca, de olho na artilharia, bateu. O goleiro espalmou, a bola tocou na trave direita, correu sobre a linha, bateu na trave esquerda e entrou. Ao final da partida, a torcida brasileira saiu do estádio cantando: "O papa é polonês, mas Deus é brasileiro".

França 1 x 1 Brasil

Brasil e França disputaram o melhor jogo da Copa de 1986. Tanto que o juiz não precisou mostrar nenhum cartão em 120 minutos de disputa. Aos 17 minutos, uma brilhante combinação de três toques, entre Müller, Junior e Careca, permitiu que Careca abrisse o marcador. A França empatou aos 41 minutos. Rocheteau escapou pela direita e cruzou. A bola desviou em Edinho, passou entre Carlos e Stopyra e sobrou para Platini, sozinho, quase junto à trave direita, completar para as redes. Era o primeiro gol que a defesa brasileira sofria na Copa, e seria também o único.

No segundo tempo, tanto Brasil quanto França poderiam ter desempatado. Oportunidades não faltaram. Zico substituiu Müller aos 28 minutos, e apenas dois minutos depois enfiou um passe preciso para Branco, que entrou sozinho na área e foi derrubado pelo goleiro Bats. Aos 33 anos, Zico sabia que aquela seria sua última chance de vencer uma Copa. Com confiança, Zico pegou a bola e a ajeitou na marca do pênalti. Mas, ao contrário de dezenas de pênaltis que cobrou com muita precisão na carreira, dessa vez Zico mandou a bola entre o meio do gol e a trave esquerda, e Bats, adivinhando o canto, saltou e defendeu. A decisão foi para a prorrogação e, depois, para os pênaltis.

Sócrates cobrou o primeiro tomando pouca distância e ensaiando uma paradinha. O goleiro Bats não se moveu e defendeu. Sto-

> As imagens da Copa, geradas pela **TV espanhola**, trariam duas novidades: a profusão de câmeras, captando os **lances de diversos ângulos**, e o **super close-up**, que permitia ver detalhes fora do alcance da visão do público.

pyra marcou o primeiro da França, Alemão empatou para o Brasil, Amoros fez França 2 a 1. Zico, dessa vez, acertou sua penalidade. Bellone chutou o terceiro pênalti no pé da trave esquerda. Se o goleiro Carlos tivesse ficado parado no meio do gol, a França teria desperdiçado a cobrança. Só que Carlos pulou e acertou o canto. E a bola, voltando da trave, tocou no ombro do goleiro e entrou. Os brasileiros comemoraram, achando que não valia. Mas valeu. A Fifa explicaria depois: o cobrador tem direito a um único toque na bola. A cobrança termina quando a bola entra ou não no gol, sendo ou não tocada pelo goleiro.

Branco voltou a igualar a série para o Brasil em 3 a 3, e, em seguida, Platini, que nunca errava, chutou pessimamente, quase 1 m acima do gol. Decisão empatada. Júlio César correu e encheu o pé, mandando a bola na trave direita. O chute foi tão forte que a bola saiu pela linha lateral do campo. A responsabilidade ficou então a cargo de Luis Fernandez, espanhol naturalizado francês. E Fernandez cobrou com uma calma inadequada à ocasião, mandando a bola no canto direito e classificando a França para as quartas de final. O Brasil deixava a Copa sem perder nenhum jogo e com a melhor defesa da competição.

QUARTAS DE FINAL

FRANÇA 1   BRASIL 1
(4 A 3 NOS PÊNALTIS)

21 de junho de 1986 • Sábado
Estádio Jalisco • Guadalajara • 12h00

GOLS NO 1ºT • 0 × 1 Careca 17', 1 × 1 Platini 41'

FRANÇA • ①Bats, ②Amoros, ④Battiston, ⑥Bossis, ⑧Tusseau, ⑭Tigana, ⑫Giresse (⑪Ferreri 39' 2ºT), ⑨Fernandez, ⑩Platini, ⑲Stopyra, ⑱Rocheteau (⑱Bellone 11' 1ºT prorrog.).
TÉCNICO Henri Michel

BRASIL • ①Carlos, ⑬Josimar, ⑭Julio César, ④Edinho, ⑰Branco, ⑲Elzo, ⑥Junior (⑳Silas, na prorrogação), ⑮Alemão, ⑯Sócrates, ⑦Müller (⑩Zico 28' 2ºT), ⑨Careca. TÉCNICO Telê Santana

PÚBLICO • 65.777

JUIZ: Ioan Igna (Romênia) | AUXILIARES Christov (Tchecoslováquia) e Nemeth (Hungria)

Quartas de final

O 0 a 0 entre México e Alemanha persistiu tanto no tempo normal quanto na prorrogação. Nos pênaltis, a concentração prevaleceu sobre o nervosismo. Littbarski acertou a quarta cobrança e liquidou a fatura em 4 a 1 a favor dos alemães, que estariam novamente nas semifinais.

Para os argentinos, foi no jogo das quartas contra a Inglaterra que Maradona deixou de ser um craque para se transformar em um mito. No escasso período de quatro minutos, ele marcou dois gols históricos. Aos 6 minutos do segundo tempo, o goleiro Peter Shilton saiu do gol e apenas Maradona correu na direção dele. Dada a diferença de altura a seu favor (1,83 metro contra 1,68), o goleiro só esticou a mão direita, praticamente sem tirar os pés do chão. Maradona saltou, encolhendo as pernas, e tocou a bola com o punho esquerdo fechado. A bola passou sobre Shilton e foi para o gol, mas, antes mesmo que ela chegasse ao fundo das redes, o locutor da BBC inglesa avisou: *"Looks like handball"* ("Parece que foi com a mão"). O juiz tunisiano Ali Bennaceur estava 4 m fora da área e bem de frente para a jogada. Maradona olhou de relance para o juiz e saiu vibrando, enquanto Shilton gritava, apontando para o próprio punho. Vários jogadores ingleses cercaram o árbitro, enquanto outros correram na direção do bandeirinha búlgaro Dotchev. Mas as reclamações foram em vão e o gol foi validado.

O segundo gol aconteceu quatro minutos depois (e com pouco mais de um minuto de bola rolando após o primeiro gol, já que o jogo ficara parado por quase três minutos). Com um rápido giro de corpo, Maradona, ainda 5 m dentro do campo argentino, se livrou de Reid e de Beardsley, desviou para a esquerda e viu o corredor aberto à sua frente. Na corrida, já na intermediária inglesa, Maradona driblou Butcher. Na entrada da área, em alta velocidade, passou por Fenwick. Perto da pequena área, cortou o goleiro Shilton.

> O Brasil também adotaria seu personagem símbolo em 1986: **Araken, o Showman**. Criado pela Rede Globo, Araken – encarnado pelo ator José Antônio de Barros Freire – **transmitia um otimismo incurável**. Ao contrário de seu antecessor de 1982 – Pacheco, da Gillette –, Araken resistiria ao fracasso brasileiro na Copa **e ficaria no ar até 1994**.

Butcher, que acompanhava o lance, ainda tentou o carrinho por trás, no exato momento em que Maradona tocava a bola para o gol com o pé esquerdo. Do primeiro ao último toque, o lance durou apenas dez segundos e nove décimos, tempo que Maradona levou para percorrer 60 m. Um mês depois da Copa, Maradona finalmente admitiu que havia mesmo usado a mão para marcar o primeiro gol, mas à sua maneira, explicando que tinha usado a cabeça e a mão de Deus. A segunda parte da frase se transformaria no apelido do gol: "La mano de Diós". De tanto martelar, a Inglaterra diminuiu para 2 a 1 aos 36 minutos, com Lineker, que, de cabeça, marcou seu sexto na Copa.

Contra a embalada Espanha, os belgas foram para o intervalo vencendo por 1 a 0. Os espanhóis só empataram a cinco minutos do final, e novamente os penais decidiriam quem ficaria e quem se despediria. Os belgas acertaram todos. A Espanha aproveitou quatro e desperdiçou um – o segundo da série, com Jose Eloy –, mais uma vez cumprindo sua sina de se despedir prematuramente de uma Copa.

Semifinais

Como já havia acontecido em 1982, novamente em 1986 a Alemanha tirou nas semifinais a França, que não jogou nem a metade do futebol que havia jogado contra o Brasil. Com a vitória por 2 a 0, a Alemanha chegava a uma final de Copa do Mundo pela quarta vez (e, em três delas, incluindo a de 1986, contrariando as expectativas da crônica especializada).

Na outra semifinal, entre Argentina e Bélgica, de novo Maradona decidiu o jogo no segundo tempo, marcando dois gols num curto intervalo de onze minutos. Aos 7 minutos, ele deixou quatro belgas para trás e tocou na saída de Pfaff, abrindo o marcador. Onze minutos depois, Maradona fez também o segundo gol. Para a Bélgica, a disputa do terceiro

> A nostalgia de 1970 ainda batia forte em 1986. Por isso, a CBF solicitou, e a Fifa assentiu, que **o Brasil ficasse novamente sediado em Guadalajara**. A concentração ficava a 24 km da cidade – a Villa Primavera, área turística cujo maior atrativo é um **vulcão ainda ativo**.

por Max Gehringer

1986

lugar (na qual acabou perdendo para o time misto da França, na prorrogação, por 4 a 2, após empate por 2 a 2 no tempo normal) estava de bom tamanho. A Argentina iria disputar sua terceira final de Copa.

A final

A Argentina era a favorita, porque tinha Maradona. Para a Alemanha, sobravam o método, a disciplina e a determinação. Aos 22 minutos, o goleiro Schumacher saiu para cortar o cruzamento de Burruchaga em uma cobrança de falta, mas errou o tempo da bola e ficou no meio do caminho. Atrás dele, o zagueiro Brown subiu sozinho e testou para as redes.

No segundo tempo, aos 11 minutos, Enrique conseguiu enfiar um passe perfeito para Valdano, que correu livre até a área e tocou rasteiro na saída de Schumacher. Vencendo por 2 a 0, e com mais de meia hora de jogo pela frente, os jogadores argentinos começaram a se preocupar mais com o relógio do estádio do que com a Alemanha. Mas aos 28 minutos Rummenigge, de carrinho, diminuiu para 2 a 1. E aos 36 minutos a Alemanha empatou, com Völler tocando a bola de testa entre as mãos espalmadas do goleiro Pumpido.

A FINAL
ARGENTINA 3   ALEMANHA OCIDENTAL 2

29 de junho de 1986 • Domingo
Estádio Azteca • Cidade do México • 12h00

Gol no 1ºT • 1 × 0 Brown 22'
Gols no 2ºT • 2 × 0 Valdano 11', 2 × 1 Rummenigge 28', 2 × 2 Völler 36', 3 × 2 Burruchaga 39'

ARGENTINA • ⑱Pumpido, ⑤Brown, ⑨Cuciuffo, ⑲Ruggeri, ⑯Olarticoechea, ⑭Giusti, ②Batista, ⑫Enrique, ⑩Maradona, ⑦Burruchaga (㉑Trobbiani 45' 2ºT), ⑪Valdano.
Técnico Carlos Bilardo

ALEMANHA OCIDENTAL • ①Schumacher, ②Briegel, ③Brehme, ⑰Jakobs, ④Karlheinz Förster, ⑥Eder, ⑭Berthold, ⑧Matthäus, ⑩Magath (⑳Hoeness 18' 2ºT), ⑪Rummenigge, ⑲Allofs (⑨Völler, no intervalo).
Técnico Franz Beckenbauer

PÚBLICO ESTIMADO: 114.600

Juiz: Romualdo Arppi Filho (Brasil)
Auxiliares Morera (Costa Rica) e Fredriksson (Suécia)

CARTÕES AMARELOS • 1ºT Maradona 17', Matthäus 21' | 2ºT Briegel 17', Olarticoechea 32', Enrique 35', Pumpido 40'

Almanaque dos Mundiais

Até que, aos 39 minutos, Maradona, do círculo central, entre três alemães e com apenas um toque, enfiou um lançamento preciso para Burruchaga, que correu por 25 m e, de pé

OS 12 CAMPEÕES DE 1986

- ⑱ Nery Alberto **Pumpido**, goleiro do River Plate, 29 anos (30/7/1957)
- ⑤ Jose Luis **Brown**, zagueiro do Boca Juniors, 29 anos (10/11/1956)
- ⑨ Jose Luis **Cuciuffo**, zagueiro do Velez Sarsfield, 25 anos (1/2/1961 – 11/12/2004)
- ⑲ Oscar Alfredo **Ruggeri**, zagueiro do River Plate, 24 anos (26/1/1962)
- ⑯ Julio Jorge **Olarticoechea**, zagueiro do Boca Juniors, 27 anos (18/10/1958)
- ⑭ Ricardo Omar **Giusti**, meio-campo do Independiente, 29 anos (11/12/1956)
- ② Sergio Daniel **Batista**, meio-campo do Argentinos Juniors (9/11/1962)
- ⑫ Héctor Adolfo **Enrique**, meio-campo do River Plate, 24 anos (26/4/1962)
- ⑩ Diego Armando **Maradona**, meio-campo do Napoli, da Itália, 25 anos (30/10/1960)
- ⑦ Jorge Luis **Burruchaga**, atacante do FC Nantes, da França, 23 anos (9/10/1962)
- ㉑ Marcelo Antônio **Trobbiani**, meio-campo do Elche, da Espanha, 31 anos (17/2/1955)
- ⑪ Jorge Alberto Francisco **Valdano** Castellanos, atacante do Real Madrid, 30 anos (4/10/1955)
- Ⓣ Carlos Salvador **Bilardo**, ténico, 47 anos (16/3/1939)

OS OUTROS 10 CAMPEÕES

- ⑮ Luis Alberto **Islas**, goleiro do Estudiantes, 20 anos
- ㉒ Héctor Miguel **Zelada**, goleiro do América do México, 29 anos
- ⑥ Daniel Alberto **Passarella**, zagueiro da Fiorentina, da Itália, 33 anos
- ⑧ Néstor **Clausen**, zagueiro do Independiente, 23 anos
- ⑬ Oscar Alfredo **Garré**, zagueiro do Ferro Carril Oeste, 29 anos
- ③ Ricardo Enrique **Bochini**, meio-campo do Independiente, 32 anos
- ⑳ Carlos Daniel **Tapia**, meio-campo do Boca Juniors, 23 anos
- ① Sergio Omar **Almiron**, atacante do Newell's Old Boys, 28 anos
- ④ Claudio Daniel **Borghi**, atacante do Argentinos Juniors, 21 anos
- ⑰ Pedro Pablo **Pasculli**, atacante do Lecce, da Itália, 26 anos

por Max Gehringer

direito, cutucou por baixo de Schumacher. A Argentina era campeã mundial. Dez minutos depois do apito final, nas tribunas do Estádio Azteca, Maradona receberia a Copa Fifa das mãos do presidente do México, Miguel de la Madrid.

O fim do ciclo

A "geração de 82" também se despediu da Seleção quando a França eliminou o Brasil da Copa do México. Zico, Sócrates, Falcão, Cerezo e Junior não seriam mais convocados para partidas oficiais. Os quatro anos seguintes foram mais de dúvidas que de certezas para o futebol brasileiro. Na Copa de 1990, na Itália, o Brasil se veria às voltas com duas novidades: o "lazaronês", idioma falado pelo impagável técnico Sebastião Lazaroni, e a primeira Seleção da história que foi para uma Copa abdicando do talento individual em favor do esquema tático. Um período de vacas magras, que ficaria conhecido como "a era Dunga".

> Das 24 equipes participantes da Copa, o Canadá era a que tinha a pior cotação nas casas de apostas de Londres (mil por um). Além disso, **o Canadá era o único país sem torcedores na Copa**. Nem os familiares dos jogadores se animaram a ir ao México.

1990

A Copa mais fraquinha da história

Almanaque dos Mundiais

Uma Copa à italiana

Em 19 de maio de 1984, o Comitê Executivo da Fifa se reuniu em Zurique e concedeu à Itália o direito de organizar sua segunda Copa (a primeira havia sido a de 1934). Os outros postulantes foram França, Alemanha, Inglaterra, Grécia, Iugoslávia e União Soviética. Seis anos antes, em 1978, os soviéticos foram os primeiros a se candidatar. Itália, França, Alemanha e Inglaterra já haviam organizado Copas e Grécia e Iugoslávia não pareciam dispor de cacife suficiente.

Em 1979, a União Soviética invadiu o Afeganistão. No ano seguinte, 64 países do bloco capitalista deixaram de participar dos Jogos Olímpicos de Moscou. O movimento, organizado e liderado pelos Estados Unidos, tinha o propósito de servir como uma condenação pública aos soviéticos no caso afegão. Em represália, a maior parte dos países do bloco socialista decidiu – por imposição direta de Moscou – ficar fora dos Jogos Olímpicos de 1984, que seriam disputados em Los Angeles. Na visão das democracias ocidentais, o boicote à festa olímpica de Moscou fazia todo o sentido, mas a retribuição soviética na mesma moeda não fazia.

A data em que a Fifa se reuniu para escolher a sede da Copa de 1990 não poderia ter sido menos propícia para as pretensões soviéticas. O anúncio oficial de que Moscou melaria os Jogos Olímpicos de 1984 foi feito em 8 de maio, apenas dez dias antes da votação da Fifa. A essa altura, franceses, ingleses, alemães e gregos já tinham aberto mão de suas candidaturas para apoiar a Itália. Votaram dezesseis membros do Comitê Executivo da Fifa (majoritariamente composto de democratas europeus) e o resultado foi o esperado – os italianos receberam onze votos e os soviéticos cinco.

Seleção Brasileira: começar de novo

Como sempre acontece quando o Brasil não vence uma Copa, a palavra de ordem adotada pela CBF depois de 1986 foi "renovação". Para tanto, foi guindado à Seleção um técnico renovador: o mineiro Carlos Alberto Silva, que assumiu em março de 1987 e levou a sério o pedido da CBF para renovar a Seleção. Um ano e meio depois, em outubro de 1988, apenas Müller, Careca e Branco continuavam na equipe. Durante os quinze meses em que esteve no cargo, Carlos Alberto promoveu estreias como as de Romário e Dunga na Seleção principal.

Lazaroni

A essa altura, porém, um novo treinador vinha encantando o Rio de Janeiro – Sebastião Barroso Lazaroni, 38 anos, mineiro de Muriaé, que saltara de preparador físico do Flamengo para técnico do time em 1985. O folclórico Lazaroni falava um idioma próprio e cheio de filigranas, o "lazaronês", que quase ninguém entendia ("galgar parâmetros", "interação sinérgica", "lastro físico"). Mas tinha sido tricampeão carioca (pelo Flamengo em 1986 e pelo Vasco em 1987/88), adotando uma grande "revolução tática" – a introdução do líbero, figura até então praticamente desconhecida em campos brasileiros.

O BRASIL EM 1990

» A inflação anual foi de 1.476,7%. O dólar começou o ano cotado a 11,36 cruzados novos e terminou a 170,06 cruzeiros. O salário mínimo teve um feérico reajuste de mais de 4.000%, mas mesmo assim terminou o ano valendo irrisórios 52 dólares (8.836,82 cruzeiros).

» As três músicas brasileiras mais tocadas nas rádios em 1990: "Evidências", com Chitãozinho e Xororó; "Prefixo de verão", com Banda Mel; e "Pense em mim", com Leandro e Leonardo.

» Eleito em 1989, no primeiro pleito direto para a Presidência da República desde 1960, o carioca Fernando Affonso Collor de Mello, 40 anos, radicado em Maceió desde 1972, tomou posse em 15 de março. No dia seguinte, instituiu o Plano Collor (oficialmente, "Plano Brasil Novo"), que congelou 80% da poupança dos brasileiros. Era a "única bala na agulha", segundo Collor, para conter a inflação mensal – que havia batido nos 84%. O Brasil disputaria a Copa de 1990 no ápice da turbulência provocada pelo Plano, confusamente esclarecido pela ministra Zélia na TV, numa transmissão que durou mais de quatro horas e mergulhou o país em absoluta perplexidade. Em 1992, o Congresso votaria o afastamento de Collor (o *impeachment*, que na época rendeu o neologismo "impichar").

Almanaque dos Mundiais

Em janeiro de 1989, Ricardo Terra Teixeira, genro de João Havelange, assumiu a presidência da CBF. Teixeira mudou boa parte da diretoria e nomeou o vascaíno Eurico Miranda como diretor de futebol. Ricardo Teixeira mostrava preferência por Carlos Alberto Parreira para ser o técnico da Seleção, mas Parreira não conseguiu (ou nem tentou) se livrar de um vantajoso contrato que havia assinado para dirigir a Seleção da Arábia Saudita. Eurico então optou por seu preferido: Sebastião Lazaroni – que, naquele momento, também estava na Arábia Saudita, dirigindo o Ah-Ahli.

Copa América e Eliminatórias

Durante quarenta anos, o Brasil ficou observando seus vizinhos levarem para casa a Copa América, o principal troféu sul-americano de seleções. A última conquista brasileira havia sido em 1949, no Rio, quando o campeonato ainda se chamava Sul-Americano. Em 1989, já rebatizado de "Copa América", o troféu voltou a ser disputado no Brasil. Um fracasso, ninguém duvidava, implicaria a queda de Lazaroni. Mas o Brasil foi campeão, derrotando o Uruguai por 1 a 0, no Maracanã, num dia cabalístico: 16 de julho de 1989, o 49º aniversário da perda da Taça Jules Rimet, no mesmo estádio e para os mesmos uruguaios. E Lazaroni conquistou uma renovada legião de admiradores.

Nas Eliminatórias, o Brasil estava no Grupo 3, ao lado de Chile e Venezuela. Como era de esperar, os venezuelanos não foram páreo para chilenos e brasileiros. A vaga para a Copa acabou sendo decidida no Rio de Janeiro e produziu uma cena memorável.

Com melhor saldo de gols, o Brasil precisava apenas de um empate para ir à Copa. O Chile precisava vencer. O Brasil já ganhava por 1 a 0, gol de Careca, quando, aos 24 minutos do segundo tempo, um foguete sinalizador, usado na navegação, foi lançado das gerais do Maracanã para a área do Chile. Imediatamente, o goleiro chileno Roberto Ro-

> Em 1990, **a população mundial ultrapassou a casa dos 5 bilhões**. Quando a primeira Copa foi disputada, em 1930, ela era de pouco menos de 2 bilhões.

por Max Gehringer

jas desabou no chão, envolvido pela fumaça. A autora do disparo foi imediatamente identificada e presa em flagrante: Rosenery Mello do Nascimento Barcelos da Silva, 24 anos, casada e mãe de um filho de 10 meses. Os jogadores do Chile carregaram Rojas, desacordado e com o rosto coberto de sangue, para o vestiário. E não voltaram mais para o campo.

A SELEÇÃO BRASILEIRA

① Claudio André Mergen **Taffarel**, goleiro do Internacional, 24 anos (8/5/1966)
⑫ **Acácio** Cordeiro Barreto, goleiro do Vasco, 31 anos (20/1/1959)
㉒ **Zé Carlos** (José Carlos da Costa Araújo), goleiro do Flamengo, 28 anos (7/2/1962 - 24/7/2009)
② **Jorginho** (Jorge de Amorim de Oliveira Campos), lateral do Bayer Leverkusen, 25 anos (17/8/1964)
③ **Ricardo Gomes** Raymundo, zagueiro do Benfica, 25 anos (13/12/1964)
⑥ **Branco** (Cláudio Ibrahim Vaz Leal), lateral do Porto, 26 anos (4/4/1964)
⑬ José Carlos Nepomuceno **Mozer**, zagueiro do Olympique de Marselha, 29 anos (19/9/1960)
⑭ **Aldair** Nascimento dos Santos, zagueiro do Benfica, 24 anos (30/11/1965)
⑲ **Ricardo** Roberto Barreto **Rocha**, zagueiro do São Paulo, 27 anos (11/9/1962)
㉑ **Mauro** Geraldo **Galvão**, zagueiro do Botafogo, 28 anos (19/12/1961)
④ **Dunga** (Carlos Caetano Bledorn Verri), volante da Fiorentina, 26 anos (31/10/1963)
⑤ **Alemão** (Ricardo Rogério de Brito), armador do Napoli, 28 anos (22/11/1961)
⑦ **Bismarck** Barreto Faria, ponta armador do Vasco, 20 anos (11/9/1969)
⑧ **Valdo** Cândido Filho, armador do Benfica, 26 anos (12/1/1964)
⑩ Paulo **Silas** do Prado Pereira, armador do Sporting Lisboa, 24 anos (27/8/1965)
⑱ **Mazinho** (Iomar do Nascimento), volante do Vasco, 24 anos (8/4/1966)
⑨ **Careca** (Antonio de Oliveira Filho), atacante do Napoli, 29 anos (5/10/1960)
⑪ **Romário** de Souza Faria, atacante do PSV Eindhoven, 24 anos (29/1/1966)
⑮ **Müller** (Luiz Antonio Correia da Costa), atacante do Torino, 24 anos (31/1/1966)
⑯ **Bebeto** (José Roberto Gama de Oliveira), atacante do Vasco, 26 anos (16/2/1964)
⑰ **Renato** Portaluppi, atacante do Flamengo, 27 anos (9/9/1962)
⑳ **Tita** (Milton Queiroz da Paixão), atacante do Vasco, 32 anos (1/4/1958)

Almanaque dos Mundiais

O juiz argentino Juan Lostau aguardou vinte minutos e decretou a suspensão do jogo.

Três semanas depois, o Comitê Disciplinar da Fifa se reuniu em Zurique para julgar o caso. Fotos e depoimentos de repórteres estrangeiros comprovavam que o foguete não havia atingido Rojas. Para piorar, a imagem da câmera de TV por trás do gol mostrava o goleiro tirando algo de dentro da luva e passando na testa. Para complicar a situação chilena, Rojas se recusava a ir até Zurique para depor perante o Comitê da Fifa. Pressionado, dois dias antes do julgamento Rojas finalmente confessou: havia se cortado com uma lâmina de barbear, que levara escondida na luva. A Fifa concedeu a vitória ao Brasil por 2 a 0 e puniu severamente os chilenos. Rojas foi banido do futebol. Além disso, a Fifa suspendeu o Chile de competições internacionais por quatro anos – o que tirou os chilenos não apenas da Copa de 1990, mas também da de 1994, já que a

OS ESTÁDIOS

ESTÁDIO	CIDADE	CAPACIDADE	INAUGURAÇÃO	JOGOS
Giuseppe Meazza	Milão	75.000	1926	6
Olímpico	Roma	73.000	1937	6
Delle Alpi	Turim	62.000	1990	5
San Paolo	Nápoles	60.000	1959	5
San Nicola	Bari	52.000	1990	5
Sant'Elia	Cagliari	39.900	1970	3
Comunale	Florença	36.000	1931	4
Marc'Antonio Bentegodi	Verona	36.000	1963	4
Friuli	Udine	35.000	1976	3
La Favorita	Palermo	35.000	1932	3
Luigi Ferraris	Gênova	35.000	1911	4
Renato Dall'Ara	Bolonha	34.000	1927	4

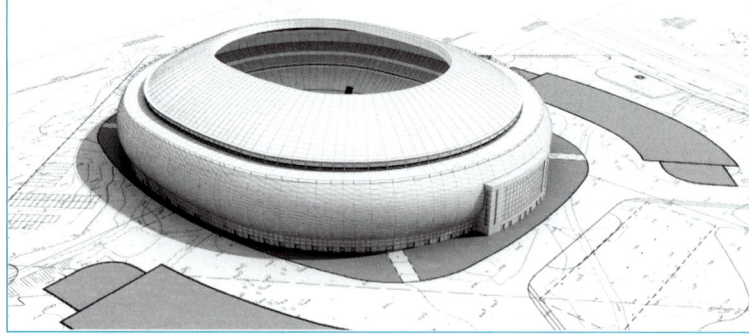

por Max Gehringer

suspensão abrangia o período das próximas Eliminatórias, em 1993. Rojas foi execrado no Chile e tornou-se treinador de goleiros do São Paulo (clube pelo qual já atuava em 1989). Apenas em 2001, já com 43 anos, seria anistiado pela Fifa.

A desconcentração

A Seleção ficou concentrada durante uma semana na cidade italiana de Gubbio (inaugurando o hotel local, o Cappuccini) e depois foi para Asti, na região do Piemonte (cuja capital é Turim). Uma interminável procissão de empresários e cartolas, com credenciais ou sem, desfilava diariamente pelo hotel. Os jogadores, por conta própria ou insuflados pelos visitantes, passaram a se preocupar com seus bolsos. Ao mesmo tempo, os dirigentes dos clubes tentavam convencer Lazaroni a escalar jogadores que ainda estavam no Brasil, para que eles se valorizassem. Como resultado, a concentração em Asti serviu mais para desconcentrar que para concentrar. Em 28 de maio, na cidade de Terni, no último amistoso preparatório antes da Copa, contra um combinado da região da Úmbria (cuja principal cidade é Perúgia), formado por jogadores da terceira e quarta divisões do futebol italiano, o Brasil foi derrotado por 1 a 0.

O sorteio dos grupos

Pela primeira vez, uma multidão pôde acompanhar, de corpo presente, o sorteio dos grupos para a fase final de uma Copa. No dia 9 de dezembro de 1989, no Palácio dos Esportes, em Roma, 12 mil convidados viram um show que durou cinquenta minutos. E que começou com a interpretação da música oficial da Copa, cantada por Luciano Pavarotti, Edoardo Bennato, Gianna Nannini e pela atriz Sophia Loren, 55 anos (até aquela noite, quase ninguém sabia que Sophia era capaz de cantar).

> Apelidada de **"Rose, a fogueteira"**, a torcedora que **criou a confusão no jogo contra o Chile**, no Maracanã, ganhou notoriedade nacional. Em novembro de 1989, **posou nua para a revista *Playboy***, pelo equivalente a 40 mil dólares. Um ano depois, já havia retornado ao anonimato.

Almanaque dos Mundiais

Como cabeças de chave, foram designados Brasil, Itália, Argentina, Alemanha, Inglaterra e Bélgica. Por que a Bélgica? Pelo quarto lugar conquistado na Copa de 1986 (a terceira colocada, a França, não conseguiu se classificar para 1990). Na primeira fase, foram formados seis grupos, cada um com quatro equipes. Os dois primeiros de cada grupo passariam para as oitavas de final. A esses doze se juntariam os quatro melhores terceiros colocados.

> A mascote da Copa foi um boneco cujo corpo era formado por 23 cubos com as cores da bandeira italiana – verde, vermelho e branco. A cabeça era uma bola de futebol. **Ciao foi a primeira mascote criada e animada por computação**.

Grupo A » Itália, Tchecoslováquia, Áustria e Estados Unidos

Aos 30 minutos do segundo tempo do jogo de estreia da anfitriã Itália, contra a Áustria, o técnico Azeglio Vicini substituiu o inoperante Carnevale, do Napoli, por Salvatore "Totó" Schillaci. E acabou descobrindo um ídolo. Apenas três minutos após Schillaci ter entrado, e de praticamente não ter tocado na bola, testou a bola para as redes austríacas. A Itália saía de campo com uma vitória conseguida na bacia das almas e Schillaci de repente virou o xodó da torcida italiana. No outro jogo do grupo, a Tchecoslováquia goleou os Estados Unidos por 5 a 1.

Na segunda rodada, o papa João Paulo II adiantou o horário da tradicional procissão de Corpus Christi para que os fiéis pudessem assistir ao jogo entre Itália e Estados Unidos. Ao fim de dez minutos de pressão, o meia Giannini, da Roma, fez 1 a 0 para a Itália, aos 11 minutos. E ficou nisso, resultado que garantiu antecipadamente a classificação italiana para as oitavas. A outra classificada era a Tchecoslováquia, que também fez 1 a 0 na Áustria.

Na última rodada, os austríacos não foram além de uma magra vitória por 2 a 1 sobre os Estados Unidos, insuficiente para continuar na Copa. O último jogo do grupo, entre as já classificadas Itália e Tchecoslováquia, serviu apenas para definir a primeira colocação. Que ficou com os italianos, vencedores por 2 a 0.

por Max Gehringer

Grupo B » Argentina, Camarões, Romênia e União Soviética

A Argentina parecia acreditar que, assim como acontecera em 1986, a simples presença de Maradona faria a diferença. E Maradona acabara de mostrar isso na prática, apenas quinze dias antes da Copa. Com ele, o Napoli havia conquistado o segundo *scudetto* de campeão italiano, na temporada 1989-90. Camarões, na opinião geral, seria um dos coadjuvantes da Copa. Mas no jogo de abertura Camarões surpreendeu a atual campeã Argentina, vencendo por 1 a 0. No outro jogo do grupo, a Romênia estreou fazendo 2 a 0 na União Soviética, vice-campeã europeia em 1988.

Argentinos e soviéticos, ambos inesperadamente derrotados na primeira rodada, entraram em campo para se enfrentar como se estivessem começando a Copa. Aos 11 minutos, o goleiro argentino Pumpido chocou-se com seu próprio companheiro Olarticoechea, quebrando a tíbia e o perônio. Enquanto o goleiro era removido para o hospital, entrou no gol argentino Sergio Goycochea, 26 anos, que se transformaria em um dos destaques daquela Copa. Deu Argentina, 2 a 0.

No jogo de menor plateia da Copa (na estimativa dos jornalistas presentes havia entre 20 e 25 mil pessoas no estádio, embora o site da Fifa ateste o público de 38.687 pagantes, número de ingressos vendidos), Camarões derrotou a Romênia por 2 a 1. Roger Milla, que havia disputado a Copa de 1982 e se aposentado em 1988, retornou à Seleção de Camarões para disputar a Copa de 1990 graças a um convite pessoal do presidente camaronês Paul Biya. Contra a Romênia, aos 38 anos, Milla entrou em campo aos 16 minutos do segundo tempo e jogou meia hora, tempo suficiente para transformar um jogo amarrado e indefinido na segunda vitória camaronesa. Com a vitória, Camarões chegou aos 4 pontos e garantiu a classificação para as oitavas.

> O cartaz da Copa - de **autoria do médico e pintor Alberto Burri**, então com 75 anos - mostrava uma vista aérea do **Coliseu de Roma, em tons de cinza, contrastando com um verde campo de futebol**, que ocupava a arena em que antigamente os gladiadores se esfalfavam.

Diante de Camarões, os soviéticos fizeram sua parte, conseguindo exatamente a diferença de que precisavam: quatro gols, na vitória por 4 a 0. A vitória soviética, porém, acabou não influindo no resultado do Grupo B, porque em Nápoles o empate por 1 a 1 classificou tanto a Argentina quanto a Romênia.

Grupo C » Brasil, Costa Rica, Escócia e Suécia
Brasil 2 x 1 Suécia
Ao final da partida de estreia do Brasil, contra a Suécia, o único jogador que mereceu elogios da imprensa foi Careca, autor dos dois gols. No primeiro tempo, aos 40 minutos, Careca recebeu um lançamento de Branco, driblou Ravelli, tocou para o gol e foi dançar uma lambada junto à bandeirinha de escanteio. No segundo gol, aos 18 minutos do segundo tempo, Müller e Careca repetiram uma jogada que haviam feito dezenas de vezes no São Paulo: o cruzamento de Müller da linha de fundo e o posicionamento perfeito de Careca para concluir para as redes.

O esquema defensivo do Brasil deu o primeiro sinal de vazamento aos 34 minutos do segundo tempo. O sueco Brolin recebeu na meia-lua, de costas para o gol, girou sobre Ricardo Gomes e se viu sozinho na frente de Taffarel. Teoricamente, o líbero Mauro Galvão deveria estar exatamente ali, na cobertura de Ricardo Gomes. Mas não estava, e Bro-

OS JOGOS DO BRASIL

BRASIL 2   SUÉCIA 1
10 de junho de 1990 • Domingo
Stadio Delle Alpi • Turim • 21h00

Gol no 1ºT • 1 × 0 Careca 40'
Gols no 2ºT • 2 × 0 Careca 18', 2 × 1 Brolin 34'

BRASIL • ①Taffarel, ㉑Mauro Galvão, ②Jorginho, ③Ricardo Gomes, ⑬Mozer, ⑥Branco, ④Dunga, ⑤Alemão, ⑧Valdo (⑩Silas 37' 2ºT), ⑮Müller, ⑨Careca. **Técnico** Sebastião Lazaroni

SUÉCIA • ①Ravelli, ④Larsson, ⑤Ljung (⑮Strömberg 25' 2ºT), ⑥Roland Nilsson, ⑧Schwarz, ⑩Ingesson, ⑬Limpar, ⑭Joakim Nilsson, ⑯Thern, ⑰Brolin, ⑳Magnusson (㉑Pettersson, no intervalo). **Técnico** Olle Nordin

Público • 62.628

Juiz: Tullio Lanese (Itália)
Auxiliares Vautrot (França) e Jouini (Tunísia)

Cartões amarelos • 1ºT Mozer 38' | 2ºT Branco 15', Joakim Nilsson 38', Dunga 43'

por Max Gehringer

1990

lin concluiu tranquilamente para o gol. Se o Brasil passou pela Suécia, a Costa Rica do técnico iugoslavo Bora Milutinovic surpreendeu a Escócia: 1 a 0. Nas arquibancadas, dois ilustres escoceses – o cantor Rod Stewart e o ator Sean Connery – não acreditavam no que tinham acabado de testemunhar.

Brasil 1 x 0 Costa Rica

O Brasil fez o suficiente para ganhar por 1 a 0. O gol saiu aos 33 minutos do primeiro tempo, numa bola alta. Jorginho cobrou um lateral para dentro da grande área e a defesa da Costa Rica rebateu mal. Da meia-direita, Müller acertou um voleio sem muita força, mas a bola resvalou no zagueiro Montero e entrou no cantinho direito do goleiro Conejo. Inicialmente, a autoria do gol foi dada a Montero, contra. Dois dias depois, a Comissão Organizadora concedeu o gol a Müller, atendendo a um pedido oficial da CBF. No jogo dos desesperados, a Escócia conseguiu vencer a Suécia por 2 a 1. Aos 41 minutos do segundo tempo, Strömberg marcou o gol sueco – o de número 1.400 da história das Copas.

Brasil 1 x 0 Escócia

A partida contra os escoceses marcou a estreia de Romário em Copas. Recuperado – mas não totalmente – da contusão sofrida três meses antes, Romário entrou no lugar de Müller. Aos 33 minutos do segundo tempo, Alemão chutou de fora da área, da meia-es-

BRASIL 1   COSTA RICA 0

16 de junho de 1990 • Sábado
Stadio Delle Alpi • Turim • 17h00

Gol no 1ºT • Müller 33'

BRASIL • ①Taffarel, ㉑Mauro Galvão, ②Jorginho, ③Ricardo Gomes, ⑬Mozer, ⑥Branco, ④Dunga, ⑤Alemão, ⑧Valdo (⑩Silas 42' 2ºT), ⑮Müller, ⑨Careca (⑯Bebeto 39' 2ºT).
Técnico Sebastião Lazaroni

COSTA RICA • ①Conejo, ③Flores, ④González, ⑥Chavez, ⑲Marchena, ⑳Montero, ⑧Chavarría, ⑩Ramirez, ⑫Gómez, ⑭Cayasso (⑨Guimarães 33' 2ºT), ⑪Jara (⑦Myers 26' 2ºT). Técnico Bora Milutinovic

Público • 58.007

Juiz: Naji Jouini (Tunísia) | Auxiliares: Adbulrahman (Bahrein) e Diramba (Gabão)

Cartões Amarelos • 1ºT Jara 16' | 2ºT Gómez 14', Jorginho 43', Mozer 46'

querda. Leighton caiu certo e abafou a bola, mas ela escapou de suas mãos. Pelo meio, chegaram Careca e Gillespie. Pressionado, Careca tocou na bola, mas errou a direção. Ela ia saindo mansinha pela linha de fundo quando Müller (que havia entrado no lugar de Romário onze minutos antes) apareceu correndo pela direita e, junto à trave, completou para as redes. A Escócia foi eliminada de sua sexta Copa (e sem nunca ter conseguido passar da primeira fase). Com 100% de aproveitamento, o Brasil se classificou como campeão do Grupo C, mas ainda sem convencer. O segundo lugar ficou com a Costa Rica, que surpreendeu outra vez ao fazer 2 a 1 na Suécia, de virada. Os suecos estavam fora da Copa.

Grupo D » **Alemanha, Iugoslávia, Colômbia e Emirados Árabes**

O técnico Carlos Alberto Parreira, brasileiro a serviço dos Emirados Árabes, não tinha ilusões na Copa. Apesar disso, a estreia não foi nenhum desastre: uma derrota de apenas 2 a 0 para a Colômbia. Já a Alemanha goleou a Iugoslávia por 4 a 1, em sua melhor estreia em Copas.

No jogo seguinte, na vitória por 1 a 0 sobre a Colômbia, a Iugoslávia nem parecia a mesma que tinha sido humilhada pela Alemanha. Contra os Emirados Árabes, os alemães deitaram e rolaram, classificando-se com uma rodada de antecipação com outra goleada, por 5 a 1.

BRASIL 1 ESCÓCIA 0

20 de junho de 1990 • Quarta-feira
Stadio Delle Alpi • Turim • 21h00

Gol no 2ºT • Müller 37'

BRASIL • ①Taffarel, ㉑Mauro Galvão, ②Jorginho, ③Ricardo Gomes, ⑲Ricardo Rocha, ⑥Branco, ④Dunga, ⑤Alemão, ⑧Valdo, ⑨Careca, ⑪Romário (⑮Müller 21' 2ºT). **Técnico** Sebastião Lazaroni

ESCÓCIA • ①Leighton, ②McLeish, ⑰McKimmie, ⑥Malpas, ⑲McPherson, ③Aitken, ⑤McStay, ⑩McLeod (⑪Gillespie 39' 1ºT), ⑯McCall, ⑦Johnston, ⑨McCoist (㉑Fleck 34' 2ºT). **Técnico** Andy Roxburgh

Público • 62.502

Juiz: Helmut Kohl (Áustria) | **Auxiliares:** Kirschen (Alemanha Oriental) e Listkiewicz (Polônia)

Cartões amarelos • 1ºT Johnston 5', McLeod 8'

Na última rodada, a Iugoslávia goleou os Emirados Árabes por 4 a 1, passando para as oitavas como a segunda colocada do Grupo D. Para a Alemanha, um empate diante da Colômbia seria suficiente para garantir o primeiro lugar do Grupo. Para a Colômbia, um empate também bastava – com 3 pontos, conseguiria a classificação como um dos quatro melhores terceiros colocados. O empate, por 1 a 1, realmente aconteceu, mas de modo dramático, com os dois gols saindo nos últimos minutos. Aos 43 minutos, Littbarski fez Alemanha 1 a 0. Quatro minutos depois, já nos descontos, Rincón empatou.

> A União das Repúblicas Socialistas Soviéticas havia surgido em 1922, com quatro países. Em 1940, chegou ao máximo de dezesseis. Oficialmente, existiu até 1991, quando foi dissolvida em países independentes. Portanto, a União Soviética, **embora esfacelada, ainda existia oficialmente quando disputou a Copa de 1990**.

Grupo E » Espanha, Bélgica, Uruguai e Coreia do Sul

A Bélgica estreou fazendo 2 a 0 na Coreia do Sul e Espanha e Uruguai empataram em 0 a 0, com o ponteiro uruguaio Rubén Sosa cobrando um pênalti, aos 28 minutos do segundo tempo, um par de metros acima do travessão. Na vitória da Espanha por 3 a 1 sobre a Coreia do Sul, todos os gols espanhóis foram marcados pelo mesmo jogador: Michel. A Bélgica passou pelo Uruguai (3 a 1) e foi a primeira a garantir classificação. Mesmo com a derrota, o Uruguai continuava na luta. Para se classificar – como segundo do grupo ou como um dos melhores terceiros colocados – só precisava vencer a Coreia do Sul na última rodada. E a sofrida vitória uruguaia por 1 a 0 veio com um gol de Fonseca, aos 47 minutos do segundo tempo. Um torcedor ilustre da Espanha acompanhou, da Tribuna de Honra, a vitória por 2 a 1 sobre a Bélgica que valeu o primeiro lugar do grupo: o rei Juan Carlos.

Grupo F » Inglaterra, Holanda, Eire e Egito

Antes do jogo entre Inglaterra e Eire, a polícia da Sardenha decretou uma lei seca de 24 horas para evitar que *hooligans* alcoolizados provocassem confusões antes da partida e dentro do estádio. O esquema funcionou, e nenhuma ocorrência policial foi registrada. Em campo, muita aplicação tática, pouca criatividade e empate por 1 a 1, mesmo resultado do jogo entre Holanda e Egito.

No confronto entre Inglaterra e Holanda, nenhum gol, nenhum cartão, nenhum futebol. Nenhum gol, também, entre Egito e Eire. O quarto empate em quatro jogos (com apenas quatro gols marcados) deixava o grupo completamente indefinido. Se novos empates fossem registrados na última rodada, a classificação seria pelo número de gols marcados – e também nesse critério todos estavam iguais. Na hipótese (não muito inviável) de os dois jogos restantes terminarem empatados pelo mesmo placar, a definição do grupo seria por sorteio.

Mas na partida diante do Egito, aos 14 minutos do segundo tempo, a Inglaterra marcou um típico gol inglês, com o volante Mark Wright roçando o cocuruto na bola. A vitória por 1 a 0 daria à Inglaterra o primeiro lugar do grupo. A Copa de 1990 teve incontáveis momentos ruins, mas Holanda e Eire protagonizaram o pior de todos. Quando Quinn marcou para o Eire o gol de empate, a vinte minutos do fim do jogo (Gullit havia feito Holanda 1 a 0 aos 10 minutos), as duas equipes pararam de jogar.

É que o 1 a 1 classificava tanto holandeses quanto irlandeses. Atendendo às vaias das arquibancadas, o juiz francês Michel Vautrot parou o jogo aos 34 minutos, chamou os dois capitães e pediu mais desportividade e mais respeito ao público. Não foi atendido.

Eire e Holanda terminaram empatados em tudo: pontos, saldo de gols e gols marcados. Para decidir o segundo e o terceiro lugar do Grupo F, a Fifa aproveitou um evento marcado para aquela mesma noite em Roma, no Centro Esportivo Gaetano Scirea, em celebração aos sessenta anos da Copa do Mundo. Às 23 horas, o suíço Joseph Blatter, então secretário-geral da Fifa, chamou ao palco uma

> Em 3 de outubro de 1990, a **Alemanha Oriental foi extinta**. Os cidadãos alemães orientais decidiram que seu território seria incorporado ao da Alemanha Ocidental.

por Max Gehringer

das convidadas do evento – a suíça Monique Figura. Numa urna estavam as bolinhas "2" e "3", números da Holanda e do Eire, respectivamente. Monique tirou a bolinha "3" e a sorte determinou que o Eire era o vice-campeão do Grupo F e a Holanda a terceira colocada.

Oitavas de final

Camarões e Colômbia eram as duas seleções mais exuberantes da Copa. Camarões tinha o talismã Roger Milla, e pela Colômbia desfilavam o imprevisível goleiro Higuita e o hábil armador Valderrama – com seu corte de cabelo em estilo couve-flor. O jogo, empatado em 0 a 0, foi para a prorrogação. Se nos primeiros quinze minutos do tempo extra nada aconteceu, os últimos quinze reservariam grandes emoções.

Logo a 1 minuto, Milla fez Camarões 1 a 0. Três minutos depois, Higuita conduziu a bola até sua intermediária e tocou para o zagueiro Perea. Em vez de se livrar da bola, Perea a devolveu para Higuita. Enquanto isso, Milla se aproximava do lance, já prevendo o que poderia acontecer. Quando Higuita puxou a bola, Milla deu o bote com precisão. Tomou a bola de Higuita com um toque, correu até a área e tocou para o gol vazio, enquanto Higuita tentava um desesperado carrinho. Aos 11 minutos, Redín ainda conseguiu descontar para a Colômbia, depois de uma tabelinha com Valderrama, mas Camarões segurou o 2 a 1 e foi às quartas de final. No jogo contra a Costa Rica, a Tchecoslováquia passou os noventa minutos alçando bolas na área e o atacante Tomas Skuhravý, aproveitando seu 1,92 m de altura, fez três gols de cabeça na goleada por 4 a 1.

O San Siro se preparou para assistir ao jogo entre Alemanha e Holanda como se fosse um clássico entre Milan e Inter. Pelo Milan, estavam em campo os holandeses Rijkaard, Gullit e Van Basten. Pela Inter, os alemães Brehme, Matthäus e Klinsmann. Deu Inter, ou melhor,

> **"Un estate italiana" ("Um verão italiano") foi a música oficial da Copa.** A melodia era de autoria do produtor Giorgio Moroder, e a letra foi escrita pelos próprios intérpretes, Edoardo Bennato e Gianna Nannini.

Alemanha 2 a 1. Com três empates e uma derrota, a Holanda se despedia melancolicamente da Copa.

Eire x Romênia foi um jogo com cara de segunda-feira, dia em que foi disputado, devagar e insosso. A classificação do Eire para as quartas de final foi resolvida nos pênaltis. Timofte perdeu o quinto, cobrando fraco, ao alcance do goleiro Pat Bonner. O erro custaria a eliminação da Romênia. Antes, nove pênaltis já haviam sido batidos. Assim, o Eire conseguia a proeza de passar para as quartas de final sem ter vencido um único jogo e tendo marcado apenas dois gols em quatro partidas.

No confronto com a Itália, só restava ao Uruguai esperar por um momento de genialidade de seu craque, Francescoli, ou por um eventual erro da defesa italiana (que ainda estava invicta na Copa). Nenhuma das duas coisas aconteceu. A etapa final já se aproximava da metade quando brilhou novamente a estrela de Schillaci, *il piccolo siciliano*, autor do primeiro gol. O segundo, já aos 40 minutos, foi marcado por Aldo Serena, que naquele dia comemorava seu 30º aniversário. No calor de 35 ºC de Verona, a técnica dos iugoslavos sobrepujou a garra dos espanhóis, por 2 a 1, na prorrogação, após o empate por 1 a 1 no tempo normal. E o gol de David Platt, que valeu a vitória da Inglaterra sobre a Bélgica, por 1 a 0, na prorrogação, foi o mais demorado da história das Copas – levou 119 minutos para sair.

> Quando as Eliminatórias começaram, em 1988, a Iugoslávia ainda era um único país. **Em 1991, começou a ser dividida em países independentes** e os dois primeiros foram Eslovênia e Croácia. Em 2006, Montenegro se separou da Sérvia. Em 2008, o Kosovo declarou sua independência da Sérvia.

Argentina 1 x 0 Brasil
Na primeira meia hora, o Brasil mostrou um futebol digno de seu prestígio. Mas o tempo ia passando e o gol brasileiro não saía, enquanto a Argentina parecia claramente interessada em deixar o tempo correr. Esse predomínio brasileiro acabaria abruptamente

aos 30 minutos do segundo tempo. A Argentina saiu jogando e a bola foi parar nos pés de Maradona, no círculo central, ainda no campo argentino. Até aquele instante, Maradona pouco tinha feito no jogo. Em oito segundos, fez tudo. Com um toque, Maradona tirou Alemão do lance e partiu com a bola dominada. Na corrida, escapou de um carrinho de Dunga e passou por Ricardo Rocha. Mauro Galvão e Ricardo Gomes chegaram para a cobertura e trombaram um com o outro, enquanto Maradona tocava a bola para Caniggia, que entrava sozinho pela meia-esquerda. Sem afobação, Caniggia driblou Taffarel e mandou para o gol vazio.

A partir do gol, as coisas saíram dos eixos. No desespero, Lazaroni substituiu o líbero Mauro Galvão pelo armador Silas e o volante Alemão pelo atacante Renato Gaúcho. Após dois sofridos minutos de descontos, Joël Quinou apitou pela última vez. Em sua única boa apresentação em 1990, o Brasil ficava fora de mais uma Copa – a quinta seguida – e tendo a pior participação desde 1966, quando foi eliminado nas oitavas.

Quartas de final

Com Maradona apagado, a Argentina passou o jogo contra a Iugoslávia se defendendo e contou com muita sorte. Conseguiu administrar o 0 a 0, levando a disputa para os pênaltis. Os dois craques erraram suas cobranças: Stojkovic mandou no travessão e Maradona co-

OITAVAS DE FINAL

ARGENTINA 1   BRASIL 0

24 de junho de 1990 • Domingo
Stadio Delle Alpi • Turim • 17h00

Gol no 2ºT • Caniggia 36'

BRASIL • ①Taffarel, ㉑Mauro Galvão (⑩Silas 40' 2ºT), ②Jorginho, ③Ricardo Gomes, ⑲Ricardo Rocha, ⑥Branco, ④Dunga, ⑤Alemão (⑰Renato 40' 2ºT), ⑧Valdo, ⑨Careca, ⑮Müller. **Técnico** Sebastião Lazaroni

ARGENTINA • ⑫Goycochea, ⑳Simón, ⑮Monzón, ⑲Ruggeri, ④Basualdo, ⑯Olarticoechea, ㉑Troglio (⑥Calderón 18' 2ºT), ⑭Giusti, ⑦Burruchaga, ⑩Maradona, ⑧Caniggia. **Técnico** Carlos Bilardo

Público • 61.381

Juiz: Joël Quinou (França) | **Auxiliares**: Pairetto (Itália) e Spirin (União Soviética)

Cartão vermelho • 2ºT Ricardo Gomes 39'

Almanaque dos Mundiais

Troglio acertou a trave esquerda, na quarta cobrança argentina, a Iugoslávia já se viu nas semifinais: só precisava marcar mais duas vezes. Mas tanto Brnovic quanto Hadzibegic bateram pessimamente – e Goycochea defendeu as duas cobranças. Entre os dois erros, Gustavo Dezotti, 26 anos, da Cremonese, acertou a quinta cobrança, que classificou a Argentina. Contra a Itália, a equipe do Eire – modesta, mas bem armada – fez sua melhor exibição na Copa. Mas Schillaci continuava em estado de graça e, com um gol solitário, acabou decidindo o confronto. A Alemanha entrou determinada a atacar. A Tchecoslováquia, a se defender. Os alemães cometeram treze faltas durante o jogo e os tchecos fizeram 24. Uma dessas faltas – na verdade um pênalti, cobrado por Matthäus – acabaria dando a vitória à Alemanha.

Em termos de emoção, Inglaterra e Camarões fizeram o melhor jogo da Copa. Mais pelo lado de Camarões, que partiu para o ataque, muitas vezes se descuidando da defesa – inclusive nos vinte minutos finais, quando vencia por 2 a 1. Mas o centroavante inglês Gary Lineker conseguiu forçar a defesa de Camarões a cometer dois pênaltis. O primeiro levou o jogo para a prorrogação. O segundo deu a vitória aos ingleses por 3 a 2.

Semifinais

Mais ofensiva, a Itália fez seu gol diante da Argentina aos 17 minutos, com Schillaci, novamente no lugar certo e sem marcação. No segundo tempo, aos 22 minutos, a Argentina conseguiu o empate, com Caniggia, de cabeça. Era o primeiro gol que a Itália sofria na Copa.

Na prorrogação, a Argentina continuou marcando bem. E a disputa foi para os fatídicos pênaltis.

Baresi e Baggio – que perderiam seus pênaltis contra o Brasil na Copa de 1994 – acertaram suas cobranças em 1990. Maradona bateu como havia feito contra a Iugoslávia: um chute rasteiro, não muito forte, entre a

> O goleiro italiano Walter Zenga ficou **517 minutos sem levar gols** na Copa, batendo um recorde que pertencia ao inglês Shilton, em 1982 e 1986 (coincidentemente, exatos quinhentos minutos em ambas).

trave direita e o meio do gol. Se o goleiro Zenga tivesse acertado o canto, teria defendido com facilidade. Mas Zenga escolheu o canto esquerdo. O goleiro Goycochea defendeu as cobranças de Donadoni e Serena – incrivelmente, sem se adiantar. Os dois chutes foram no canto esquerdo e Goycochea adivinhou certinho. Troglio, que bateria o quinto pênalti argentino, nem precisou cobrar: os 4 a 3 já eliminavam a Itália de sua Copa – sem perder nenhum jogo e sofrendo apenas um gol em seis partidas.

Na outra semifinal, a Alemanha entrou em campo para enfrentar a Inglaterra parecendo mais o Uruguai, ou o Napoli: com vistosas camisas de tom azul-celeste. Após o empate por 1 a 1 no tempo normal e por 0 a 0 na prorrogação, a decisão foi para os pênaltis, e duraria dezessete sofridos minutos. Os ingleses bateram cinco e os alemães quatro. Berthold, encarregado da quinta cobrança alemã, não precisou chutar, porque os ingleses erraram duas vezes, com o zagueiro Stuart Pearce (defendido pelo goleiro Illgner) e com Chris Waddle (por cima do gol). A Inglaterra iria disputar o terceiro lugar com a Itália. A Alemanha se tornava o primeiro país a disputar três finais seguidas (1982-86-90), feito que o Brasil iria repetir nas três Copas seguintes.

O jogo entre Itália e Inglaterra, pelo terceiro lugar, serviu também para que Schillaci se tornasse o artilheiro isolado da Copa, ao converter um pênalti que ele mesmo sofreu, aos 40 minutos do segundo tempo. Foi o sexto gol em sete jogos. Antes disso, Baggio havia marcado para a Itália, aos 26 minutos do segundo tempo, e Platt havia empatado para os ingleses dez minutos depois. Com a vitória por 2 a 1, o terceiro lugar ficou na conta justa para os italianos, e os ingleses não reclamaram da quarta posição. Desde 1966, e já se iam 24 anos, essa tinha sido a melhor participação inglesa em uma Copa.

> Foi uma Copa **pobre em gols** (115 em 52 jogos, com média 2,2 gols por jogo, a mais baixa da história das Copas). **O placar mais repetido foi 1 a 0** (dezesseis vezes, incluindo a final). O artilheiro foi Schillaci, da Itália, com seis gols.

A final

Depois de um primeiro tempo indigno de uma final de Copa do Mundo, Alemanha e Argentina jogaram um pouco melhor na etapa final. Aos 36 minutos, Sensini, dentro da área, esticou a perna no momento em que Völler tocava na bola. Völler tropeçou no pé de Sensini e caiu. O juiz Codesal, mal colocado, a 20 m do lance, apitou o pênalti. Foi ou não foi? Após milhares de revisões do *replay*, não há uma conclusão unânime – cada um continua vendo no lance aquilo que quer ver.

Enquanto os argentinos perpetravam a inevitável sessão de reclamações e de peitadas no juiz, que durou três minutos, os alemães discutiam quem iria bater o pênalti – em alemão, *Strafstoss* – mais importante da história do país. Matthäus, o cobrador oficial, abriu mão da honra. Com um corte no pé o capitão trocara as chuteiras no intervalo. Sentindo-se desconfortável com as chuteiras novas, não quis arriscar. Littbarski se candidatou, mas Matthäus se decidiu por Andreas Brehme, seu companheiro de quarto na concentração.

O técnico Beckenbauer aprovou a escolha e Brehme se preparou para bater. Goycochea, já com fama de grande pegador de pênaltis, sabia como e onde Brehme iria chutar – rasteiro, no canto direito. E foi exatamente o que aconteceu. Goycochea saltou certo, com o braço esticado, mas Brehme acertou o cantinho direito,

FINAL

ALEMANHA 1 ARGENTINA 0

8 de julho de 1990 • Domingo
Stadio Olímpico • Roma • 20h00

Gol no 2ºT • Brehme (pênalti) 39'

ALEMANHA • ①Illgner, ⑭Berthold (②Reuter 30' 2ºT), ⑤Augenthaler, ⑥Buchwald, ③Brehme, ④Kohler, ⑧Hässler, ⑩Matthäus, ⑦Littbarski, ⑨Völler, ⑱Klinsmann. **Técnico** Franz Beckenbauer

ARGENTINA • ⑫Goycochea, ⑳Simón, ⑬Lorenzo, ⑰Sensini, ⑱Serrizuela, ⑲Ruggeri (⑮Monzón, no intervalo), ④Basualdo, ⑦Burruchaga (⑥Calderón 9' 2ºT), ⑩Maradona, ㉑Troglio, ⑨Dezotti. **Técnico** Carlos Bilardo

Público: 73.603

Juiz: Edgardo Codesal (México) | **Auxiliares**: Hoyos (Colômbia) e Listkiewicz (Polônia)

Cartões vermelhos • 2ºT Monzón 20', Dezotti 42'

quase na junção da trave com a rede. Após três minutos de acréscimos, o juiz Codesal apitou.

OS 12 CAMPEÕES DE 1990

① Bodo **Illgner**, goleiro do 1.FC Köln, 23 anos (7/4/1967)
⑭ Thomas **Berthold**, zagueiro da Roma, 25 anos (12/11/1964)
② Stefan **Reuter**, zagueiro do Bayern Munich, 23 anos (16/10/1966)
⑤ Klaus **Augenthaler**, zagueiro do Bayern Munich, 32 anos (26/9/1957)
⑥ Guido Ulrich **Buchwald**, meio-campo do VFB Stuttgart, 29 anos (24/1/1961)
③ Andreas **Brehme**, zagueiro da Inter de Milão, 29 anos (9/11/1960)
④ Jürgen **Kohler**, zagueiro do Bayern Munich, 24 anos (6/10/1965)
⑧ Thomas **Hässler**, meio-campo do 1.FC Köln, 24 anos (30/5/1966)
⑩ Lothar **Matthäus**, meio-campo da Inter de Milão, 29 anos (21/3/1961)
⑦ Pierre **Littbarski**, atacante do 1.FC Köln, 30 anos (16/4/1960)
⑨ Rudolf "Rudi" **Völler**, atacante da Roma, 30 anos (13/4/1960)
⑱ Jürgen **Klinsmann**, atacante da Inter de Milão, 26 anos (30/7/1964)
Ⓣ Franz Anton **Beckenbauer,** técnico, 44 anos (11/9/1945)

OS OUTROS 10 CAMPEÕES

⑫ Raimond **Aumann**, goleiro do Bayern Munich, 26 anos
㉒ Andreas **Köpke**, goleiro do 1.FC Nürnberg, 28 anos
⑯ Paul **Steiner**, zagueiro do 1.FC Köln, 33 anos
⑮ Uwe **Bein**, meio-campo do Eintracht Frankfurt, 29 anos
⑰ Andreas **Möller**, meio-campo do Borussia Dortmund, 22 anos
⑲ Hans **Pflüger**, meio-campo do Bayern Munich, 30 anos
⑳ Olaf **Thon**, meio-campo do Bayern Munich, 24 anos
㉑ Günther **Hermann**, meio-campo do Werder Bremen, 29 anos
⑪ Frank **Mill**, atacante do Borussia Dortmund, 32 anos
⑬ Karlheinz **Riedle**, atacante do Werder Bremen, 24 anos

A Alemanha ganhava seu terceiro título mundial, o primeiro sem perder nenhum jogo. E a Argentina se tornava o primeiro país a não marcar gol em uma final de Copa.

Prêmios e celebrações

Após a entrega das medalhas para os argentinos, o capitão Lothar Matthäus recebeu o troféu da Copa das mãos de Havelange, ao som de "We are the champions", da banda inglesa Queen. Apesar do mérito dos alemães, essa foi a final mais feia e mais chata de todas as Copas. O baixo nível geral ficou ainda mais evidente quando a Fifa escolheu os melhores jogadores do torneio. A Bola de Ouro ficou com o mediano Schillaci, a de Prata com o lutador Matthäus e a de Bronze com o baleado Maradona.

A volta do Brasil

No dia 27 de junho, quarta-feira, a Seleção desembarcou no Brasil. No saguão do Aeroporto do Galeão, no Rio, torcedores indignados atiraram notas e moedas nos dirigentes e nos jogadores que tiveram a coragem de enfrentar a galera. Lazaroni não foi um deles. O técnico, desconfiado, preferiu sumir pela saída de serviço. No retorno ao Brasil, entregou o cargo.

Falcão, a solução

A Copa nem havia acabado e começaram a surgir especulações de que Paulo Roberto Falcão seria o novo técnico da Seleção. E ele realmente foi efetivado, em julho de 1990. Era o "efeito Beckenbauer": um treinador sem experiência em clubes, mas com um passado de craque e de líder, o que lhe garantia o respeito da imprensa e dos jogadores. Além disso, a efetivação de Falcão fez com que as críticas aos dirigentes da CBF cessassem imediatamente. A mesma receita seria utilizada após a Copa de 2006, quando Dunga assumiu o comando da Seleção. Ironicamente, uma das principais atribuições de Falcão em 1990 seria a de sepultar a chamada "era Dunga".

1994

*24 anos depois, o
Brasil volta a vencer*

Almanaque dos Mundiais

Os pretendentes

Os concorrentes a sediar a Copa de 1994 eram Estados Unidos, Marrocos e Brasil. Os três países apresentaram suas candidaturas até a data-limite estipulada pela Fifa, 31 de dezembro de 1986. Um ano e meio depois, em 4 de julho de 1988, o Comitê Executivo da Fifa se reuniu em Zurique para a decisão final, que seria feita por votação individual. O Comitê tinha dezenove membros, e era necessária a maioria simples (mínimo de dez votos) para que um país fosse escolhido. Se essa maioria não fosse atingida, o terceiro colocado seria eliminado e uma nova votação seria realizada. Mas os Estados Unidos levaram já no primeiro turno: receberam dez votos, contra sete para o Marrocos e dois para o Brasil. A própria data marcada pela Fifa para o anúncio do país escolhido já prenunciava quem ficaria com a honra: 4 de julho de 1988, dia do 212º aniversário da Independência dos Estados Unidos.

Mina de ouro

Quando os Estados Unidos se dispuseram, seriamente, a organizar uma Copa do Mundo, a Fifa nem piscou – topou no ato. O mercado norte-americano sempre foi uma máquina de fazer dinheiro, inclusive no esporte. Mas a Fifa nunca participou desse bolo, porque não controla o *football made in USA*, jogado principalmente com as mãos e chamado no resto do mundo de futebol americano.

A partir da década de 1970, várias tentativas foram feitas para que os americanos se interessassem mais pelo "verdadeiro" futebol (ou descobrissem que ele existia, coisa que a maioria da população simplesmente ignorava). Pelé foi o responsável pela primeira grande onda, em 1975. Atraído por uma oferta de 4,5 milhões de dólares por três anos de contrato, Pelé, aos 35 anos, largou a aposentadoria e foi jogar no New York Cosmos.

Pelé, de fato, proporcionou um período de notoriedade ao *soccer*. Mas, depois que ele parou, em 1977, as coisas foram voltando ao que eram. Na verdade, até pioraram. Em 1984, o Cosmos fechou as portas. Em 1986, a Liga

por Max Gehringer

Americana de Soccer faliu e foi extinta (só seria reativada em 1996). Após a Copa de 1994, o futebol dos Estados Unidos vem tendo espasmos periódicos, e alguns deles mostram uma ostentação financeira que só pode ser igualada por alguns poucos clubes europeus.

Novos tempos

Em julho de 1991, após ficar em segundo lugar na Copa América disputada no Chile (a Argentina foi a campeã, após vencer o Brasil por 3 a 2), o técnico Falcão recebeu um sincero "muito obrigado" da CBF. Depois de mais uma derrota, para Gales, em Cardiff, em que a Seleção foi provisoriamente dirigida por Ernesto Paulo, técnico do Botafogo, a CBF estava pronta para anunciar o novo treinador: o carioca Carlos Alberto Parreira. Um ano depois, o Brasil já tinha se amoldado ao "estilo Parreira", em que a volúpia pelo gol se subordinava à consciência tática.

As Eliminatórias

O Chile ficou de fora das Eliminatórias sul-americanas para 1994, como punição pela encenação do goleiro Roberto Rojas no Maracanã em 1989. Assim, os nove países devidamente inscritos foram divididos em dois grupos. No Grupo 2 estavam Brasil, Uruguai, Bolívia, Equador e Venezuela.

OS ESTADOS UNIDOS

» São compostos de cinquenta estados, sendo 48 na América do Norte, um no Ártico (o Alaska) e um no Pacífico (o Havaí), além do Distrito de Colúmbia (onde fica a capital, Washington) e de catorze possessões em outras partes do globo. A bandeira americana tem cinquenta estrelas, cada uma representando um estado, e treze faixas vermelhas, em homenagem às treze colônias que proclamaram a independência do país em 1776.

» Em área total, é o terceiro país do mundo, com 9,8 milhões de km^2 (o Brasil é o quinto, com 8,5 milhões). No campo econômico, os Estados Unidos são de longe a maior potência do planeta, com um PIB três vezes maior que o do segundo colocado (o Japão) e entre dez e quinze vezes maior que o do Brasil, dependendo da variação no valor do dólar. Os números americanos são sempre impressionantes, tanto em termos absolutos (o desembolso anual apenas com *fast-food* corresponde a 20% de todo o PIB brasileiro) quanto relativos (o país tem oito automóveis para cada dez habitantes).

Almanaque dos Mundiais

O BRASIL EM 1994

» Em 1º de janeiro, o salário mínimo valia 32.882 cruzeiros. Em 31 de dezembro, 70 reais. O dólar começou o ano cotado a 326,11 cruzeiros e terminou a 85 centavos de real.

» Músicas mais tocadas no rádio em 1994: "Eu só penso em você", com Zezé di Camargo e Luciano; "Cartão postal", com Olodum; e "Essa tal liberdade", com Só Pra Contrariar.

» No dia 1º de maio de 1994, o piloto Ayrton Senna da Silva, 34 anos, faleceu durante o GP de San Marino, o terceiro da temporada de Fórmula 1. Na segunda volta da corrida, na curva Tamburello, a barra de direção da Williams Renault de Senna partiu e o carro, desgovernado, atingiu o muro à beira da pista, a 270 km/hora. O cortejo fúnebre pelas ruas paulistanas, no dia 5 de maio, foi presenciado por 250 mil pessoas.

» Fernando Henrique Cardoso, à frente de uma equipe de economistas de carreira, implantou o enésimo plano econômico brasileiro, o Plano Real. Durante quatro meses (março a junho), o Brasil teve uma moeda chamada "cruzeiro real". Em 1º de julho, 2.700 cruzeiros reais (equivalentes a uma URV, ou Unidade Real de Valor) se tornaram 1 real. O Plano funcionou, e no embalo de seu sucesso Fernando Henrique Cardoso seria eleito presidente da República.

Taticamente, o líbero introduzido por Lazaroni foi aposentado, mas a principal diferença estava no meio-campo. O trio de 1990 – Dunga, Valdo e Alemão – havia sido substituído por um quarteto – Mauro Silva, Luís Henrique, Raí e Zinho. A partir do terceiro jogo, Luís Henrique, do Monaco, perderia a posição para Dunga (já atuando pelo Stuttgart). No ataque, os mesmos de 1990: Careca, Bebeto e Müller. Já Romário – que o Barcelona acabara de comprar do PSV por 5 milhões de dólares – não havia sido convocado e Parreira passaria boa parte de seu tempo tentando explicar o motivo, sem conseguir convencer ninguém. Mesmo quando Müller se machucou num treino, antes da partida de volta contra a Venezuela, no Mineirão, Parreira preferiu continuar ignorando Romário.

Os convocados

No dia 10 de maio, Parreira apresentou a lista dos 22 que seriam inscritos na Copa. Havia poucas unanimidades no futebol brasileiro, e essas poucas existentes estavam na lista. Incluindo Ronaldo, com 17 anos e 8 meses de idade, o mais jovem dos inscritos. A Seleção embarcou no Aeroporto do Galeão no dia 17 de maio, e ficaria concentrada no estado da Califórnia. A cidade escolhida foi Los Gatos, ao sul de San Francisco, no famoso Vale do Silício, sede das grandes empresas de tecnologia digital. Ao formar as duplas que ocupariam os quartos do hotel Villa Felice, Parreira juntou o rebelde e destemperado Romário ao disciplinado e dedicado Dunga. Se fosse para sair faísca, Parreira pensou, que fosse antes da Copa. Mas os dois se entenderam bem.

Primeira fase

No dia 19 de dezembro de 1993, no Cassino e Hotel Caesar's Palace, em Las Vegas, estado de Nevada, foi realizado o sorteio dos grupos da primeira fase da Copa. Os Estados Unidos foram nomeados cabeça de chave nº 1. Os outros cinco cabeças de chave foram Alemanha, Itália, Argentina, Bélgica e Brasil. Diferentemente de outras Copas, os grupos não seriam fixados em cidades sedes. Os países é que iriam mudando de cidade a cada jogo. Foram formados seis grupos com quatro países. Os dois primeiros de cada grupo avançariam para as oitavas. Os quatro melhores terceiros colocados também.

Grupo A » Estados Unidos, Romênia, Colômbia e Suíça

Estados Unidos x Suíça foi o primeiro jogo de Copa disputado num estádio inteiramente coberto, o Silverdome, em Pontiac, cidade-satélite da Grande Detroit. A partida se resumiu a duas cobranças magistrais de falta, que resultaram nos dois gols do empate por 1 a 1.

O Rei Pelé havia prognosticado: a Colômbia era a favorita para vencer a Copa. Assim como Pelé – que nunca foi rei em prognósticos –, milhões de espectadores não acreditaram no que viram em Pasadena: já em sua estreia, os colombianos foram derrotados pela Romênia, por 3 a 1.

> A Fifa decidiu que **a partir da Copa de 1994 as vitórias passariam a valer 3 pontos**, e não mais 2. A ideia foi aprovada em junho de 1993 (por isso, nos jogos das Eliminatórias para 1994, as vitórias continuaram a valer 2 pontos).

Almanaque dos Mundiais

Os 4 a 1 sobre a Romênia foram a primeira vitória suíça em uma Copa em quarenta anos, desde o longínquo 1954. Até hoje, a plateia de quase 94 mil pessoas para o jogo entre Estados Unidos e Colômbia é o recorde de público em jogos de futebol nos Estados Unidos. Também até hoje os colombianos tentam, e não conseguem, explicar o que aconteceu com sua Seleção, derrotada por 2 a 1. Os Estados Unidos, depois de 44 anos, ganharam um jogo de Copa (a última vitória havia acontecido em 1950: 1 a 0 contra a Inglaterra, em Belo Horizonte). Praticamente desclassificada da Copa, a Colômbia enfrentaria um drama muito maior, apenas dez dias depois da derrota para os Estados Unidos. Em 2 de julho, Escobar, 27 anos, autor do gol contra que abriu o marcador para os Estados Unidos, foi assassinado com 12 tiros em frente ao bar El Indio, nos subúrbios de Medellín. O matador confesso, Humberto Muñoz Castro, nunca explicou a razão do assassinato a sangue-frio (geralmente atribuído à vingança de apostadores que

OS ESTÁDIOS

ESTÁDIO	CIDADE/ESTADO	CAPACIDADE	INAUGURAÇÃO	JOGOS
Rose Bowl	Pasadena, Califórnia	94.000	1922	8
Stanford Stadium	San Francisco, Califórnia	84.000	1921	6
Pontiac Silverdome	Detroit, Michigan	78.000	1975	4
Giants Stadium	East Rutherford, Nova Jersey	77.000	1976	7
Citrus Bowl	Orlando, Flórida	64.000	1936	5
Cotton Bowl	Dallas, Texas	64.000	1932	6
Soldier Field	Chicago, Illinois	64.000	1924	5
Foxboro	Boston, Massachusetts	55.000	1971	6
RFK Memorial Stadium	Washington, Distrito Federal	55.000	1961	5

perderam muito dinheiro com a derrota para os americanos).

A Suíça, já classificada, entrou em campo contra a Colômbia para empatar. E, como castigo, tomou dois gols. No fim, a única vitória colombiana na Copa, por 2 a 0, foi em vão, porque a Romênia venceu os Estados Unidos (1 a 0). Para seguir adiante, como um dos melhores terceiros colocados, os americanos dependeram de alguns resultados pouco prováveis nos últimos oito jogos da primeira fase, que seriam disputados nos quatro dias seguintes, e acabaram acontecendo.

Grupo B
Brasil, Suécia, Rússia e Camarões

Brasil 2 x 0 Rússia

A estratégia russa de recuar e jogar nos contragolpes se desmanchou numa vacilada do zagueiro Sergei Gorlukovich, encarregado de marcar Romário. Aos 27 minutos, num escanteio batido por Bebeto da esquerda, Romário ficou quietinho na área, só esperando. Parecia uma bola fácil para Gorlukovich, de 1,82 m, 14 cm mais alto que Romário. Quando a bola desceu, Romário deu um passo para a frente, na maior calma, antecipando-se a Gorlukovich. E, com o lado de fora do pé direito, tocou de leve no canto esquerdo do goleiro Kharin

---

OS JOGOS DO BRASIL

BRASIL 2   RÚSSIA 0

19 de junho de 1994 • Domingo
Stanford Stadium • San Francisco • 13h05

Gol no 1ºT • 1 × 0 Romário 27'
Gol no 2ºT • 2 × 0 Raí (pênalti) 8'

BRASIL • ①Taffarel, ②Jorginho, ③Ricardo Rocha (⑬Aldair 23' 2ºT), ⑮Márcio Santos, ⑯Leonardo, ⑧Dunga (⑰Mazinho 34' 2ºT), ⑤Mauro Silva, ⑩Raí, ⑨Zinho, ⑦Bebeto, ⑪Romário.
Técnico Carlos Alberto Parreira

RÚSSIA • ⑯Kharin, ②Kuznetsov, ③Gorlukovich, ⑤Nikiforov, ⑥Ternavskiy, ㉑Khlestov, ⑦Pyatnitskiy, ⑩Karpin, ⑰Tsymbalar, ⑮Radchenko (⑬Borodyuk 27' 2ºT), ㉒Yuran (⑨Salenko 24' 2ºT).
Técnico Pavel Sadyrin

PÚBLICO • 81.061

Juiz: Lim Kee Chong (Ilhas Maurício) | **Auxiliares**: Rharib (Marrocos) e Ramicone (Itália)

CARTÕES AMARELOS • 2ºT Nikiforov 16', Khlestov 20', Kuznetsov 33'

(que, sob um calor de 35 °C, jogou com calça de agasalho). Aos 7 minutos do segundo tempo, Romário passou no meio de dois russos, entrou na área e levou um rapa de Vladislav Ternavskiy – que só pegou Romário, sem acertar a bola. Na cobrança, Raí deslocou o goleiro Kharin e mandou a bola no canto esquerdo. O Brasil começou como se esperava, vencendo sem dar espetáculo, bem ao estilo Parreira. Enquanto isso, Suécia e Camarões empatavam em 2 a 2.

Brasil 3 x 0 Camarões

Com o Brasil dominando, o primeiro gol até que demorou a sair. Aos 37 minutos, Dunga roubou uma bola na linha do meio de campo e fez um estiloso lançamento de rosca para Romário. O Baixinho correu entre Mbouh e Song, entrou na área e deu um toquinho quase imperceptível na bola, por baixo do goleiro Bell. No segundo tempo, aos 18 minutos, o técnico Henri Michel colocou Roger Milla em campo, sob delirantes aplausos da torcida (menos a brasileira). Raí levantou a bola da lateral direita para a área. E Márcio Santos fez 2 a 0, cabeceando sozinho, de frente para o gol. O terceiro gol viria aos 27 minutos. Pelo meio, Romário driblou Kalla e entrou na área. O goleiro Bell saltou aos pés de Romário no momento do chute e a bola espirrou para a direita. Bebeto chegou na corrida e, quase sem ângulo, tocou para as

BRASIL 3   CAMARÕES 0
24 de junho de 1994 • Sexta-feira Stanford Stadium • San Francisco • 13h05
Gol no 1ºT • 1 × 0 Romário 39' Gols no 2ºT • 2 × 0 Márcio Santos 20', 3 × 0 Bebeto 27'
BRASIL • ①Taffarel, ②Jorginho, ⑬Aldair, ⑮Márcio Santos, ⑯Leonardo, ⑧Dunga, ⑤Mauro Silva, ⑩Raí (⑲Müller 35' 2ºT), ⑨Zinho (⑱Paulo Sérgio 29' 2ºT), ⑦Bebeto, ⑪Romário. Técnico Carlos Alberto Parreira
CAMARÕES • ①Bell, ③Song, ⑭Tataw, ⑬Kalla, ⑮Agbo, ⑥Libiih, ⑧Mbouh, ⑰Foe, ⑩Mfede (⑪Maboang 25' 2ºT), ⑦Omam-Biyik, ⑲Embe (⑨Milla 18' 2ºT). Técnico Henri Michel
PÚBLICO • 83.401
Juiz: Arturo Brizio (México) | Auxiliares: James (Trinidad e Tobago) e Christensen (Dinamarca)
CARTÕES AMARELOS • 1ºT Tataw 8', Kalla 37', Mauro Silva 44' CARTÃO VERMELHO • 2ºT Song 18'

por Max Gehringer

redes. Na comemoração, Bebeto "embalou o nenê" com os braços, homenageando seu segundo filho, Matheus, que nasceria dali a quinze dias. O gesto – que Bebeto repetiria contra a Holanda, um dia após Matheus nascer – seria imitado mundo afora durante muitos anos. O jogo acabou com o Brasil facilmente classificado para as oitavas. Na outra partida do Grupo, a Suécia fez 3 a 1 na Rússia.

Brasil 1 x 1 Suécia

O resultado deu ao Brasil o primeiro lugar do Grupo. O time pecou pelo excesso de toques no meio de campo (a partir dessa partida, Zinho ganharia o apelido de "enceradeira", por ficar girando com a bola sem sair do lugar), e a Suécia se aproveitou de um descuido brasileiro para fazer 1 a 0. Aos 24 minutos, Brolin escapou de um carrinho de Márcio Santos e fez um lançamento longo para Kennet Andersson. No bico da grande área, pela meia-esquerda, Andersson matou no peito e, mesmo marcado por Mauro Silva, deu um toque de muita classe, que encobriu Taffarel e entrou no canto esquerdo. Mas Romário consertou as coisas logo aos 2 minutos do segundo tempo. Acompanhado por dois marcadores, Romário foi levando a bola da intermediária sueca até a entrada da área. E, sem ninguém esperar, deu um biquinho na bola, que entrou no canto esquerdo. A Suécia só não ficaria na segunda posição se Camarões vencesse a Rússia. Mas os suecos voltaram do vestiário sabendo que Camarões já perdia por 3 a 0 (o fuso horário entre Detroit e San Francisco era de três horas, e as duas partidas começaram no mesmo momento). Os russos terminariam goleando os cameroneses por 6 a 1, no jogo em que Oleg Anatolyievich Salenko marcou cinco vezes, recorde até hoje na história das Copas. Na mesma partida, que acabou eliminando ambas as seleções, o camaronês Roger Milla

> **A União Soviética havia oficialmente se desintegrado em 1991, após ter se inscrito para disputar as Eliminatórias.** A Fifa substituiu a inscrição original pela da Rússia, com a concordância da Ucrânia. Geórgia, Estônia, Letônia e Lituânia só receberam um pedido de desculpas e de boa sorte em futuras Eliminatórias.

se tornou o jogador mais idoso a disputar um jogo de Copa. Nascido em 20 de maio de 1952, Milla tinha 42 anos e 39 dias de idade. Milla se tornou também o jogador mais velho a marcar um gol em uma Copa, ao anotar o tento de honra de Camarões.

BRASIL 1   SUÉCIA 1

28 de junho de 1994 • Terça-feira
Estádio Pontiac Silverdome • Detroit • 16h05

GOL NO 1ºT • 0 × 1 Kennet Andersson 24'
GOL NO 2ºT • 1 × 1 Romário 2'

BRASIL • ①Taffarel, ②Jorginho, ⑬Aldair, ⑮Márcio Santos, ⑯Leonardo, ⑧Dunga, ⑤Mauro Silva (⑰Mazinho, no intervalo), ⑩Raí (⑱Paulo Sérgio 36' 2ºT), ⑨Zinho, ⑦Bebeto, ⑪Romário.
TÉCNICO Carlos Alberto Parreira

SUÉCIA • ①Ravelli, ②Nilsson, ③Patrik Andersson, ⑭Kamark, ⑤Ljung, ⑥Schwarz (⑱Mild 32' 2ºT), ⑧Ingesson, ⑨Thern, ⑪Brolin, ⑲Kennet Andersson, ⑦Larsson (㉑Blomqvist 20' 2ºT).
TÉCNICO Tomas Svensson

PÚBLICO: 77.217

JUIZ: Sándor Puhl (Hungria)
AUXILIARES Marton (Hungria) e Matthys (Bélgica)

CARTÕES AMARELOS • 1ºT Aldair 23' | 2ºT Mild 38'

Grupo C » Alemanha, Espanha, Coreia do Sul e Bolívia

O jogo inaugural da Copa, entre a Alemanha (atual campeã) e a Bolívia, contou com as ilustres presenças do presidente dos Estados Unidos, Bill Clinton, do primeiro-ministro alemão, Helmut Kohl, e do presidente boliviano, Gonzalo Sánchez de Lozada. Nas sete Copas anteriores, desde 1966, somente uma vez uma equipe havia vencido no jogo inaugural (Camarões, em 1990) e cinco partidas terminaram em 0 a 0. Por isso, o gol de Jürgen Klinsmann para a Alemanha, aos 16 minutos do segundo tempo, não deixava de ser uma efeméride. E foi só. No outro jogo do Grupo, Espanha e Coreia do Sul empataram (2 a 2),

A rodada seguinte colocou frente a frente alemães e espanhóis, que empataram por 1 a 1. Com 4 pontos ganhos, a Alemanha já estava classificada. Com 2 pontos, a Espanha precisava apenas vencer a fraca Bolívia na última rodada, que não havia saído do 0 a 0 com a Coreia do Sul. Diante da Bolívia, a Espanha fez 3 a 1, mas os bolivianos conseguiram marcar seu primeiro gol em uma Copa, após longa es-

por Max Gehringer

pera de 64 anos. O autor da proeza foi Erwin Sánchez. A Alemanha fez 3 a 2 na Coreia do Sul e garantiu o primeiro lugar.

Grupo D » Argentina, Bulgária, Nigéria e Grécia

A Argentina impressionou. Maradona, que havia emagrecido doze quilos em sessenta dias, pareceu em boa forma física. Na estreia diante da Grécia, uma goleada por 4 a 0. No outro jogo do grupo, a Nigéria bateu a Bulgária por 3 a 0.

A Bulgária chegou à Copa carregando um incômodo fardo. Nas cinco Copas anteriores de que tinham participado, os búlgaros disputaram dezesseis jogos, sem vencer nenhum. Dessa vez, a Bulgária tinha um craque consumado, coisa que nunca tivera em Copas anteriores – Hristo Stoitchkov, 28 anos, e maior estrela do Barcelona, mesmo tendo Romário como companheiro de equipe. O incômodo tabu só cairia na segunda rodada, quando os búlgaros finalmente ganharam uma, goleando a Grécia por 4 a 0. Com duas derrotas e com um saldo negativo de sete gols em duas partidas, os gregos já estavam eliminados.

Contra a Argentina, a Nigéria saiu na frente, mas sofreu a virada ainda no primeiro tempo, com dois gols de Caniggia. O primeiro deles foi o de número 1.500 da história das Copas. Porém, nem tudo acabaria bem para os argentinos naquela tarde. No momento em que os jogadores deixavam o campo, uma jovem vestida de branco caminhou na direção de Maradona e saiu de mãos dadas com ele. Era a enfermeira do controle antidoping da Fifa, que tinha ido comunicar a Maradona que ele havia sido sorteado para o exame.

Seis dias depois, na sexta-feira, 30 de junho, a Argentina enfrentaria a Bulgária. Seis horas antes dessa partida, o secretário-geral da Fifa, Joseph Blatter, leu um comunicado bombástico: o teste antidoping havia acusa-

> No dia 30 de julho de 1993, começou a venda dos ingressos para a Copa. No total, foram colocados **à venda 3,6 milhões de ingressos** e praticamente todos seriam vendidos (a **plateia oficial dos 52 jogos atingiria 3.567.415 pagantes**), num sucesso sem precedentes.

do a presença de efedrina na urina de Maradona. Após esclarecer que a vitória da Argentina sobre a Nigéria continuava valendo, Blatter informou que Maradona estava provisoriamente suspenso e que o caso seria julgado após a Copa. Na prática, Maradona estava banido do torneio.

A Nigéria venceu a Grécia (2 a 0), mas se tivesse parado no 1 a 0 ficaria em segundo lugar no grupo e enfrentaria os mexicanos. Com o gol, os nigerianos terminaram na primeira colocação e teriam de encarar a Itália. A Bulgária conseguiu vencer a emocionalmente desequilibrada Argentina por 2 a 0. Num grupo amarrado, Nigéria, Bulgária e Argentina terminaram empatadas em pontos, e a classificação foi decidida pelo saldo de gols (a Nigéria ficou em primeiro lugar). A Bulgária ganhou a segunda colocação pelo quarto critério, o confronto direto, mas a Argentina também se classificou, como um dos melhores terceiros colocados.

> Uma pesquisa do Instituto Harris, um mês antes do início da Copa, revelava: 71% dos americanos não sabiam que a Copa seria disputada nos Estados Unidos. Pior: **62% nem sabiam o que era uma Copa do Mundo**.

Grupo E » **Itália, México, Eire e Noruega**

O Eire abriu o marcador logo aos 12 minutos, com o meia Ray Houghton. Nos oitenta minutos seguintes, a Itália dominou a partida, mas a encorpada retaguarda do Eire acabou garantindo a vitória. No outro jogo da rodada de abertura do grupo, a Noruega, que voltava a uma Copa depois de 56 anos – sua única participação havia sido em 1938 – fez 1 a 0 no México.

No jogo contra a Noruega, a Itália esteve por um fio. Com apenas 21 minutos de jogo, Pagliuca tornou-se o primeiro goleiro a ser expulso em uma Copa, por ter evitado um gol defendendo a bola fora da área com a mão. Mas a Noruega ficou lá atrás, esperando a Itália, que, inferiorizada, também ficou esperando a Noruega. Dino Baggio acabou marcando o gol da vitória italiana aos 24 minutos do segundo tempo. No outro jogo do grupo, o México venceu o Eire por 2 a 1.

Na última rodada, o empate por 0 a 0 entre Eire e Noruega foi melhor para o Eire, que

por Max Gehringer

tinha marcado um gol a mais (2 contra 1). Na outra partida, o empate (1 a 1) classificou tanto o México quanto a Itália. Pela primeira e única vez na história das Copas, um grupo terminou com as quatro seleções rigorosamente empatadas, tanto em pontos ganhos (4) como em saldo de gols (zero). A Noruega pagou caro por seu jogo excessivamente defensivo – por ter marcado menos gols (só um), acabou em último lugar e foi eliminada. O México, por ter tido o melhor ataque (três gols), ficou com o primeiro lugar. A Irlanda, por ter vencido a Itália no confronto direto, ganhou o segundo lugar. A Itália, mesmo terminando em terceiro, se qualificou para as oitavas.

Grupo F » Holanda, Arábia Saudita, Bélgica e Marrocos

O jogo entre Bélgica e Marrocos terminou sendo decidido por uma falha do goleiro marroquino Khalil Azmi, que deixou entrar uma bola defensável. Já a Holanda conseguiu uma vitória na pura sorte diante da Arábia Saudita, por 2 a 1, aos 41 minutos do segundo tempo, por causa de uma falha do goleiro saudita Al-Deayea.

Na segunda rodada, a Bélgica superou a Holanda (1 a 0), garantindo a classificação, e a Arábia Saudita ganhou do Marrocos (2 a 1). Com isso, Marrocos, após a derrota por 2 a 1 para a Holanda, acabou sendo a única equipe do grupo a ser eliminada. Já o 1 a 0 sobre a Bélgica garantiu à Arábia Saudita o segundo lugar. A Holanda ficou com o primeiro lugar por ter vencido o confronto direto com os sauditas. A Arábia Saudita ficou em segundo lugar pelo número de gols marcados (quatro contra dois da Bélgica, que ficou em terceiro).

Oitavas de final

A Copa entrava na fase dos mata-matas. Azar da Bélgica, que, em sua melhor atuação na competição, acabou eliminada pela Alema-

> **Striker (goleador)**, um cachorrinho uniformizado de vermelho, azul e branco – as cores da bandeira americana –, foi a **oitava mascote das Copas**, criada pela equipe de animação dos Estúdios Warner Brothers, e teve o nome escolhido num concurso nacional.

nha, perdendo por 3 a 2. No confronto com a Suíça, o dilatado placar de 3 a 0 aumentou as esperanças de que a Espanha, finalmente, poderia chegar à final de uma Copa. Mas, nas quartas de final, os espanhóis teriam pela frente a Itália.

A ilusão de que a Arábia Saudita conseguiria derrubar também a Suécia, como fizera com a Bélgica na primeira fase, começou a se evaporar aos 5 minutos, quando Dahlin, de cabeça, fez 1 a 0 para os suecos. Na etapa final, Kennet Andersson ampliou. Mais dois gols, um de cada lado, já no final da partida, completaram o marcador em 3 a 1. Uma vitória inesperadamente fácil da Suécia. Vencendo por 3 a 2, os romenos tiraram os argentinos da Copa. O Eire foi até onde podia ir, talvez até um pouco mais longe. E a Holanda, mesmo sem ter tido uma única atuação arrebatadora na Copa, seguiu adiante, vencendo por 2 a 0.

Contra a Nigéria, perdendo por 1 a 0 e com um homem a menos (Zola foi expulso aos 30 minutos do segundo tempo), a eliminação da Itália era líquida e certa até os 89 minutos, quando Roberto Baggio empatou. Na prorrogação, aos 11 minutos, o zagueiro Benarrivo apareceu na área da Nigéria e foi empurrado por trás por Eguavoen. Baggio cobrou o pênalti rasteiro no cantinho direito e classificou a Itália.

> **O pôster da Copa foi criado pelo artista pop Peter Max**, então com 55 anos, e que fizera sua fama no movimento psicodélico dos anos 1960 (seus desenhos fluidos e repletos de cores vivas inspiraram o filme de animação *Submarino amarelo*, dos Beatles, em 1968).

Confirmando a expectativa da torcida búlgara, Stoitchkov fez 1 a 0 contra o México, que empatou de pênalti, com García Aspe. A prorrogação também deu em nada e as duas equipes foram para a primeira decisão por penais da Copa de 1994. O goleiro Mihaylovic defendeu duas cobranças e a Bulgária chegou às semifinais (pegaria a Alemanha).

Brasil 1 x 0 Estados Unidos

No dia do 218º aniversário de sua Independência, os americanos foram valentes, como se esperava. E bem menos ingênuos do que se imaginava. O lance mais comentado do primeiro tempo só aconteceu aos 43 minutos. Junto à linha lateral, Leonardo desarmou Tab Ramos e foi agarrado pelo americano. Leonardo, um jogador com um passado disciplinar impecável, soltou o cotovelo na têmpora esquerda de Ramos, que estrebuchou no chão

OITAVAS DE FINAL

BRASIL 1   ESTADOS UNIDOS 0

4 de julho de 1994 • Segunda-feira
Stanford Stadium • San Francisco • 16h35

Gol no 2ºT • Bebeto 28'

BRASIL • ①Taffarel, ②Jorginho (⑭Cafu 24' 2ºT), ⑬Aldair, ⑮Márcio Santos, ⑯Leonardo, ⑧Dunga, ⑤Mauro Silva, ⑰Mazinho, ⑨Zinho, ⑦Bebeto, ⑪Romário. Técnico Carlos Alberto Parreira

ESTADOS UNIDOS • ①Meola, ㉑Clavijo, ⑤Dooley, ㉒Lalas, ⑰Balboa, ⑦Perez (⑩Wegerle 21' 2ºT), ⑳Caligiuri, ⑨Ramos (⑪Wynalda, no intervalo), ⑬Jones, ⑯Sorber, ⑧Stewart. Técnico Bora Milutinovic

Público • 84.147

Juiz: Joël Quiniou (França)
Auxiliares: Park (Coreia do Sul) e Everstig (Suécia)

Cartões amarelos • 1ºT Mazinho 8', Jorginho 16', Ramos 43' | 2ºT Caligiuri 4', Clavijo 19', Dooley 35', Clavijo 41'
Cartões vermelhos • 1ºT Leonardo 43' | 2ºT Clavijo 41'

com uma concussão craniana. Pela cotovelada, Leonardo foi expulso.

Com um jogador a menos nos últimos 45 minutos, o Brasil jogou melhor do que no primeiro tempo. Aos 28 minutos, Romário veio buscar uma bola no meio do campo, livrou-se de Dooley e foi avançando em direção ao gol americano. A 3 m da linha da grande área, Romário passou por Balboa e tocou para Bebeto, que entrava pela direita. O zagueiro Lalas se esticou, mas não conseguiu evitar o preciso toque rasteiro de Bebeto, no cantinho direito do gol de Meola. Ao abraçar Romário, Bebeto soltou um "Eu te amo!" digno de novela da Globo.

Quartas de final

No confronto com a Espanha, a Itália fez 1 a 0 aos 26 minutos. A Espanha empatou aos 14 minutos do segundo tempo. Nos últimos cinco minutos, a Espanha se empolgou, avançou em massa, e não deu outra – a Itália venceu o jogo, com mais um gol de Roberto Baggio. Os alemães tinham uma tradição nas Copas recentes que ninguém – nem mesmo o Brasil – chegava perto de igualar: haviam chegado entre os quatro finalistas em seis das sete Copas anteriores. Eram dois títulos, três vice-campeonatos e um terceiro lugar. Nas três últimas Copas, os alemães tinham chegado à final e eram os atuais campeões do mundo. Enfrentar uma seleção com um retrospecto desses parecia demais para a Bulgária. Mas naquele dia os búlgaros disputariam o maior jogo de sua história, e venceram por 2 a 1.

Após o empate por 1 a 1 no tempo normal, 2 a 2 ao final da prorrogação e finalmente a vitória sobre a Romênia, nos pênaltis, por 5 a 4, o técnico da Suécia, Tomas Svensson, explicou qual havia sido a orientação passada à sua equipe: "Mantenham Hagi isolado". Svensson descobrira o que já não era novidade para ninguém: todas as jogadas tinham de passar pelo pé esquerdo de Gheorghe Hagi, o craque do time adversário. A Suécia enfrentaria o Brasil nas semifinais, e a Romênia – na única partida em que Hagi não brilhou – se despediu da Copa.

> A Copa de 1994 foi a **primeira a ter um site na internet**, atualizado diariamente com resultados e notícias. Na época, havia 3 milhões de usuários nos Estados Unidos. Em terras brasileiras, o acesso à rede ainda era uma excentricidade de pesquisadores e de universidades.

Brasil 3 x 2 Holanda

Foram cinco belos gols num espaço de 29 minutos no segundo tempo, na única grande exibição da Holanda na Copa, e a melhor do Brasil. A adrenalina ficou guardada para o tempo final. Aos 7 minutos, Rijkaard errou um passe e o zagueiro Aldair fez um lançamento de 40 m até Bebeto, pela esquerda do ataque brasileiro. Romário vinha entrando pelo meio, acompanhado por Valckx, e o cruzamento de Bebeto veio na medida. De primeira, Romário chutou de peito de pé assim que a bola quicou, e antes que o goleiro Ed de Goey tivesse tempo para reagir. Aos 17 minutos, o Brasil aumentou para 2 a 0. O goleiro Ed de Goey deu um chutão para o alto e Branco devolveu de cabeça para a intermediária holandesa, bem na direção de Romário, que vinha voltando, em total impedimento. Romário fez que não era com ele e continuou caminhando na direção do campo brasileiro, sem nem olhar para a bola, enquanto a defesa ho-

por Max Gehringer

1994

landesa parava esperando pela marcação do bandeirinha do Bahrein. Vindo de trás, Bebeto dominou a bola, escapou de um rapa de Wouters, entrou na área, driblou o goleiro e tocou para o gol vazio.

Então, deu um branco geral na defesa brasileira. Apenas dois minutos depois, Witschge cobrou um longo lateral para Bergkamp. A bola foi até a área do Brasil e Aldair não conseguiu cortar. Com estilo, Bergkamp tocou no ângulo esquerdo de Taffarel. Aos 31 minutos, Bergkamp reclamou de um toque de Aldair na área, mas o juiz marcou só escanteio. Overmars cobrou da esquerda e Aron Winter, vindo de trás, surgiu dentro da pequena área para cabecear e empatar.

O jogo, que parecia ganho, ficou dramático. Branco atacou pela esquerda, escapou de Overmars e, no lance, esticou o braço e acertou o pescoço do holandês. O juiz não viu, mas Jonk e Winter viram, e ambos partiram sobre Branco. Jonk chegou antes e botou o brasileiro no chão com uma pernada. A Holanda armou uma barreira com seis jogadores, dois passos fora da grande área, e Branco acertou um chute venenoso de pé esquerdo. Já dentro da área, a bola passou a um palmo do umbigo de Valckx, roçou a sétima vértebra da coluna de Romário, descaiu de repente, tocou no pé da trave esquerda e morreu nas redes.

QUARTAS DE FINAL

BRASIL 3   HOLANDA 2

9 de julho de 1994 • Sábado
Estádio Cotton Bowl • Dallas • 14h35

Gols no 2ºT • 1 × 0 Romário 7', 2 × 0 Bebeto 17', 2 × 1 Bergkamp 19', 2 × 2 Winter 31', 3 × 2 Branco 36'

BRASIL • ①Taffarel, ②Jorginho, ⑬Aldair, ⑮Márcio Santos, ⑥Branco (⑭Cafu 44' 2ºT), ⑧Dunga, ⑤Mauro Silva, ⑰Mazinho (⑩Raí 36' 2ºT), ⑨Zinho, ⑦Bebeto, ⑪Romário. **Técnico** Carlos Alberto Parreira

HOLANDA • ①De Goey, ⑥Wouters, ④Koeman, ⑱Valckx, ③Rijkaard (⑨Ronald de Boer 20' 2ºT), ⑤Witschge, ⑧Jonk, ⑳Winter, ⑩Bergkamp, ⑲van Vossen, (⑪Roy 8' 2ºT), ⑦Overmars. **Técnico** Dick Advocaat

Público • 63.500

Juiz: Rodrigo Badilla (Costa Rica)
Auxiliares: Al-Ghattan (Bahrein) e Fanaei (Irã)

Cartões amarelos • 1ºT Winter 40'
2ºT Dunga 29', Wouters 44'

Semifinais

A Itália conseguiu uma inesperada vitória sobre a Bulgária. Não pelo resultado em si, mas pela facilidade com que ele foi conseguido. Com menos de meia hora de jogo, Roberto Baggio já havia marcado duas vezes. A Bulgária só diminuiria num pênalti no final do primeiro tempo, que Stoitchkov bateu, marcando seu sexto gol na Copa.

Brasil 1 x 0 Suécia

Brasil e Suécia se enfrentavam pela sétima vez – é até hoje o confronto mais repetido da história das Copas. O Brasil criou pelo menos meia dúzia de chances de marcar durante a partida, mas a bola insistia em não entrar. Finalmente, aos 35 minutos do segundo tempo, Jorginho cruzou da direita. Dentro da área, estavam nove jogadores da Suécia e apenas três brasileiros. Mas, num raro erro de posicionamento da defesa sueca, Romário – o mais baixo jogador em campo – se viu sozinho diante do gol, com espaço e tempo para saltar entre Patrik Andersson e Nilsson e cabecear no canto esquerdo. E o Brasil, num jogo em que não foi ameaçado em momento algum, se classificou para disputar sua sexta final de Copas.

Na decisão do terceiro lugar, a Bulgária, literalmente, desabou. Num curto período de 31 minutos no primeiro tempo, sofreu quatro

SEMIFINAIS

BRASIL 1   SUÉCIA 0

13 de julho de 1994 • Quarta-feira
Estádio Rose Bowl • Pasadena • 16h35

Gol no 2ºT • Romário 35'

BRASIL • ①Taffarel, ②Jorginho, ⑬Aldair, ⑮Márcio Santos, ⑥Branco, ⑧Dunga, ⑤Mauro Silva, ⑰Mazinho (⑩Raí, no intervalo), ⑨Zinho, ⑦Bebeto, ⑪Romário.
Técnico Carlos Alberto Parreira

SUÉCIA • ①Ravelli, ②Nilsson, ③Patrik Andersson, ④Björklund, ⑤Ljung, ⑧Ingesson, ⑱Mild, ⑧Thern, ⑪Brolin, ⑩Dahlin (⑰Rehn 23" 2ºT), ⑲Kennet Andersson. **Técnico** Tomas Svensson

Público • 91.856

Juiz: Jose Joaquín Torres Cadena (Colômbia)
Auxiliares: Marton (Hungria) e Matthys (Bélgica)

Cartões amarelos • 1ºT Zinho 3',
Ljung 29' | 2ºT Brolin 41'
Cartão vermelho • 2ºT Thern 17'

gols e acabou goleada por 4 a 0, saindo da Copa com o quarto lugar. Novamente, como já acontecera em outras Copas, a Suécia acabou indo bem mais longe do que se previa.

A final

Brasil 0 (3) x 0 (2) Itália

Brasil e Itália eram tri. O campeão seria o primeiro tetra da história. Mas Brasil e Itália disputaram um jogo chato, praticamente uma repetição do que havia acontecido quatro anos antes, quando uma equipe – a Alemanha – queria jogar e a outra – a Argentina – parecia preferir a roleta da disputa por pênaltis. Pela primeira vez na história, uma final de Copa do Mundo terminava sem gols. Apesar de o Brasil ter finalizado 22 vezes durante os 120 minutos e a Itália apenas seis, a Copa iria ser resolvida nos fatídicos tiros diretos da marca do pênalti. Parte da torcida começou a vaiar, não a atuação dos jogadores, mas o regulamento que levava a decisão de uma Copa para uma disputa percebida mais como lotérica do que como justa.

As 12 jardas

A Itália começou chutando. Bebeto estava encarregado de bater o último pênalti do Brasil, que não foi necessário. Franco Baresi, o primeiro a cobrar, mandou a bola quase 1 m acima do travessão. Márcio Santos bateu do jeito que os goleiros gostam: à meia altura,

---

FINAL

BRASIL 0   ITÁLIA 0

(BRASIL 3 A 2 NOS PÊNALTIS)

17 de julho de 1994 • Domingo
Estádio Rose Bowl • Pasadena • 12h35

BRASIL • ①Taffarel, ②Jorginho (⑭Cafu 22' 1ºT), ⑬Aldair, ⑮Márcio Santos, ⑥Branco, ⑧Dunga, ⑤Mauro Silva, ⑰Mazinho, ⑨Zinho (㉑Viola, no intervalo da prorr.), ⑦Bebeto, ⑪Romário. **Técnico** Carlos Alberto Parreira

ITÁLIA • ①Pagliuca, ③Benarrivo, ⑥Baresi, ⑤Maldini, ⑧Mussi (②Apolloni 34' 1ºT), ⑪Albertini, ⑯Donadoni, ⑬Dino Baggio (⑰Evani 5' 1ºT prorr.), ⑭Berti, ⑩Roberto Baggio, ⑲Massaro. **Técnico** Arrigo Sacchi

PÚBLICO • 94.194

Juiz: Sándor Puhl (Hungria)
Auxiliares: Zarate (Paraguai) e Fanaei (Irã)

CARTÕES AMARELOS • 1ºT Mazinho 4', Apolloni 41', Albertini 42' | 2ºT Cafu 42'

Almanaque dos Mundiais

entre o meio do gol e a trave. Pagliuca pulou para o lado direito e espalmou. Após quatro cobranças convertidas, duas para cada lado (Albertini e Evani para a Itália, Romário e

OS 13 TETRACAMPEÕES EM 1994

① Cláudio André Mergen **Taffarel**, goleiro da Reggiana, 28 anos (8/5/1966)
② **Jorginho** (Jorge Amorim de Oliveira Campos), lateral do Bayern de Munique, 29 anos (17/8/1964)
⑭ **Cafu** (Marcos Evangelista de Morais), lateral do São Paulo, 24 anos (19/6/1970)
⑬ **Aldair** Nascimento dos Santos, zagueiro da Roma, 28 anos (30/11/1965)
⑮ **Márcio** Roberto dos **Santos**, zagueiro do Bordeaux, 24 anos (15/9/1969)
⑥ **Branco** (Claudio Ibrahim Vaz Leal), lateral do Fluminense, 30 anos (4/4/1964)
⑧ **Dunga** (Carlos Caetano Bledorn Verri), volante do Stuttgart, 30 anos (31/10/1963)
⑤ **Mauro** da **Silva** Gomes, volante do Deportivo La Coruña, 26 anos (12/1/1968)
⑰ **Mazinho** (Iomar do Nascimento), volante do Palmeiras, 28 anos (8/4/1966)
⑨ **Zinho** (Crizam César de Oiveira Filho), ponta armador do Palmeiras, 27 anos (17/6/1967)
㉑ **Viola** (Paulo Sérgio Rosa), atacante do Corinthians, 26 anos (1/1/1969)
⑦ **Bebeto** (José Roberto Gama de Oliveira), atacante do Deportivo La Coruña, 30 anos (16/2/1964)
⑪ **Romário** de Souza Faria, atacante do Barcelona, 28 anos (29/1/1966)
Ⓣ **Carlos Alberto** Gomes **Parreira**, técnico, 51 anos (27/2/1943)

OS OUTROS 9 CAMPEÕES

⑫ **Zetti** (Armelino Donizetti Quagliato), goleiro do São Paulo, 29 anos (10/1/1965)
㉒ **Gilmar** Rinaldi, goleiro do Flamengo, 36 anos (13/1/1959)
③ **Ricardo** Roberto Barreto **Rocha**, zagueiro do Vasco da Gama, 31 anos (11/9/1962)
④ **Ronaldão** (Ronaldo Rodrigues de Jesus), zagueiro do Shimizu S-Pulse, 29 anos (10/6/1965)
⑯ **Leonardo** Nascimento de Araújo, lateral do Kashima Antlers, 25 anos (5/9/1969)
⑩ **Raí** Souza Vieira de Oliveira, armador do Paris St. Germain, 29 anos (15/5/1965)
⑱ **Paulo Sérgio** Silvestre Nascimento, atacante do Bayer Leverkusen, 25 anos (2/6/1969)
⑲ **Müller** (Luiz Antonio Correia da Costa), atacante do São Paulo, 28 anos (31/1/1966)
⑳ **Ronaldo** Luís Nazario de Lima, atacante do Cruzeiro, 17 anos (22/9/1976)

por Max Gehringer

Branco para o Brasil), Massaro fez exatamente a mesma coisa que Márcio Santos havia feito, só que mandando a bola no lado esquerdo. Taffarel defendeu. Em seguida, Dunga marcou – embora tenha dado uma escorregada na hora do chute – e a responsabilidade ficou com Roberto Baggio, que cobraria o quinto pênalti para a Itália. Baggio não bateu tão mal quanto Baresi, mas também errou o alvo. Enquanto Taffarel saltava para o canto esquerdo, Baggio tentou acertar o canto direito alto, mas a bola passou quase meio metro acima do travessão. A imagem do Brasil tetracampeão acabou sendo a de um Roberto Baggio estático, olhando desconsolado para o gol após errar o pênalti.

Zagallo outra vez

O técnico Parreira nem participou dos festejos. Arrumou as malas e foi para a Espanha, treinar o Valencia. Seu assistente e velho companheiro de banco, Mário Jorge Lobo Zagallo, 63 anos, assumiu o comando da Seleção, retornando ao cargo após vinte anos. Na França, em 1998, quando a Seleção iria tentar o penta, Zagallo se tornaria o técnico mais idoso a dirigir o Brasil em uma Copa.

> A **audiência total da Copa superou os 31 bilhões** de espectadores no mundo. **A decisão entre Brasil e Itália foi vista por um em cada seis terráqueos**. A audiência só não foi maciça dentro do próprio Estados Unidos.

:

1998

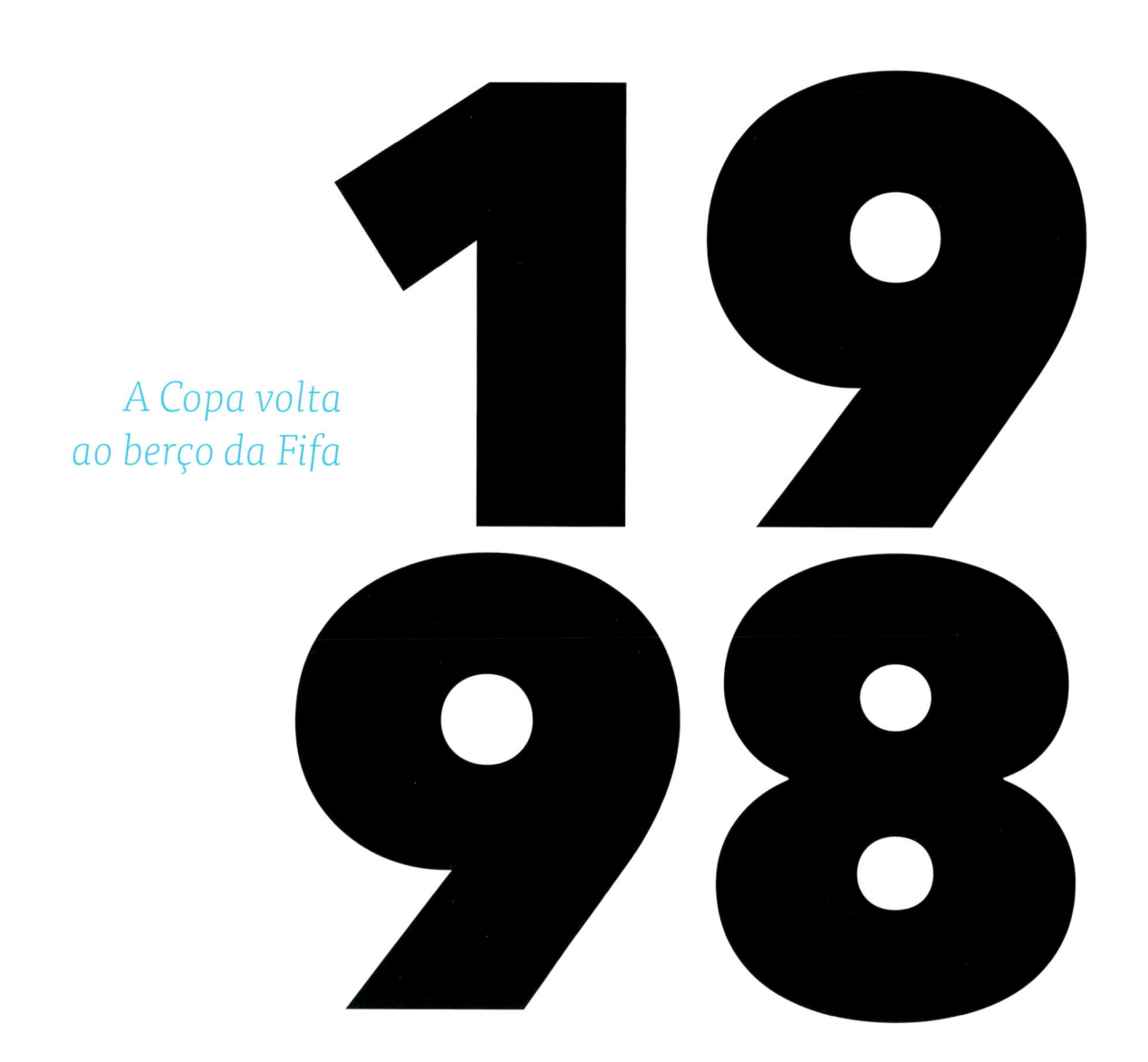

*A Copa volta
ao berço da Fifa*

Segunda Copa à francesa

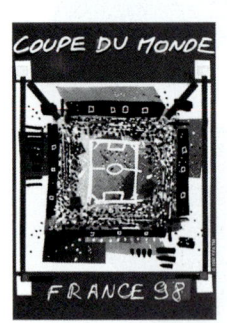

Em 1938, a França havia promovido a terceira Copa do Mundo. Cinquenta anos depois, promoveria a 16ª. No dia 2 de julho de 1992, em Zurique, os dezenove membros do Comitê Executivo da Fifa elegeram a França para sediar a Copa de 1998. Marrocos e Suíça haviam se apresentado como concorrentes, mas a Suíça desistiu pouco antes da votação final. Ao fim da votação, a França ficou com doze votos e o Marrocos com sete. Foi também decidido que a Copa da França seria a primeira a ter 32 países participantes.

Zagallo e o "Fenômeno"

Assistente de Parreira na conquista do tetra, Mário Jorge Lobo Zagallo voltou a dirigir a Seleção em agosto de 1994 – vinte anos e um mês depois de ter sido apeado do cargo, ao final da Copa da Alemanha. Em 1996, Zagallo repetiu o que Parreira já tentara fazer em 1992-93: decidiu deixar Romário fora da Seleção, sem explicar bem por quê. Criticado pela decisão, Zagallo reclamou do lobby da imprensa carioca (Romário estava no Flamengo), mas não abriu mão de suas convicções. Até porque o Brasil parecia ter encontrado o centroavante perfeito para a Copa: Ronaldo, na flor dos 20 anos. Reserva em 1994 (não entrou em campo nenhuma vez durante a Copa), Ronaldo havia explodido no PSV holandês em 1995 e no ano seguinte tinha sido comprado pelo Barcelona, pelo qual continuava a fazer gols às pencas, e cada vez mais bonitos. Em 1996 e 1997, Ronaldo seria eleito pela Fifa o melhor jogador do mundo. Em 1996, ainda era chamado de Ronaldinho, mas já tinha o cognome de Fenômeno desde 1995.

Primeira fase

O sorteio dos grupos aconteceu em 4 de dezembro de 1997, no Estádio Vélodrome de Marselha, numa grande cerimônia a céu aberto. Foram formados oito grupos com quatro equipes cada um, e os cabeças de chave

por Max Gehringer

A FRANÇA

» Em 1998, Paris já havia perdido para Nova York o título de capital do mundo, que ostentara desde os tempos dos infindáveis reis Luíses. Mas a capital francesa ainda continuava a ser a Cidade Luz e o principal destino turístico do planeta (mais de 60 milhões de visitantes por ano). A Paris do final do século XX mantinha intactos o charme de seus parques e avenidas repletos de restaurantes, museus e monumentos históricos e também os folclóricos garçons especializados em tratar os turistas como um mal necessário. A França tinha 58,6 milhões de habitantes em 1998. O câmbio era de 5,90 francos por dólar (o euro, moeda da Comunidade Europeia, só seria introduzido em 1º de janeiro de 1999).

O BRASIL EM 1998

» A população brasileira superava os 165 milhões de habitantes, dos quais 78% viviam em zonas urbanas. Para cada cem mulheres, havia 96 homens (o que correspondia a 2,5 milhões de mulheres a mais). A expectativa de vida ao nascer era de 64 anos para homens e 72 anos para mulheres.

» O salário mínimo valia 130 reais. O dólar começou o ano cotado a 1,12 real e terminou a 1,21 real (mas saltaria para 1,98 real em janeiro de 1999). A inflação anual foi de 1,7%, a mais baixa desde 1933.

» As músicas brasileiras mais tocadas no ano foram "Cada volta é um recomeço", com Zezé Di Camargo & Luciano; "Liberar geral", com Terra Samba, e "Cachimbo da paz", com Gabriel O Pensador.

» A sensação tecnológica de 1998 foi o Pager, um aparelhinho que enviava e recebia mensagens escritas. No início do ano, já havia 1,3 milhão de usuários cadastrados e 50 mil novos se associavam a cada mês.

» Em junho, chegou às farmácias nacionais o Viagra, fabricado pela Pfizer. O Brasil foi o segundo país do mundo – após os Estados Unidos – a comercializar a "pílula contra a impotência".

» O escritor carioca Paulo Coelho, 51 anos, tornou-se um fenômeno mundial ao atingir a marca de 20 milhões de livros vendidos em dez anos de carreira – e apenas OITO obras publicadas.

» Em 24 de março, foi sancionada a Lei Pelé, que entraria em vigor em 2001. Uma das novidades é que a lei dava a jogadores com mais de 25 anos o direito ao passe livre. A Lei Pelé recebeu esse nome porque o próprio Edson Arantes do Nascimento era então o ministro dos Esportes.

» Em 4 de outubro, Fernando Henrique Cardoso foi reeleito presidente da República no primeiro turno das eleições, obtendo 35,9 milhões de votos, contra 21,5 milhões dados a Luiz Inácio Lula da Silva.

Almanaque dos Mundiais

– Brasil, Itália, França, Espanha, Holanda, Alemanha, Romênia e Argentina – foram definidos pelo ranking da Fifa. Os dois primeiros de cada grupo passariam para a fase seguinte. Não haveria mais a classificação dos melhores terceiros colocados.

A SELEÇÃO BRASILEIRA

① Cláudio André Mergen **Taffarel**, goleiro do Atlético Mineiro, 32 anos (8/5/1966)
⑫ **Carlos Germano** Schwambach Neto, goleiro do Vasco, 27 anos (14/8/1970)
㉒ **Dida** (Nélson de Jesus Silva), goleiro do Cruzeiro, 24 anos (7/10/1973)
② **Cafu** (Marcos Evangelista de Morais), lateral da Roma, 28 anos (7/6/1970)
③ **Aldair** Nascimento dos Santos, zagueiro da Roma, 32 anos (30/11/1965)
④ **Junior Baiano** (Raimundo Ferreira Ramos Junior), zagueiro do Flamengo, 28 anos (14/3/1970)
⑥ **Roberto Carlos** da Silva, lateral do Real Madrid, 25 anos (10/4/1973)
⑭ **Gonçalves** (Marcelo Gonçalves Costa Lopes), zagueiro do Botafogo, 32 anos (22/2/1966)
⑮ **André** Alves da **Cruz**, zagueiro do Milan, 29 anos (20/9/1968)
⑯ **Zé Roberto** (José Roberto da Silva Junior), lateral do Flamengo, 24 anos (6/7/1974)
⑤ Carlos **César Sampaio** Campos, volante do Yokohama Flugels, 26 anos (31/3/1968)
⑧ **Dunga** (Carlos Caetano Bledorn Verri), volante do Jubilo Iwata, 34 anos (31/10/1963)
⑦ **Giovanni** Silva de Oliveira, armador do Barcelona, 26 anos (4/2/1972)
⑬ **Zé Carlos** (José Carlos de Almeida), lateral do São Paulo, 30 anos (14/11/1968)
⑰ **Doriva** (Dorival Guidoni Junior), volante do Porto, 26 anos (28/5/1972)
⑱ **Leonardo** Nascimento de Araújo, armador do Milan, 28 anos (5/9/1969)
⑨ **Ronaldo** Luís Nazário de Lima, atacante da Internazionale, 21 anos (22/9/1976)
⑩ **Rivaldo** Vitor Borba Ferreira, atacante do Barcelona, 26 anos (19/4/1972)
⑪ **Emerson** Ferreira da Rosa, volante do Bayer Leverkusen, 22 anos (4/4/1976)
⑲ **Denilson** de Oliveira Araújo, ponteiro do São Paulo, 20 anos (24/8/1977)
⑳ **Bebeto** (José Roberto Gama de Oliveira), atacante do Botafogo, 34 anos (16/2/1964)
㉑ **Edmundo** Alves de Souza Neto, ponteiro da Fiorentina, 27 anos (2/4/1971)
Ⓣ Mário Jorge Lobo **Zagallo,** técnico, 66 anos (Maceió-AL, 9/8/1931)

Grupo A
Brasil, Noruega, Escócia e Marrocos
Brasil 2 x 1 Escócia

Oficialmente, o jogo de abertura foi o de número 643 das Copas. E seria a 50ª vitória brasileira. O primeiro gol saiu rapidamente. Aos 4 minutos, Bebeto bateu um escanteio da esquerda. César Sampaio se antecipou a dois zagueiros e, meio de têmpora, meio de pescoço, mandou a bola no canto direito. Aos 37 minutos, César Sampaio cometeu um pênalti infantil, ao segurar Gallacher na entrada da área. John Collins bateu rasteiro no canto direito e empatou o jogo.

No segundo tempo, aos 27 minutos, o Brasil desempatou. Da meia-esquerda, Dunga lançou pelo alto para Cafu, que entrava pela lateral direita. Cafu chutou, a bola bateu no queixo do goleiro Leighton e reboteou no gogó do zagueiro Tommy Boyd, que vinha chegando na corrida. Mesmo vencendo com um gol contra, o Brasil saiu satisfeito – desde que o "jogo de abertura" havia sido oficialmente instituído, em 1966, nenhuma seleção havia conseguido marcar mais de um gol: foram quatro empates sem gols, três 1 a 0 e um 1 a 1. No outro jogo do grupo, o empate (2 a 2) entre Marrocos e Noruega deixou o Brasil isolado na liderança.

OS JOGOS DO BRASIL

BRASIL 2   ESCÓCIA 1

10 de junho de 1998 • Quarta-feira
Stade de France • Saint Denis • 17h30

Gols no 1ºT • 1 × 0 César Sampaio 4', 1 × 1 Collins 38'
Gol no 2ºT • 2 × 1 Boyd (contra) 27'

BRASIL • ①Taffarel, ②Cafu, ④Junior Baiano, ③Aldair, ⑥Roberto Carlos, ⑤César Sampaio, ⑧Dunga, ⑦Giovanni (⑱Leonardo, no intervalo), ⑩Rivaldo, ⑳Bebeto (⑲Denilson 25' 2ºT), ⑨Ronaldo.
Técnico Mário Jorge Lobo Zagallo

ESCÓCIA • ①Leighton, ③Boyd, ④Calderwood, ⑤Hendry, ㉒Dailly (⑥Tosh McKinlay 40' 2ºT), ⑧Burley, ⑪Collins, ⑭Lambert, ⑦Gallacher, ⑨Durie, ⑩Jackson (⑰Billy McKinlay 34' 2ºT).
Técnico Craig Brown

PÚBLICO • 80.000 (lotação esgotada)

Juiz: José Maria García-Aranda (Espanha)
Auxiliares: Arango (Colômbia) e Tresaco García (Espanha)

CARTÕES AMARELOS • 1ºT Jackson 25', César Sampaio 37' | 2ºT Aldair 2'

Brasil 3 x 0 Marrocos

Aos 9 minutos, Rivaldo tocou para Ronaldo, temerariamente marcado por um só zagueiro. Ronaldo dominou e chutou de pé direito, da meia-lua, para o canto direito (foi o primeiro gol de Ronaldo em Copas, mas já era o 26º pela Seleção, em 42 jogos). Aos 47 minutos, veio o segundo gol: Bebeto tocou para Cafu, que cruzou da direita. Entrando livre pelo meio, Rivaldo pegou de primeira, de pé esquerdo. Mesmo vencendo por 2 a 0, o Brasil voltou atacando no segundo tempo. Aos 5 minutos, o zagueiro Saber pisou na bola junto à linha lateral, e Ronaldo aproveitou. Entrou pela esquerda, passou pela zaga e tocou para Bebeto, sozinho na pequena área, fazer 3 a 0. Com duas vitórias, o Brasil estava classificado – até porque, no outro jogo, noruegueses e escoceses empataram (1 a 1).

BRASIL 3   MARROCOS 0

16 de junho de 1998 • Terça-feira
Stade de la Beaujoire • Nantes • 21h00

GOLS NO 1ºT • 1 × 0 Ronaldo 9', 2 × 0 Rivaldo 47'
GOL NO 2ºT • 3 × 0 Bebeto 5'

BRASIL • ①Taffarel, ②Cafu, ④Junior Baiano, ③Aldair, ⑥Roberto Carlos, ⑤César Sampaio (⑰Doriva 23' 2ºT), ⑧Dunga, ⑱Leonardo, ⑩Rivaldo (⑲Denilson 43' 2ºT), ⑳Bebeto (㉑Edmundo 28' 2ºT), ⑨Ronaldo.
TÉCNICO Mário Jorge Lobo Zagallo

MARROCOS • ⑫Benzekri, ②Saber (⑮Abrami 31' 2ºT), ③El-Hadrioui, ④Rossi, ⑥Naybet, ⑧Chiba (⑰Amzine 31' 2ºT), ⑱Chippo, ⑦Hadji, ⑳Tahar, ⑨Hadda (⑪El--Khattabi 43' 2ºT), ⑭Bassir. TÉCNICO Henri Michel

PÚBLICO • 35.000

JUIZ: Nikolai Levnikov (Rússia) AUXILIARES: Dupanov (Bielorrússia) e Warren (Inglaterra)

CARTÕES AMARELOS • 1ºT Hadda 32', César Sampaio 36' | 2ºT Chiba 19', Junior Baiano 42'

Noruega 2 x 1 Brasil

O Brasil poderia ter poupado alguns titulares, mas o técnico Zagallo não só botou o melhor time em campo (só Aldair foi poupado) como ainda aproveitou a suspensão de César Sampaio, por dois cartões amarelos, para montar um ataque forte, com Rivaldo, Bebeto, Ronaldo e Denilson.

Quando faltavam apenas doze minutos para o final da partida, o Brasil fez 1 a 0. Combatido por Berg, Denilson sofreu falta e caiu,

por Max Gehringer

mas conseguiu manter o controle da bola. O juiz não apitou a falta, e Denilson, reagindo mais rápido, escapou de Berg e cruzou para a pequena área. No lugar certo, Bebeto cabeceou sem dificuldade (foi seu 43º gol em 87 partidas pela Seleção). Aos 38 minutos, Bjornebye fez um lançamento longo da intermediária dinamarquesa. Junior Baiano e Tore Flo correram juntos e, quando chegaram à área do Brasil, a vantagem parecia ser do brasileiro. Mas Tore Flo conseguiu puxar a bola, driblar Junior Baiano e chutar no canto esquerdo de Taffarel.

O Brasil continuou levando o jogo em ritmo de treino e foi castigado no penúltimo minuto. Num cruzamento de Mykland, da lateral esquerda para a área do Brasil, Tore Flo desabou na frente de Junior Baiano. O juiz americano Esfandiar Baharmast apitou e apontou para a marca do pênalti. Surpreendidos, os jogadores demoraram a acreditar na marcação. Pênalti? Que pênalti? Os exaustivos *replays* da TV, de vários ângulos, também não mostraram pênalti algum. Aos 44 minutos, Rekdal bateu à meia altura, no canto direito de Taffarel, e fez 2 a 1.

Pela marcação, o juiz foi crucificado em todos os jornais, e não apenas no Brasil. Ninguém no mundo tinha visto o tal pênalti. No dia seguinte, finalmente, a verdade começou a aflorar. Primeiro, o produtor norueguês Odd Kodefloss, da rede NRK, espalhou pela internet uma foto de Junior Baiano puxando a camisa

---

NORUEGA 2   BRASIL 1

23 de junho de 1998 • Terça-feira
Stade Vélodrome • Marselha • 21h00

Gols no 2ºT • 0 × 1 Bebeto 33',
1 × 1 Tore Flo 38', 2 × 1 Rekdal (pênalti) 44'

NORUEGA • ①Grodas, ④Berg, ⑮Eggen, ③Johnsen, ⑤Bjornebye, ⑰Havard Flo (⑳Solskjaer 23' 2ºT), ⑧Leonhardsen, ⑩Rekdal, ㉒Strand (⑦Mykland, no intervalo), ㉑Riseth (⑯Jostein Flo 34' 2ºT), ⑨Tore Flo.
Técnico Egil Olsen

BRASIL • ①Taffarel, ②Cafu, ④Junior Baiano, ⑭Gonçalves, ⑥Roberto Carlos, ⑧Dunga, ⑱Leonardo, ⑩Rivaldo, ⑳Bebeto, ⑨Ronaldo, ⑲Denilson.
Técnico Mário Jorge Lobo Zagallo

PÚBLICO • 55.000

Juiz: Esfandiar Baharmast (Estados Unidos)
Auxiliares: Dante (Mali) e Mazzei (Itália)

CARTÕES AMARELOS • 2ºT Leonhardsen 9', Mykland 16'

de Flo. À tarde, a tv estatal sueca svt liberou um vídeo com a cena inteira, registrada de um ângulo exclusivo, por trás do gol e bem de frente para o lance. E só aí foi possível ver Junior Baiano segurar Tore Flo pela camisa, impedindo o norueguês de partir em direção à bola.

Nos 3 a 0 sobre a Escócia, os jogadores marroquinos choraram em campo. Não de alegria pela bela vitória, mas após serem informados de que ela não serviria para nada. Com a derrota do Brasil para a Noruega, o Marrocos dizia adeus à Copa.

Grupo B » **Itália, Chile, Áustria e Camarões**

O Chile nunca chegara tão confiante a uma Copa. Padecendo historicamente pela falta de matadores, os chilenos dessa vez tinham dois – Ivan Zamorano, 31 anos, da Inter de Milão, e Marcelo Salas, 23 anos, que a Lazio acabara de comprar do River Plate por 23 milhões de dólares. Juntos, Zamorano e Salas haviam marcado 23 dos 32 gols do Chile nas Eliminatórias. Mas na estreia contra a Itália foi pela fome de fazer gols que o Chile acabou tomando um, em um contra-ataque, aos 10 minutos. Os chilenos empataram, com Salas, graças a seus esforços e ao juiz nigeriano, que deu três minutos de descontos no primeiro tempo, sem necessidade. Aos 4 minutos do segundo tempo, o Chile virou, novamente com Salas. E se aguentou até os 39 minutos, quando o juiz marcou um pênalti duvidoso para a Itália, que Roberto Baggio cobrou para empatar. O outro jogo do grupo, entre Camarões e Áustria, também terminou empatado: 1 a 1.

O Grupo B – parece ser a sina da Itália em Copas – começava amarrado, com dois empates. E haveria um terceiro, entre Chile e Áustria, com os austríacos igualando o marcador em 1 a 1 com um gol nos descontos do segundo tempo. Enquanto isso, a Itália passava por Camarões, 3 a 0, no jogo em que Di Biagio, aos 8 minutos, fez o primeiro gol italiano e o 100º gol

> O Comitê Organizador da Copa foi encabeçado pelo franco-argelino Fernand Sastre e pelo ex-jogador Michel Platini, encarregados de administrar o orçamento de 416 milhões de dólares. **Sastre viria a falecer em 13 de junho, três dias após o início da competição**, aos 74 anos.

da Itália em Copas. Na última rodada, um fato incrível: a Áustria fez outro gol depois dos 45 minutos do segundo tempo, o terceiro em três jogos. Mas, dessa vez, foi um gol inútil. A Itália já vencia por 2 a 0 e terminou em primeiro lugar do Grupo B. No outro jogo, com 1 ponto ganho, Camarões ainda tinha chances de classificação, mas foram os chilenos, empurrados por 20 mil compatriotas, que tingiram o estádio com suas camisas vermelhas e, depois de 36 anos, conseguiram novamente passar da primeira fase de uma Copa, empatando por 1 a 1. Seu próximo adversário seria o Brasil, e os chilenos jogariam sem Rojas, Parraguez e Villaroel, suspensos por dois cartões amarelos.

Grupo C » **França, Dinamarca, África do Sul e Arábia Saudita**

Até os 23 minutos do segundo tempo, tudo dizia que o técnico da Arábia Saudita, o brasileiro Carlos Alberto Parreira, iria acabar conseguindo seu objetivo – um empate na estreia, diante da Dinamarca. Mas o zagueiro Rieper acabou cabeceando para fazer o gol da vitória dinamarquesa. No jogo de estreia da anfitriã França, os marselheses fizeram uma festa inesquecível. Por seu lado, a África do Sul fa-

OS ESTÁDIOS

ESTÁDIO	CIDADE	CAPACIDADE	INAUGURAÇÃO	JOGOS
Stade de France	Saint Denis	80.000	1998	9
Stade Vélodrome	Marselha	60.550	1937	7
Parc des Princes	Paris	45.500	1972	6
Stade de Gerland	Lyon	44.000	1920	6
Stade Félix-Bollaert	Lens	41.650	1932	6
Stade de la Beaujoire	Nantes	38.300	1984	6
Stade Geoffroy-Guicard	Saint Étienne	35.600	1931	6
Stadium Municipal	Toulouse	35.500	1937	6
Stade Lescure	Bordeaux	34.440	1924	6
Stade de la Mosson	Montpellier	32.950	1972	6

zia sua estreia em Copas. O resultado, 3 a 0 a favor dos franceses, foi mais que justo.

Na segunda rodada, enquanto dinamarqueses e sul-africanos ficavam no 1 a 1, a França garantia a vaga nas oitavas com uma rodada de antecipação, goleando a Arábia Saudita por 4 a 0. A França, apesar da goleada, perdera Dugarry – machucado – e Zidane – expulso por ter pisado no capitão saudita, Fuad Amin. Zidane seria julgado pelo severo Comitê Disciplinar da Fifa. A Arábia Saudita tornava-se a primeira seleção a demitir o técnico, Carlos Alberto Parreira, no meio de uma Copa do Mundo.

Na última rodada, jogando em Lyon e sob os olhares do então primeiro-ministro, Jacques Chirac, a França entrou com sete reservas, para evitar que os titulares com um cartão amarelo tomassem o segundo e desfalcassem ainda mais a equipe na segunda fase (Zidane já havia sido julgado e tomado dois jogos de suspensão). Mesmo assim, derrotou a Dinamarca por 2 a 1 e garantiu o primeiro lugar do grupo. Os dinamarqueses precisavam de um empate, mas poderiam até perder, desde que não fosse por muito, e desde que, em Bordeaux, a África do Sul também não goleasse a Arábia Saudita. Após os 2 a 2 entre Arábia Saudita e África do Sul, tanto franceses quanto dinamarqueses saíram de campo contentes e classificados.

Grupo D » Espanha, Nigéria, Bulgária e Paraguai

Paraguai e Bulgária abriram o grupo mais equilibrado (chamado de "grupo da morte") empatando em 0 a 0. No dia seguinte, a Nigéria assumiu a liderança ao fazer 3 a 2 na Espanha, que chegou a estar vencendo por 1 a 0 e 2 a 1. Na segunda rodada, a Nigéria foi a primeira a garantir não só a vaga como o primeiro lugar do grupo, ao bater a Bulgária por 1 a 0. O empate (0 a 0) entre paraguaios e espanhóis manteve todas as outras três seleções com chances de classificação, com

> Estiveram envolvidos **704 jogadores**, mais de mil dirigentes, **13 mil jornalistas** e 28 mil policiais franceses (com **2.400 cães de guarda**). A transmissão direta pela **TV atingiria 195 países** e teria uma audiência acumulada de 37 bilhões de espectadores.

vantagem para o Paraguai, o único que dependeria de si.

A Bulgária pagou pelo que não fez: finalmente a Espanha mostrou que tinha uma seleção capaz de ir longe na Copa, goleando por 6 a 1. Mas, com a vitória paraguaia sobre os reservas da classificada Nigéria (3 a 1), a Espanha, única seleção cabeça de chave que não avançou para a fase seguinte, estava eliminada.

Grupo E » Holanda, México, Bélgica e Coreia do Sul

O México estreou fazendo 3 a 1, de virada, na Coreia do Sul; a Holanda, empatando com a vizinha Bélgica em 0 a 0. Depois, o México foi surpreendido pela Bélgica, que chegou a abrir uma vantagem de 2 a 0, mas acabou cedendo o empate em 2 a 2.

Na última rodada, a Coreia do Sul, com o técnico interino Pyung Seok Kim no lugar do demitido Bum Keoun Cha, conseguiu um honroso empate de 1 a 1 com a Bélgica, que acabou eliminada. Isso porque Holanda e México também empataram, em 2 a 2, num jogo em que os holandeses chegaram a estar vencendo por 2 a 0. O empate valeu a classificação em segundo no grupo, mas foi celebrado pelos mexicanos como se fosse o título da própria Copa.

> Cerca de **20 mil brasileiros foram à França acompanhar a Copa**. Eles se juntaram a 800 mil fãs de futebol do mundo inteiro.

Grupo F » Alemanha, Iugoslávia, Estados Unidos e Irã

A Iugoslávia havia ficado fora da Copa de 1994, como resultado de uma suspensão aplicada pela Fifa por causa das inúmeras guerras civis entre as diversas etnias do país. O Irã disputava sua primeira Copa após a revolução islâmica de 1979. Deu Iugoslávia, 1 a 0. Aos 9 minutos do jogo entre Estados Unidos e Alemanha, Möller, de cabeça, fez o primeiro gol dos alemães. Em outro cochilo da zaga americana, Klinsmann definiu o jogo em 2 a 0.

Na segunda rodada, no jogo contra a Alemanha, a Iugoslávia chegou a estar vencendo por 2 a 0, mas acabou cedendo o empate, que mantinha as duas seleções em primeiro lugar no grupo, com 4 pontos cada uma. Em seguida, vinha o Irã, com 3 pontos, conquistados na vitória por 2 a 1 sobre os Estados Unidos, em Lyon. Antes da partida, os atletas iranianos presentearam seus adversários com ramalhetes de flores brancas. Em troca, receberam flâmulas da Federação Norte-Americana de Soccer. Em seguida, as duas equipes posaram juntas para as fotos. Durante duas horas, o futebol pairou acima do ódio recíproco que os mandatários das duas nações vinham destilando havia quase dez anos.

Na última rodada, a vitória por 2 a 0 sobre o mesmo Irã garantiu à Alemanha o primeiro lugar do grupo, pelo saldo de gols. O segundo lugar ficou com a Iugoslávia, assegurado com a vitória por 1 a 0 sobre os Estados Unidos.

> A Copa de 1998 seria a primeira a ter **bolas com as cores do país sede** – a "Tricolore", da Adidas, era azul, vermelha e branca. Na Copa, **seriam utilizadas 960 bolas (quinze por jogo)**.

Grupo G » Inglaterra, Romênia, Colômbia e Tunísia

Em sua estreia, contra a Tunísia, a Inglaterra conseguiu uma vitória previsível, por 2 a 0. Numa repetição do que havia acontecido no jogo entre as duas equipes na Copa de 1994, a Romênia superou a Colômbia, dessa vez por 1 a 0.

Na segunda rodada, a Colômbia fez 1 a 0 na Tunísia. No dia seguinte, o técnico polonês Henryk Kasperczak, que dirigia a Tunísia desde 1995, se transformou no terceiro treinador demitido na mesma semana (os outros foram, pela ordem, Carlos Alberto Parreira, da Arábia Saudita, e Bum Keoun Cha, da Coreia do Sul). A Romênia tornou-se a primeira seleção do grupo a garantir a vaga, após derrotar a Inglaterra por 2 a 1. Um empate na última rodada (1 a 1) diante da já desclassificada Tunísia deu à Romênia o primeiro lugar do grupo, enquanto a Inglaterra, que só precisava do empate para se classificar, fez 2 a 0 na Colômbia e garantiu o segundo lugar do grupo.

Grupo H » Argentina, Croácia, Jamaica e Japão

A Argentina foi a última das seleções fortes a estrear, contra o Japão, que fazia sua primeira par-

por Max Gehringer

tida em Copas. E ganhou só de 1 a 0. A Croácia venceu os "Reggae Boyz" da Jamaica por 3 a 1.

A vitória da Croácia sobre o Japão por 1 a 0, gol do artilheiro Suker, praticamente garantiu antecipadamente a classificação croata (e a desclassificação japonesa). A Argentina também se garantiu antes da última rodada, com goleada (5 a 0) sobre a Jamaica. Na última rodada, o jogo entre Argentina e Croácia servia para definir o primeiro e o segundo lugar do Grupo H. A Argentina – que já venceria o grupo com um simples empate, pelo saldo de gols – fez 1 a 0 e, com 100% de aproveitamento, passou para a segunda fase. No jogo entre Jamaica e Japão, que não valia mais nada, a Jamaica ganhou por 2 a 1.

Oitavas de final

A derrota por 1 a 0 para a Itália tirou os noruegueses da Copa. A França novamente jogou sem Zidane, que cumpria sua segunda partida de suspensão. E o Paraguai entrou em campo pensando em segurar o 0 a 0 e levar a disputa para os pênaltis. O gol francês amadureceu, mas não saiu, e a partida foi para a prorrogação. Foi a primeira partida da história das Copas decidida por um gol de ouro, marcado pelo zagueiro francês Laurent Blanc aos 9 minutos do segundo tempo da prorrogação.

A Nigéria deu adeus à Copa sendo goleada pela Dinamarca por 4 a 1. Contra a Alemanha, o México fez 1 a 0 logo no início do segundo tempo e vencia até os 29 minutos, quando os alemães empataram. Aos 41 minutos, a Alemanha virou o jogo para 2 a 1. Nos últimos instantes do segundo tempo do jogo entre Holanda e Iugoslávia, quando o empate em 1 a 1 indicava uma desgastante prorrogação, Davids marcou o gol da vitória e da classificação holandesa. Ao vencer por 1 a 0, a Croácia acabou eliminando a Romênia da Copa.

Argentina x Inglaterra teve grandes jogadas, muita tensão, encrencas à vontade e qua-

> O time da arbitragem foi composto de **34 juízes e 33 assistentes**. Do Brasil, foram selecionados o juiz Marcio Rezende de Freitas e o bandeirinha baiano Arnaldo de Menezes Pinto Filho.

tro gols, todos marcados ainda no primeiro tempo, no empate por 2 a 2. A disputa prosseguiria com a Inglaterra tendo de atuar com um jogador a menos durante todo o segundo tempo e a prorrogação (David Beckham foi expulso por chutar Diego Simeone), passaria por um gol inglês anulado e se encerraria numa dramática disputa por pênaltis, afinal vencida pela Argentina por 4 a 3.

Brasil 4 x 1 Chile
O jogo começou equilibrado, mas duas descidas de César Sampaio acabaram desmontando o Chile. Aos 11 minutos, Rivaldo sofreu falta pela esquerda e Dunga levantou a bola na área. Saltando no meio do bolo de jogadores, César Sampaio cabeceou no canto direito de Tapia. Aos 27 minutos, Roberto Carlos cobrou uma falta da intermediária, frontal ao gol. A bola reboteou na barreira, desviou em Bebeto e sobrou para César Sampaio tocar no cantinho direito de Tapia. Aos 45 minutos, Ronaldo foi lançado por Leonardo, passou por Tapia e foi derrubado pelo goleiro. O próprio Ronaldo bateu o pênalti no canto esquerdo e

fez 3 a 0, praticamente matando o jogo em meio tempo.

Na segunda etapa, aos 23 minutos, na única vacilada de Junior Baiano e Aldair, Zamorano surgiu na frente de Taffarel e cabeceou. O

OITAVAS DE FINAL

BRASIL 4 CHILE 1
27 de junho de 1998 • Sábado
Stade Parc des Princes • Paris • 21h00

Gol no 1ºT • 1 × 0 César Sampaio 11', 2 × 0 César Sampaio 27', 3 × 0 Ronaldo (pênalti) 46'
Gols no 2ºT • 3 × 1 Salas 23', 4 × 1 Ronaldo 25'

BRASIL • ①Taffarel, ②Cafu, ④Junior Baiano, ③Aldair (⑭Gonçalves 33' 2ºT), ⑥Roberto Carlos, ⑤César Sampaio, ⑧Dunga, ⑱Leonardo, ⑩Rivaldo, ⑳Bebeto (⑲Denilson 20' 2ºT), ⑨Ronaldo.
Técnico Mário Jorge Lobo Zagallo

CHILE • ①Tapia, ③Fuentes, ⑥Reyes, ⑤Margas, ⑭Ramírez (⑰Vega, no intervalo), ⑯Aros, ⑧Acuña (⑱Musrri 34' 2ºT), ⑲Cornejo, ⑩Sierra (⑳Estay, no intervalo), ⑨Zamorano, ⑪Salas.
Técnico Nelson Acosta

Público • 45.500

Juiz: Marc Batta (França)
Auxiliares: Poudevigne (França) e Poewll (Jamaica)

Cartões Amarelos • 1ºT Fuentes 34', Leonardo e Tapia 45' | 2ºT Cafu 45'

goleiro rebateu no reflexo, mas Salas, ligado, tocou de cabeça para as redes. Aos 25 minutos, Ronaldo foi lançado por Cafu, entrou sozinho pela direita e tocou no canto direito de Tapia. O Brasil acabou passando com tranquilidade para as quartas de final. O Chile deixou a Copa sem nenhuma vitória (foram três empates e uma derrota).

Quartas de final

Zinedine Zidane retornou, após cumprir dois jogos de suspensão, e a França merecia ter vencido a Itália já no tempo normal. Mas os noventa minutos e a prorrogação ficaram mesmo no 0 a 0. Nos pênaltis, na cobrança do italiano Luigi Di Biagio, a bola acertou em cheio o travessão francês. Pela terceira vez seguida, a Itália foi derrotada nos pênaltis, como em 1990 e em 1994. Para infortúnio dos argentinos, os holandeses fizeram diante deles sua melhor exibição na Copa. E venceram por 2 a 1. Surpreendentemente, a Croácia fez 3 a 0 na Alemanha e também chegou às semifinais.

A Fifa fez um **seguro de peso**: caso a Copa fosse cancelada, a companhia seguradora teria de pagar **3 bilhões de dólares à entidade**.

Brasil 3 x 2 Dinamarca

O Brasil sofreu, mas conseguiu vencer a Dinamarca. O primeiro sinal de alerta veio logo aos 2 minutos. Numa falta de Dunga sobre Moller, quase no bico direito da grande área brasileira, a barreira começava a se formar quando Michael Laudrup bateu rapidamente a falta para seu irmão Brian, que foi à linha de fundo e cruzou para trás. Jorgensen, que nos treinos tinha ensaiado direitinho a jogada, correu em diagonal partindo da meia-direita, recebeu o passe na medida exata, 1 m fora da pequena área, e tocou rasteiro de pé esquerdo no canto direito de Taffarel. Dentro da área, oito jogadores do Brasil ficaram assistindo ao lance.

A resposta brasileira veio aos 11 minutos. Ronaldo tocou para Bebeto, que ganhou na corrida de Helveg e da meia-lua tocou consciente no cantinho direito de Schmeichel, empatando o jogo. Aos 27 minutos, Dunga desarmou Helveg próximo da área da Dinamarca e a bola sobrou nos pés de Ronaldo, pelo centro do ataque. Ronaldo fez um passe perfeito para Rivaldo, que entrava pela meia-esquerda e concluiu com um toque de muita categoria.

Na etapa final, aos 5 minutos, veio o gol de empate dinamarquês. A 10 m da área brasileira, César Sampaio dividiu com Brian Laudrup. A bola subiu e foi cair dentro da área, bem sobre Roberto Carlos, que se preparou para executar uma das famosas bicicletas que faziam a torcida do Real Madrid delirar. Desafortunadamente, Roberto Carlos errou feio e mal roçou a bola, que ficou limpinha nos pés de Brian Laudrup, que mandou uma bomba no ângulo esquerdo.

Aos 15 minutos, Rivaldo recebeu de Dunga e foi carregando a bola pela intermediária da Dinamarca, sem sofrer nenhuma marcação. A dez passos da área, quando finalmente Rieper resolveu partir para o combate, Rivaldo disparou um chute rasteiro e cruzado de pé esquerdo. A bola entrou rente à trave esquerda de Schmeichel. Mesmo tendo sido suplantado durante a maior parte do tempo, e com sua defesa falhando muito, o Brasil conseguiu passar para as semifinais.

QUARTAS DE FINAL

BRASIL 3   DINAMARCA 2

3 de julho de 1998 • Sexta-feira
Stade de la Beaujoire • Nantes • 21h00

Gols no 1ºT • 0 × 1 Jorgensen 2', 1 × 1 Bebeto 11', 2 × 1 Rivaldo 27'
Gols no 2ºT • 2 × 2 Brian Laudrup 5', 3 × 2 Rivaldo 15'

BRASIL • ①Taffarel, ②Cafu, ④Junior Baiano, ③Aldair, ⑥Roberto Carlos, ⑤César Sampaio, ⑧Dunga, ⑱Leonardo (⑪Emerson 27' 2ºT), ⑩Rivaldo (⑯Zé Roberto 43' 2ºT), ⑳Bebeto (⑲Denilson 19' 2ºT), ⑨Ronaldo. **Técnico** Mário Jorge Lobo Zagallo

DINAMARCA • ①Schmeichel, ③Rieper, ④Hogh, ⑤Heintze, ⑥Helveg (②Schjonberg 41' 2ºT), ⑫Colding, ⑦Nielsen (⑮Tofting, no intervalo), ⑩Michael Laudrup, ㉑Jorgensen, ⑪Brian Laudrup, ⑱Moller (⑲Sand 22' 2ºT). **Técnico** Bo Johansson

Público • 35.500

Juiz: Gamal Ghandour (Egito)
Auxiliares: Mansri (Tunísia) e Dante (Mali)

Cartões amarelos • 1ºT Roberto Carlos 11', Helveg 19', Aldair 37', Colding 39' | 2ºT Tofting 27', Cafu 36'

Semifinais

Das 21 conclusões feitas pela França nos noventa minutos durante o jogo contra a Croácia, pelas semifinais, o zagueiro Lilian Thuram, 26 anos, foi responsável por duas. E as duas entraram, decretando a vitória por 2 a 1, de virada, e definindo a classificação francesa para a final. Foram também os dois únicos gols de Thuram em catorze anos jogando pela Seleção Francesa.

Brasil 1 (4) x 1 (2) Holanda

Na semifinal contra a Holanda, Cafu, suspenso, ficaria de fora. Em seu lugar foi escalado Zé Carlos, do São Paulo, em sua primeira e única partida oficial pela Seleção. Brasil e Holanda fizeram o jogo mais vibrante da Copa, com as duas equipes jogando ofensivamente. O Brasil deu a saída para o segundo tempo e a bola ficou rodando de pé em pé, até chegar a Rivaldo, aberto pela ponta esquerda. Com apurada visão de jogo, Rivaldo enfiou um passe em diagonal para Ronaldo, que entrava correndo pelo centro do ataque. Já dentro da área, Ronaldo controlou a bola com o pé esquerdo, enquanto Cocu tentava retardar o pique do brasileiro segurando sua camisa. No segundo toque, Ronaldo enfiou a bola por entre as pernas do goleiro Van der Sar, no momento em que Cocu esticava a perna para bloquear o arremate. Brasil 1 a 0. Aos 43 minutos, Cocu tocou para Ronald de Boer, que cruzou da direita para a área. Aldair e Junior Baiano ficaram pregados no chão e Kluivert saltou no meio deles para cabecear com estilo no canto esquerdo e empatar.

SEMIFINAIS

BRASIL 1 HOLANDA 1
(BRASIL 4 A 2 NOS PÊNALTIS)

7 de julho de 1998 • Terça-feira
Stade Vélodrome • Marselha • 21h00

GOLS NO 2ºT • 1 × 0 Ronaldo 23", 1 × 1 Kluivert 43'

BRASIL • ①Taffarel, ⑬Zé Carlos, ④Junior Baiano, ③Aldair, ⑥Roberto Carlos, ⑤César Sampaio, ⑧Dunga, ⑱Leonardo (⑪Emerson 40' 2ºT), ⑩Rivaldo, ⑳Bebeto (⑲Denilson 25' 2ºT), ⑨Ronaldo. TÉCNICO Mário Jorge Lobo Zagallo

HOLANDA • ①Van der Sar, ②Reiziger (⑳Winter 12' 2ºT), ③Stam, ④Frank de Boer, ⑥Jonk (⑩Seedorf 6' 2ºT da prorr.), ⑦Ronald de Boer, ⑯Davids, ⑫Zenden (⑰Van Hooijdonk 30' 2ºT), ⑪Cocu, ⑧Bergkamp, ⑨Kluivert. TÉCNICO Guus Hiddink

PÚBLICO • 54.000

JUIZ: Ali Bujsaim (Emirados Árabes)
AUXILIARES: Al-Musawi (Omã) e Ghadanfari (Kuwait)

CARTÕES AMARELOS • 1ºT Zé Carlos 31', César Sampaio 45' | 2ºT Reiziger 3', Davids 15', Van Hooijdonk 45' | 2ºT DA PRORROGAÇÃO Seedorf 14'

Na prorrogação, mais momentos angustiantes, porque Brasil e Holanda jogaram sem a preocupação de tomar um eventual gol de ouro. Com as duas equipes recebendo aplausos dos torcedores, a vaga na final seria decidida na disputa por pênaltis. Concentrados, os brasileiros (Ronaldo, Rivaldo, Emerson e Dunga) não deram nenhuma chance de defesa ao goleirão Van der Sar. Taffarel já tinha acertado os cantos nas duas primeiras cobranças holandesas, e defenderia as duas últimas, de Cocu e Ronald de Boer. Brasil e França fariam a final. Na decisão do terceiro lugar, os holandeses viam a disputa como um castigo e os croatas como um prêmio. Essa diferença determinaria o resultado do jogo, Croácia 2 a 1.

A final

França 3 x 0 Brasil

Por volta das 14h30 (9h30 no Brasil), no quarto 290 do Hotel Château de la Grande Romaine, o lateral Roberto Carlos percebeu que Ronaldo, seu companheiro de quarto, estava passando mal. Roberto Carlos saiu correndo para pedir ajuda e encontrou Edmundo, que localizou o dr. Lídio Toledo. Os dois subiram ao 2º andar, já acompanhados por vários jogadores. Ao entrar no quarto, o dr. Lídio encontrou Ronaldo deitado, trêmulo, suando e secretando saliva. Mas o pulso estava normal e o médico concluiu que Ronaldo havia tido algum tipo de convulsão. Porém, sendo ortopedista, o dr. Lídio não podia fazer um diagnóstico mais apurado. Era necessária a opinião profissional do dr. Joaquim da Mata, o médico clínico. Após o exame, os médicos pediram que todos saíssem e deixassem Ronaldo descansar. Numa entrevista concedida no Brasil, cinco dias depois, Ronaldo disse que nem se lembrava do fato: "Senti sono e dormi. Quando acordei, tudo já tinha acontecido".

Pouco depois das 17 horas, os médicos decidiram que Ronaldo precisaria passar por uma

> Uma penca de artistas brasileiros aproveitou a Copa para fazer **shows em Paris**. Lá estiveram: Chico Buarque, Jorge Ben Jor, Daniela Mercury, Gilberto Gil, Ivan Lins, Carlinhos Brown, João Bosco, o grupo Skank e a Unidos do Viradouro, comandada pelo carnavalesco Joãosinho Trinta.

bateria de exames neurológicos (em 2006, Dunga declararia que essa decisão foi tomada por Ricardo Teixeira, e não pelos médicos). Por volta das 16h30, o dr. Joaquim foi com Ronaldo à Clínica des Lillas (conveniada com a Fifa), acompanhado do fisioterapeuta Claudionor Delgado. E o dr. Lídio seguiu com a delegação para o estádio, que ficava a trinta minutos do hotel. O nome de Ronaldo constou na escalação que foi entregue ao quarto árbitro duas horas antes do jogo. Mas, como Ronaldo não voltava, alguém (o dr. Lídio disse que não foi ele e Zagallo disse que não se lembrava quem foi) assinou um documento confirmando a substituição de Ronaldo por Edmundo por motivos médicos. Segundo o chefe da delegação, Fábio Koff, ele assinou um documento nesse sentido, que lhe teria sido entregue por "um dirigente da Fifa". As emissoras de TV e rádio do Brasil anunciaram a alteração na escalação.

Por volta das 19h40, o dr. Joaquim ligou da clínica para o colega dr. Lídio e comunicou que os exames nada haviam acusado. Meia hora depois (e cinquenta minutos antes do início do jogo), Ronaldo chegou ao vestiário afirmando que não sentia mais nada, e insistiu em jogar. Zagallo e os dois médicos conversaram, e Zagallo decidiu escalar Ronaldo. Todos os médicos brasileiros consultados nos dias seguintes

FINAL

FRANÇA 3   BRASIL 0

12 de julho de 1998 • Domingo
Stade de France • Saint Denis • 21h00

Gols no 1ºT • 1 × 0 Zidane 27', 2 × 0 Zidane 46'
Gol no 2ºT • 3 × 0 Petit 47'

FRANÇA • ⑯Barthez, ⑮Thuram, ⑮Leboeuf, ⑧Desailly, ③Lizarazu, ⑦Deschamps, ⑥Djorkaeff (④Vieira 29' 2ºT), ⑰Petit, ⑩Zidane, ⑨Guivarc'h (㉑Dugarry 21' 2ºT), ⑨Karembeu (④Boghossian 11' 2ºT). **Técnico** Aimé Jacquet

BRASIL • ①Taffarel, ②Cafu, ④Junior Baiano, ③Aldair, ⑥Roberto Carlos, ⑤César Sampaio (㉑Edmundo 30' 2ºT), ⑧Dunga, ⑱Leonardo (⑲Denilson, no intervalo), ⑩Rivaldo, ⑳Bebeto, ⑨Ronaldo. **Técnico** Mário Jorge Lobo Zagallo

PÚBLICO • 80.000

Juiz: Saïd Belqola (Marrocos)
Auxiliares: Warren (Inglaterra) e Salie (África do Sul)

CARTÕES AMARELOS • 1ºT Junior Baiano 33', Deschamps 39' | 2ºT Desailly 3', Karembeu 11', Desailly 23'
CARTÃO VERMELHO • 2ºT Desailly 23'

ao jogo classificaram essa decisão como imprudente e temerária. Evidentemente, depois de passar por tudo isso, nenhuma equipe do mundo entraria em campo psicologicamente equilibrada para disputar uma final de Copa. E o Brasil não seria a exceção.

O jogo

Foi a primeira final entre o campeão anterior e o país sede. Era a primeira final da França e a quinta do Brasil. Apesar de se aguentar razoavelmente bem nos primeiros 25 minutos, o Brasil tinha um ponto vulnerável – sua defesa, que antes de enfrentar a França já havia sofrido sete gols naquela Copa. Aos 27 minutos, num escanteio a favor da França pela direita, Zidane, que normalmente era o batedor, permaneceu na área, onde se aglomeravam dez jogadores brasileiros e seis franceses. Petit cobrou, mandando a bola na primeira trave. Marcado ape-

OS 14 CAMPEÕES DE 1998

⑯ Fabien **Barthez**, goleiro do Monaco, 27 anos (28/6/1971)
⑮ Lilian **Thuram**, lateral do Parma, 26 anos (1/1/1972)
⑱ Frank **Leboeuf**, zagueiro do Chelsea, 30 anos (22/1/1968)
⑧ Marcel **Desailly**, zagueiro do Milan, 29 anos (7/9/1968)
③ Bixente **Lizarazu**, lateral do Bayern Munich, 28 anos (9/12/1969)
⑦ Didier **Deschamps**, volante da Juventus, 29 anos (15/10/1968)
⑲ Christian **Karembeu**, volante do Real Madrid, 27 anos (3/12/1970)
⑰ Emmanuel **Petit**, meio-campo do Arsenal, 28 anos (22/9/1970)
⑩ Zinedine **Zidane**, meio-campo da Juventus, 26 anos (23/6/1972)
⑥ Youri **Djorkaeff**, atacante da Internazionale, 30 anos (9/3/1968)
⑨ Stephane **Guivarc'h**, atacante do Auxèrre, 27 anos (6/9/1970)
④ Patrick **Vieira**, volante do Arsenal, 22 anos (23/6/1976)
⑭ Alain **Boghossian,** meia da Sampdoria, 27 anos (27/10/1970)
㉑ Christophe **Dugarry**, atacante do Olympique de Marselha, 26 anos (24/3/1972)
Ⓣ Aimé **Jacquet,** técnico, 56 anos (27/11/1941)

nas por Leonardo, que saltou tarde demais e de costas para a bola, Zidane testou no canto esquerdo de Taffarel.

Nos descontos, novo escanteio para a França, pela esquerda. Djorkaeff bateu, alçando a bola no meio da área. Dessa vez, a concentração humana era menor – nove brasileiros e cinco franceses. Zidane, que havia permanecido na meia-lua, correu em diagonal no momento em que a bola descia. Acompanhado por Dunga, que caiu à sua frente, Zidane acertou outra cabeçada, agora no canto direito. Em sua carreira, Zidane já tinha sido reconhecido por muitas habilidades, mas o cabeceio não era uma de-

> O site oficial da Copa 1998 registraria **29 milhões de visitas de internautas** durante o torneio.

las. Mesmo assim, conseguiu marcar dois gols de cabeça em meio tempo.

Aos 46 minutos, o Brasil teve um escanteio a seu favor, mas a França recuperou a bola e saiu jogando rapidamente. Dugarry carregou desde sua área até o meio de campo e tocou para Vieira, pela esquerda. Petit entrava pelo meio e Vieira, de primeira, colocou a bola na frente de Petit. Já dentro da área, e acompanhado por Cafu, Petit tocou rasteiro, no canto esquerdo.

Aos 48 minutos, o juiz marroquino Saïd Belqola apitou, e a França se tornou o sétimo país a vencer uma Copa. Nas tribunas, ao lado do eufórico primeiro-ministro Jacques Chirac, o brasileiro João Havelange, sempre cavalheiro – e, ademais, caprichando no francês fluente –, entregou a taça para o capitão Didier Deschamps. E a França começou a fazer sua merecida festa.

OS OUTROS 8 CAMPEÕES

① Bernard **Lama**, goleiro do West Ham, 35 anos
② Vincent **Candela**, lateral da Roma, 24 anos
⑤ Laurent **Blanc**, zagueiro do Olympique de Marselha, 32 anos
⑪ Robert **Pires**, meia-atacante do Metz, 24 anos
⑫ Thierry **Henry**, atacante do Monaco, 19 anos
⑬ Bernard **Diomede**, meio-campo do Auxèrre, 24 anos
⑳ David **Trezeguet**, atacante do Monaco, 20 anos
㉒ Lionel **Charbonnier**, goleiro do Auxèrre, 31 anos

2002

*O penta que
a maioria
não esperava*

A Copa na Ásia

Em abril de 1989, o Japão manifestou seu interesse em promover a Copa de 2002, por meio de uma carta enviada à Fifa. João Havelange acolheu a intenção japonesa com grande entusiasmo – obviamente, respeitados os parâmetros havelangeanos de euforia explícita – e essa reação fez com que os países europeus, americanos e africanos engavetassem qualquer intenção que porventura tivessem para apresentar suas próprias candidaturas.

Em 1993, já preparando o terreno para o futuro, o Japão iniciou as atividades de sua liga profissional de futebol, a J-League, com dezesseis equipes patrocinadas por corporações japonesas, que saíram à cata de jogadores pelo mundo afora. Entre eles os brasileiros Zico (contratado pelo Kashima Antlers, da multinacional Sumitomo) e Careca (pelo Kashiwa Reysol, da Hitachi). A J-League, cujo pontapé inicial foi dado em maio de 1993, se transformaria em um sucesso instantâneo. Aproveitando o embalo, os dirigentes japoneses começaram a falar abertamente na realização da Copa de 2002. Mas a Coreia do Sul, que desde 1988 vinha timidamente declarando seu desejo de também ser considerada como opção, decidiu entrar oficialmente no páreo em julho de 1993.

Mesmo assim, o grupo europeu resolveu soltar o balão de ensaio sobre a Copa conjunta. Por meio de notas na imprensa, a Coreia do Sul respondeu "talvez", e o Japão "nem pensar". Mas nas semanas seguintes entraria em cena o proverbial pragmatismo oriental. Certamente, os fãs de futebol do país descartado não iriam reagir com serenidade, e a indignação poderia degenerar em violência. Entre ganhar tudo ou perder tudo, o meio-termo começou a parecer a solução mais viável. Na véspera da decisão da Fifa, os japoneses mudaram de ideia e aceitaram a "meia Copa", embora isso não tivesse sido divulgado e o suspense pelo resultado final fosse mantido até o momento do anúncio. Na manhã do dia 31 de maio de 1996, em Zurique, os 24 membros do Comitê Executivo não precisaram de

por Max Gehringer

mais de uma hora para ratificar a realização da primeira Copa sediada por dois países.

O técnico, capítulo IV
Depois de Vanderlei Luxemburgo, Candinho e Leão, a CBF se pôs a procurar um técnico capaz de conseguir resultados em curtíssimo prazo, já que a situação do Brasil nas Eliminatórias havia se deteriorado bastante. Na tarde do domingo, 10 de junho, um dia após a Seleção ter perdido para a Austrália lá no outro lado do mundo, Felipão recebeu em Belo Horizonte um telefonema de Marco Antonio Teixeira, secretário-geral da CBF e tio de Ricardo Teixeira. Felipão, que um mês antes já concedera uma entrevista avisando que pensaria com muito carinho caso viesse novamente a ser convidado para dirigir a Seleção, pensou e aceitou.

Luiz Felipe Scolari, 51 anos, gaúcho de Passo Fundo, tinha duas Libertadores no currículo, uma pelo Grêmio e outra pelo Palmeiras, e se tornou o primeiro técnico com bigode a comandar a Seleção desde Oswaldo Brandão, em 1977. E foi no "fio do bigode" que Felipão acertou seu contrato com a CBF, sem nem discutir o salário (que acabaria ficando em 200 mil reais mensais, 40% a menos do que ganhava no Cruzeiro). Como condição,

JAPÃO E COREIA
» Se Japão e Coreia do Sul fossem nações amigas de longa data, a realização de uma Copa conjunta teria sido bem menos problemática. Mas existiam feridas ainda não devidamente cicatrizadas nas relações entre os dois países. Em 1910, o Japão havia invadido e anexado a Coreia, mantendo-a como uma colônia japonesa até o final da Segunda Guerra Mundial, em 1945. Após a libertação, surgiram notícias de que mulheres coreanas tinham sido obrigadas a "confortar" os soldados japoneses – eufemismo para "sexo forçado". E também notícias de que milhares de homens coreanos haviam sido despachados contra a vontade para o Japão para trabalhar sem remuneração e viver trancafiados – literalmente, escravidão. As relações diplomáticas entre Coreia e Japão só seriam restabelecidas vinte anos depois, em 1965, mas o relacionamento continuou distante e gelado. Principalmente porque, ao contrário de outros países que se desculparam posteriormente pelos crimes de guerra cometidos, as autoridades japonesas sempre se mantiveram caladas, atitude que só fomentava a indignação dos coreanos.

O BRASIL EM 2002

» Entre 1901 e 2000, a população do Brasil saltou de 17,4 milhões para 169,6 milhões de habitantes. Numa total reviravolta em relação ao início do século (quando 80% dos brasileiros viviam na zona rural), em 2002 nada menos que 81% residiam em áreas urbanas. A expectativa de vida ao nascer aumentara de 33,4 anos para 64,8 anos. Durante os 64 anos de imigração japonesa, 249 mil nipônicos haviam trocado seu país pelo Brasil. No ano da Copa, o caminho já se invertera: cerca de 300 mil brasileiros viviam no Japão (a maioria, decasséguis).

» Em 1º de abril de 2002, o salário mínimo passou de 180 para 200 reais. O dólar começou o ano cotado a 2,30 reais e fechou a 3,55, após arranhar os 4 reais em outubro. A inflação anual superou os 10%, contra uma previsão inicial de 5,5%.

» Na falta de uma música feita especialmente para a Copa, "Festa", com Ivete Sangalo, se tornou o hino da torcida brasileira. Outros sucessos do ano foram "Love never fails", com Sandy & Junior; "Anjo", com Kelly Key; e "Epitáfio", com Os Titãs. Nas telas, *Cidade de Deus*, de Kátia Lung e Fernando Meirelles, foi o filme mais visto de 2002, superando 2 milhões de ingressos.

Felipão impôs sua comissão técnica: o eterno auxiliar Murtosa (o pelotense Flávio Teixeira), o preparador físico Paulo Paixão e o treinador de goleiros Carlos Pracidelli, o Carlão.

Apostas

O alívio pela classificação conquistada a duras penas não reduziu a sensação generalizada de desconforto. O Brasil, que antes só havia perdido uma partida de Eliminatórias em sua história (para a Bolívia, em 1993), dessa vez sofrera seis derrotas para seis países diferentes – Argentina, Paraguai, Chile, Equador, Uruguai e Bolívia. Nos dezoito jogos disputados, nada menos que 59 jogadores haviam sido utilizados. Vanderlei Luxemburgo ficara 25 meses à frente da Seleção. Leão, oito meses. E Felipão estava completando seis meses em dezembro de 2001, com resultados minguados – onze jogos, seis vitórias e cinco derrotas, com um índice de aproveitamento de pontos de 55%. Um pouco melhor que Leão (50%) e bem pior que Luxemburgo (72%).

Além disso, Felipão decidira fazer duas apostas pessoais, que pareciam contrariar o bom-senso comum. A primeira: Romário não faria falta na Copa. Nas entrevistas que deu nos dias seguintes à classificação, entre elogios e ressalvas a Romário, Felipão não disse, mas deixou entendido, que o Baixinho estava fora de seus planos. A segunda aposta era

OS ESTÁDIOS NO JAPÃO

ESTÁDIO	CIDADE	CAPACIDADE	INAUGURAÇÃO	JOGOS
International Stadium	Yokohama	72.327	Mar 1998	4
Saitama Stadium	Saitama	63.700	Out 2001	4
Shizuoka Stadium Ecopa	Shizuoka	50.889	Mar 2001	3
Nagai Stadium	Osaka	50.326	Mai 1996	3
Miyagi Stadium	Miyagi	49.133	Abr 2000	3
Oita Big Eye Stadium	Oita	43.000	Mai 2001	3
Niigata Big Swan Stadium	Niigata	42.300	Mar 2001	3
Kobe Wing Stadium	Kobe	42.020	Out 1996	3
Sapporo Dome	Okaido	41.580	Jun 2001	3
Ibaraki Kashima Stadium	Ibaraki	40.728	Mai 2001	3

OS ESTÁDIOS NA COREIA DO SUL

ESTÁDIO	CIDADE	CAPACIDADE	INAUGURAÇÃO	JOGOS
Daegu Stadium	Daegu	68.014	Mai 2001	4
Seoul Stadium	Seul	63.961	Dez 2001	3
Busan Asiad Stadium	Busan	55.982	Set 2001	3
Incheon Munhak Stadium	Incheon	52.179	Dez 2001	3
Munsu Stadium	Ulsan	43.550	Abr 2001	3
Suwon Stadium	Suwon	43.188	Mai 2001	4
Jeonju Stadium	Jeonju	42.931	Set 2001	3
Gwangju Stadium	Gwangju	42.880	Nov 2001	3
Jeju Stadium	Seogwipo	42.256	Dez 2001	3
Daejeon Stadium	Daejeon	40.407	Set 2001	3

consequência da primeira – Ronaldo se recuperaria em tempo de disputar a Copa.

Primeira fase

Foram formados oito grupos com quatro equipes cada um. Os dois primeiros de cada grupo passariam para a segunda fase. Apenas quatro países eram estreantes em fases finais de Copas – China, Equador, Eslovênia e Senegal. Dos 28 restantes, a Turquia era a que tinha ficado mais tempo longe das finais – 48 anos. A última participação dos turcos havia sido em 1954.

Brasil 2 x 1 Turquia

Com o fuso horário de doze horas, os brasileiros tiveram de acordar cedo para acompanhar a transmissão – o jogo começou às seis da manhã. Nas estatísticas, o Brasil levou clara vantagem (21 a seis nas finalizações), mas a disposição dos turcos transformou o que aparentava ser um jogo não muito complicado numa férrea disputa que só seria resolvida – e de forma polêmica – nos minutos finais.

Embora o Brasil tivesse dominado a primeira meia hora, a Turquia teve a melhor chance, aos 19 minutos, quando um disparo de Tugay desviou em Gilberto Silva e triscou o travessão. Aos 40 minutos, o goleiro Rüstü fez a melhor defesa do primeiro tempo, ao espalmar uma cabeçada de Rivaldo num cruzamento de Ronaldo. Aos 43 minutos, novamente Rüstü evitou a abertura da contagem, ao salvar com os pés um arremate de Ronaldo. O empate sem gols não fazia justiça ao domínio brasileiro, mas as coisas iriam piorar nos acréscimos, quando a Turquia abriu o marcador. A 10 m da área, pelo centro, Bastürk levantou a bola na esquerda. Entrando sem marcação por trás da zaga, Hasan Sas acertou um petardo que passou entre Marcos e a trave direita.

Aos 5 minutos do segundo tempo, um gol de Ronaldo diminuiu o desconforto brasileiro.

> Israel é a **única seleção que disputou Eliminatórias de quatro continentes diferentes**. Os israelenses participaram sete vezes das Eliminatórias europeias (em 1954, e depois de 1982 a 2002), duas vezes das asiáticas (1974-78), uma vez das africanas/asiáticas (1958) e uma vez na região Ásia-Oceania (1970).

Rivaldo cruzou da esquerda e Ronaldo se atirou na bola, entre Korkmaz e Özat, e conseguiu desviá-la com o bico da chuteira direita para o canto esquerdo de Rüstü. Daí em diante, o Brasil teve mais posse de bola, mas o eficaz sistema defensivo turco neutralizava as tentativas de conclusão. Embora Rivaldo, de cabeça, tivesse conseguido mandar a bola às redes aos 23 minutos, num lance anulado por impedimento, à medida que o tempo ia passando aumentavam os temores de que a Turquia pudesse conseguir o segundo gol numa escapada fortuita, como havia conseguido o primeiro. Aos 28 minutos, Felipão substituiu Ronaldo por Luizão, trocando o jeito pela força (mais por uma questão de estilo, porque Luizão era mais baixo e mais leve que Ronaldo).

E foi mesmo na base da força que Luizão conseguiu um pênalti aos 40 minutos. O goleiro Rüstü foi dar um chutão para a frente, mas mandou a bola direto no peito de Luizão, a 15 m da área. Perseguido por Alpay, Luizão disparou pelo centro, na direção do gol. A 5 m da área, Alpay segurou a camisa de Luizão, mas o centroavante continuou progredindo, até desabar, com o joelho sobre a risca da área. Somente quando Luizão finalmente caiu, Alpay largou sua camisa – já dentro da área. O juiz sul-coreano marcou o pênalti (errada-

OS JOGOS DO BRASIL

BRASIL 2 TURQUIA 1

3 de junho de 2002 • Segunda-feira
Munsu Stadium, Ulsan • Coreia • 18h00

Gol no 1ºT • 0 × 1 Sas 47'
Gols no 2ºT • 1 × 1 Ronaldo 5', 2 × 1 Rivaldo (pênalti) 41'

BRASIL • ①Marcos, ②Cafu, ③Lúcio, ④Roque Junior, ⑤Edmílson, ⑥Roberto Carlos, ⑧Gilberto Silva, ⑲Juninho (⑱Vampeta 27' 2ºT), ⑪Ronaldinho (⑰Denilson 22' 2ºT), ⑩Rivaldo, ⑨Ronaldo (㉑Luizão 28' 2ºT). **Técnico** Luiz Felipe Scolari

TURQUIA • ①Rüstü, ③Korkmaz (⑰Mansiz 21' 2ºT), ④Akyel, ⑤Alpay, ⑳Ünsal, ⑯Özat, ㉑Emre, ⑩Bastürk (㉒Davala 21' 2ºT), ⑧Tugay (⑥Erdem 43' 2ºT), ⑨Sükür, ⑪Sas. **Técnico** Senol Günes

PÚBLICO • 33.842

Juiz: Kim Young Joo (Coreia do Sul)
Auxiliares: Krishnan (Cingapura) e Fernández (El Salvador)

CARTÕES AMARELOS • 1ºT Akyel 20', Ünsal 23', Alpay 43' | 2ºT Denilson 27', Ünsal 48'

CARTÕES VERMELHOS • 2ºT Alpay 40', Ünsal 48'

mente, porque Luizão havia perdido o controle da bola ainda fora da área) e ainda expulsou Alpay. Encarregado de cobrar, Rivaldo olhou três vezes para o canto esquerdo enquanto esperava pela autorização, indicando claramente sua intenção. O goleiro Rüstü entendeu o recado e saltou certo, mas não conseguiu chegar na bola.

Aos 46 minutos, Rivaldo esperava sossegadamente pela bola para cobrar um escanteio a favor do Brasil. Hakan Ünsal perdeu a calma e mandou a bola, de bico, na direção de Rivaldo. O disparo atingiu a coxa direita de Rivaldo, que, teatralmente, caiu levando a mão ao rosto. Ünsal foi expulso pela atitude antidesportiva (na 100ª expulsão da história das Copas) e Rivaldo escapou de levar um cartão amarelo pela encenação, mas não se livrou das críticas posteriores. Para o técnico turco Günes, o resultado foi "uma grande injustiça, por razões que não quero mencionar". Ou seja, um juiz tendencioso.

A crônica esportiva brasileira se mostrou algo ácida durante a transmissão pela TV e

> Na primeira fase do Mundial, **o volante francês Patrick Vieira**, 26 anos e então atuando pelo Arsenal, **enfrentou seu país de origem** - Vieira nasceu em Dacar, no Senegal.

nas notícias publicadas do dia seguinte (para a *Folha de S.Paulo*, "o juiz ajudou o Brasil a escapar de um vexame histórico"). Ainda se falava na ausência de Romário, a defesa foi bastante criticada e o pênalti a favor do Brasil foi tratado como um assalto à mão armada – comparativamente, o gol mal anulado da Bélgica contra o Brasil, catorze dias depois, seria largamente amenizado pela imprensa, que já retomara a atitude patriótica de sempre ao perceber que as chances brasileiras eram maiores do que o jogo de estreia havia demonstrado. Assim, o Brasil passava pelo primeiro teste recebendo mais bordoadas do que afagos.

Brasil 4 x 0 China

O jogo foi o que os repórteres de campo descreveriam como "um apronto leve" – em meia hora, sem se esforçar muito, o Brasil já tinha decidido a parada. A China ofereceu tão pouca resistência que até mesmo os dois únicos cartões do jogo foram para brasileiros – Ronaldinho, por tentar cavar um pênalti, e Roque Junior, por excesso de força numa entrada sobre Xu Yunlong. Mais uma vez, Felipão substituiu Ronaldo, ainda fora de sua forma atlética ideal, na metade do segundo tempo.

BRASIL 4 CHINA 0

8 de junho de 2002 • Sábado
Jeju Stadium, Seogwipo • Coreia • 20h30

Gols no 1ºT • 1 × 0 Roberto Carlos 15', 2 × 0 Rivaldo 31', 3 × 0 Ronaldinho (pênalti) 44'
Gol no 2ºT • 4 × 0 Ronaldo 10'

BRASIL • ①Marcos, ②Cafu, ③Lúcio, ④Roque Junior, ⑥Roberto Carlos, ⑧Gilberto Silva, ⑭Anderson Polga, ⑲Juninho (⑦Ricardinho 26' 2ºT), ⑪Ronaldinho (⑰Denilson, no intervalo), ⑩Rivaldo, ⑨Ronaldo (⑳Edílson 27' 2ºT). **Técnico** Luiz Felipe Scolari

CHINA • ㉒Jiang Jin, ④Chengying, ⑭Weifeng, ⑰Du Wei, ⑮Junzhe, ㉑Yunlong, ⑧Li Tie, ⑨Mingyu (③Pu Yang 17' 2ºT), ⑱Xiaopeng, ⑲Qi Hong (⑥Jiayi 21' 2ºT), ⑩Haidong (⑯Qu Bo 30' 2ºT). **Técnico** Velibor "Bora" Milutinovic

Público • 36.750

Juiz: Anders Frisk (Suécia)
Auxiliares: Lindberg (Suécia) e Fierro (Equador)

Cartões amarelos • 1ºT Ronaldinho 23' | 2ºT Roque Junior 23

Embora meio surpreendido nos primeiros dez minutos pela tática chinesa de jogar ofensivamente, o Brasil abriu a contagem aos 16 minutos. Numa falta pela meia-direita, contra uma discreta barreira de cinco chineses, Roberto Carlos bateu em linha reta, na direção do goleiro Jiang Jin, que cobria seu canto direito. A força do chute e a velocidade da bola foram demais para Jiang Jin, que saltou inutilmente. Após perder um par de oportunidades, o Brasil aumentou aos 31 minutos. Num gol de elementar simplicidade, Ronaldinho cruzou da esquerda e Rivaldo, na pequena área, tocou para as redes. Aos 43 minutos, Ronaldo entrou na área e sofreu dois pênaltis seguidos. Primeiro, teve a camisa acintosamente puxada por Weifeng. Em seguida, foi seguro pelo braço por Du Wei. Ronaldinho cobrou o pênalti no canto direito e fez 3 a 0.

Novamente, a China começou o segundo tempo atacando, e pagou o preço pela ousadia. Aos 9 minutos, Rivaldo fez um lançamento de 40 m para Cafu, que matou no peito, foi à linha de fundo e cruzou na pequena área. Ronaldo foi mais rápido que os zagueiros e só empurrou de pé esquerdo. Aos 13 minutos, Du Wei salvou quase sobre a linha um chute de Cafu, e daí em diante o Brasil sossegou, permitindo que a China tivesse o seu momento na partida – um disparo de Junzhe que carimbou a trave direita de Marcos, aos 16 minutos. Marcos ainda faria uma defesa difícil numa falta cobrada por Shao Jiayi aos 25 minutos, mas os vinte minutos finais foram uma espécie de dois toques, com o Brasil desinteressado e os chineses conformados. Com duas vitórias, o Brasil estava nas oitavas. Com duas derrotas, a China estava eliminada da Copa.

Brasil 5 x 2 Costa Rica
Foi nessa partida que as desconfianças em relação às chances brasileiras na Copa começaram a se dissipar. A Costa Rica havia feito duas boas exibições contra China e Turquia, e pouca gente esperava a goleada de 5 a 2 que o Brasil conseguiu aplicar (não que a Costa Rica fosse lá essas maravilhas, mas já fazia 44 anos que o Brasil não marcava cinco gols num só jogo em Copas – desde a final contra a Suécia, em 1958).

Ousadia não faltou à Costa Rica, que só precisava do empate, mas decidiu encarar o Brasil de igual para igual. Bem depressa, o técnico Alexandre Guimarães sofreria as consequências dessa decisão. Mesmo com uma for-

BRASIL 5 COSTA RICA 2
13 de junho de 2002 • Quinta-feira Suwon Stadium, Suwon • Coreia • 20h30
GOLS NO 1ºT • 1 × 0 Ronaldo 10', 2 × 0 Ronaldo 13', 3 × 0 Edmílson 37', 3 × 1 Wanchope 39' GOLS NO 2ºT • 3 × 2 Gómez 11', 4 × 2 Rivaldo 17', 5 × 2 Junior 19'
BRASIL • ①Marcos, ②Cafu, ③Lúcio, ⑤Edmílson, ⑯Junior, ⑧Gilberto Silva, ⑭Anderson Polga, ⑲Juninho (⑦Ricardinho 16' 2ºT), ⑩Rivaldo (㉓Kaká 27' 2ºT), ⑳Edílson (⑮Kleberson 12' 2ºT), ⑨Ronaldo. TÉCNICO Luiz Felipe Scolari
COSTA RICA • ①Lonnis, ③Marín, ④Wright, ⑤Martínez (⑫Parks 29' 2ºT), ②Castro, ⑮Wallace (⑯Bryce, no intervalo), ⑧Solís (⑦Fonseca 20' 2ºT), ⑩Centeno, ⑨Wanchope, ⑥López, ⑪Gómez. TÉCNICO Alexandre Guimarães
PÚBLICO • 38.524
JUIZ: Gamal Ghandour (Egito) AUXILIARES: Farag (Egito) e Bereuter (Áustria)
CARTÃO AMARELO • 2ºT Cafu 47'

por Max Gehringer

mação diferente (Ronaldinho, Roberto Carlos e Roque Junior foram poupados), o Brasil logo abriu 2 a 0. Aos 10 minutos, Junior cobrou um lateral para Edílson, que cruzou rasteiro na pequena área. Ronaldo chegou na bola prensado entre Martínez e Marín e tocou de leve, mas quem claramente mandou a bola para as redes foi o zagueiro Luís Marín. Um gol contra, que na súmula foi concedido a Ronaldo.

Aos 13 minutos, Ronaldo não precisou de ajuda extra e marcou um daqueles gols que haviam feito a sua fama. Rivaldo cobrou um escanteio da esquerda e Ronaldo tentou dominar a bola no bico direito da pequena área. De costas para o gol, e marcado por Marín e Wallace, Ronaldo conseguiu virar, achar uma posição de chute e enfiar a bola num ínfimo espaço entre Castro, o goleiro Lonnis e a trave direita. Perdendo por 2 a 0, a Costa Rica se mandou ao ataque, e a defesa brasileira passaria por alguns maus momentos nos trinta minutos seguintes. Mas, aos 37 minutos, a evidente diferença de categoria resultaria no gol mais bonito do Brasil na Copa. Após uma longa troca de passes de um lado para outro, a bola ficou com Edílson, que cruzou da ponta esquerda. A bola desviou em Wright, subiu e descaiu na pequena área. O zagueiro Edmílson acertou um misto de bicicleta e virada, pegando a bola a 1,30 m do chão e mandando-a no alto das redes.

A plasticidade do gol anestesiou o Brasil por alguns instantes. Dois minutos depois, Wanchope e Wright fizeram uma tabelinha um dois na entrada da área brasileira e Wanchope concluiu no canto direito. Marcos pulou certo, mas a bola desviou nas canelas de Lúcio e entrou no meio do gol. Após Rivaldo perder um gol feito, ao errar a conclusão de dentro da pequena área, e de ele mesmo acertar a trave, numa cobrança de falta, aos 45 minutos, o Brasil foi para o vestiário vencendo por 3 a 1, resultado que tirava a Costa Rica da Copa.

As chances costa-riquenhas seriam renovadas aos 11 minutos do segundo tempo, quan-

> Das 32 nações participantes, a **Eslovênia tinha a menor população – 1,6 milhão de habitantes.** A maior era a da China, com 1,2 bilhão.

do a defesa brasileira cochilou e permitiu que Bryce cruzasse da linha de fundo, pela direita. Do outro lado, livre, Gómez marcou de peixi-

> O mais notório torcedor da Argentina não pôde assistir à Copa. **Diego Maradona, 41 anos, teve seu pedido de visto de entrada negado pelas autoridades japonesas** na última semana de maio por causa de seu **histórico com drogas** (Maradona havia sido preso por posse de cocaína em 1991).

nho. Mas a esperança da Costa Rica de chegar ao empate durou apenas seis minutos. Aos 17 minutos, Junior cruzou da esquerda e Rivaldo, com um simples toque de pé esquerdo, aumentou para 4 a 2. Mais dois minutos, e a Costa Rica iria a nocaute. Junior recebeu um lançamento longo de Rivaldo, entrou sozinho na área pela esquerda e concluiu no canto direito.

A louvável determinação da Costa Rica de continuar atacando, mesmo perdendo por 5 a 2, forçou o goleiro Marcos a fazer duas grandes defesas na última meia hora. Numa delas, aos 25 minutos, Marcos salvou com o pé após Gilberto Silva errar o chute e mandar a bola na trave. Na derradeira chance brasileira, aos 37 minutos, Ronaldo acertou a trave e a bola voltou para as mãos do goleiro Lonnis. Três minutos depois, foi a vez de Wanchope carimbar o travessão de Marcos. No total, o Brasil concluiu dezenove vezes e a valente Costa Rica catorze. Finalmente, aos 47 minutos, quando tudo já estava resolvido, Cafu cometeu uma desnecessária falta em Castro e tomou o único cartão amarelo da partida.

Oitavas de final

Começava a emocionante fase dos mata-matas, e os confrontos diretos já haviam sido decididos por antecipação, com os cruzamentos dos Grupos A-F, B-E, C-H e D-G. O primeiro colocado de cada grupo enfrentaria o segundo do outro, o que se mostraria uma vantagem relativa – dos oito jogos das oitavas, quatro seriam vencidos pelos segundos colocados em seus grupos.

Brasil 2 x 0 Bélgica

Aos 35 segundos, o belga Mbo Mpenza mandou uma bola de fora da área na direção do ângulo direito do Brasil e forçou o goleiro Marcos a fazer a primeira de uma série de defesas complicadas. Uma Bélgica ofensiva não era bem o que os brasileiros estavam esperando, mas os briosos belgas quase se igualariam ao Brasil no número de conclusões – catorze a treze – e por diversas vezes desfrutariam longos minutos de predomínio durante o jogo.

Somente aos 18 minutos o Brasil criaria sua primeira chance real de gol, quando Ronaldo recebeu um passe de Ronaldinho pela meia-esquerda e tentou colocar no ângulo esquerdo. A bola saiu raspando a trave. Aos 22 minutos, Rivaldo acertou uma meia bicicleta num cruzamento de Ronaldinho, mas a plasticidade do lance foi melhor que a pontaria, com a bola se perdendo por cima do travessão. Aos 35 minutos, no lance mais discutido da partida, Marc Wilmots mandou a bola de cabeça para as redes, mas o gol foi anulado por uma falta do belga em Roque Junior (um aparente empurrão, tão sutil que só os torcedores mais fanáticos conseguem enxergá-lo nos *replays*).

O gol mal anulado acordou o Brasil, que nos últimos dez minutos foi à frente e armou três salseiros na área belga. O primeiro tempo terminaria com um disparo de Roberto Carlos que cruzou a boca do gol e saiu pela linha de fundo. A reação parecia um bom indício do que estaria por vir na etapa final, mas ela começou da mesma maneira que os primeiros 45 minutos – com a Bélgica chegando com mais perigo à área brasileira. Aos 7 minutos, Marcos

---

BRASIL 2 BÉLGICA 0

17 de junho de 2002 • Segunda-feira
Kobe Wing Stadium, Kobe • Japão • 20h30

GOLS NO 2ºT • 1 × 0 Rivaldo 22', 2 × 0 Ronaldo 42'

BRASIL • ①Marcos, ②Cafu, ③Lúcio, ④Roque Junior, ⑤Edmílson, ⑥Roberto Carlos, ⑧Gilberto Silva, ⑲Juninho (⑰Denilson 12' 2ºT), ⑪Ronaldinho (⑮Kleberson 36' 2ºT), ⑩Rivaldo (⑦Ricardinho 46' 2ºT), ⑨Ronaldo. TÉCNICO Luiz Felipe Scolari

BÉLGICA • ①De Vlieger, ⑤Van Kerckhoven, ⑥Simons, ⑮Peeters (⑨Sonck 28' 2ºT), ⑯Van Buyten, ⑩Walem, ⑪Verheyen, ⑱Vanderhaeghe, ⑧Goor, ㉒Mpenza, ⑦Wilmots. TÉCNICO Robert Waseige

PÚBLICO • 40.440

JUIZ: Peter Prendergast (Jamaica)
AUXILIARES: Dupranov (Belarus) e Saeed (Maldivas)

CARTÕES AMARELOS • 1ºT Vanderhaeghe 23', Roberto Carlos 27'

fez outra defesa crucial, espalmando com a ponta dos dedos um chute rasteiro de Wilmots no canto esquerdo. Aos 17 minutos, Wilmots cortou Edílson e mandou no canto direito alto. Novamente, Marcos conseguiu impedir o gol belga. Com o tempo passando e o Brasil não encontrando espaços, o primeiro gol acabou surgindo de uma dessas jogadas de habilidade que fazem a diferença em uma Copa.

Aos 22 minutos, da ponta direita, Ronaldinho fez um preciso passe de curva para Rivaldo. Na meia-lua, Rivaldo matou no peito, controlou no ar a bola que ia escapando, girou o corpo e chutou de esquerda. No meio do caminho, a bola desviou na sola da chuteira de Daniel van Buyten, tirou o goleiro Geert de Vlieger do lance e entrou no meio do gol, pelo alto. Nos vinte minutos seguintes, o Brasil provocaria apenas uma reação entusiasmada da plateia, numa bicicleta de Ronaldinho para fora, aos 29 minutos. No mais, a Bélgica chegou três vezes com muito perigo e o goleiro Marcos se consolidou como a melhor figura da partida.

A agonia só terminaria aos 42 minutos. Na intermediária brasileira, pela lateral direita, Kleberson roubou uma bola e disparou no corredor aberto à sua frente. Cheio de gás – havia entrado apenas seis minutos antes no lugar de Ronaldinho –, Kleberson correu 40 m e fez um cruzamento perfeito para Ronaldo, que entrava na área belga pela meia-esquerda. Na corrida, Ronaldo tocou de primeira, de pé esquerdo, e contou com aquela sorte que abençoa os grandes artilheiros – o goleiro De Vlieger caiu certo para fazer a defesa, mas a bola repicou por entre suas pernas e morreu nas redes. Mesmo perdendo por dois gols, a Bélgica não desistiu e desperdiçou sua última

> Tsuneyazu Miyamoto, 25 anos, do Gamba Osaka, foi o **primeiro jogador a usar máscara em Copas**. Uma proteção cirúrgica que cobria as sobrancelhas e as bochechas, deixando espaço para os olhos e o nariz, servia para imobilizar o nariz que Miyamoto havia fraturado doze dias antes da Copa. Originalmente de cor creme, a **máscara foi pintada de preto por Miyamoto para passar uma impressão "mais assustadora" aos adversários**. O artefato logo se tornaria uma das novas manias dos torcedores japoneses.

e melhor oportunidade na partida aos 44 minutos – sozinho diante de Marcos, Bart Goor tocou na rede, por fora.

Aos 47 minutos, o gentil juiz jamaicano apitou e pôs fim a 93 minutos de inesperado sufoco. Presentes à partida, os jogadores da Inglaterra – próxima adversária do Brasil – deixaram sorrindo as tribunas do Estádio de Kobe. E provavelmente comentando que, se o Brasil apresentasse novamente *aquele* futebol dali a quatro dias, os ingleses certamente iriam para as semifinais. Por outro lado, se a defesa brasileira estava deixando a desejar, o ataque continuava resolvendo as paradas, principalmente Ronaldo e Rivaldo, que em conjunto já haviam acumulado nove dos treze gols brasileiros em quatro jogos.

Quartas de final

Com três potências ainda na disputa – Brasil, Alemanha e Inglaterra – e uma força indiscutível que nunca se materializara em Copas – a Espanha –, a dúvida era até onde poderiam chegar os três menos cotados – Estados Unidos, Senegal e Turquia. Para Brasil e Inglaterra, sobrara a tarefa mais dura, já que os dois se enfrentariam diretamente. Para a Espanha, ficava uma enorme apreensão após a chiadeira da Itália contra a arbitragem – os espanhóis iriam encarar os sul-coreanos e o possível protecionismo aos donos da casa.

> A Bélgica estabeleceu o recorde de **cinco empates consecutivos em Copas**: em 1998, os belgas empataram com Holanda, México e Coreia do Sul. Em 2002, com Japão e Tunísia.

Brasil 2 x 1 Inglaterra

Esse seria o 21º encontro oficial entre Brasil e Inglaterra. Após perder no primeiro confronto direto por 4 a 2, em 1956, o Brasil se tornara o maior carrasco do futebol inglês – nove vitórias, oito empates e apenas três derrotas, um retrospecto que nenhum outro país que enfrentara os ingleses chegava sequer perto de alcançar.

Ninguém duvidava que a vitória nessa partida seria um passaporte para a final, já que o adversário das semifinais – Turquia ou Senegal – não seria páreo para brasileiros ou ingleses.

Almanaque dos Mundiais

Os minutos iniciais pertenceram à Inglaterra, que conseguiu um escanteio aos 13 segundos e uma falta aos 3 minutos, que Beckham cobrou e Heskey cabeceou em cima do goleiro Marcos. Mas, a partir dos 5 minutos, o Brasil começou a se impor, chegando seis vezes à área inglesa e concluindo quatro vezes. Apenas aos 21 minutos a Inglaterra voltou a dar o ar de sua presença no ataque, num escanteio que resultou em nada. Aos 23 minutos, porém, uma falha de Lúcio proporcionaria o gol de abertura aos ingleses. Heskey enfiou um passe com muita força para Owen e Lúcio tentou dominar a bola, 1 m à frente do inglês. Mas seu toque na bola saiu errado, e, pior, Lúcio virou o corpo para a esquerda e a bola escapuliu para a direita. De frente para o gol, Owen encobriu com um toquinho de pé direito o goleiro Marcos, que saltava a seus pés, e a bola entrou mansinha no centro do gol.

O gol tirou a concentração do Brasil e a Inglaterra desfrutou seus melhores quinze minutos na partida, controlando o meio de campo e chegando três vezes com perigo à área brasileira. Nesse período, o Brasil concluiu apenas uma vez – um chute de Roberto Carlos aos 31 minutos, que saiu perto da trave esquerda de Seaman. Somente nos últimos cinco minutos o Brasil voltou a se achar em campo e passou a pressionar. O juiz mexicano Rizo concedeu três minutos de acréscimos no primeiro tempo, e

BRASIL 2   INGLATERRA 1
21 de junho de 2002 • Sexta-feira Shizuoka Stadium, Shizuoka • Japão • 15h30
Gols no 1ºT • 0 × 1 Owen 23', 1 × 1 Rivaldo 47' **Gol no 2ºT** • 2 × 1 Ronaldinho 4'
BRASIL • ①Marcos, ②Cafu, ③Lúcio, ④Roque Junior, ⑤Edmílson, ⑥Roberto Carlos, ⑧Gilberto Silva, ⑮Kleberson, ⑪Ronaldinho, ⑩Rivaldo, ⑨Ronaldo (⑳Edílson 25' 2ºT). **Técnico** Luiz Felipe Scolari
INGLATERRA • ①Seaman, ②Mills, ⑤Ferdinand, ⑥Campbell, ③Ashley Cole (⑰Sheringham 35' 2ºT), ④Sinclair (㉓Dyer 14' 2ºT), ⑧Scholes, ⑦Beckham, ㉑Butt, ⑪Heskey, ⑩Owen (⑳Vassell 34' 2ºT). **Técnico** Sven-Göran Eriksson
Público • 47.436
Juiz: Felipe Ramos Rizo (México) **Auxiliares**: Vergara (Canadá) e Saeed (Maldivas)
CARTÕES AMARELOS • 2ºT Scholes 29', Ferdinand 40'
CARTÃO VERMELHO • 2ºT Ronaldinho 12'

por Max Gehringer

aos 47 minutos sairia o gol de empate. O lance começou com uma amarelada de David Beckham, que saltou imaginando que seria atingido por Roque Junior e Roberto Carlos numa dividida junto à linha lateral, na intermediária brasileira. Roque Junior ficou com a bola e ela foi aos pés de Ronaldinho, que disparou ainda do meio-campo brasileiro. Na intermediária inglesa, Ronaldinho deu uma pedalada que entortou a espinha de Ashley Cole e tocou para Rivaldo, pela meia-direita. Já dentro da área, Rivaldo teve tempo para ajeitar o corpo e bater de esquerda, rasteiro e colocado, no canto direito de Seaman.

No segundo tempo, logo aos 4 minutos, uma falta desnecessária de Paul Scholes em Kleberson, na intermediária inglesa, a 20 m do gol, iria resultar no gol de desempate. Com sete ingleses e cinco brasileiros aguardando em linha o cruzamento na área, e somente um inglês numa barreira solitária, Ronaldinho mandou a bola direto para o gol. O goleiro Seaman estava a três passos da linha do gol, se tanto, mas demorou a perceber o perigo que corria. Quando Seaman saltou, sem muita convicção, com o braço direito estendido, já era tarde demais. A bola entrou no ângulo direito.

No desespero, a Inglaterra foi à frente e armou duas confusões na área brasileira nos três minutos seguintes, mas a defesa conseguiu aliviar. Aos 12 minutos, Ronaldinho e Danny Mills dividiram a bola perto da meia-lua inglesa, e o juiz mexicano apitou a falta de Ronaldinho – um pisão no pé do inglês. E, numa decisão que surpreendeu os brasileiros, o juiz mostrou o cartão vermelho para Ronaldinho. Aos 17 minutos, Beckham simulou um pênalti, jogando-se na área brasileira sem ter sido tocado, e o juiz aliviou, não mostrando o cartão amarelo para o inglês.

O que parecia ser o início de uma tremenda pressão da Inglaterra, aproveitando a vantagem numérica, parou por aí mesmo. Os ingle-

> Jogador do Perugia da Itália desde 2000, o sul-coreano Ahn Jung-hwan teve seu contrato rescindido já no dia seguinte à eliminação italiana pela Seleção da Coreia. O presidente do clube, Luciano Gaucci, declarou à época: **"Não tenho a intenção de pagar um salário a quem arruinou o futebol da Itália"**.

ses nunca conseguiram explicar o que aconteceu com sua seleção nos trinta minutos seguintes – nenhuma chance de gol criada, clara ou remota. Mesmo com um a menos, o Brasil manteria a posse de bola durante 60% do tempo entre os 20 e os 45 minutos, enquanto a Inglaterra não conseguia armar sequer uma jogada ofensiva. Somente aos 45 minutos Butt cabeceou um escanteio por sobre o gol de Marcos, no único susto – embora mínimo – que o Brasil passou. Aos 48'45", na última tentativa inglesa de um abafa, a bola viajava para a área brasileira quando o juiz apitou o fim do jogo.

O veterano goleiro David Seaman, 38 anos, do Arsenal, lacrimejou após a partida, assumindo a culpa pela eliminação da Inglaterra. A maioria dos jornais ingleses classificou o segundo gol como acidental, ao insinuar que Ronaldinho não tivera a intenção de cobrar a falta

> Se tivesse pelo menos empatado com a Croácia, na segunda rodada da primeira fase, a Itália igualaria o **recorde brasileiro de treze partidas invictas em Copas** (conseguido em 1958-62-66). Contra o Equador, a Itália completara doze jogos sem derrota entre as Copas de 1994 e 2002 – **para a Fifa, jogos decididos por pênaltis são contados como empates**, e a Itália tinha sido derrotada dessa forma em 1994 (contra o Brasil) e em 1998 (contra a França).

diretamente para o gol. O *replay* do lance mostra o contrário – dificilmente Ronaldinho erraria por mais de 5 m o lugar onde pretendia colocar a bola.

Semifinais

As arbitragens estavam ganhando cada vez mais espaço na mídia mundial, após juízes e bandeirinhas terem influído diretamente nos resultados de dois dos quatro jogos das quartas de final. A maior gritaria era contra a suspeita benevolência com que os juízes vinham tratando a Coreia do Sul. Mas o Brasil, beneficiado nos jogos contra Turquia e Bélgica, também já estava na mira dos críticos. Para o bem da Copa, era necessário que os jogos das semifinais terminassem sem novas encrencas.

Brasil 1 x 0 Turquia

A Turquia que o Brasil enfrentou na estreia era uma equipe que se sentiria feliz se passasse para

por Max Gehringer

as oitavas, e felicíssima se atingisse as quartas de final. A Turquia das semifinais já era outra – como haviam chegado com méritos entre os quatro finalistas, e sem contar com nenhuma ajuda da arbitragem, os turcos agora se sentiam no justo direito de sonhar com o título mundial. O Brasil, que tivera uma atuação bem abaixo do esperado contra a Bélgica, mas compensara com uma apresentação quase irrepreensível contra a Inglaterra, teria na tenaz Turquia o adversário mais difícil que enfrentou na Copa.

Sem Ronaldinho, suspenso, o Brasil entrou com Edílson para compor o ataque com Ronaldo e Rivaldo. Mas os turcos, como prometera o técnico Senol Günes, não se amedrontaram com a fama dos brasileiros e foram ao ataque. Como ocorrera contra a Bélgica, o Brasil ficou engessado durante os primeiros vinte minutos de jogo, errando muitos passes e quase vendo a Turquia abrir o marcador. Aos 19 minutos, o ala Fatih Akyel cruzou para Alpay, que testou no canto direito e forçou Marcos a fazer uma grande defesa.

O susto serviu como um toque de despertar, e Rivaldo chamou para si a responsabilidade. Imediatamente, o Brasil tomou conta do jogo e foi a vez de o goleiro Rüstü mostrar sua agilidade. Aos 20 minutos, num lance muito parecido com o do gol de Carlos Alberto contra a Itália em 1970, Ronaldo rolou para Cafu entrar livre pela direita e desferir um tirambaço que carimbou Rüstü e saiu sobre

BRASIL 1 TURQUIA 0

26 de junho de 2002 • Quarta-feira
Saitama Stadium, Saitama • Japão • 20h30

GOL NO 2ºT • 1 × 0 Ronaldo 3'

BRASIL • ①Marcos, ②Cafu, ③Lúcio, ④Roque Junior, ⑤Edmílson, ⑥Roberto Carlos, ⑧Gilberto Silva, ⑮Kleberson (⑬Beletti 40' 2ºT), ⑩Rivaldo, ⑳Edílson (⑰Denilson 30' 2ºT), ⑨Ronaldo (㉑Luizão 23' 2ºT). **TÉCNICO** Luiz Felipe Scolari

TURQUIA • ①Rüstü, ③Korkmaz, ④Akyel, ⑤Alpay, ㉒Davala (⑬Izzet 29' 2ºT), ⑱Penbe, ㉑Emre (⑰Mansiz 17' 2ºT), ⑩Bastürk (⑥Erdem 43' 2ºT), ⑧Tugay, ⑨Sükür, ⑪Sas. **TÉCNICO** Senol Günes

PÚBLICO • 61.058

JUIZ: Kim Nielsen (Dinamarca)
AUXILIARES: Wierzbowsky (Polônia) e Sramka (Eslováquia)

CARTÕES AMARELOS • 1ºT Gilberto Silva 41' | 2ºT Tugay 14', Sas 45'

o travessão. Aos 22 minutos, Rüstü evitou o gol duas vezes no mesmo lance, primeiro na conclusão de fora da área de Rivaldo e em seguida no rebote à queima-roupa de Ronaldo. Rivaldo arriscaria mais dois chutes da meia-lua para o canto baixo esquerdo, aos 33 e aos 35 minutos. O primeiro foi espalmado por Rüstü e o segundo tirou lasca da trave. Quando o primeiro tempo terminou, o Brasil e sua torcida já haviam recuperado a confiança.

Na etapa final, a real diferença entre Brasil e Turquia – o talento individual – transpareceu num gol mágico de Ronaldo. Aos 3 minutos, pela meia-esquerda, Ronaldo recebeu de Gilberto Silva e partiu na direção do bico direito da grande área. Cercado por todos os lados – Alpay à sua frente, Akyel à sua esquerda e Tugay à sua direita – e sem um companheiro livre por perto, Ronaldo encontrou uma solução tão simples quanto genial – sem mudar o passo, aplicou um bico na bola na direção do canto esquerdo. O goleiro Rüstü, surpreendido, saltou e tocou na bola, mas não conseguiu impedir que ela entrasse após tocar a trave esquerda. Aos 13 minutos, Edílson poderia ter matado o jogo após receber um passe de Ronaldo, mas Akyel travou seu disparo no último momento.

A Turquia perdeu momentaneamente a confiança, mas o técnico Günes não perdeu a coragem. Aos 17 minutos, ele colocou em campo um segundo centroavante – Ilhan Mansiz, autor do *golden goal* contra o Senegal – e mandou seu time à frente. Com mais liberdade no meio de campo, o Brasil começou a tocar a bola. Felipão substituiu Ronaldo e Edílson por Luizão e Denilson, e o Brasil só não aumentou o marcador porque ambos tentaram demonstrar nas conclusões um preciosismo inadequado a uma semifinal de Copa. Aos 26 minutos, Luizão teria tido tempo e espaço para ajeitar um cruzamento de Cafu, mas preferiu tentar uma artística meia bicicleta que

> Ao entrar em campo, Denilson estabeleceu um recorde: o de **maior substituto em Copas**. Esse era o 11º jogo em que Denilson entrava com a partida em andamento, mais do que qualquer outro jogador na história.

saiu sobre o travessão. Aos 35 minutos, Denilson tentou cobrir o goleiro Rüstü, que saía a seu encontro, mas mandou a bola por cima do gol. O castigo quase veio aos 36 minutos, mas Marcos fez outra grande defesa no cantinho esquerdo, numa esperta virada de Sükür de dentro da pequena área.

Aos 45 minutos, na cena mais cômica do jogo, Denilson correu com a bola de dentro da área turca até a bandeira de escanteio, sendo ferozmente perseguido por quatro jogadores turcos, até ser derrubado por Izzet e ter o tornozelo pisado por Korkmaz. Numa partida em que a maioria das estatísticas foi desfavorável ao Brasil – a Turquia teve 56% de posse de bola, cometeu menos faltas (dezesseis contra dezoito) e conseguiu mais escanteios (oito a sete) –, a Seleção Brasileira foi superior nas conclusões – dezoito contra nove –, mas, especialmente, deveu sua ida à final a três segundos iluminados de Ronaldo no lance do gol.

A final

Brasil 2 x 0 Alemanha

Uma semana antes da Copa, em maio de 2002, o jornal *Folha de S.Paulo* havia feito uma pesquisa com jornalistas dos 32 países que participariam do torneio. Cada um votou no "possível campeão" e na "provável decepção". Nunca tantos especialistas erraram tão miseravelmente em seus prognósticos. Para "possível campeão", a França recebeu 44% dos votos e a Argentina 34%. As duas seleções foram eliminadas já na primeira fase. No quesito "decepção", os mais votados foram Alemanha (28%) e Brasil (22%), os dois países que acabariam disputando o título.

Brasil e Alemanha pisaram no gramado de Yokohama para disputar um jogo mais que histórico. Com uma única exceção – em 1978 –, todas as outras treze finais de Copas entre 1950 e 2002 tiveram a presença ou do Brasil ou da Alemanha. A final de 2002 seria a sétima de am-

> **O italiano Paolo Maldini acumulou 2.217 minutos jogados em quatro Copas (1990 a 2002)**. Maldini superou em 167 minutos a marca atingida em 1998 pelo alemão Lothar Matthäus. Mas em número de jogos, Matthäus continuava à frente – 25, contra 23 de Maldini.

Almanaque dos Mundiais

bos os países, com a diferença de que o Brasil tinha vencido quatro e a Alemanha três. Chegando à sua terceira final seguida, o Brasil se igualava aos alemães, que tinham conseguido o feito em 1982-86-90. Os dois países eram os que mais haviam jogado na história das Copas – a final seria a 87ª partida do Brasil e a 85ª da Alemanha. Eram também os dois países que tinham mais vitórias – 59 o Brasil e cinquenta a Alemanha – e mais gols marcados – 189 o Brasil e 176 a Alemanha. Mas, por obra das circunstâncias, brasileiros e alemães nunca haviam se enfrentado diretamente em Copas.

Dos 14,8 milhões de aparelhos de TV existentes no Brasil, 3,2 milhões estavam ligados na hora da partida, e desses 91% estavam sintonizados na TV Globo, que transmitiu a Copa com exclusividade. O alto número de aparelhos desligados (quatro em cada cinco) foi explicado pela emissora: "As pessoas se reuniram para assistir em grupos".

Sob uma agradável temperatura de 25 °C, Ronaldo surgiu com um corte de cabelo estranhíssimo, que já ensaiara contra a Turquia – um chumaço frontal que lembrava o personagem Cascão, de Mauricio de Sousa. Bem penteada, mas sem Michael Ballack – responsável direto pela classificação para a final –, a Alemanha mostrou desde o início da partida que não tinha um substituto à altura para seu jogador mais talentoso. Porém, apesar do desfalque, os alemães conseguiram controlar o jogo na meia

BRASIL 2 ALEMANHA 0
30 de junho de 2002 • Domingo International Stadium, Yokohama • Japão • 20h00
Gols no 2ºT • 1 × 0 Ronaldo 22', 2 × 0 Ronaldo 33'
Brasil • ①Marcos, ②Cafu, ③Lúcio, ④Roque Junior, ⑤Edmílson, ⑥Roberto Carlos, ⑧Gilberto Silva, ⑮Kleberson, ⑩Rivaldo, ⑪Ronaldinho (⑲Juninho 40' 2ºT), ⑨Ronaldo (⑰Denilson 44' 2ºT). **Técnico** Luiz Felipe Scolari
Alemanha • ①Kahn, ②Linke, ⑤Ramelow, ㉑Metzelder, ㉒Frings, ⑧Hamann, ⑲Schneider, ⑯Jeremies (⑭Asamoah 32' 2ºT), ⑦Neuville, ⑮Bode (⑥Ziege 39' 2ºT), ⑪Klose (⑳Bierhoff 29' 2ºT). **Técnico** Rudi Völler
Público • 69.029
Juiz: Pierluigi Collina (Itália) **Auxiliares**: Lindberg (Suécia) e Sharp (Inglaterra)
Cartões amarelos • 1ºT Roque Junior 5', Klose 8'

por Max Gehringer

hora inicial, graças ao firme sistema defensivo e ao alto índice de acerto nos passes.

Mas as melhores chances do primeiro tempo seriam todas brasileiras. Aos 18 minutos, Ronaldinho enfiou a bola para Ronaldo por trás da zaga. Na corrida, a três passos da pequena área, Ronaldo tocou com o lado de fora do pé esquerdo na saída do goleiro Kahn, mas a bola foi para fora, a 1 m da trave direita. Aos 29 minutos, de novo Ronaldinho colocou Ronaldo de frente para o gol, mas Kahn foi mais rápido e ficou com a bola. Outras duas oportunidades sairiam dos pés de Kleberson, que não tinha um marcador fixo e se aproveitava disso. Aos 41 minutos, Kleberson chutou da entrada da meia-lua e a bola saiu raspando a trave esquerda. Aos 44 minutos, quase da mesma posição, Kleberson encobriu Kahn e a bola foi de encontro ao travessão. Aos 46 minutos, Roberto Carlos cruzou com força para a área, a bola repicou em Metzelder e Ronaldo mandou de virada para o gol. Kahn caiu e defendeu com os pés. Ao final dos primeiros 45 minutos, a Alemanha havia ficado mais tempo com a bola (56%), mas todas as oportunidades de gol tinham sido brasileiras.

O domínio do Brasil nos últimos quinze minutos do primeiro tempo dava a impressão de que a Alemanha iria entrar encolhida na etapa final, mas não foi o que aconteceu. Nos primeiros minutos, os alemães foram bem mais perigosos. Logo a 1 minuto, num escanteio da esquerda, e apesar de oito brasileiros estarem cuidando de quatro alemães, Jeremies conseguiu cabecear de peixinho, da risca da pequena área. Providencialmente, a

> A primeira grande (e má) surpresa para os organizadores foi o público. **Mais de 15% dos assentos do estádio ficaram vazios, fato que se repetiria em todos os jogos da primeira fase**, tanto no Japão quanto na Coreia do Sul. Apesar da maciça procura mundial por ingressos no ano anterior, o Comitê Organizador havia destinado 40% deles para as federações nacionais e 30% para os patrocinadores oficiais, imaginando que todos seriam vendidos ou ofertados em promoções. **A partir da segunda fase, o Comitê permitiria que os ingressos (que eram nominais e intransferíveis) pudessem ser repassados a outros interessados**, o que faria a alegria dos cambistas, mas nem assim lotaria os estádios.

bola desviou no bico da chuteira de Edmílson e o Brasil se safou. Aos 3 minutos, Neuville cobrou uma falta de 25 m. Marcos saltou e fez uma defesaça, com a bola tocando a trave esquerda antes de espirrar para a lateral do campo.

A primeira oportunidade do Brasil surgiu aos 6 minutos. Roberto Carlos cruzou da esquerda, Gilberto Silva cabeceou e Kahn defendeu, e no rebote Gilberto Silva chutou a bola (para fora) e a mão de Kahn. Aos 9 e aos 11 minutos, a Alemanha chegou mais duas vezes com perigo, em chutes de Frings e Hamann que saíram por cima do travessão. Com os ataques se alternando e a partida indefinida, o Brasil seria beneficiado por uma falha do até então intransponível goleiro Kahn. Aos 22 minutos, Ronaldo foi desarmado por Linke a 5 m da área alemã, mas conseguiu recuperar a bola dando uma ombrada em Hamann, a dois passos do juiz Collina. O alemão caiu, Collina mandou o jogo seguir, e a bola ficou com Rivaldo, que chutou rasteiro de fora da área. O goleiro Kahn, no meio do gol, abaixou-

OS 11 CAMPEÕES

① **Marcos** Roberto Silveira Reis, goleiro do Palmeiras, 29 anos (4/8/1973)
② **Cafu** (Marcos Evangelista de Moraes), lateral-direito da AS Roma, 32 anos (7/6/1970)
③ **Lúcio** da Silva Ferreira, zagueiro do Bayer Leverkusen, 24 anos (8/5/1978)
④ José Vítor **Roque Junior**, zagueiro do Milan, 25 anos (31/8/1976)
⑤ **Edmílson** Gomes de Moraes, zagueiro do Lyon, 25 anos (10/7/1976)
⑥ **Roberto Carlos** da Silva, lateral-esquerdo do Real Madrid, 29 anos (10/4/1973)
⑧ **Gilberto** Aparecido da **Silva**, volante do Atlético Mineiro, 25 anos (7/10/1976)
⑮ José **Kleberson** Pereira, volante do Atlético Paranaense, 23 anos (19/6/1979)
⑩ **Rivaldo** Barbosa Ferreira, atacante do Barcelona, 30 anos (19/4/1972)
⑪ **Ronaldinho** (Ronaldo de Assis Moreira), atacante do Paris St. Germain, 22 anos (21/3/1980)
⑨ **Ronaldo** Luiz Nazário de Lima, atacante da Inter de Milão, 25 anos (22/9/1976)
Ⓣ **Luiz Felipe Scolari**, técnico. Apesar da abundância de técnicos estrangeiros em Copas, desde 1930, pela 17ª vez o treinador é natural do país campeão

-se para fazer a defesa e inesperadamente soltou a bola. Ronaldo – o único que acreditou numa possível falha do goleiro – chegou na corrida e tocou no canto esquerdo.

Era apenas o segundo gol que Kahn tomava na Copa, e em entrevistas posteriores o goleiro atribuiria a rebatida a um dedo machucado, consequência do chute na mão que tomara de Gilberto Silva, dezesseis minutos antes. Após o gol, o jogo teve dez minutos de marasmo. O Brasil pouco foi ao ataque, enquanto a Alemanha se limitava a arriscar chutes de fora da área. Aos 33 minutos, Kahn deu um chutão para o alto, Roque Junior cabeceou na intermediária brasileira e Cafu tocou para Kleberson, que se viu com uma avenida aberta à sua frente e disparou pela ponta direita. Já próximo à área alemã, Kleberson tocou para Rivaldo, que abriu as pernas e deixou a bola passar. Atrás dele, Ronaldo dominou já dentro da área, ajeitou a bola e olhou para o gol. Asamoah chegava na corrida por trás de Ronaldo, mas, com receio de cometer o pênalti, preferiu contornar o brasileiro e tentar um carrinho lateral para bloquear a conclusão. Esse movimento permitiu que Ronaldo concluísse um instante antes que o pé de Asamoah pudesse atingir a bola, que entrou rasteira no cantinho esquerdo, apesar do vistoso salto do goleiro Kahn.

A resiliência alemã em Copas era mais que conhecida. Por isso, aos 37 minutos, Marcos fez a defesa mais importante do jogo, ao desviar para escanteio um chute de Bierhoff da marca do pênalti, que ia para o canto esquerdo. Se aquela bola entrasse, o Brasil certamente sofreria muita pres-

OS OUTROS 12 CAMPEÕES

- ⑦ **Ricardinho** (Ricardo Rodrigues), armador do Corinthians, 26 anos
- ⑫ **Dida** (Nélson de Jesus Silva), goleiro do Corinthians, 28 anos
- ⑬ Juliano Haus **Beletti**, zagueiro do São Paulo, 25 anos
- ⑭ **Anderson Polga**, volante do Grêmio, 23 anos
- ⑯ Angelo de Souza **Junior**, lateral-esquerdo do Parma, 29 anos
- ⑰ **Denilson** de Oliveira, atacante do Real Betis, 24 anos
- ⑱ **Vampeta** (Marcos dos Santos), volante do Corinthians, 28 anos
- ⑲ **Juninho** (Oswaldo Giroldo Junior), atacante do Flamengo, 29 anos
- ⑳ **Edílson** da Silva Ferreira, atacante do Cruzeiro, 32 anos
- ㉑ **Luizão** (Luiz Carlos Goulart), atacante do Grêmio, 26 anos
- ㉒ **Rogério Ceni**, goleiro do São Paulo, 29 anos
- ㉓ **Kaká** (Ricardo dos Santos Leite), atacante do São Paulo, 20 anos

são nos dez minutos finais. Aos 39 minutos, em uma desatenção coletiva da defesa brasileira numa bola levantada da meia-direita, Jeremies perdeu uma chance incrível, ao furar na pequena área, com o gol livre à sua frente. Aos 44 minutos, Denilson entrou em campo para segurar a bola e esfriar o que restava do ímpeto alemão. Aos 48 minutos, após alguns de seus malabarismos típicos, que os alemães interpretaram como molecagem, Denilson levou um violento rapa de Asamoah. O juiz Collina, para não complicar uma arbitragem até então exemplar, ergueu os braços e apitou o final da partida. Kaká, na beira do gramado e pronto para entrar no lugar de Rivaldo, ficou sem o gostinho de ser campeão dentro de campo.

O artilheiro

A Copa de 2002 teve 161 gols em 64 jogos, com média de 2,5 por jogo, um pouco pior do que na Copa anterior (2,7). Em dezoito Copas, Ronaldo foi apenas o quarto artilheiro a balançar as redes na final. Antes dele, somente Guillermo Stábile (1930), Mario Kempes (1978) e Paolo Rossi (1982) haviam conseguido o feito. Após seis Copas seguidas em que os artilheiros terminaram com seis gols, Ronaldo finalmente conseguiu melhorar a marca, fazendo oito dos dezoito gols do Brasil. Com os quatro gols que fizera na França em 1998, Ronaldo acumulava doze gols e se igualava a Pelé como o maior artilheiro brasileiro em Copas.

O fim da Família Scolari

Em agosto, Felipão anunciou que não continuaria na Seleção. Sua última partida como técnico do Brasil (e a única depois da Copa) foi em Fortaleza, no dia 21 de agosto, na derrota do Brasil para o Paraguai, por 1 a 0. Em 27 de novembro, Felipão aceitou o convite para treinar a Seleção de Portugal. Após um amistoso contra a Coreia do Sul, em 20 de novembro de 2002 – vitória do Brasil por 3 a 2, com Zagallo como técnico provisório –, a Seleção voltaria a ser dirigida por Carlos Alberto Parreira a partir de fevereiro de 2003. E chegaria à Copa de 2006 como favorita destacada para conquistar o hexa.

2006

Ter os melhores jogadores é ótimo, mas não é tudo

Almanaque dos Mundiais

A segunda Copa na Alemanha

Para sediar sua segunda Copa, a Alemanha concorreu com África do Sul, Inglaterra, Marrocos e Brasil. A escolha do país vencedor seria feita pelo Comitê Executivo da Fifa, composto de 24 membros, e o Brasil tinha um voto garantido – Ricardo Teixeira, presidente da CBF, fazia parte do Comitê. Politicamente, o Brasil retirou sua candidatura três dias antes da votação para apoiar a África do Sul, em troca do apoio africano para promover a Copa de 2010. A Inglaterra, forte candidata, viu suas chances minguar na Eurocopa de 2000, na Itália, quando torcedores ingleses – mais uma vez – promoveram arruaças públicas. Como a África do Sul já tinha estádios prontos e o Marrocos precisaria levantar sete estádios novos, além de outros investimentos indispensáveis, alemães e sul-africanos foram para a disputa final.

A decisão foi tomada em 6 de julho de 2000, em Zurique. Na primeira votação, a Alemanha teve dez votos, a África do Sul seis, a Inglaterra cinco e o Marrocos dois. Eliminados os marroquinos, os três países restantes foram para o segundo turno, que terminou com um empate: onze votos para Alemanha e África do Sul e dois para a Inglaterra. No terceiro turno, com a Inglaterra de fora, ocorreu uma surpresa – a Alemanha ficou com doze votos e a África do Sul com onze, porque o representante da Federação da Oceania, o neozelandês Jack Dempsey, se absteve de votar. Se Dempsey tivesse votado nos sul-africanos, como vinha sendo antecipado, o empate de doze a doze iria requerer o voto de minerva do presidente Blatter – que já havia se declarado favorável à África do Sul.

Debandada da Família Scolari

Após a conquista do penta, o técnico Luiz Felipe Scolari dirigiu a Seleção apenas mais uma vez (uma derrota para o Paraguai, em Fortaleza, por 1 a 0, em agosto de 2002). No jogo seguinte – vitória por 3 a 2 sobre a Coreia do Sul, em Seul, em novembro de 2002 –, o técnico

por Max Gehringer

provisório foi Zagallo. Mas, a partir de 2003, o comando técnico da Seleção voltaria às mãos de Carlos Alberto Parreira. Em 2005, o Brasil foi à Alemanha disputar a Copa das Confederações. Após vencer os donos da casa por 3 a 2, sapecou um histórico 4 a 1 na Argentina e ficou com o título do torneio. Nesse momento, jornalistas do mundo inteiro passaram a apontar o Brasil como favorito destacado para vencer também a Copa.

No embalo do entusiasmo geral, o técnico Parreira "assumiu o favoritismo", e ninguém o contestou. Com jogadores como Ronaldinho Gaúcho (duas vezes eleito o melhor do mundo), Kaká (já um astro no Milan), Ronaldo (o melhor do mundo em 2002) e Adriano (que havia recebido o apelido de "Imperador" na Inter de Milão), parecia impossível que o Brasil pudesse decepcionar na Copa.

O sorteio dos grupos

No dia 9 de dezembro de 2005, às 20h30, em Leipzig, um grande show foi organizado pela Fifa. O diretor de comunicação da entidade, Markus Siegler, foi o mestre de cerimônias do

A ALEMANHA

» Em 2006, a Alemanha tinha 82,4 milhões de habitantes. Quando sediou a Copa de 1974, tinha 78 milhões (dos quais 17 milhões estavam na parte oriental, então separada da Alemanha Ocidental). Esse crescimento – de apenas 5,6% em 32 anos – fazia dela um dos países de menor expansão demográfica no mundo.

» Com um PIB de 3,2 trilhões de dólares, era a terceira economia do planeta, atrás de Estados Unidos e Japão.

O BRASIL EM 2006

» A população atingiu 183 milhões (o Brasil era o quinto país mais populoso do mundo).

» Em 1960, para cada brasileiro com mais de 60 anos, havia nove jovens com menos de 14 anos. Em 2006, essa proporção era de um idoso para apenas três jovens. E, como as mulheres viviam em média seis anos mais que os homens, havia cem mulheres para cada 95 homens. No campo matrimonial, ocorreu um processo de separação ou divórcio para cada cinco casamentos civis celebrados.

» O Brasil era a 10ª economia do mundo, com um PIB de 1,07 trilhão de dólares (treze vezes menor que o do primeiro colocado, os

▸ Estados Unidos). Mas o desequilíbrio na distribuição de renda persistia. A renda média dos brasileiros profissionalmente ocupados era de 888 reais (433 dólares) por mês, com 75% dos trabalhadores ganhando dois salários mínimos ou menos. Menos de 6% ganhavam mais de cinco salários mínimos.

» O dólar foi cotado a 2,14 reais, na média anual. A inflação (medida pelo IGP, Índice Geral de Preços) foi de 3,8%. A taxa básica de juros (que tinha arranhado os 40% anuais em 1997) já havia baixado para 13,75% em 2006, mas continuava a ser uma das mais altas do mundo.

» A Petrobras era a maior empresa brasileira e a 50ª do mundo, com faturamento anual de 74 bilhões de dólares. O café, que chegou a representar 60% das receitas de exportação nas primeiras décadas do século XX, caiu para apenas 2,1% em 2006 (perdendo até para a exportação de aviões). Os minérios, o petróleo, a soja, os automóveis e o açúcar foram as principais fontes brasileiras de receita no comércio mundial em 2006.

» Em dezembro, a alagoana Marta Vieira da Silva, 20 anos, foi eleita a melhor jogadora do mundo pela Fifa (feito que repetiria em 2007 e 2008). Marta jogava no Umea IK da Suécia desde 2004 e na Seleção Brasileira desde 2002, quando tinha 16 anos.

sorteio. Foram nomeados como cabeças de chave os seis campeões que estariam presentes à Copa – Alemanha, Brasil, Itália, Argentina, Inglaterra e França – e mais Espanha e México. México? Sim, o México. A Fifa usou seu ranking para conceder essa honra aos mexicanos.

Grupo A » Alemanha, Equador, Polônia e Costa Rica

Um recorde: Alemanha 4 x 2 Costa Rica foi o jogo inaugural com maior número de gols na história das Copas. Em 1934, a Itália venceu os Estados Unidos por 7 a 1, mas não houve "um jogo" de abertura: as oito partidas da primeira rodada foram disputadas simultaneamente.

Na Copa de 2002, Polônia e Equador, as outras duas equipes desse grupo, haviam sido eliminados logo na primeira fase. Em 2006, ambos sabiam que quem vencesse o confronto direto praticamente passaria para as oitavas, já que a Costa Rica não inspirava muito temor. De fato, o resultado de 2 a 0 para o Equador praticamente definiu o grupo.

A Alemanha, que jogara no ataque durante toda a partida, acabou vencendo a Polônia

por Max Gehringer

já nos acréscimos, com um gol de Neuville, que tirou os poloneses da Copa. Com a vitória, a Alemanha chegava aos 6 pontos, e era a primeira seleção a passar para as oitavas. O Equador venceu a Costa Rica como quis, por 3 a 0. Com esse resultado, e com a vitória da Alemanha sobre a Polônia, o Equador também estava classificado para as oitavas de final.

O jogo seguinte, entre Alemanha e Equador, definiria somente a ordem de classificação no grupo. E deu Alemanha, 3 a 0. A outra partida, entre as eliminadas Polônia e Costa Rica, terminou com vitória polonesa por 2 a 1.

Grupo B » Inglaterra, Suécia, Paraguai e Trinidad e Tobago

A sorte da Inglaterra em seu jogo de estreia, contra o Paraguai, foi ter "achado" o gol da vitória logo no comecinho do jogo. A única minizebra em toda a Copa foi o empate por 0 a 0 entre Suécia e Trinidad e Tobago, no outro jogo do grupo. Foi a sétima Copa seguida em que a Suécia estreou sem vitória. A última vez em que conseguira ganhar foi jogando em casa, em 1958 (3 a 0 sobre o México).

A Inglaterra entrou em campo para enfrentar Trinidad e Tobago como se ainda estivesse jogando contra o Paraguai. E ganhou por 2 a 0. O Paraguai poderia ter ido mais longe na Copa, mas deu azar. Contra a Inglaterra, tomou um gol muito cedo. Contra a Suécia, levou outro, dessa vez em cima da hora, aos 44 minutos da etapa final.

Para o jogo contra a Suécia, o técnico inglês Eriksson (que é sueco) deixou no banco Gerrard, que já tinha um cartão amarelo. E o técnico sueco Lagerbäck colocou Ibrahimovic na reserva. Cotado para ser uma das estrelas da Copa, Ibrahimovic foi poupado para "recuperar a forma". Os ingleses conseguiram marcar dois gols em momentos em que eram dominados, um em cada tempo. Logo no início do segundo tempo, a Suécia empatou com Marcus

> Dos 736 jogadores inscritos na Copa, 346 (47%) atuavam em equipes de apenas cinco países: Inglaterra, Alemanha, Itália, Espanha e França. **A Liga Inglesa foi a mais participativa: 104 de seus atletas foram à Copa.** Da Federação Alemã, foram 73. Da Italiana, sessenta.

Allbäck, num gol histórico – o de número 2.000 das Copas. Quando tudo levava a crer que o jogo acabaria em 1 a 1, Gerrard – que havia entrado no lugar de Rooney, onze minutos antes – marcou de cabeça aos 40 minutos. Embora naquele momento a classificação sueca estivesse garantida (no mesmo instante, o Paraguai fazia 2 a 0 contra Trinidad e Tobago), a Suécia foi atrás do empate. E conseguiu, aos 45 minutos, com Larsson. Assim, Inglaterra e Suécia passavam invictas para a fase seguinte.

OS ESTÁDIOS

ESTÁDIO	CIDADE	CAPACIDADE	INAUGURAÇÃO	JOGOS
Olympiastadion	Berlim	72.000	2004 (1936)	6
Allianz Arena	Munique	66.000	2005	6
Westfalenstadion	Dortmund	65.000	2005 (1974)	6
Gottlieb-Daimler Stadion	Stuttgart	52.000	2005 (1933)	6
Veltins Arena	Gelsenkirchen	52.000	2001 (1904)	5
AOL Arena	Hamburgo	50.000	2000 (1953)	5
Commerzbank Arena	Frankfurt	48.000	2005 (1925)	5
Fritz Walter Stadion	Kaiserslautern	46.000	2005 (1920)	5
RheinEnergie Stadion	Colônia	45.000	2004 (1923)	5
AWD Arena	Hannover	43.000	2004 (1954)	5
Zentralstadion	Leipzig	43.000	2003 (1956)	5
Frankensatdion	Nuremberg	41.000	2005 (1928)	5

Grupo C » Argentina, Holanda, Costa do Marfim e Sérvia e Montenegro

Esse era considerado o "grupo da morte", tanto pelo retrospecto de Holanda e Argentina quanto pela aparente força de Costa do Marfim e Sérvia e Montenegro. E o duelo entre argentinos e marfinenses não decepcionou: a Argentina, mais competente, construiu uma vantagem de 2 a 0 ainda no primeiro tempo. Na etapa final, Drogba conseguiu diminuir para 2 a 1, já aos 37 minutos. Já no outro jogo do grupo os holande-

por Max Gehringer

20
06

ses conseguiram marcar no único vacilo da defesa de Sérvia e Montenegro.

Na melhor exibição de uma seleção em toda a Copa, a Argentina atropelou Sérvia e Montenegro: goleou por 6 a 0. Foi a primeira vez na história das Copas em que três substitutos – Cambiasso, Tévez e Messi – marcaram gols. Os outros foram de Maxi Rodríguez (dois) e Crespo. Com 6 pontos em dois jogos e um saldo de gols imbatível, a Argentina estava praticamente classificada para as oitavas de final. Os sérvios e montenegrinos foram eliminados. A Holanda, com os 2 a 1 sobre a Costa do Marfim, também se garantiu. Foi a primeira vez em que os holandeses venceram seus dois primeiros jogos em Copas, algo que nem o Carrossel de 1974 havia conseguido.

A vitória holandesa contra a Costa do Marfim garantiu também a classificação da Argentina para as oitavas, e as duas equipes se enfrentariam na última rodada para definir o primeiro lugar do "grupo da morte". A Argentina jogava pelo empate para vencer o grupo – tinha melhor saldo de gols. Mas o 0 a 0 foi bem recebido pelas duas equipes. Fechando o grupo, ao vencer Sérvia e Montenegro por 3 a 2, a Costa do Marfim conseguiu uma histórica virada. E sem contar com a estrela da equipe, Didier Drogba, suspenso com dois cartões amarelos.

Grupo D » Portugal, México, Angola e Irã

Em sua estreia contra o Irã, uma equipe sem nenhuma tradição, a vitória do México por 3 a 1 só veio com dois gols marcados nos últimos quinze minutos. Portugal começou a Copa de 2006, contra Angola, com uma vitória que deixou mais dúvidas do que certezas. Apenas o começo foi arrasador, com o único gol do jogo marcado por Pauleta aos 4 minutos.

Contra Angola, o México criou incontáveis oportunidades para ganhar o jogo, mas foi perdendo

> No Brasil, a TV Globo pagou 80 milhões de dólares pela exclusividade de transmitir a Copa pela TV aberta. Dessa vez, teve a concorrência da ESPN na TV a cabo. **Pela primeira vez, todos os jogos foram transmitidos ao vivo via internet, pela ESPN360.**

uma após a outra. Ao final do jogo, os angolanos celebraram o 0 a 0 como se tivessem vencido. Já Portugal precisou de mais de uma hora para conseguir marcar seu primeiro gol no Irã, aos 18 minutos do segundo tempo, por intermédio de Deco. Aos 35 minutos, Golmohammadi levou um drible de Figo e derrubou o português na lateral da área. Cristiano Ronaldo converteu o pênalti, garantindo a vitória e a passagem para as oitavas.

No jogo contra o México, cinco titulares de Portugal, já classificado, foram poupados pelo técnico Felipão. Mesmo assim, os portugueses abriram 2 a 0, sofreram um gol e escaparam de levar o empate, em um pênalti que o México cobrou no travessão. Para aumentar ainda mais a adrenalina mexicana, veio a notícia de que Angola havia feito 1 a 0 no Irã. Quando o Irã empatou, o banco mexicano comemorou como se o México é que houvesse marcado. Com três vitórias, Portugal avançou como o primeiro do grupo e o México ficou com a segunda vaga para as oitavas.

Grupo E » Itália, Gana, República Tcheca e Estados Unidos

A República Tcheca estreou fasendo 3 a 0 nos Estados Unidos, mas perdeu uma de suas principais armas para os jogos seguintes: aos 42 minutos do primeiro tempo, uma fisgada no tendão forçou a substituição de Jan Koller, o jogador mais alto da Copa (2,02 m) e ponto de referência do ataque tcheco. Gana correu muito mais e a Itália atacou menos, mas criou as melhores chances e acabou vencendo por 2 a 0.

Com 1 minuto e 10 segundos de jogo, quando Gana e República Tcheca ainda estavam esquentando as turbinas, o ganense Asamoah Gyan arriscou um chute da entrada da área, pela meia-esquerda, e acertou o cantinho esquerdo baixo do goleiro Cech. Foi o gol mais rápido da Copa. Na etapa

---

Pela primeira vez, **o próprio povo escolheu o pôster da Copa**. A Federação Alemã selecionou cinco desenhos finalistas e a **votação popular foi feita por telefone** (só 50 mil alemães votaram). Venceu a obra da agência de publicidade alemã We Do Communication, de Berlim.

por Max Gehringer

final, Muntari recebeu livre na área tcheca, girou o corpo e chutou no ângulo esquerdo de Cech, fazendo Gana 2 a 0.

Jogando com nove homens no segundo tempo (Mastroeni e Pope foram expulsos), os Estados Unidos conseguiram um heroico em-

A SELEÇÃO BRASILEIRA

① **Dida** (Nélson de Jesus Silva), goleiro do Milan, 32 anos (7/10/1973)
② **Cafu** (Marcos Evangelista de Moraes), lateral do Milan, 36 anos (7/6/1970)
③ **Lúcio** (Lucimar da Silva Ferreira), zagueiro do Bayern Munich, 28 anos (8/5/1978)
④ **Juan** Silveira dos Santos, zagueiro do Bayer Leverkusen, 27 anos (1/2/1979)
⑤ **Emerson** Ferreira da Rosa, volante da Juventus, 30 anos (4/4/1976)
⑥ **Roberto Carlos** da Silva, lateral do Real Madrid, 33 anos (10/4/1973)
⑦ **Adriano** Leite Ribeiro, atacante da Inter de Milão, 24 anos (17/2/1982)
⑧ **Kaká** (Ricardo Izecson dos Santos Leite), meia do Milan, 24 anos (22/4/1982)
⑨ **Ronaldo** Luiz Nazário de Lima, atacante do Real Madrid, 29 anos (22/9/1976)
⑩ **Ronaldinho Gaúcho** (Ronaldo de Assis Moreira), meia do Barcelona, 26 anos (21/3/1980)
⑪ **Zé Roberto** (José Roberto da Silva Junior), meia do Bayern Munich, 31 anos (6/7/1974)
⑫ **Rogério Ceni**, goleiro do São Paulo, 33 anos (22/1/1973)
⑬ **Cicinho** (Cícero João de Cézare), lateral do Real Madrid, 26 anos (24/6/1980)
⑭ **Luisão** (Anderson Luis da Silva Nascimento), zagueiro do Benfica, 25 anos (13/2/1981)
⑮ **Cris** (Cristiano Marques Gomes), zagueiro do Lyon, 29 anos (3/6/1977)
⑯ **Gilberto** da Silva Melo, lateral do Hertha Berlin, 30 anos (25/4/1976)
⑰ **Gilberto** Aparecido da **Silva**, volante do Arsenal, 29 anos (7/10/1976)
⑱ **Mineiro** (Carlos Luciano da Silva), volante do São Paulo, 27 anos (2/8/1978)
⑲ **Juninho** (Antonio Augusto Ribeiro Reis Junior), meia do Lyon, 31 anos (30/1/1975)
⑳ **Ricardinho** (Ricardo Luiz Pozzi Rodrigues), meia do Corinthians, 30 anos (23/5/1976)
㉑ **Fred** (Frederico Chaves Guedes), atacante do Lyon, 22 anos (3/10/1983)
㉒ **Julio César** Soares de Espíndola, goleiro da Inter de Milão, 26 anos (3/9/1979)
㉓ **Robinho** (Robson de Souza), atacante do Real Madrid, 22 anos (25/1/1984)

pate por 1 a 1 diante da Itália, que atuou com dez jogadores desde a metade do primeiro tempo (após a expulsão de De Rossi). Faltando uma rodada, as quatro equipes tinham chance de passar para as oitavas.

As coisas pareceram se complicar para a Itália no jogo contra a República Tcheca quando o firme zagueiro Nesta se machucou logo aos 17 minutos e teve de ser substituído. No lugar de Nesta entrou Marco Materazzi, que em 28 jogos pela Seleção nunca havia feito um gol. Mas, na primeira descida que deu ao ataque, nove minutos depois de entrar em campo, conseguiu marcar, acertando uma cabeçada perfeita. A três minutos do final, Filippo Inzaghi ampliou para 2 a 0. A Itália estava nas oitavas e a República Tcheca voltava para Praga.

Gana e Estados Unidos entraram em campo com chances, mas sabendo que precisavam vencer. Aos 20 minutos, Dramani abriu a contagem para Gana. Aos 43 minutos, Dempsey empatou para os Estados Unidos. Foi o 100º

> A Adidas, uma das patrocinadoras oficiais da Copa, que **havia vendido 6 milhões de bolas no mundo em 2002, venderia 10 milhões em 2006** – um aumento de 67%.

gol da Copa de 2006. Quando parecia que nada mais ia acontecer no primeiro tempo, Pimpong caiu na área americana e o juiz marcou o pênalti. Appiah bateu firme e fez 2 a 1. Gana acabou saindo de campo com a vitória e a classificação.

Grupo F
Brasil, Austrália, Croácia e Japão
Brasil 1 x 0 Croácia

A vitória brasileira na estreia contra a Croácia só viria num lance lúcido de Kaká. Aos 44 minutos do primeiro tempo, da entrada da área, Kaká teve visão e consciência para colocar a bola, de pé esquerdo, no ângulo direito de Pletikosa. Ronaldo só conseguiu dar seu primeiro chute a gol aos 10 minutos do segundo tempo. A melhor atuação do Brasil ficou por conta do goleiro Dida, com três defesas notáveis no segundo tempo. A vitória por 1 a 0 acabou sendo um prêmio por uma atuação apagada.

Mais por simpatia ao técnico Zico, parte da imprensa brasileira colocou o Japão como forte concorrente à segunda vaga do Grupo F, em pé de igualdade com a Croácia. O jogo de estreia contra os australianos seria o teste prático para as pretensões japonesas, já que a Austrália era considerada a seleção mais fraca do grupo. Na metade do primeiro tempo, o Japão fez 1 a 0, e segurava o resultado com competência até os 39 minutos do segundo tempo. Mas, de repente, a estratégia desmoronou e a Austrália conseguiu marcar três gols em oito minutos.

Brasil 2 x 0 Austrália

Parreira escalou a mesma equipe que batera a Croácia, apesar das críticas à passividade do time – e, principalmente, dos laterais Cafu e Roberto Carlos. Já a Austrália entrou decidida a jogar pelo empate. A tática funcionou no primeiro tempo, mas um mínimo de esforço na segunda etapa fez com que o Brasil conseguisse o gol logo aos 4 minutos. Ronaldo tocou para Adriano, na risca da grande área, e Adriano chutou rasteiro por entre as pernas do zagueiro Chipperfield, mandando a bola no canto esquerdo de Schwarzer.

Mas o gol não mudou nada. O Brasil continuou a jogar sem inspiração. Aos 43 minutos, Parreira colocou Fred no lugar de Adriano. Dois minutos depois, aproveitando o rebote de um chute de Robinho na trave, Fred empurrou a bola para dentro do gol e fez 2 a 0. Uma eficiência incrível – Fred foi o substituto brasileiro que marcou um gol mais rapida-

---

OS JOGOS DO BRASIL

BRASIL 1 CROÁCIA 0

13 de junho de 2006 • Terça-feira
Olympiastadion • Berlim • 21h00

Gol no 1ºT • 1 × 0 Kaká 44'

BRASIL • ①Dida, ②Cafu, ③Lúcio, ④Juan, ⑥Roberto Carlos, ⑤Emerson, ⑪Zé Roberto, ⑧Kaká, ⑩Ronaldinho, ⑦Adriano, ⑨Ronaldo (⑱Robinho 24' 2ºT). Técnico Carlos Alberto Parreira

CROÁCIA • ①Pletikosa, ⑦Simic, ④Robert Kovac, ③Simunic, ②Srna, ⑩Niko Kovac (⑯Leko 41' 1ºT), ⑤Tudor, ⑧Babic, ⑲Kranjcar, ⑨Prso, ⑰Klasnic (⑱Olic 11' 2ºT). Técnico Zlatko Kranjcar

Público • 72.000

Juiz: Benito Archundia (México)
Auxiliares: Ramirez (México) e Vergara (Canadá)

Cartões amarelos • 1ºT Niko Kovac 32', Emerson 42' | 2ºT Robert Kovac 22', Tudor 45'

mente em Copas –, mas insuficiente para influenciar Parreira, que não voltaria a escalar Fred na Copa. Apesar dos pesares e das críticas que se avolumavam, o Brasil chegava a 6 pontos em dois jogos e estava qualificado para as oitavas.

BRASIL 2   AUSTRÁLIA 0

18 de junho de 2006 • Domingo
Allianz Arena • Munique • 18h00

GOLS NO 1ºT • 1 × 0 Adriano 4', 2 × 0 Fred 45'

BRASIL • ①Dida, ②Cafu, ③Lúcio, ④Juan, ⑥Roberto Carlos, ⑤Emerson (⑰Gilberto Silva 27' 2ºT), ⑪Zé Roberto, ⑧Kaká, ⑩Ronaldinho, ⑦Adriano (㉑Fred 43' 2ºT), ⑨Ronaldo (㉓Robinho 27' 2ºT).
TÉCNICO Carlos Alberto Parreira

AUSTRÁLIA • ①Schwarzer, ③Moore (⑮Aloisi 24' 2ºT), ②Neill, ⑭Chipperfield, ⑥Popovic (㉓Bresciano 41' 1ºT), ⑦Emerton, ④Cahill (⑩Kewell 11' 2ºT), ⑬Grella, ⑤Culina, ㉑Sterjovski, ⑨Viduka.
TÉCNICO Guus Hiddink

PÚBLICO • 66.000

JUIZ: Markus Merk
AUXILIARES: Schraer e Salver (todos da Alemanha)

CARTÕES AMARELOS • 1ºT Emerton 13', Cafu 29', Ronaldo 31', Culina 39' | 2ºT Robinho 36'

A convincente atuação contra o Brasil reforçou a impressão de que a Croácia tinha um time forte. O que era uma má notícia para o Japão, que precisava ganhar para continuar com chances de classificação. A Croácia desperdiçou um pênalti, defendido pelo goleiro Kawaguchi, e o jogo acabou em 0 a 0.

Brasil 4 x 1 Japão

Parreira fez cinco alterações no Brasil. Ficaram de fora Cafu, Roberto Carlos, Emerson, Zé Roberto e Adriano. Desses, apenas Cafu e Emerson já tinham cartão amarelo. Mas Ronaldo e Robinho, que também tinham, foram escalados.

O Brasil fez sua melhor exibição na Copa, mas foi o Japão quem marcou primeiro – aos 34 minutos, Tamada recebeu dentro da área e chutou no ângulo direito de Dida. Ronaldo empatou no último minuto do primeiro tempo, e com um gol de cabeça, algo não muito comum em sua carreira.

No segundo tempo, o Brasil desempatou aos 8 minutos, num chute venenoso de Juninho Pernambucano que contou com a colaboração do goleiro Kawaguchi. Aos 14 minutos, Gilberto aumentou para 3 a 1, após um precioso lançamento de Ronaldinho (em seu único momento de brilho em toda a Copa). E Ronaldo fechou a goleada aos 36 minutos, com um chute bem colocado no canto esquerdo. O último lugar do grupo ficou muito distante dos ambiciosos planos japoneses.

Com 1 ponto ganho, a Croácia precisava da vitória contra a Austrália para se classificar. Com 3 pontos, a Austrália jogava pelo empate. A duras penas, a Austrália garantiu o 2 a 2 e a classificação.

Grupo G » França, Suíça, Coreia do Sul e Togo

Em seu jogo de estreia, a Coreia do Sul saiu de campo com uma preciosa vitória por 2 a 1, de virada, sobre Togo. Ao final dos noventa minutos de seu jogo contra a Suíça, a França completaria quatro jogos sem marcar gols em Copas (esse e mais os três que disputara em 2002). Para a sempre pouco ambiciosa Suíça, o 0 a 0 foi celebrado como um ótimo resultado. Outro inesperado tropeço da França foi o empate em 1 a 1 com a Coreia do Sul. Mas dessa vez, pelo menos, os franceses conseguiram fazer um gol, com Henry, aos 9 minutos, o primeiro da França desde a final de 1998, contra o Brasil. Ao todo, a França ficara mais de seis horas (369 minutos) sem conseguir marcar. Zidane, que prometera encerrar a carreira na Copa, tomou o segundo

BRASIL 4 JAPÃO 1
22 de junho de 2006 • Quinta-feira Westfalenstadion • Dortmund • 21h00
Gols no 1ºT • 0 × 1 Tamada 34', 1 × 1 Ronaldo 46' **Gols no 2ºT** • 2 × 1 Juninho Pernambucano 8', 3 × 1 Gilberto Melo 14', 4 × 1 Ronaldo 36'
BRASIL • ①Dida (⑫Rogério Ceni 37' 2ºT), ⑬Cicinho, ③Lúcio, ④Juan, ⑯Gilberto Melo, ⑰Gilberto Silva, ⑧Kaká (⑪Zé Roberto 26' 2ºT), ⑲Juninho Pernambucano, ⑩Ronaldinho (⑳Ricardinho 26' 2ºT), ⑨Ronaldo, ㉓Robinho. **Técnico** Carlos Alberto Parreira
JAPÃO • ㉓Kawaguchi, ㉑Kaji, ⑲Tsuboi, ㉒Nakazawa, ⑧Ogasawara (⑥Koji Nakata 11' 2ºT), ⑦Nakata, ⑩Nakamura, ⑰Inamoto, ⑭Alex, ⑳Tamada, ⑪Maki (⑨Takahara 15' 2ºT) (⑯Oguro 21' 2ºT). **Técnico** Artur Antunes Coimbra (Zico)
Público • 65.000
Juiz: Eric Poula **Auxiliares**: Dagorne e Texier (todos da França)
Cartões amarelos • 1ºT Kaji 40', Gilberto Melo 44'

Almanaque dos Mundiais

cartão amarelo. Por isso, ficaria fora do jogo seguinte, contra Togo. Enquanto a França definhava no Grupo G, a Suíça embalava. Com a vitória de 2 a 0 sobre Togo, os suíços assumiam a liderança do grupo, pelo saldo de gols. E poderiam jogar pelo empate contra a Coreia do Sul para garantir a passagem para as oitavas.

O 2 a 0 sobre Togo foi a primeira vitória francesa em seis jogos de Copas, desde o final da Copa de 1998. E era uma vitória compulsória. Se não passassem por Togo, os franceses diriam adeus à Copa ainda na primeira fase, como em 2002. Com a vitória, a França seguia adiante e Togo era eliminado.

O sonho da fanática torcida coreana de repetir o feito de 2002 e chegar entre os quatro semifinalistas da Copa ruiu diante da Suíça, que ganhou por 2 a 0. A Suíça passava para as oitavas como campeã do Grupo G, e com a distinção de ter sido o único dos 32 países que não tomou gol na primeira fase.

> A Copa de 2006 foi **a primeira a ter duas mascotes** – Pille, uma enciclopédica bola falante, e Goleo VI, um leão. Goleo foi criado nos Estados Unidos pelos estúdios Jim Henson (o dos *Muppets* da série de TV) especialmente para uma indústria de brinquedos da Bavária, a Nici.

Grupo H » Espanha, Ucrânia, Tunísia e Arábia Saudita

Ninguém duvidava que esse grupo estava resolvido antes mesmo de começar, com Espanha e Ucrânia passando para a fase seguinte. O que causou surpresa foi a sapecada de 4 a 0 que a Espanha aplicou na Ucrânia. No outro jogo do grupo, Tunísia e Arábia Saudita empataram por 2 a 2.

A Ucrânia se recuperou da desastrosa estreia contra a Espanha goleando a Arábia Saudita por 4 a 0, vitória que deixou os ucranianos numa situação confortável – para se classificar, só precisavam vencer a Tunísia no último jogo. A sofrida vitória por 3 a 1 contra a fraca Tunísia embaçou um pouco a radiante estreia da Espanha contra a Ucrânia. Mas, como a classificação espanhola já estava assegurada, o técnico Aragonés decidiu escalar uma equipe reserva no último jogo, contra a Arábia Saudita. Mesmo assim, deu Espanha, 1 a 0, resultado

por Max Gehringer

2006

que garantiu aos espanhóis a primeira colocação, com três vitórias. De quebra, a Espanha completava 25 jogos sem perder.

Contra a fraca Tunísia, a Ucrânia decepcionou. Mesmo com um jogador a mais no segundo tempo, os ucranianos não conseguiram controlar a partida (no último minuto da primeira etapa, Jaziri levou o segundo cartão amarelo por uma falta em Tymoschuk, e foi expulso pelo juiz Amarilla). Com a magra vitória por 1 a 0, graças a um gol de pênalti discutível, a Ucrânia passava para as oitavas como a segunda colocada do Grupo H.

Oitavas de final

A Alemanha passou com inesperada facilidade pela Suécia: 2 a 0, com dois gols de Podolski em duas jogadas de Klose, aos 4 e aos 12 minutos do primeiro tempo. A derrota por 2 a 1 para a Argentina foi talvez a melhor partida do México em sua longa história em Copas. Os mexicanos abriram o marcador aos 6 minutos, sofreram o empate aos 10 minutos e só caíram na prorrogação. Os ingleses dominaram o jogo contra o Equador e Beckham decidiu o jogo aos 15 minutos do segundo tempo, cobrando uma falta no canto baixo direito de Mora. Portugal e Holanda não perdiam desde a Eurocopa de 2004, quando os holandeses foram derrotados justamente por Portugal, nas semifinais, e os portugueses perderiam para a Grécia na final. Mas o que prometia ser um grande jogo acabou sendo a maior batalha campal da Copa. Num triste recorde negativo, o juiz russo Valentin Ivanov mostrou dezesseis cartões amarelos para doze jogadores e mais quatro vermelhos. Na partida mais encardida da Copa, o belo gol de Maniche, aos 23 minutos, acabou sendo um detalhe. Finalmente, Portugal foi para "os quartos de final", como se fala na terrinha.

Em 2002, dirigindo a Coreia do Sul, o técnico Guus Hiddink havia eliminado a Itália com um esquema de forte marcação e muita paciên-

> Na história das Copas, Antonio Naelson Matias, **o Zinha**, nascido em Itajá-RN, foi **o primeiro jogador nascido no Brasil a marcar um gol por outro país**, o México, na vitória por 2 a 1 sobre o Irã.

cia (além de uma ajudazinha do juiz). Em 2006, Hiddink armou a Austrália exatamente do mesmo jeito – defendendo com nove jogadores e tocando a bola sem pressa no meio-campo. A Austrália aguentou bem o 0 a 0 no primeiro tempo. Quando o jogo finalmente parecia destinado a embarcar numa prorrogação, o juiz espanhol Luis Medina Cantalejo marcou um pênalti duvidoso para os italianos, apenas oito segundos antes do final dos três minutos de acréscimos. Totti, que havia entrado vinte minutos antes, bateu e classificou a Itália.

Nos noventa minutos regulamentares, tanto suíços quanto ucranianos se preocuparam mais em evitar gols do que em tentar fazê-los. Na prorrogação, os dois times decidiram não se arriscar e passaram trinta minutos tocando a bola. Nos pênaltis, a Suíça conseguiu errar três seguidos e perder a vaga nas quartas de final.

França e Espanha empatavam por 1 a 1. Tudo assegurava que haveria prorrogação, até que os franceses conseguiram dois gols, com Vieira, aos 38 minutos, e Zidane, já nos acréscimos, definindo o marcador em 3 a 1. A França seguia adiante e a Espanha – mais uma vez – decepcionava. Além da desclassificação, os espanhóis perderam a série de 25 jogos invictos que vinham acumulando desde 2004. Desconsolado, o jornal *El País*, de Madri, escreveu: "A Copa é para os eleitos. E a Espanha não faz parte desse baralho".

Brasil 3 x 0 Gana

Logo aos 5 minutos, Kaká pegou a defesa muito adiantada e enfiou a bola para Ronaldo, que disparou sozinho para a área. Com calma, Ronaldo pedalou, deixou o goleiro Kingson sentado e tocou para o gol. O Brasil começava irresistível.

Mas, daí até o último minuto do primeiro tempo, a Seleção repetiu as más atuações dos dois primeiros jogos. Nos acréscimos do primeiro tempo, Cafu finalmente acertou um cruzamento da direita. E Adriano – impedido – tocou de joelho para as redes. O juiz confirmou o gol irregular e de quebra, assim que o primeiro

> **Leipzig foi a única cidade da extinta Alemanha Oriental que sediou jogos da Copa**. A capital, Berlim, ficava nas duas Alemanhas, sendo separada ao meio pelo célebre e infame Muro de Berlim.

tempo acabou, expulsou o técnico croata de Gana, Ratomir Dujkovic, por reclamação.

OITAVAS DE FINAL

BRASIL 3   GANA 0

1º GRUPO F x 2º GRUPO E

27 de junho de 2006 • Terça-feira
Westfalenstadion • Dortmund • 17h00

GOLS NO 1ºT • 1 × 0 Ronaldo 5', 2 × 0 Adriano 46'
GOL NO 2ºT • 3 × 0 Zé Roberto 39'

BRASIL • ①Dida, ②Cafu, ③Lúcio, ④Juan, ⑥Roberto Carlos, ⑤Emerson (⑰Gilberto Silva, no intervalo), ⑪Zé Roberto, ⑧Kaká, (⑳Ricardinho 38' 2ºT), ⑩Ronaldinho, ⑦Adriano (⑲Juninho Pernambucano 16' 2ºT), ⑨Ronaldo. **TÉCNICO** Carlos Alberto Parreira

GANA • ㉒Kingson, ⑮Pantsil, ⑤Mensah, ⑦Shilla, ⑥Pappoe, ⑪Muntari, ㉓Dramani, ⑩Appiah, ⑭Amoah (⑫Tachie-Mensah 25' 2ºT), ⑱Eric Addo (⑨Boateng 15' 2ºT), ③Asamoah Gyan. **TÉCNICO** Ratomir Dujkovic

PÚBLICO • 65.000

JUIZ: Lubos Michel
AUXILIARES: Slysko e Baldo (todos da Eslováquia)

CARTÕES AMARELOS • 1ºT Appiah 7', Muntari 11', Adriano 13', Pantsil 29', Eric Addo 38', Juan 44' | 2ºT Asamoah Gyan 3', Asamoah Gyan 36'

CARTÃO VERMELHO • 2ºT Asamoah Gyan 36'

Na etapa final, o Brasil começou melhor. Aos 12 minutos, Roberto Carlos chutou em cima do goleiro Kingson. Mas, aos 23 minutos, Dida salvou duas vezes o Brasil no mesmo lance. Aos 34 minutos, novamente Dida defendeu um chute à queima-roupa de Asamoah Gyan. Dois minutos depois, o mesmo Asamoah tentou cavar um pênalti, recebeu o segundo amarelo e foi expulso. E, a partir daí – e da entrada de Ricardinho –, o Brasil reencontrou seu futebol. Em 59 segundos, trocou 24 passes certos, fazendo a bola girar por toda a sua intermediária. O 24º toque foi um lançamento de Ricardinho para Zé Roberto. Em posição legal, Zé Roberto correu livre para a área, encobriu o goleiro Kingson e praticamente entrou com a bola no gol de Gana, classificando o Brasil para enfrentar a França nas quartas de final.

Quartas de final

Uma grande exibição de técnica da Argentina, que saiu na frente, e outra demonstração da tradicional persistência germânica, que conseguiu empatar a dez minutos do final do jogo, levá-lo para a prorrogação e ficar com a vaga nos pênaltis. Foi a 18ª disputa desse tipo em Copas. A Alemanha ia para as semifinais e a Argentina voltava outra vez de mãos vazias para Buenos Aires. Uma semana depois, o técnico Pekerman entregou o cargo. Na mais convincente das exibições das quartas de final, a Itália despachou a Ucrânia por 3 a 0. Os italianos mostravam, na reta de chegada, que já contavam com a equipe mais bem estruturada da Copa.

Nem ingleses nem portugueses haviam dado espetáculo nos jogos anteriores, mas tinham demonstrado muita determinação. E foi isso que levaram novamente a campo. Após o 0 a 0 no tempo normal e na prorrogação, a decisão foi uma vez mais para os fatídicos penais. Por coincidência, os dois países haviam decidido seu confronto na Eurocopa de 2004 também nos penais. Naquele jogo, Beckham errou o primeiro (escorregou na hora de chutar e mandou a bola vários metros acima do gol), mas os portugueses perderam dois seguidos (Deco e Rui Costa). Parecia que ia dar Inglaterra, mas no fim deu Portugal, que passou para as semifinais da Eurocopa. Na Copa de 2006, também nas quartas de final, as mesmas circunstâncias se repetiram. E Portugal estava nas semifinais – ou, como se diz por lá, "nos meios de final".

França 1 x 0 Brasil

Um jogo que entrou para a história como "o dia em que o Brasil não jogou". Apático, sem vibração nem criatividade, o Brasil deixou que a França tomasse conta do jogo. Zidane, sem encontrar resistência, deu um show particular de controle de bola. Aos 25 minutos e 30 segundos, o zagueiro Lúcio cometeu sua primeira falta na Copa, superando por três minutos o recorde de Gamarra, do Paraguai, na Copa de 2002. Mas, se o Brasil ia bem no quesito de recordes individuais, coletivamente a equipe não acertava o passo. Nos primeiros 45 minutos, o goleiro Barthez não precisou fazer uma única defesa.

> No jogo Brasil x Gana, pelas oitavas de final, **Ronaldo marcou seu 15º gol em Copas**, superando o alemão Gerd Müller (que acumulara catorze) e **tornando-se o maior artilheiro da história do torneio**.

Inexplicavelmente, o Brasil voltou para a etapa final não apenas com o mesmo time, mas também com a mesma postura. O claro domínio da França se transformaria em vantagem numérica aos 12 minutos. Zidane cobrou uma falta da ponta esquerda. A bola atravessou toda a área e Henry, desmarcado, a 2 m da trave esquerda, tocou para o gol. Entre outras coisas, o lance mancharia a carreira de Roberto Carlos. Enquanto Zidane se preparava para bater a falta, cinco franceses e oito brasileiros se postaram sobre a risca da grande área. Quando a bola viajou pelo alto, só três brasileiros se moveram. Entre os cinco que ficaram parados estava Roberto Carlos, que passaria incríveis onze segundos com o corpo dobrado para a frente e as mãos nos joelhos. Henry passou caminhando pelo estático Roberto Carlos, percorreu 10 m sem ser acompanhado e fez o gol.

O Brasil ainda teria mais de meia hora para reagir, mas não reagiu. Nunca, em nenhuma das Copas de que participou, o Brasil teve uma diferença tão grande no número de talentos individuais em relação a seus adversários. Mas, infelizmente, nenhum deles conseguiu brilhar em 2006.

Semifinais

Praticamente com as mesmas equipes que entraram em campo em Dortmund, Itália e

---

QUARTAS DE FINAL

FRANÇA 1 BRASIL 0

1º de julho de 2006 • Sábado
Commerzbank Arena • Frankfurt • 21h00

GOL NO 2ºT • 1 × 0 Henry 12'

FRANÇA • ⑯Barthez, ⑲Sagnol, ⑮Thuram, ⑤Gallas, ③Abidal, ④Vieira, ⑥Makelele, ㉒Ribéry (⑨Govou 32' 2ºT), ⑦Malouda (⑪Wiltord 36' 2ºT), ⑩Zidane, ⑫Henry (⑭Saha 41' 2ºT).
TÉCNICO Raymond Domenech

BRASIL • ①Dida, ②Cafu (⑬Cicinho 31' 2ºT), ③Lúcio, ④Juan, ⑥Roberto Carlos, ⑰Gilberto Silva, ⑪Zé Roberto, ⑧Kaká, (⑨Robinho 34' 2ºT), ⑩Ronaldinho, ⑲Juninho Pernambucano (⑦Adriano 18' 2ºT), ⑨Ronaldo. **TÉCNICO** Carlos Alberto Parreira

PÚBLICO • 48.000

JUIZ: Luis Medina Cantalejo
AUXILIARES: Carrasco e Hernández (todos da Espanha)

CARTÕES AMARELOS • 1ºT Cafu 25', Juan 45', Ronaldo 47' | 2ºT Sagnol 29', Lúcio 30', Saha 42', Thuram 43'

Alemanha haviam se enfrentado apenas três meses antes, em março, em um amistoso preparatório para a Copa, em Florença. E a Itália tinha feito gato e sapato da Alemanha, numa memorável goleada de 4 a 1. Na Copa, entretanto, italianos e alemães disputaram um jogo épico. A Itália tinha a melhor defesa da Copa – os italianos haviam sofrido apenas um gol em cinco jogos (e, mesmo assim, um gol contra). A partir dos trinta minutos do segundo tempo, os alemães começaram a mostrar os primeiros sinais de fadiga. Sem mais emoções, o jogo foi para a prorrogação.

Nem bem a prorrogação havia começado, a Itália meteu duas bolas nas traves da Alemanha. A apenas um minuto do fim da prorrogação, o ala Grosso, pela meia-direita, recebeu de Pirlo e, mesmo com a área congestionada, acertou um chute de curva, no canto direito de Lehmann. A Alemanha nem teve tempo para reagir. Dois minutos depois, Gilardino e Del Piero aproveitaram bem um contra-ataque e Gilardino rolou para Del Piero, que tocou no ângulo esquerdo na saída de Lehmann. Com justiça, a Itália ia para a sua sexta final de Copa. E a Alemanha, em casa, perdia a chance de disputar a sua oitava final.

Para o jogo contra Portugal, o técnico Raymond Domenech, da França, repetiu nos mínimos detalhes tudo o que havia feito contra o Brasil, quatro dias antes. A mesma tática, a mesma equipe e as mesmas substituições nos mesmos minutos de jogo. Os portugueses tiveram 59% de posse de bola, chutaram mais a gol (doze vezes, contra cinco da França) e conseguiram mais escanteios (oito contra três). Mas estatística não ganha jogo e a França – mesmo sem ter criado nenhuma oportunidade clara de gol durante 95 minutos – venceu por 1 a 0. Após Portugal ter dominado a primeira meia hora de jogo, a França conseguiu um pênalti aos 33 minutos. Quase na risca da grande área, num lance sem nenhum perigo iminente, Henry girou o corpo e Ricar-

> Mesmo sem ter feito nenhum gol na Copa, **cada jogador de Trinidad e Tobago foi premiado com 150 mil dólares pela boa campanha na Alemanha** (um empate com a Suécia e duas honrosas derrotas).

do Carvalho, caído, tocou o tornozelo do francês. Um pênalti sutil, mas existente. Zidane bateu forte no canto direito e fez 1 a 0. Como em 1966, os portugueses iriam disputar o terceiro lugar. Como em 1998, a França ia à final. O terceiro lugar era uma questão de honra para a Alemanha. Já para Portugal, terminar entre os quatro primeiros estava ótimo. Por isso, ganhou quem teve mais determinação, a Alemanha, por 3 a 1.

Final

Era a primeira vez, desde 1982, que nem Brasil nem Alemanha chegavam à final. Nas seis Copas entre 1982 e 2002, o Brasil participara de três finais e a Alemanha de quatro. Mas a Itália, o outro arroz de festa em finais, chegara com méritos. Em termos de vontade das duas equipes, o jogo foi exemplar. Já em termos de "melhores momentos", as TVs tiveram dificuldade na hora de garimpar grandes lances. Durante os 125 minutos de jogo, a França só acertou cinco chutes na direção do gol italiano. E a Itália foi ainda pior: só acertou três.

Mas o começo parecia promissor. Logo aos 7 minutos, na primeira vez em que entrou na área italiana, a França conseguiu um pênalti. O juiz argentino Horácio Elizondo mos-

FINAL

ITÁLIA 1 FRANÇA 1
(ITÁLIA 5 A 3 NOS PÊNALTIS)
9 de julho de 2006 • Domingo Olympiastadion • Berlim • 21h00
Gols no 1ºT • 0 × 1 Zidane (pênalti) 7', 1 × 1 Materazzi 19'
ITÁLIA • ①Buffon, ⑲Zambrotta, ㉓Materazzi, ⑤Cannavaro, ③Grosso, ⑳Perrotta (④De Rossi 16' 2ºT), ㉑Pirlo, ⑧Gattuso, ⑯Camoranesi (⑦Del Piero 41' 2ºT), ⑩Totti (⑮Iaquinta 16' 2ºT), ⑨Toni. **Técnico** Marcello Lippi
FRANÇA • ⑯Barthez, ⑲Sagnol, ⑮Thuram, ⑤Gallas, ③Abidal, ④Vieira (⑱Diarra 11' 2ºT), ⑥Makelele, ㉒Ribéry (⑳Trezeguet 10' 1ºT prorr.), ⑦Malouda, ⑩Zidane, ⑫Henry (⑪Wiltord 2' 2ºT prorr.). **Técnico** Raymond Domenech
PÚBLICO • 69.000
Juiz: Horacio Elizondo **Auxiliares**: Garcia e Otero (todos da Argentina)
CARTÕES AMARELOS • 1ºT Zambrotta 5', Sagnol 12' | 2ºT Makelele 31' | 2ºT **Prorrogação** Malouda 6'
CARTÃO VERMELHO • 2ºT **Prorrogação** Zidane 5'

trou muita convicção e alguma coragem ao interpretar como faltosa uma trombada de Materazzi em Malouda. Zidane bateu, dando um toque sutil por baixo da bola para o lado esquerdo do gol, enquanto Buffon saltava para o canto direito. Mas Zidane exagerou um pouquinho na força – a bola tocou no travessão e caiu meio metro dentro do gol.

O zagueiro Materazzi, que cometeu o pênalti em Malouda, acabaria se tornando a figura italiana da final. Aos 19 minutos, Materazzi marcou o gol de empate, cabeceando um escanteio batido por Pirlo. Finalmente, aos 5 minutos do tempo final, aconteceria um lance decisivo, mas que nem envolveria a bola. Zidane e Materazzi saíram caminhando da área italiana, após outro cruzamento que dera em nada. De repente, Zidane se virou e acertou uma cabeçada no peito de Materazzi, que desabou no chão.

OS 14 CAMPEÕES DE 2006

① Gianluigi **Buffon**, goleiro da Juventus de Turim, 28 anos (28/1/1978)
⑲ Gianluca **Zambrotta**, ala da Juventus de Turim, 29 anos (19/2/1977)
⑤ Fabio **Cannavaro**, zagueiro da Juventus de Turim, 32 anos (13/9/1973)
㉓ Marco **Materazzi**, zagueiro da Inter de Milão, 32 anos (19/8/1973)
③ Fabio **Grosso**, ala do Palermo, 28 anos (28/11/1977)
⑧ Gennaro **Gattuso**, volante do Milan, 28 anos (9/1/1978)
㉑ Andrea **Pirlo**, volante do Milan, 27 anos (19/5/1979)
⑳ Simone **Perrotta**, volante da Roma, 28 anos (17/9/1979)
④ Daniele **De Rossi**, volante da Roma, 22 anos (24/7/1983)
⑯ Mauro **Camoranesi**, volante da Juventus de Turim, 29 anos (4/10/1976)
⑦ Alessandro **Del Piero**, atacante da Juventus de Turim, 31 anos (9/11/1974)
⑩ Francesco **Totti**, armador da Roma, 29 anos (27/9/1976)
⑮ Vincenzo **Iaquinta**, atacante da Udinese, 26 anos (21/11/1979)
⑨ Luca **Toni**, atacante da Fiorentina, 29 anos (26/5/1977)
Ⓣ **Marcello Lippi**, técnico, 58 anos (11/4/1948)

Nem o juiz Elizondo nem o bandeirinha viram a agressão, que aconteceu fora do lance de jogo. Mas o quarto árbitro, Luís Medina Cantalejo, da Espanha, viu e avisou Elizondo pelo rádio. Após um minuto de paralisação, Elizondo mostrou o cartão vermelho para Zidane. A expulsão não iria influir nos restantes dez minutos de prorrogação, mas influiria na disputa por pênaltis. Com Zidane fora, o pênalti que ele cobraria foi confiado a David Trezeguet.

Andrea Pirlo bateu o primeiro com segurança para a Itália e os cobradores seguintes, dos dois lados, também mostraram sangue-frio e competência. Incluindo Trezeguet, que deu azar em sua cobrança. A ordem foi: Pirlo 1 × 0, Wiltord 1 × 1, Materazzi 2 × 1. Aí, Trezeguet perdeu o segundo da França, chutando no travessão. De Rossi 3 × 1, Abidal 3 × 2, Del Piero 4 × 2, Sagnol 4 × 3, Grosso 5 × 3. E a Itália se tornava o único país europeu tetracampeão mundial.

De volta ao Brasil…

Sempre que a Seleção retorna depois de uma Copa, o desembarque é marcado ou por grandes celebrações ou por grandes cobranças. Em 2006, nada aconteceu. Pela primeira vez, simplesmente, a Seleção não regressou em grupo. Apenas dez dias após o encerramento da Copa, a Seleção já tinha deixado de ser notícia no Brasil. A frustração pela eliminação, precoce e opaca, baixou a bola dos torcedores.

Na Alemanha, logo após a derrota para a França, Parreira participou da entrevista coletiva oficial ("Fiz tudo certo", declarou) e depois se manteve calado por duas semanas, mesma estratégia adotada pelo sempre falante auxiliar Zagallo. Cafu e Roberto Carlos, os dois jogadores mais visados por suas fracas atuações, tentaram se defender das críticas pela TV, mas

OS OUTROS 9 CAMPEÕES

⑫ Angelo **Peruzzi**, goleiro da Lazio de Roma, 36 anos
⑭ Marco **Amelia**, goleiro do Livorno, 24 anos
② Cristian **Zaccardo**, ala do Palermo, 24 anos
⑥ Andrea **Barzagli**, armador do Palermo, 25 anos
⑪ Alberto **Gilardino**, atacante do Milan, 23 anos
⑬ Alessandro **Nesta**, zagueiro do Milan, 30 anos
⑰ Simone **Barone**, volante do Palermo, 28 anos
⑱ Filippo **Inzaghi**, atacante do Milan, 32 anos
㉒ Massimo **Oddo**, volante da Lazio, 30 anos

em matérias gravadas. E foram ainda mais criticados.

No dia 19 de julho, a CBF comunicou o término do contrato de Parreira (que não foi dispensado nem pediu demissão). Em seu segundo período à frente da Seleção (2003-06), Parreira conseguira trinta vitórias, 29 empates e sete derrotas, num total de 56 jogos. Em 24 de julho, a CBF anunciou o novo técnico: Dunga, capitão na conquista do tetra em 1994, e sem nenhuma experiência como treinador. Dois dias depois, a CBF rescindiria o contrato do auxiliar técnico Zagallo, às vésperas de ele completar 75 anos.

> A Copa de 2006 foi **a primeira em que o quarteto de arbitragem se comunicou por rádio**. Graças a esse avanço tecnológico Zidane seria expulso por Elizondo no jogo final.

⋮